U0734858

涉案企业合规改革与行刑衔接研究

SHEAN QIYE HEGUI GAIGE
YU XINGXING XIANJIE YANJIU

柴峥涛 ○ 主编

中国检察出版社

图书在版编目（CIP）数据

涉案企业合规改革与行刑衔接研究 / 柴峥涛
主编 . — 北京：中国检察出版社，2024.4
ISBN 978-7-5102-3071-4

Ⅰ.①涉… Ⅱ.①柴… Ⅲ.①企业法—研究—中国
Ⅳ.① D922.291.914

中国国家版本馆 CIP 数据核字（2024）第 085580 号

涉案企业合规改革与行刑衔接研究

柴峥涛　主编

责任编辑：王伟雪
技术编辑：王英英
美术编辑：徐嘉武

出版发行：中国检察出版社
社　　址：北京市石景山区香山南路 109 号（100144）
网　　址：中国检察出版社（www.zgjccbs.com）
编辑电话：（010）86423797
发行电话：（010）86423726　86423727　86423728
　　　　　（010）86423730　86423732
经　　销：新华书店
印　　刷：北京联兴盛业印刷股份有限公司
开　　本：710mm×960mm　16 开
印　　张：28
字　　数：410 千字
版　　次：2024 年 4 月第一版　　2024 年 4 月第一次印刷
书　　号：ISBN 978-7-5102-3071-4
定　　价：86.00 元

检察版图书，版权所有，侵权必究
如遇图书印装质量问题本社负责调换

序

"法治是最好的营商环境。"党的二十大报告强调，坚持和完善社会主义基本经济制度，坚持"两个毫不动摇"；优化民营企业发展环境，依法保护民营企业产权和企业家权益，促进民营经济发展壮大。最高检的涉案企业合规改革是贯彻落实习近平总书记重要指示和党中央决策的重要举措，对于推进国家治理体系和治理能力现代化，保护市场主体健康发展，营造法治化、市场化、国际化的商业环境，以检察工作现代化服务中国式现代化，具有重要现实意义。

温州是我国改革开放先行区、民营经济重要发祥地，民营企业数量、GDP 的贡献度、从业人员占比、税收贡献度均超 90%。温州检察机关始终坚持将法治护航民营经济作为重要职责，特别是 2020 年 10 月以来，在温州市委和上级检察院的领导下，探索开展涉案企业合规改革试点，牵头推进行业协会"企检服务中心"建设，着力构建"刑事合规＋行政合规＋行业合规"的"三规合一"工作体系，积极创建民营企业合规改革示范区，推动涉案企业合规改革走深走实。试点工作开展三年以来，逐步建立了相对完善的第三方监督评估机制运行规则，探索开展小微企业行业批量合规，主导推动公、检、法三家初步构建刑事诉讼全流程合规整改工作格局；探索建立"行刑合规宽缓联动"机制，联合税务机关办理浙江省首件企业合规行刑衔接案件；开展行业合规体系建设，在全市五大传统支柱行业、数安港等设立 19 个"企检服务中心"，出台浙江省首部行业事前合规标准指引，联合知名律所开展"千所联千会"法律服务活动，搭建线上法治体检平台。温州检察机关在探索中前进，为我国涉案企业合规改革贡献了有益经验样本，也为下一步理论完善和制度健全提供了丰富实践素材。

当前，涉案企业合规改革的必要性与重要性得到广泛认可，涉案企业合规改革研究的语境与框架体系基本建立，推进刑事诉讼法立法完善的改革态势已然形成并持续深化。本论文集共收录"涉案企业合规改革与刑行衔接高端论坛暨新时代'两个健康'法治论坛主题征文活动"优秀论文 30 篇，主题涵摄涉案企业合规基础理论、涉企合规附条件不起诉、涉企合规行刑衔接、第三方监督评估机制等各方面内容，既有法理思考，也有经验梳理；既有宏观设计，也有微观建构，以期为全面推进我国涉案企业合规制度改革、建立健全中国式涉案企业合规司法制度提供有益借鉴。

温州市人民检察院

2024 年 5 月

目　录

第一部分　涉案企业合规相关理论与域外借鉴

第二部分 涉案企业合规本土实践

第三部分 涉案企业合规监管与行刑衔接

第一部分

涉案企业合规相关理论与域外借鉴

编者按 2023 年 3 月 13 日上午，温州市检察院举办新时代"两个健康"法治讲坛暨"温检大学堂"第三十五期讲座，北京大学法学院教授、博士生导师陈瑞华受邀作"有效合规整改的基本问题"专题讲座。温州市两级检察院全体干警参加会议，全市两级政法委、法院、公安、司法局和律师代表等应邀参加同堂培训。

有效合规整改的基本问题

陈瑞华 *

2020 年 3 月，最高人民检察院在全国六个基层检察院开始涉案企业合规改革试点；2021 年 3 月，最高检决定将此项改革推向全国 10 个省份。经过一年的探索，到了 2022 年 4 月在全国开展该试点。最高检开展合规整改的制度设计体现在两个"第三方"，即企业合规第三方监督评估机制管理委员会和第三方组织。

一是关于第三方管委会的制度设计。因为多数单位犯罪是行政犯，行政违法在先，犯罪在后，行政监管部门对违法犯罪有责任予以监管，故应参与到合规整改监管中来。如虚开增值税发票行为，数额达到犯罪标准后构成犯罪，但在构成犯罪前肯定存在税收违法，若不请税务部门一起监督合规整改，仅靠检察院一家力量是不够的。故成立第三方管委会，就是要整合资源、集中智慧、实施监管。

第三方管委会还兼有行刑衔接的功能。一个企业走上犯罪的道路，都是经过多年积累的，其经营模式、商业模式、管理模式中可能就有犯罪因素。如虚开增值税发票犯罪的发生，就是因为票货分离形成习惯，并任

---

* 陈瑞华，北京大学法学院教授、博士生导师。

由外部居间人犯罪，甚至企业还向其提供犯罪工具，有的企业从发票管理，到票货分离的经营模式，再到内部监管，都有引发犯罪的基因。但这个问题短时间内很难改造，即很难在三五个月的考察期内就消除企业犯罪因素、改造治理结构、营业模式和商业模式，实现去犯罪化。第三方管委会的最大功能就是实现继续整改，持续不断地改正公司经营模式，甚至改造企业文化。而这项工作，时间太短是完不成的，需要行政监管部门的介入。近年来，深圳等地检察院推出合规互认机制，即监管部门对企业合规整改效果予以互认，并以检察院的合规验收为根据做宽缓处理，或者由监管部门、行业协会一起参与推进行业合规，加强源头治理。第三方管委会与监管部门的行刑衔接，可以增强合规整改的效果。如深圳市检察院在打印机机头和钻石走私两个领域，依托第三方管委会平台，强化行刑衔接，推进合规监管工作，得到了党委政府的高度支持。

二是关于第三方组织。合规监管人由四类人员构成，组成名录库：其一是教授、专家、研究人员；其二是律师，是主力，占名录库人员的50%到60%；其三是税务师、会计师、审计师、工程师等专业人员，可以在涉及不同类型案件时挑选；其四是行政监管部门人员。案件启动合规考察只能从名录库随机遴选。对此，深圳市检察院实行电子抽签制度。如广州市检察院办理的一起特大虚开增值税发票案，六名合规监管人组成第三方组织，其中两位律师、两位税务部门官员、一位税务专家、一位上海黄金交易部副总经理，由律师担任首席合规监管人。第一次合规验收听证会上，专家认为企业整改没有实质性触及犯罪的内生性结构原因，票货分离的模式没有任何改变，难以保障今后不犯罪，故合规监管人给出"合规整改流于形式，强烈建议检察机关延长整改期"的建议。检察机关决定延长3个月考察期。第二次合规验收听证会上，合规监管人讲述了整个整改过程，报告了涉案企业的改进，但也指出问题还没有完全解决，要求把相关问题交给税务部门行刑衔接后继续要求整改，涉案企业当场同意。在该过程中，一个中立的、权威的合规专家替代检察官的工作，延伸检察官的专业，把检察官从烦琐的考察事务中解放出来，检察官只要做好监督验收就行，这就是合规监管制度。但如果选不好第三方监管人，就会出现第三方监管失控现象。所以检察机关要高度重视遴选第三方组织工作，从第三方合规监管人名录抓起。

下面结合案例，探讨合规考察过程中，如何做到有效的合规整改。第一，合规考察的适用条件把握问题是重中之重，把握不严一切无从谈起。第二，合规考察程序启动后的第一项工作——制度纠错，先破后立。第三，合规管理体系的引入。第四，如何进行科学的验收评估，不能被表面规章制度迷惑，自查报告要把犯罪原因说清楚、验收报告中要把犯罪原因一一对应的整改措施说清楚，原因没找到，整改就是盲目的。

一、合规考察程序启动的条件：认罪、补救、公共利益考量、整改可行性

最近有三个案例引起我的高度关注。第一个案例，是河南省洛阳市检察院接到当地一个肉联厂因涉虚开增值税发票罪而提出的合规申请，在该案中国家税款流失超过 500 万元。但该厂是当地招商引资项目引进的中外合资公司，员工超过 500 人，年营业额数亿元，年纳税额超 5000 万元，生产的火腿在全国有名，并有两个驰名商标，是全国该领域内的知名企业。该公司负责人是当地著名企业家，获得过很多荣誉，一开始当地检察院认为应判处十年以上有期徒刑，启动合规程序有风险。后来洛阳市检察院经过考察认为该公司为当地纳税作出巨大贡献，且虚开增值税发票与外部居间人欺骗有关，非系统性单位犯罪，系内部治理结构有缺陷，但不是直接故意犯罪，最后决定对该肉联厂案件启动合规整改程序，设置三个月考察期。可见，非系统性单位犯罪是合规整改的重点。

第二个案例，一对清华大学博士毕业的夫妇创建了一家高科技公司，丈夫系董事长，妻子系总经理，聘请了一名财务总监。公司所有虚开增值税发票的行为董事长均知晓。新冠疫情期间企业经营不善，靠虚开发票赚税点，董事长和财务总监开完发票后，也会从中抽取一定比例。该案涉及的票面金额达到 4000 万余元，国家税款流失近 1000 万元，案发后公司处于停业阶段。该公司有 12 名股东，五年没召开过一次股东会，公司事项均由该夫妻决定。对于该案件，海淀区检察院经研究认为，该公司没有突

出的社会贡献，企业治理结构存在致命的缺陷，没有办法进行有效的合规整改，且企业没有自查报告，也没有有效的合规整改方案，最终没有启动合规程序。

第三个案件，江苏 A 县串通投标案。涉案单位是江苏 B 市一家企业的分公司。该公司系初犯，涉及招投标的数额并不高，且犯罪是因受他人的诱骗，故具有合规整改的价值和条件。但因为分公司不是独立法人，所以合规整改只能在总公司进行。该案件立案是在 A 县基层公安分局，应由 A 县基层检察院管辖，若要启动合规整改，需要委托总公司所在地 B 市检察院开展。考虑到该公司负责人是江苏省人大代表，在当地影响力很大等情况，且 B 市检察院参与并协助合规整改监管的积极性很强，B 市第三方管委会还开具了愿意进行合规监管的证明。但 A 县检察院担心异地责任重大、容易失控，即使上两级院均同意启动合规程序，A 县检察院截至目前依然没有作出决定。异地合规成为检察院当前合规整改的一大难点，成本极高，容易失控。

根据最高检发布的四批涉案企业合规典型案例，启动合规考察程序的适用条件基本成型。具体包含以下四项条件：

合规考察的第一个条件，是基础性条件，具体有三个要求：一是认罪认罚。这是前提之前提、基础之基础。如果连罪都不认，怎么可能认真地预防犯罪，且认罪必须是双重认罪，单位和责任人均要认罪。有的律师认罪认罚"唱双簧"，让当事人认罪，律师做无罪辩护，这种情况下检察院应取消合规整改，立即起诉。二是企业要停止犯罪活动。比如最高检第一批试点案例张家港 L 公司案件，该企业将产生的剧毒废水直接排向下水道，当时张家港检察院要求如要启动合规程序，必须立刻停工停产，整改完成后才能开工。三是积极配合开展合规整改。配合是指接受司法机关的调查、接受第三方管委会的审核、接受第三方组织合规监管评估。因为只有配合才能达到合规整改效果。

合规考察的第二个条件，是法益修复条件。即涉案企业以积极主动的方式修复了犯罪破坏的利益与社会关系，减轻了犯罪的社会危害后果。其中，有被害人的，要赔偿被害人；没有被害人的，要提前缴纳罚款。共涉及五项要求：一是向行政监管部门缴纳罚款。二是补缴税款。如虚开增值税发票导致国家税款流失，必须补缴税款并拿到税务局的完税证明后检察院才能认为符合涉案企业合规适用条件。三是缴纳违法所得。四是修复环境资源、恢复原状。如果自身没有办法修复，应缴纳修复的费用。五是有被害人的案件，应赔偿被害人，最好能获得被害人的谅解协议书。有被害人的案件，检察官一定要高度谨慎，被害人谅解可以防止上访、申诉，防止酿成公共事件。

合规考察的第三个条件，是社会公共利益衡量。所谓公共利益考量，是指在启动合规考察时，要衡量涉案企业有多大的社会贡献。可以从两个角度进行：一是如果不起诉，会维护多少社会利益或国家利益；二是如果起诉，会带来多大的国家公共利益损失。从哲学上说，这是一种功利主义考量。具体又可以考虑以下几个因素：纳税情况、吸纳就业数量、出口创汇金额、是否是上市或拟上市公司。

合规考察的第四个条件，是具备合规整改的现实可能性。检察官要把关审查是否具有合规整改的现实条件。即企业要做两项工作让检察官相信：首先要找到犯罪的原因，其次要提出有针对性的整改方案。现在各地检察机关都开始要求企业在启动合规程序审批之前要提交自查报告和合规整改计划，如果没有这两项文件，绝对不允许启动合规。自查报告是企业提交的诊断犯罪原因的报告。从企业犯罪学上来说，犯罪原因分两种：一是犯罪的外部诱因，包含外部环境、行业惯例、监管不力等因素；二是犯罪的内生性结构原因，是指企业治理结构的缺陷、企业管理制度漏洞、经营模式中有犯罪因素。合规无法解决外部诱因，但找到企业犯罪的内生性结构原因并逐一解决，就是有效的合规整改。企业向检察机关进行汇报时，自查报告要逐一阐明犯罪的内生性结构原因，合规整改方案中要有相对应的整改方案。

二、合规整改的针对性措施：制度纠错

合规的生命在于先破后立。举三个案例：第一个案例，张家港 L 公司污染环境案，这是我国第一例涉案企业合规案件。L 公司将有毒有害废水

排入下水道，3名高管是直接责任人，且单位构成犯罪。检察院将其纳入合规考察，责任人取保候审并做整改。一开始L公司做了300多页的合规计划，光规章制度就有二十多项，却没有想到开工后污水往哪排的问题。检察官提出该问题必须解决，否则合规计划就是形式，建议从苏州市审查选取一家治污企业。在检察院的监督下L公司与治污企业签订了协议，此后定期将污水交给治污企业，至今没有再出现过污染环境的问题。这并不属于合规计划，在合规整改中叫作"纠错方案"。合规不仅是法律问题，还是公司治理问题。合规的基础在于制度纠错。

第二个案例，闵行区检察院办理的Z公司非法获取计算机信息系统数据案。Z公司使用网络爬虫手段非法获取E公司数据。当时律师团队面临一个问题，Z公司可以建设数据合规体系，但这无法解决上游数据供应商的问题，如无法找到合法取得数据的途径，企业无法生存。为此，Z公司第一步先积极赔偿被害单位经济损失并取得谅解，第二步与E公司达成合规数据交互约定，有偿与E平台数据接口直连，并与三家大型互联网企业达成数据合作，实现数据来源合法化。

第三个案例，生产有毒有害食品案。合规整改期间检察官分析认为该类食品行业存在问题，要么污染环境，要么生产的食品有毒有害，故建议涉案公司生产另一种无污染无害的产品。这叫改变企业的产品。

通过上述案例可知：合规纠错是指在合规整改过程中，对有缺陷的治理结构、有漏洞的管理制度进行有效的纠正，为合规体系的引入创造条件。纠错大体上分为以下几种：

一是改造公司的治理结构。如前述广州案，改变了董事会结构。原本董事会中3名董事由母公司委派、2名由市检察院办理的特大虚开增值税发票本公司自行委派，但母公司委派的董事从不参加董事会，董事会处于瘫痪状态，而总经理管理存在缺陷，分管副总经理实施了虚开增值税发票的行为。因此在该公司合规整改过程中，实行了专职董事制度，要求上级委派的董事只能专职担任，总法律顾问（首席合规官）、监事由上级委派，组建合规部。

二是建立合规性审查机制。绝大多数企业走上违法犯罪道路都是因为没有合规性审查。所以一定要求建立规章制度，纠正原来的错误基础，建立合规体系，监测重大的产品立项、交易、有风险的商业活动，要求合规先于业务。小企业可以聘请外部合规顾问，定期提供合规性审查，防止再犯；大企业可以建立合规管理委员会或合规工作领导小组、合规部。

三是消除犯罪因素，引导从事合法合规业务，停止有犯罪因素的业务和产品生产，从事没有犯罪因素的业务。

四是改造犯罪的商业模式和经营模式。如虚开增值税发票案件最难的就是改变票货分离的商业模式。仍以广州市检察院办理的特大虚开增值税发票等为例，合规整改中用了四种方法改正票货分离的模式：（1）加强发票管理，一人开票、三人审核，重点审核每笔发票背后是否存在对应的真实商品交易背景，没有交易记录就不能签字，谁签字谁负责。（2）合同管理，做到合规告知，即在与任何商业伙伴签合同时都要强调本单位的发票要对应于真实的商品货物，并在合同中明确。（3）合规性审查，合规专业人员对发票与货物交易的对应关系进行定期检查，大额发票一律要有合规部签字，否则不予开具。（4）一旦出现可疑发票，提交合规管理委员会讨论。通过这四项制度改正票货分离的模式。

五是第三方商业伙伴的管理。大量犯罪发生于第三方商业伙伴，第三方商业伙伴指上游供应商、中游代理商/居间人，下游分销商、承销商、经销商。对企业来说，要想防止犯罪，应加强对第三方商业伙伴的管理。一般而言可以采取以下管理制度：（1）建立合规尽职调查制度，对第三方商业伙伴背景调查；（2）动态分级管理，根据第三方商业伙伴的风险程度进行分级；（3）进行定期合规管理培训；（4）建立退出机制，一旦发现第三方商业伙伴违规经营，即要求解除合同。例如，深圳市宝安区检察院办理的深圳某水果企业走私犯罪案，该水果企业的代理报关公司以低于实际成本的价格报关，所偷逃的税款与该水果企业四六分账。宝安区检察院对该水果企业进行合规整改时，要求建立对第三方商业伙伴的尽职调查制度、黑白名单制度、退出机制。

三、合规整改的归宿：专项合规体系的构建

经过三年来的改革试点实践和法学研究与实务界的磨合，对合规管理体系达成了共识：

一是引入专项合规计划。专项合规计划是指检察机关针对企业涉嫌犯罪的罪名和类型，建立有针对性的、专门化的合规计划。我们可以看到，最高检从发布第三批涉案企业合规典型案例开始，对一个犯罪只做一种合规，逐渐接受了专项合规的观念。在几个月有限的合规考察期和有限资源的情况下，能够把特定的犯罪问题解决掉，防止再犯，已经相当不容易了，建立大合规不具有可能性，检察院只需要纠正和预防已经暴露和发生的犯罪。

二是符合比例性原则（相适应原则）。企业建立合规管理体系要与以下因素相适应：（1）企业规模大小、人员数量；（2）产品业务类型；（3）营业范围；（4）合规风险大小，合规风险越大体系要约完备，合规风险越小，资源投入可以相对少一些。根据比例性原则，我们目前基本上把合规区分为两大类：一个是大中型企业的"范式合规"，这是上海市金山区检察院创设的概念，被最高检采纳，即针对公司治理结构比较完备的大中型企业引入一个标准的合规管理体系。另一个是小微企业的"简式合规"，即针对小微企业建立的比较简便易行的合规管理体系，强调最低限度的合规，可以看看第四批典型案例中南京江宁区检察院办理的案件。小微企业建立合规体系至少要满足以下最低要素：第一，有合规负责人，一般由企业负责人担任；第二，有合规执行者（合规官），一般是高管；第三，设立合规部或者聘请外部合规顾问，帮助审查业务违规风险，定期检测企业的经营情况，定期进行专项合规培训；第四，合规管理体系一定要渗透到业务和管理流程中。

四、合规整改的基本目标：科学的合规验收评估

所谓科学的合规验收评估，一个是在合规考察期结束前第三方监督评估组织要评估；另一个是检察官评估。检察官评估又可分为两类：一是检

察官对企业经过合规整改后是否能够达到预防犯罪的效果进行独立评估；二是检察官对第三方组织的评估报告进行审核。但实际上，还有听证会公开的评估。在合规验收上，第三方组织是第一道，检察官是第二道，听证会公开评估是第三道，听证会上要接受人大代表、政协委员、人民监督员、第三方管委会代表等各方的质疑、评论。

检察官和第三方合规监管人评估时，要做到"一个目标四种方法"。"一个目标"——经过科学的评估验收，审查企业的纠错方案和建立的合规体系能否有效预防相同或相似的犯罪行为再次发生。"四种方法"——一是全面评估犯罪的内生性结构原因，通过阅卷、访谈、调研审查找到的犯罪原因是否准确和有针对性；二是提出的合规整改方案是否具有针对性，每一个结构性的犯罪原因都要有对应的整改方案；三是纠错方案能否堵塞漏洞、消除隐患，实现商业模式和经营模式的去犯罪化；四是审查专项合规计划是否切实可行、具有可操作性。必要时可以采取以下几种评估手段：（1）随机访谈法，找员工、高管、第三方商业伙伴等各方有代表性的人物随机访谈，看企业的经营业务是否有本质改变；（2）随机抽取商业交易记录；（3）随机听取会议，该方法适用于大型企业；（4）"穿透式"检查法，指对某一产品从立项到生产、销售的全流程进行"穿透式"检查。

刑事责任视角下企业合规不起诉研究

林艺芳[*]

摘　要： 在企业合规不起诉中，刑事责任是链接合规与不起诉的中心环节，且企业刑事责任应当呈现独立化要求，以区分于企业中个人刑事责任。目前实践中的企业合规不起诉模式具有一定局限性，过于重视事后合规不起诉，忽略事前合规不起诉；事后合规不起诉对企业刑事责任的免除，缺乏实体法基础，并且适用对象混乱，有违罪责自负原则；未有效回应责任分离不能情况下涉企不起诉机制的建构问题。针对上述问题，我国应当在刑事责任视角下形成三种企业合规不起诉建构路径，即事前合规前提下的法定不起诉、事后合规前提下的附条件不起诉以及合规失灵前提下的协议裁量不起诉。

关键词： 企业合规；不起诉；刑事责任；罪责自负原则

在刑事司法领域，企业合规最突出的表现就是对检察机关起诉审查、裁量和决定机制的影响。在合规滥觞地美国，企业合规是暂缓不起诉的依据之一，检察官对于达成合规协议的企业，可以作出不起诉或者暂缓不起诉决定。[①] 在我国，试点地区多探索对具备有效合规计划或者承诺进行合规改造的企业予以不起诉。目前学术界关于企业合规不起诉，已经形成了不少成果。然而，现有研究成果往往缺失了对以单位刑事责任为核心的刑事实体法基础的考察，导致合规不起诉的正当性论证不足，以及模式选择

---

[*]　林艺芳，湘潭大学法学院副教授、博士生导师。

[①]　陈瑞华：《美国〈反海外腐败法〉与刑事合规问题》，载《中国律师》2019 年第 2 期。

的随意化。对此，笔者将以单位刑事责任与合规和不起诉之间的关系为前提，以不同合规样态下涉企不起诉多种模式为线索，揭示现行企业合规不起诉实践在刑事实体法方面的困境，并提出继续完善该制度的新思路。

一、企业合规不起诉的刑事责任要求

作为一种公司治理机制，企业合规是如何与不起诉这种典型的诉讼行为联系到一起的呢？笔者认为，二者之间产生关联性的桥梁是企业刑事责任，并且企业刑事责任应当呈现独立化要求，以区分于企业中个人刑事责任。

（一）刑事责任是链接合规与不起诉的中心环节

首先，合规通过切割企业责任与个人责任，实现企业刑事责任的免除。企业合规是企业自身建立的一整套防范风险的制度体系，它以企业为主体，即以具备独立组织体资格的企业作为内部治理、风险防控或者处置激励的对象。虽然合规计划难免涉及对企业中个人行为的规范与约束，但这并不意味着合规的直接适用对象及于个人，而是企业为实现自身科学管理、防范可能风险而不得不作出的相关措施，是企业对自我的要求与保障。基于此，如果企业已经建立起合理有效的合规计划，那么当企业中的个人实施违法犯罪行为时，企业便可以合规为依据，证明个人行为有违企业意愿，从而将自己屏蔽在法律责任之外。亦即，合规的受益方是企业本身，是企业免除责任的理由，与企业中的个人无关。在接受行政监管或者司法处置时，因合规计划的存在，企业中的个人不仅可能无法逃避法律的制裁，而且在特定情况下还需要独立承担由此带来的不良后果。

其次，企业刑事责任的免除是对企业作出不起诉决定的前提条件。刑事诉讼程序具有工具属性，法律程序是确保实体法所包含的正义、安全、社会福利等各项价值得以现实实现的工具 [1]。它的价值在一定程度上取决于刑事实体效果的实现。在此基础上，实体常常先于程序而存在，并决定具

---

① 陈瑞华：《程序价值理论的四个模式》，载《中外法学》1996 年第 2 期。

体程序机制的运行方式。不起诉决定是刑事诉讼程序的重要组成部分，它是检察机关在审查起诉阶段终结诉讼进程的一种方式。不起诉决定作出之后，被不起诉人在实体效果上便是无罪之人。我国刑事诉讼法规定的五种不起诉类型都应当以刑事责任的不存在或者没有存在必要为前提，即犯罪嫌疑人由于没有实施犯罪行为、符合立法明确规定的具体情形、犯罪情节显著轻微、出于刑事政策要求或者证据不足等原因而无须承担刑事责任。对企业作出不起诉决定也是基于这样的逻辑。在合规情形下，企业刑事责任的免除是对企业作出不起诉决定的前提条件。既然企业已经建立起合理的合规机制并行之有效或者承诺建立合规体系，那么企业便无须或者可以不对员工的犯罪行为承担刑事责任；既然企业无须或者可以不承担刑事责任，那么国家也不能或者没有必要适用刑事诉讼程序对企业进行制裁，企业可以在审查起诉阶段享受不起诉待遇，以终止诉讼程序，实现无罪的实体效果。

可见，企业合规不起诉主要涉及三大要素，即"合规建设""企业刑事责任免除""不起诉决定作出"。"合规建设"是"企业刑事责任免除"的前提，"企业刑事责任免除"又是"不起诉决定作出"的依据，因此三者之间实际上呈现前后相继的逻辑样态，并且"企业刑事责任的免除"还处于最核心的地位（见图1）。

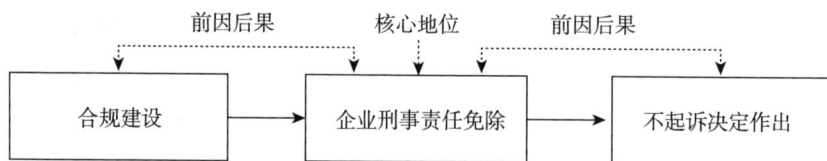

图 1　企业合规不起诉三大要素关系

（二）企业刑事责任具备独立化要求

在我国刑法学语境下，企业刑事责任属于单位刑事责任的范畴，讨论企业刑事责任，实质上讨论的是企业作为单位组织体之一，如何在刑事司法中承担刑事责任的问题。唯有承认单位刑事责任的独立化，即单位具有作为犯罪主体独立承担刑事责任的资格，单位刑事责任与单位中自然人刑事责任之间是可以明确区分的，才能进一步论证合规对企业刑事责任的影响，进而决定不起诉的适用。易言之，要保障企业刑事责任能在合规不起诉中有效发挥作用，需建立起两大前提：一是承认单位刑事责任的存在，即单位可以作为独立的个体，承担刑事责任并接受法律的制裁。如果单位无法成为刑事归责的主体，那么何谈对其进行责任的免除，更毋论合规对企业责任的影响以及企业责任对不起诉的影响。二是单位刑事责任与单位中自然人刑事责任之间是可以相互分割的，尤其是单位实施犯罪行为的主观意志是可以区分于自然人的主观意志的。如果单位只是替代单位中自然人承担刑事责任的主体，自然人的责任可以转嫁给单位，那么就无法通过合规切割二者责任，也无法实现对企业单独作出不起诉决定的可能性。总之，单位刑事责任的独立化是企业合规不起诉的实体法基础。单位是否具备独立的担责资格，单位刑事责任与单位中自然人刑事责任是何关系，在我国经历了发展变化的过程。

在我国，企业刑事责任属于单位刑事责任的范畴。关于单位刑事责任的原则性规定主要体现在《刑法》第 30 条和第 31 条。根据这两条规定，单位具有独立承担刑事责任的资格，"单位犯罪是单位自身的犯罪，单位所承担的是自我行为责任"[1]；对单位犯罪原则上实行双罚制，既惩罚单位又惩罚直接责任人员。但是上述规定一方面未明确单位犯罪应否具备主观要件，与我国刑法界普遍奉行的主客观相统一原则有所背离；另一方面，双罚制有混淆单位刑事责任与单位中个人刑事责任的倾向，加之刑法分则中仅在过失型事故犯罪中存在对单位中直接责任人员进行单罚的情况，不存在对单位进行单罚的情况，这似乎意味着单位无法构成过失责任，否定单位在过失型犯罪中独立承担刑事责任的可能性。[2] 由于立法规定的模糊性和矛盾性，在 20 世纪 90 年代计划经济环境影响下，我国学术界关于单

---

[1] 黎宏:《企业合规不起诉改革的实体法障碍及其消除》，载《中国法学》2022年第 3 期。

[2] 例如《刑法》第 135 条"重大劳动安全事故罪"、第 135 条之一"大型群众性活动重大安全事故罪"、第 137 条"工程重大安全事故罪"、第 138 条"教育设施重大安全事故罪"和第 139 条"消防责任事故罪"。

位刑事责任的观点以否定论为主。之后随着市场经济的发展，单位刑事责任肯定论才逐渐占据上风，形成了连带刑事责任论、社会独立主体论、双层犯罪机制论、一体化刑事责任论、一个犯罪两个犯罪构成论、符合犯罪主体论、共同犯罪理论、双重性论等多种理论。不过，这些理论虽然肯定了单位的独立犯罪主体资格，但并未将单位担责问题与单位中自然人担责问题予以明确区分，不利于单位刑事责任独立化的持续发展。

基于对上述立法和理论的反思，进入 21 世纪之后，有学者提出效仿日本法人犯罪理论，引入所谓的"组织体刑事责任论"，即"不依托作为单位组成人员的自然人，从单位组织体的结构、制度、文化氛围、精神气质等因素中推导出单位自身构成犯罪并承担刑事责任的根据"。这种理论将单位特定化，成为完全独立于个人的组织体。考察单位犯罪责任，首先考虑的是单位自身特征，而单位中个人实施犯罪，也被看作受单位上述制度文化因素影响的结果。这种理论为我国近年来逐渐兴起的企业合规机制提供了正当的实体法理论基础。如果企业犯罪只是替代其组成人员受罚，或者取决于其组成人员的意志和行为，那么只要其组成人员实施了违法犯罪行为，企业都难辞其咎。与之相反，在组织体刑事责任论视角下，企业的制度文化等因素形塑了企业的主观意志，并决定了企业的行为模式，而有效合规计划的存在实际上改良了企业本身的制度文化等。因此，当企业组成人员实施了违法犯罪行为，这些行为便应当被看作对企业意志的违背，企业可以据此减免甚至摆脱刑事责任，无须为其负责。①

总之，独立化的企业刑事责任是我国当前涉企犯罪的基本导向。只有在此前提下，合规才能通过影响企业自身刑事责任的方式，使企业有机会摆脱为其员工背负责任的命运，进而享受被不起诉的优待。

二、现行企业合规不起诉改革的刑事责任障碍

我国企业合规在诉讼法领域的典型体现在于，形成了两种相对固定的

---

① 黎宏：《合规计划与企业刑事责任》，载《法学杂志》2019 年第 9 期。

不起诉模式，即相对不起诉模式和附条件不起诉模式。① 然而，在单位刑事责任视域下，目前呈现的合规不起诉改革模式有其局限性：

（一）侧重事后合规的不起诉机制建构，忽略事前合规对企业刑事责任免除及相应不起诉机制适用的影响

在上述不起诉模式中，适用对象皆局限于事后才进行合规改造的企业，或者事前虽然设有一定的合规机制但并不完善或者运行不畅，以至于不足以防控法律风险产生的企业，即事后合规的企业。易言之，企业在涉案之后还需进行合规整改，且合规整改是企业换取不起诉的关键条件。但是上述改革模式的问题之一在于，忽略了在涉案之前就已经存在完善有效的合规体系的企业，即事前合规的企业。实质上相对而言，事前合规的企业更符合合规不起诉的基本逻辑。合规专门针对企业本身进行改造这一特点决定了，它是刑事责任分离的依据。已经具备完善有效的合规体系的企业，可以证明自己并无要求或者纵容企业中个人违法犯罪的主观意志，无须为企业中个人的犯罪行为担责，从而在涉案时获得减轻或者免除责任的机会，这就是所谓的"放过企业，但严惩责任人"的逻辑进路。

对事前合规的忽略，直接导致了目前改革实践中不起诉类型的局限性。在刑事诉讼法规定的五种不起诉类型中，除当前合规改革中普遍适用的酌定不起诉和附条件不起诉外，还有三种不起诉类型。其中证据不足不起诉旨在落实疑罪从无原则，与企业合规的要旨相去甚远；认罪认罚特殊裁量不起诉在一定程度上被并入了相对不起诉，从而运用于改革实践中；而法定不起诉却完全被忽略了。然而根据孙国祥教授的观点，企业事前有效的合规管理证明单位缺乏犯罪意志，是单位犯罪的消极抗辩事由。② 这种情况下的企业既不成立犯罪也无须承担刑事责任。既然如此，其与法定不起诉的要义最相符合，应当对企业适用这类不起诉，检察机关只要认定

---

① 陈瑞华：《企业合规不起诉改革的八大争议问题》，载《中国法律评论》2021年第4期。

② 孙国祥：《涉案企业合规改革与刑法修正》，载《中国刑事法杂志》2022年第3期。

企业符合上述条件，便应当对企业作出不起诉决定，既没有自由裁量权，也不能附加其他条件或者考察要求。

（二）在事后合规前提下免除企业刑事责任并作出不起诉决定，实体法依据模糊甚至欠缺

我国目前检察机关主导下的企业合规试点改革，基本采取的都是事后合规的做法。不过，分析最高人民检察院于 2021 年 6 月、12 月和 2022 年 7 月先后发布的三批企业合规改革试点典型案例又可以发现，"事后合规"在不同地区的不同案例之间做法不一。以合规与不起诉的先后次序为标准，可以将这些典型案例分为"先合规、后不起诉"[①] 和"先不起诉、后合规"[②] 两种模式。[③] 对于前者而言，一般情况下，检察机关不起诉决定的作出，无论是针对涉案企业还是针对企业中负责人员，都受到了企业涉案之后进行的合规建设的影响。因此，我们可以认为，合规是不起诉的先决条件。但是对于后者而言，不起诉决定的作出往往与合规之间并无直接联系，检察机关在案件办理过程中发现企业存在不合规情况，随后才在作出不起诉决定后，要求企业进行合规建设整改。涉案企业或其责任人员并非因为合规建设整改而获得不起诉机会，而是因为自身已经符合立法所规定的不起诉条件而被作出了不起诉决定，即合规并不必然影响检察机关不

---

① 包括第一批试点典型案例中的案例一"张家港市 L 公司、张某甲等人污染环境案"，第二批试点典型案例中的案例一"上海 J 公司、朱某某假冒注册商标案"、案例三"山东沂南县 Y 公司、姚某明等人串通投标案"、案例四"随州市 Z 公司康某某等人重大责任事故案"，第三批试点典型案例中的案例一"上海 Z 公司、陈某某等人非法获取计算机信息系统数据案"、案例三"江苏 F 公司、严某某、王某某提供虚假证明文件案"、案例四"广西陆川县 23 家矿山企业非法采矿案"、案例五"福建省三明市 X 公司、杨某某、王某某串通投标案"。

② 包括第一批试点典型案例中的案例三"王某某、林某某、刘某乙对非国家工作人员行贿案"、案例四"新泰市 J 公司等建筑企业串通投标系列案件"。

③ 比较特殊的是第二批试点典型案例中的案例五"深圳 X 公司走私普通货物案"。在该案中，深圳市检察院在侦查期间即要求涉案企业进行合规整改，随后在审查起诉期间对合规整改效果良好的涉案企业及其责任人员作出不起诉决定，但在不起诉决定之后，仍要求涉案企业继续进行后续的合规整改工作。可以说，合规贯穿于不起诉的之前、过程及之后。

起诉决定的作出。与其称之为"企业合规不起诉"，不如将其"合规"与"不起诉"分而视之（见图2）。从该视角看，"先合规、后不起诉"才属于真正意义上的企业合规不起诉。然而，这种模式是否具备实体法基础，则有待进一步考察。

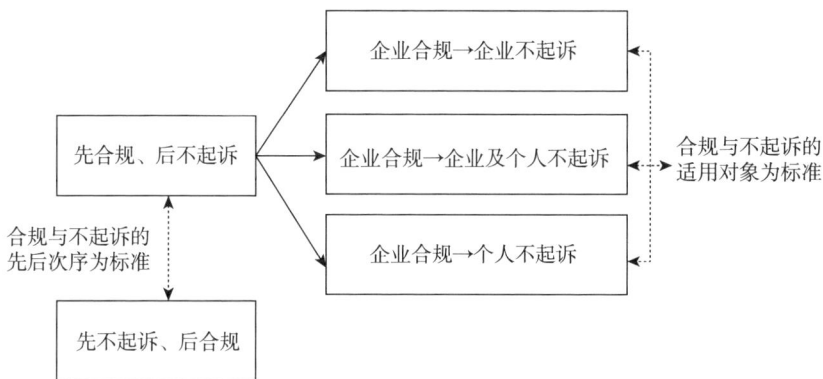

图 2　改革试点合规不起诉模式

有学者认为，如果企业涉嫌的是情节轻微的犯罪类型，那么对企业适用不起诉的法律依据是《刑法》第13条的"但书"部分和《刑事诉讼法》第177条第2款的规定。笔者认为，这种观点是值得商榷的，这两处规定实际上存在本质差异，前者适用于"情节显著轻微、危害不大"的行为类型，而后者则适用于"犯罪情节轻微"的行为类型，二者有明显的危害程度差异。另外，前者是构成犯罪之后的出罪事由，属于"不以犯罪论处"，界定的是罪与非罪的问题；后者属于"定罪免刑"，即不仅构成犯罪，而且以犯罪论处，只不过免予刑罚处罚。基于此，涉嫌犯罪"情节显著轻微、危害不大"的企业可以依据《刑法》第13条的规定"不以犯罪论处"，无须承担刑事责任。此类企业无论合规与否，都可以获得不起诉待遇。但是涉嫌"犯罪情节轻微"的企业却并不能当然免责，它们要获得不起诉机会，还应当根据《刑事诉讼法》第177条第2款的规定符合"依照刑法规定不需要判处刑罚或者免除刑罚"的要求。但是目前我国刑法并未将合规作为企业"定罪免刑"的事由之一，因而这类企业欲依据合规获得免责和不起诉机会，是缺乏实体法依据的。

另外，如果企业涉嫌的是相对严重的犯罪类型，此时免除或者减轻企业刑事责任更是于实体法无据，对企业适用不起诉也缺乏必要的正当性基础。实际上，在事后合规的前提下，企业在涉案之前缺乏合理有效的合规体系，这证明企业中个人实施的违法犯罪行为可能并不违背或者不完全违背企业的意愿，或者证明企业可能在这些人员实施的违法犯罪事实中负有一定的主观过错，因此企业可能已经构成犯罪，需承担刑事责任。事后合规只是企业涉案后的补救性措施，至多属于企业犯罪的积极抗辩事由。积极抗辩事由虽能发挥阻却行为违法性和有责性的功能，但需要通过立法做明文规定。显然，在现行刑法修改之前，合规并非企业逃避或者减轻刑事责任的法定出罪事由之一，因此检察机关也无法据此对企业作出不起诉决定。

（三）事后合规不起诉的适用对象混乱，有违罪责自负原则

事后合规不起诉在改革实践中还存在另一问题，即不起诉的适用对象问题。仍以前述最高人民检察院发布的三批企业合规典型案例为例，依据不起诉对象的不同，"先合规、后不起诉"案例又可以分为如下三种类别①：一是先要求涉案企业进行合规建设整改，再对合规评估合格的企业作出不起诉决定，即"企业合规→企业不起诉"。②二是先要求涉案企业进行合规建设整改，再对合规评估合格的企业及同案企业责任人员皆作出不起诉决定，即"企业合规→企业及个人不起诉"。③三是先要求涉案企业进行合规建设整改，再在涉案企业合规评估合格之后，对企业责任人员作出不

---

① 关于"先合规、后不起诉"案例的具体类型区分，可见图2。
② 包括第一批典型案例中的案例一"张家港市L公司、张某甲等人污染环境案"、第三批典型案例中的案例三"江苏F公司、严某某、王某某提供虚假证明文件案"。
③ 包括第二批典型案例中的案例一"上海J公司、朱某某假冒注册商标案"、案例三"山东沂南县Y公司、姚某明等人串通投标案"，以及第三批典型案例中的案例一"上海Z公司、陈某某等人非法获取计算机信息系统数据案"、案例四"广西陆川县23家矿山企业非法采矿案"和案例五"福建省三明市X公司、杨某某、王某某串通投标案"。

起诉决定，即"企业合规→个人不起诉"。①

上述案例中，"企业合规→企业及个人不起诉"和"企业合规→个人不起诉"有违背罪责自负原则的嫌疑。根据罪责自负原则，刑事责任是一种严格的个人责任，只能由行为人个人负担，负有人身专属性，不可移转，也不能替代。②罪责自负原则中的"个人"既包括自然人，也包括单位。单位是与自然人平行的、独立的、实在的犯罪主体，应当且只能独立地对自己的行为承担责任，不能将单位实施的犯罪行为所产生的刑事责任分摊给自然人，同时也不能将自然人实施的犯罪行为所产生的刑事责任归责于单位。③从前文关于单位刑事责任视角看，为了保障企业合规不起诉的有效运转，企业应当具有独立于企业责任人员的刑事责任，企业刑事责任与企业中个人刑事责任应当是相互分离的。合规只能影响企业的刑事责任，不能影响企业中个人刑事责任。在此前提下，如果涉案企业进行了合规建设整改，那么最终享受刑事责任免除的只能限于企业本身，被不起诉的对象也只能是企业自己。

（四）单位刑事责任独立化考察不足，未有效回应责任分离不能情况下涉企不起诉机制的建构问题

合规是通过影响企业刑事责任的认定，进而决定不起诉的适用。要保障上述机制有效发挥作用，关键是承认企业刑事责任的独立化，并且企业刑事责任与企业中个人刑事责任是可以相互区分的。然而，在我国目前的合规改革实践中，合规不起诉大量适用于小微企业，这些也往往存在责任分离不能的情况。小微企业往往规模较小、内部管理不规范，其中有些企业甚至属于家庭小作坊式运营模式，企业主以及企业中的核心骨干成员是企业的灵魂，主导着企业政策的拟定和经营行为的作出。在这种情况下，

---

① 包括第二批典型案例中的案例四"随州市 Z 公司康某某等人重大责任事故案"。
② 高铭暄主编：《刑法学原理》，中国人民大学出版社 1993 年版，第 418 页。
③ 郑延谱：《罪责自负原则——历史演进、理论根基与刑法贯彻》，载《北京师范大学学报（社会科学版）》2014 年第 4 期。

企业意志与企业中个人的意志常常难以区分，企业的行为与企业中个人的行为具有极高的重合性和同质性，因此企业的刑事责任也与企业中个人的刑事责任难以严格分割，企业无法形成独立的刑事归责机制。这样一来，企业便难以通过合规体系的构建和运用，在涉案时免予为个人承担刑事责任，从而无法适用以"放过企业，但严惩责任人"为基本目的的合规不起诉机制。

从现实视角看，由于企业主或者其中几名核心成员主导着企业的运行，企业严重依赖上述人员的指挥。如果合规仅"放过企业"，未"放过企业家"，那么不仅无法发挥要求企业改善内部治理的激励作用，甚至可能导致企业因为企业家的缺位而经营困难甚至难以维续。为了体现对小微企业的特殊关照，我国改革实践中曾经出现所谓的"双不起诉"，即"既放过企业"，也"放过企业家"。① 但是正如前文所述，合规仅以企业为主体，以企业和企业中个人责任分离为前提。在仅要求企业合规的情况下对企业和企业家都作出不起诉决定，显然有违罪责自负原则，在法理上是说不通的，缺乏正当性基础。

三、刑事责任视角下企业合规不起诉的三重路径建构

正是基于上述考量，笔者根据企业合规建设的阶段以及合规所可能产生的效果，提出在刑事责任视角下建构企业合规不起诉的三种路径。

（一）事前合规前提下的法定不起诉

在事前合规视角下，一个有效的合规体系足以证明其内部员工、管理者或者其他责任人员所实施的违规违法行为，即便属于企业职务行为，甚至可能对企业有利，也是违背企业意愿的，不能算是在企业主导下进行的，不能被推导为企业的行为或者主观意图。在这种情况下，企业责任与上述人员责任可以进行分割，企业无须代替上述人员承担法律责任。既然

---

① 李玉华:《企业合规本土化中的"双不起诉"》，载《法制与社会发展》2022 年第 1 期。

企业既无过错又无违法犯罪行为，那么其便无须承担刑事责任，检察机关在审查起诉过程中自然应当对其作出不起诉决定。此时的不起诉决定，主要取决于企业无须承担刑事责任这一事由，检察机关对此并无自由裁量权，因此更符合法定不起诉的要义。

在我国，法定不起诉又称为绝对不起诉，是指检察机关对于公安机关或者监察机关移送起诉的案件，发现犯罪嫌疑人没有犯罪事实，或者符合《刑事诉讼法》第16条规定的依法不应当承担刑事责任的情形之一的，应当作出不起诉决定。此时检察机关不具备自由裁量权，一旦发现犯罪嫌疑人符合上述条件，即应作出不起诉决定。对检察机关作出不起诉决定的强制性要求，是其区别于其他不起诉决定的根本特点。应注意的是，根据《刑事诉讼法》第177条第1款的规定，法定不起诉的适用是有前提条件的，即没有犯罪事实或者符合《刑事诉讼法》第16条的规定情形之一。事前合规显然不属于该法条第2项至第5项规定的已过追诉时效、特赦令告诉才处理、被追诉人死亡等情形。另外，由于作为新兴事物的企业合规也从未被纳入法律规定之中，因此除非经过立法修改，其也不属于第6项规定的"其他法律规定免予追究刑事责任的"情形。那么问题就在于，事前合规究竟属于企业没有犯罪事实，抑或属于《刑事诉讼法》第16条第1项所规定"情节显著轻微、危害不大，不认为是犯罪的"，还是二者皆非？

一般而言，我国刑法中关于非罪存在两种情形：一种是纯正的非罪，即没有实施刑法所规定的构成要件的行为，或者其行为性质与犯罪不符。纯正的非罪体现的是"法无明文规定不为罪"原则。另一种是不纯正的非罪，即已经实施了刑法所规定的构成要件的行为，只不过因情节显著轻微、危害不大而不以犯罪论处，即行为性质虽与犯罪相符，但没有达到犯罪行为所要求的危害程序。[①] 显然，前述"没有犯罪事实"属于纯正的非罪，而"情节显著轻微、危害不大，不认为是犯罪的"则属于不纯正的非罪。二者都界定了罪与非罪的界限，都是对"何谓犯罪"的把握。二

---

① 陈兴良：《但书规定的法理考察》，载《法学家》2014年第4期。

者的主要区别是前提条件的不同，即前者未实施刑法所规定的构成要件的行为，后者已经实施了刑法所规定的构成要件的行为。从事前合规的情况看，合规区分了企业责任与企业中个人责任，个人的行为不能再被推导为企业的行为，个人的犯罪意图也被认为与企业的主观意愿相违背。如此一来，企业既缺乏违法犯罪行为，又缺乏实施违法犯罪行为的主观过错，实际上是不构成犯罪的，而不是在构成犯罪之后才因合规出罪。因此，事前合规属于"没有犯罪事实"的纯正非罪，符合《刑事诉讼法》第 177 条第 1 款的规定，应当依法适用法定不起诉。

（二）事后合规前提下的附条件不起诉

从最高人民检察院发布的企业合规改革试点典型案例看，只要是涉及不起诉决定的，企业都是在涉案之后，才在检察机关以及其他相关部门的要求与指导下进行合规整改，属于事后合规。在这些案例中，在"先不起诉、后合规"情况下，合规与不起诉之间并不存在必然联系，合规不是企业免予承担刑事责任的前提，也不能为检察机关作出不起诉决定提供依据。相比之下，"先合规、后不起诉"体现合规与不起诉之间的联系，但缺乏立法依据，且在实践中适用对象混乱，违背罪责自负原则。

基于此，笔者建议我国在未来进行相关立法工作时，首先应当明确合规在刑事实体法和程序法中的地位。其次应当在现行刑法中将企业的事后合规行为明文规定为企业犯罪的积极抗辩事由，并将其设定为企业免除或者减轻罪责的法定事由之一。最后在刑事诉讼法中进一步扩大附条件不起诉的适用范围，将企业涉嫌刑事犯罪作为适用范围之一纳入其中。具体而言，对于企业涉嫌刑法规定的与自身经营相关的犯罪，符合起诉条件，但承诺进行合规建设的，人民检察院可以在听取公安机关、被害人意见的前提下，作出附条件不起诉决定。附条件不起诉设定一定的考验期，由检察机关和第三方监督评估组织对涉案企业的合规建设情况进行监督考察。在考验期内，如果企业积极进行合规建设，经评估合格，且未发现新的犯罪或者作出新的违法犯罪行为的，考验期届满之后，人民检察院应当作出不起诉决定。

在此基础上，事后合规不起诉还应遵循如下原则：一方面，应贯彻"先合规、后不起诉"，即只有在企业承诺进行合规建设并已经评估合格，至少取得一定成果的前提下，检察机关才能对企业作出不起诉决定，从而避免企业因为案结事了而缺乏合规动力，以及检察机关后续合规监管乏力等问题。另一方面，应坚持"企业合规→企业不起诉"，即只有企业才能作为公司治理主体，承担合规建设职责，并在合规建设符合要求之后享受不起诉待遇。企业中的个人，无论是普通员工、企业高管，还是企业家本身，都不应直接参与合规不起诉程序，甚至在企业合规之后作为不起诉对象。只有这样，才可避免企业与个人责任不清，个人借合规逃避罪责的情况。另外，在企业中个人涉案的情况下，除了对企业适用合规不起诉之外，可以考虑在认罪认罚从宽制度的基础上完善协商性司法的适用。即企业中的个人在涉案之后如果能够如实供述自己的罪行，承认指控的犯罪事实，愿意接受处罚，且在企业合规过程中提供有效帮助等情况下，可以依法从宽处理。检察机关可以在符合立法规定的前提下对其裁量作出不起诉决定，或者依法提出从宽的量刑建议；人民法院可以依法对其从宽处罚。

（三）合规失灵前提下的协议裁量不起诉

除上述两种情形外，正如前文所述，我国目前的小微企业"人企不分"，对它们适用上述合规机制以免除企业责任并对企业作出不起诉决定，是缺乏实体法基础的。而且由于企业与企业家之间捆绑过于密切，仅"放过企业"，未"放过企业家"，也可能导致"办理一起案件、搞垮一家企业、砸烂一堆饭碗"的消极后果。除此之外，实践中所奉行的"双不起诉"模式还可能存在责任不清、放纵犯罪的弊端。

相比之下，在美国，暂缓不起诉曾经适用于类似的小微企业，但并未将合规与不起诉强行捆绑。位于美国纽约罗切斯特地区的贝尔机械承包公司仅有 35 名员工，年销售额 800 万美元，规模相当于我国的小微企业。2019 年，该公司参加了一项名为"罗切斯特学校现代化计划"的工程，旨在要求企业雇用少数族裔和弱势企业完成特定比例的工作。然而，这家公司并未实际雇佣少数族裔或者弱势企业，而是通过另一家建筑公司冒充弱势企业并向其支付了一定的费用。在该案中，检察官对贝尔机械公司适用了暂缓不起诉。在起诉协议中，检察官设定了 6 个月的考验期，要求该公司在这段时间内不能从事任何犯罪行为，支付 5 万美元的罚金，且如实完整地披露与公司有关的所有信息，充分与检察官合作。可见，对此类小微企业，美国检察官没有要求其进行合规建设，而以不犯罪、支付罚金等条件替代之。①

借鉴上述做法，我国亦可在小微企业领域构建不以合规为前提的"协商裁量不起诉"机制。具体而言，如果小微企业及其企业家在涉案之后认罪认罚，检察机关可以在与企业及企业家进行协商的基础上，设定一定条件，对企业及其企业家作出裁量不起诉决定。此处所谓的"条件"，可以包括在特定考验期内不得实施新的违法犯罪行为、不得实施其他特定行为或者从事特定经营业务，或者支付特定金额的罚金等。上述条件既可单处，亦可并处。需要注意的是，该程序应当被严格限制适用于特定规模的企业和特定类型的罪名，并且企业及企业中个人涉嫌的犯罪情节应当相对轻微，以防止此类不起诉的滥用和司法过程中可能的腐败情况。

---

① 汪君:《比较法视野下企业缓起诉制度功能检视》，中国人民大学 2022 年硕士学位论文。

涉案企业合规改革的
法理表达与实证检视

史笑晓　　陈　诚*

摘　要：合规是企业经营发展中必须扣好的"第一粒扣子"。本文基于检察履职的视角，对企业合规的法理体系作出多维度、立法化解读，包括企业合规的概念内涵，企业合规的动力源泉；合规从宽的理论根据等内容，理性提取企业合规工作存在的"放过涉案企业顺带放过企业家的做法违背企业合规基本理念""单位犯罪归责原则限制合规计划适用拓展""企业暂缓起诉的制度缺位制约合规计划效果达成"等实然困境，尝试提出"能动解释重塑单位犯罪归责机理""立法输出充填企业暂缓起诉制度空白""检察优化健全企业合规配套供给"等解决方案。

关键词：合规计划；刑事激励；单位犯罪；一般预防

一、问题的提出

《中共中央关于加强新时代检察机关法律监督的意见》的出台，为检察机关在学思践悟习近平法治思想过程中，因应新时代要求，立足新发展阶段，贯彻新发展理念，提升法律监督质效，以卓有成效的法律监督履职服务经济社会内涵式高质量发展，提供了方向指引，找准了着力点。企业是国民经济的"细胞"，"细胞"的健康运行离不开"优"无止境的法治化

---

*　史笑晓，浙江省杭州市人民检察院法律政策研究室主任；陈诚，浙江省杭州市人民检察院检察官。

营商环境的支撑和保障。习近平总书记指出："法治是最好的营商环境。"①
从党的十八届三中全会首次提出"建设法治化营商环境"到党的十九届五
中全会强调"持续优化市场化法治化国际化营商环境"，从国务院《优化
营商环境条例》和《关于进一步优化营商环境更好服务市场主体的实施意
见》的制定到各省市的实践探索与地方性立法的出台，无不凸显营商环境
在国家治理体系中的刚需作用和硬核地位。

　　法治化营商环境是有为政府和有效市场同频共振的"结晶"，一方面
依赖新时代有为政府继续深化职能转变，打好一系列"放管服"组合拳，
不断拓展经济社会高质量发展的新空间。另一方面取决于注入合规"基
因"有效市场的积极运作，推动整个产业链形成合规经营的法治氛围，不
断提升企业健康发展"指数"。然而，合规体系的制度缺位已然成为制约
营商环境持续优化的结构性瓶颈。事实上，合规计划②与法治化营商环境
不仅具有价值目标上的一致性和共同的问题导向，而且合规计划的制度优
势有利于法治化营商环境的目的达成。③从这个意义上说，加快企业合规
建设是构建法治化营商环境的"必修课"。有鉴于此，本文将紧密结合最
高人民检察院部署开展的涉案企业合规改革试点，体系性诠释企业合规的
基本法理，"穿透式"解析最高检优选发布的 10 件涉案企业合规改革试点
典型案例，理性提取域内外合规实践的有益经验，希冀为科学摹画企业合
规的检察方案提供智力支持。

---

　　① 习近平：《完善法治建设规划提高立法工作质量效率为推进改革发展稳定工作
营造良好法治环境》，载《人民日报》2019 年 2 月 26 日，第 1 版。
　　② 合规计划（Compliance Programs）又称企业合规，"刑事合规"是德国及我
国学者从刑事激励措施角度研究合规时所习惯使用的术语，在其发源地美国一般使用
"合规计划""企业合规"的表述，内涵相同，只是表述习惯和角度不同。
　　③ 李本灿：《法治化营商环境建设的合规机制》，载《法学研究》2021 年第 1 期。

二、企业合规法理的体系性注解

（一）企业合规概念的精准界定

合规本身首先是个政策问题，然后才是个法律问题。[①] 通常，企业合规与人工智能（AI）被并称为 21 世纪法学研究的两大前沿课题。其中，作为当前全球颇为盛行的公司治理模式，企业合规系欧风美雨之"舶来品"，近年来因某些知名企业的事件而进入公众视野。

"合规"的概念源于英文中的动词"to comply with"（遵守、符合、依从）。该术语最早被用于医学领域，表达谨遵医嘱之意。近年来，"合规"这一概念也逐渐用于企业经济学领域，表达在企业内遵守法律、标准及指令之意。在法学学科中该词最早运用于英美法系的银行业领域，意指在信贷机构确保雇员的行为守法（尤其在阻止内幕交易方面）。根据《简明不列颠百科全书》，合规指涉"一个社会群体诸成员共有的行为规则和标准得到严格遵守与价值认同"。从感性认识的视角观察，合规堪称"矩不正，不可为方；规不正，不可为圆"这一古训格言的现代版。德国著名刑法学者齐白（Sieber）教授认为，"合规计划规定的是一种对——首先是法定的，有时又是伦理的或其他的——预定目标的遵守程序"。[②] 国内有学者认为，从早期公司治理的角度来看，企业合规大体属于企业内部的自我管理问题。然而，自 20 世纪 90 年代以来，随着行政监管合规和刑事合规制度的发展，企业合规已经成为一种重要的法律制度。[③] 可见，企业合规可能是一个建构性的法学概念，具有多元化的内涵和开放性的外延。但是，人们习惯于不区分适用场域，望文生义地对合规进行泛化解读，而没有对"规"的范围进行适当的限缩。

从认识的过程和目的看，感性认识只能反映事物的现象。认识的真正任务，不是认识事物的表面、外部特征，而是认识事物的内在本质和规

[①] 朱孝清：《企业合规中的若干疑难问题》，载《法治研究》2021 年第 5 期。

[②] ［德］乌尔里希·齐白：《全球风险社会与信息社会中的刑法：二十一世纪刑法模式的转换》，周遵友、江溯等译，中国法制出版社 2012 年版，第 236 页。

[③] 陈瑞华：《论企业合规的性质》，载《浙江工商大学学报》2021 年第 1 期。

律。感性认识因之需要升华为理性认识而成为指导实践的真理。相应地，在法律语境中，将国家有关法律规范、行业规范乃至商业伦理、交易惯例"眉毛胡子一把抓"地纳入合规的概念体系中，无疑扭曲了企业合规的本体意义。实践也证明，"对于以追求营利为目的的企业而言，宣扬未必与利益挂钩的至善行动是不现实的，最终不过是'徒有虚名'"。①

如果一个概念的内涵和外延不甚明确，那么认定标准和证明方法也就难以把握，人们可以赋予它各种含义，因而成为可以从自己的主观价值偏好与需求中导出任何结论的万能原理。因此，形塑企业合规概念，必须明晰"规"的适用范围。美国学者将合规计划定义为一种旨在全面发现和预防企业犯罪的组织体系（organizational systems），其目标，一是在于阻止公司内部不端行为，二是提供一种内部监督和报告不当行为的方法。②当下如火如荼开展的企业合规改革试点是以涉案企业为重点展开的。就此而言，以刑事合规来界定企业合规是较为妥当的。亦即，合规计划的内容可以涵盖从商业伦理到民事违约/侵权风险、行政处罚风险，再到刑事制裁风险的规范，但本质以刑事责任的预防与应对为依归。也就是说，合规并非一般意义上的法律风险防控，而主要针对刑事法律风险的防控。

需要指出的是，在经济社会深刻变革和急速转型过程中，我国犯罪形态发生了重大结构性演变，"法定犯时代的到来"由预言变成了现实。法定犯是兼具行政不法与刑事违法双重属性的法益侵害行为。司法大数据显示，法定犯正日渐成为单位犯罪的"主战场""新常态"。单位犯罪因之呈现出明显的双重违法性特征，常常由行政违法的"烟雾"引燃刑事犯罪的"火灾"。从这个意义上说，企业合规的概念内涵又不可避免地扩张至作为法定犯构成要件的规范要素的行政法维度。但是，其本质依然是刑事法风险预防与控制。

---

① ［日］川绮友巳：《合规计划的现状》，曾文科译，载李本灿等编译：《合规与刑法：全球视野的考察》，中国政法大学出版社 2018 年版，第 30 页。

② Michael Goldsmith and Chad W. King, "Policing Corporate Crime: The Dilemma of Internal Compliance Programs", Vanderbilt Law Review 50(1997): 3–45.

（二）企业合规动力的全景揭示

在法治化的营商环境中，如果说财务风险、商业风险、合规风险是高悬企业头顶的三柄"达摩克利斯之剑"，那么财务管理、业务管理、合规管理构成了决定企业生死之地、存亡之道的"三大支柱"。既有案例表明，涉案企业往往在应对财务风险和商业风险等方面做足了功课，却因惯常性地忽视合规风险而身陷刑事法网。很多公司、企业至今依然不重视合规管理的形塑，既没有设置独立的合规机构，更没有投入必要的资金开展合规业务。合规管理这种"堂下客"的尴尬处境与定位偏差恰如其分地映射出合规计划在我国企业文化中价值阙如的现状。

诚然，企业合规成本高昂，不仅投入大、周期长、见效慢，而且合规管理并不能直接为企业创造利润，有时甚至还会抑制业务的发展，短期内还有可能导致企业业绩下滑。这明显与资本的逐利性、扩张性相抵牾。行文至此，我们或许感到困惑，既然对于以追求利润最大化的企业而言，合规是一种不必要的奢侈品，那么国家为何还要不遗余力深入推进企业合规建设？这是因为，商业利润之矛与合规管理之盾都是关乎企业生存与可持续发展的"压舱石"。不管商业利润之矛有多锋利，没有了合规管理之盾的保护，一旦受到刑事打击，过往再多的利益、荣誉也都将随着盾护乏力而沦为"眼看他起高楼，眼看他楼塌了"的过往云烟。

企业合规的主要功能与价值就在于有效防控刑事法律风险，避免企业因遭受刑事指控而被剥夺经营资格，失去市场、职员、客户以致元气大伤。合规管理的真谛正如《企业境外经营合规管理指引》所指出的，合规是企业"走出去"行稳致远的前提，合规管理能力是企业国际竞争力的重要方面。建设完善的合规体系，提高企业的抗风险能力，对有志于深耕跨境业务的企业大有裨益。

合规计划"护身符"价值之彰显，一方面端赖市场需求端的企业主动植入合规的种子，另一方面也需要在制度供给侧提供合理的刑事激励。易言之，刑事合规旨在发挥刑事法"保障法的普遍遵守"功能，通过设立合规指引与合规激励机制，激发企业自我预防犯罪意愿与动力。由此，完整的"合规计划"应当包含两个方面的要素：(1) 企业为预防、发现违法犯罪行为而主动实施的内部自我管理、约束措施、机制；(2) 建立了"合规计划"或者涉罪后接受检察机关合规整改建议的企业，刑法与刑事诉讼法分别给予鼓励回应，作为从宽处罚的依据。[①] 第二个要素体现了合规计划的刑事担当。相对不起诉成为当下企业合规改革试点中刑事激励的基本范式。合规计划激励机制助力优化营商环境的运作逻辑包括：一是如果不建立合规体系，一旦涉罪就可能遭受刑事打击的"灭顶之灾"，企业由此面临建立合规计划的"重压"；二是被纳入合规考察对象之后就有希望获得不起诉等从宽处理的"优惠"，倒逼企业进行合规整改，于是企业建立合规体系有了强大的"动力"；三是企业完成合规整改，建立有效合规计划，实现除罪化改造，检察机关就可以对其作出不起诉决定，以无罪的处理结果对其进行"奖励"。

（三）合规从宽根据的系统阐释

与刑罚注重"通过惩罚唤醒改造"的运作逻辑不同，企业合规的制度设计立足于"通过有效的改造替代惩罚"。合规计划在其发源地美国的法律体系中，是作为刑事责任的积极抗辩事由而发挥刑罚减免功能的，在我国当下刑事司法实践中呈现法定从宽机制的演进趋势。关于合规从宽的法理根据，实务界权威观点认为，建立并有效实施了"合规计划"的企业，其预防的必要性降低，从而影响预防刑，进而减轻甚至免除刑罚处罚，通过刑事责任的加重或者减轻、免除，给予涉案企业合规以压力和动力，从制度合规逐步形成合规文化，进一步实现一般预防。[②] 这一观点体现了单位犯罪刑事政策出罪机制的形塑，然而，仅仅从未然之罪（特殊预防）的角度论证合规从宽的实体依据是不充足的，它忽略了涉案企业已然之罪应当从宽的面向，未免存在以偏概全之嫌。

---

① 李勇：《合规计划中需有刑法担当》，载《检察日报》2018 年 5 月 24 日。
② 李勇：《检察视角下中国刑事合规之构建》，载《国家检察官学院学报》2020 年第 4 期。

现代犯罪论体系是应罚性与需罚性的有机统一，即在不法与罪责的应罚性评价基础上，吸纳刑事政策范畴的需罚性判断，以避免刑事司法上的过度犯罪化。在合规从宽的制度设计中，即使检察机关未对涉案单位作出公诉决定，但是对于涉案单位而言，它并非犯罪构成意义上的无罪，而是程序上获得了"除罪化"优待。事实上，只有被证明是有效的合规计划，涉案单位才能获得刑事司法上的从宽处理。因此，一个有效的合规计划必须表征出涉案单位经过合规整改而减轻已然之罪的违法性和有责性，消除未然之罪的再犯可能。换言之，合规从宽的正当性证成应当从违法性减轻、有责性降低、需罚性消除三个层面展开。

1. 违法性减轻

犯罪的实体是不法和罪责，构成要件是不法类型。不法的证立绝非单纯的公理式涵摄，而是在形式逻辑主导的三段论推理基础上，衡平不同价值位阶的竞逐性利益分配，协调多个主体间的对抗性利益期待。市场主体是社会生产力的基本单元，承载着稳增长、促就业、惠民生等公共利益的刚性功能期待。涉案单位历经合规"诊疗"，不仅采取必要措施全方位修复被犯罪侵害的法益，而且有针对性地进行制度纠错和管理修复，有效消除再犯隐患。此时再对涉案单位科处原罪的刑罚，反而会因为"水漾效应"而对社会公共利益产生负面效应。因此，可以对完成合规整改的涉案单位予以包括不起诉在内的从宽处理。

2. 有责性降低

罪责是对违反规范期待创设符合构成要件之不法的非难可能性。不法要评判"涉案单位是否做错了事"，责任须判断"犯了'小错'的涉案单位，是否具有可以宽恕的法理依据或政策依凭"。单位犯罪以法定犯为主，根据前文所述，与自体恶的自然犯不同，法定犯是基于行政取缔目的的禁止恶，主观恶性不深。在合规从宽机制中，涉案单位自愿认罪、真诚悔罪，主动配合检察履职，表达出强烈地"戴牢合规'紧箍咒'""筑牢合规'防火墙'"意愿。如此，国家只需通过合规计划来矫正涉案单位对法秩序的悖反，而没有必要启动刑罚权来规训。

3. 需罚性消除

虽然刑事政策通常被解读为遏制和预防犯罪的方法或措施的总和，但这并不排斥"在特定的情况下，刑事政策具有赋予特别豁免权而宣告行为无罪的功能，它可以在既有的罪刑规范之外创设例外，宣告缺乏预防必要性的行为无罪"。① 合规计划旨在落实"保护市场主体"的社会政策，为涉案单位架起一座返回的"黄金桥"。其不仅包括内部问责与惩戒，而且以点带面诊断识别潜在的刑事风险点，刮除机体上的"腐肉"，从而达到全身健康。至此，不仅涉案单位的预防必要性被有效的合规计划所稀释，而且基于"程序即惩罚"的观念与"合规从宽"的制度激励，既可警示潜在有犯罪倾向的市场主体勿"重蹈覆辙"，又能唤醒社会公众源自内心的守法意识，实现刑法一般预防效果。

三、涉案企业合规改革试点典型案例的"穿透式"解析

（一）涉案罪名特征透视

从涉案罪名分布看，15 个典型案例② 分别涉及危害公共安全、破坏社会主义市场经济秩序、妨害社会管理秩序等多个刑法分则章节罪名，一方面反映了涉案企业合规改革试点不仅聚焦反不正当竞争、反商业贿赂等传统合规领域，而且在数据安全、知识产权综合保护、生态环境治理、自然资源保护等需求旺盛，前景广阔的新型合规领域开展了积极的探索和有益的尝试。另一方面折射出法定犯是涉企刑事案件的"重灾区"。法定犯具有双重违法性，通常由行政不法之量变集聚引起刑事犯罪的质变转化，由此凸显企业犯罪诉源治理的成败关键在于"抓前端，治未病"，通过有效合规计划预防企业在资本逐利动机驱动下堕落至罪责与刑罚。

---

① 劳东燕：《罪刑规范的刑事政策分析——一个规范意义上的解读》，载《中国法学》2011 年第 1 期。

② 自涉案企业合规改革试点以来，截至 2022 年 8 月 30 日，最高检共分三批优选发布了 15 个涉案企业合规改革试点典型案例。

（二）合规计划适用对象检视

从合规计划的适用对象看，仅仅根据涉案企业规模作出"改革试点偏向中小微企业"的判断，无法科学反映改革的本体价值导向。事实上，15个典型案例清晰表征出改革试点更加关注企业的经营现状、市场前景、纳税就业、技术创新、社会贡献度等情况，上述要素都是启动合规办案程序的核心评价因子，因此在改革中检察机关对于涉案企业的选择更具针对性。第二批和第三批案例中的企业规模普遍较大，更具有行业影响力。如在上海 J 公司、朱某某假冒注册商标案中，涉案企业以生产智能家居电器为主，拥有专利数百件，有效注册商标 3 件，近年来先后被评定为浙江省科技型中小企业、国家高新技术企业。公司有员工 2000 余人，年纳税总额 1 亿余元。由此可见，办理涉企刑事案件，落实好"从政治上看"，怎样处理更有利于保市场主体、稳就业，更有利于经济社会的发展，更有利于国家的长治久安，始终是涉案企业合规改革试点的初心、坚持与立足点。

（三）案件处理模式考察

从案件处理模式看，涉案企业合规改革试点主要呈现两种模式："检察建议模式"和"附条件不起诉模式"。"检察建议模式"是指检察机关对企业作出相对不起诉决定的同时，向其送达检察建议，要求其在一定期限内建立专项合规体系；"附条件不起诉模式"是指检察机关对提交合规计划的企业，作出暂缓起诉、合规考察或者附条件不起诉的决定，设定一定的考验期，责令其聘请合规监管人，由合规监管人对企业合规情况进行全流程监管，并定期提交合规进展报告，在考验期结束后，检察机关根据企业合规的情况，作出是否提起公诉的决定。无论哪种模式，事实上让检察机关以监督者和把关者的角色介入涉案企业合规治理过程，是检察机关作为公共利益守护者的应有之义。

（四）案件处理结果评析

从案件处理结果看，15 个典型案例中仅有一个案例检察机关依法对涉案企业与责任人提起公诉。因之，对涉案企业和涉案企业中的个人均不起诉，即"双不起诉"成为试点中合规从宽的主流范式。这与国际上的企业合规"放过企业，但严惩个人"的理念与做法不同。"双不起诉"现象引起了人们的关注，也引起了对合规不起诉制度改革的质疑：合规不起诉是否放纵犯罪？一方面，国外企业中所有权人和经营者相分离，因而其刑事合规制度中"放过企业而不放过责任人"，不会引发"雪崩"效应。从我国经济社会发展阶段看，一是社会上缺乏一个经理人阶层，企业管理专业人才的储备不足；二是企业管理方式和治理结构现代化程度总体上不高，许多企业特别是民营企业还没有发展到公司制的运营机制，企业的生存、发展与企业家个人紧密捆绑在一起的。一旦企业家出事了，企业就面临灭顶之灾。因而检察机关企业合规改革试点中"放过企业，也放过责任人"的做法有其合理性。另一方面，试点中合规不起诉的范围限定为涉案企业涉嫌实施的轻微犯罪案件，尤其是直接责任人可能被判处三年有期徒刑以下刑罚的轻微案件，且在办案过程中，直接责任人普遍认罪认罚，一般兼具多个法定、酌定减、免处罚情节，因而检察机关对其作出不起诉决定并未逾越现有法律框架。当然，探索如何将涉案企业责任与直接责任人的责任加以分离，也是这场改革获得更大空间，取得更好成效的"必修课"。

（五）第三方监管机制述评

落实第三方监管机制，不是检察机关的"独角戏"，而是检察机关主导下多部门合作共赢的"大合唱"。在首批案例中，大部分均由检察机关主导整改、验收，在第二批典型案例中，全部引入了第三方监督评估机制，包括行政主管部门、第三方监督人才等组成合规监管工作组或委员会。这对于涉案企业合规整改的要求更高，通过合规监管的难度也更大。建立第三方监督评估机制具有特殊价值：一是程序制约价值。其在程序上做到了监督考察（由第三方监控人进行）和结果运用（由检察机关进行）相分离，增强了检察机关开展涉案企业合规改革工作的客观公正性。二是决策参考价值。企业经营范围千差万别，对专业性要求很高，加之检察官进行合规监督考察精力有限，引入第三方监控人制度，对企业进行合规考察并提交报告供检察官参考，可有效弥补专业限制和人手不足的问题。

（六）合规流程概要

合规流程主要分为如下四个步骤：一是停止犯罪，修复法益：在认罪认罚的前提下停止犯罪行为，积极配合刑事追诉行动，采取补救挽损措施，处理责任人；二是犯罪原因识别、诊断：查找犯罪原因，发现造成犯罪发生的制度漏洞、管理隐患和治理结构的缺陷；三是对症下药，刮除机体上的"腐肉"：针对上述漏洞、隐患和缺陷，进行有针对性的制度纠错和管理修复，切断犯罪发生的因果链条，避免同一犯罪的再次发生；四是建立预防犯罪的长效机制：建立一种整体的、全面的和长远的预防犯罪机制，引入有针对性的专项合规管理体系。

第二批和第三批典型案例中涉案企业的合规流程更加全面、翔实，尤其强调合规计划不是"没长牙"的软约束，也不是落在纸面的"走过场"，而是涉案企业得到"从宽"刑事激励的政治"必选项"。同时，在改革中，第三方监管机制落地生根，刑事检察与公益诉讼检察业务实质性融合趋势显现，认罪认罚从宽、检察建议、检察听证等机制配套与改革试点同频共振。

（七）合规有效性标准判断

对涉案企业合规承诺与整改有效性的评估和认证，是改革中的关键环节与核心内容。第三批典型案例充分考虑大中小微不同企业类型合规特点，既有针对大中型企业开展的专项合规，也有对小微企业开展的简式合规。今后，在对满足合规条件的案件依法"能用尽用"的背景下，提炼出兼顾工具理性与价值理性，具有普适性的合规有效性审查规则体系，则成为稳实推进涉案企业合规改革的"压舱石"。

四、涉案企业合规改革试点的结构性瓶颈

企业合规的司法适用不是单纯的域外法律"移植"，不能"简单拿来""机械复制"，要深耕我国文化背景与实践土壤，着力研究"合规本土

化"的命题，既要戴着刑法规范的"显微镜"去审视企业合规本土实践的个性问题，又要戴着刑事法治的"望远镜"去探索企业合规的前瞻性问题。目前，这项有温度的改革试点工作在依法稳步推进中迸发出满满的正能量——向企业传导合规理念，帮助企业医治成长过程中的"病症"，依法引导企业讲正气、走正道。然而，试点中也发现以下几个问题值得深入反思与探讨。

（一）合规计划不是企业家免罪的"丹书铁券"

"放过涉案企业而严惩违规高管和职员"，实现企业责任与关联人员责任的切割分离，既是合规计划应有的气节品质，也是域内外经典合规案例的通行做法。众所周知的"西门子事件""中兴通讯事件"概莫如此。美国通过合规制度实现企业犯罪治理的理念便是直接追诉并强调个人刑事责任。针对企业中不法个人的责任，美国司法部耶茨备忘录鼓励企业通过揭露相关个人的犯罪进而交换转处机会。

治理和预防企业犯罪是国家治理体系和治理能力现代化的重要内容。新时代检察机关以合规计划为抓手，在涉企刑事案件办理中突破"构罪即捕、入罪即诉、一判了之"的固有藩篱令人称道，然"放过企业顺带放过责任人"的处理方式值得商榷。或许我们可以从以往"办理一个涉企案件，垮掉一个企业，下岗一批工人"的沉痛教训找到辩解的理由：很多中小型企业的高层管理人员往往是企业生存发展的灵魂人物，如对其采取强制性措施或者追究刑事责任，带来的附带后果可能是企业资金链断裂，停产停工甚至是破产倒闭。如果是上市公司或者拟上市公司，则可能面临被迫退市或者上市失败的风险，在危及企业发展的同时，也损害了当地经济发展。

然而，这一理由难以令人信服。第一，上述理由只是基于企业治理中盛行"家天下"的企业文化之现实情势作出的价值判断，而不是公理式的——演绎式的逻辑结论。换言之，基于同样的事实，完全可以得出不同的价值判断——"家天下"的企业文化是诱发涉企刑事案件的重要根源，这种企业文化系以高度集权的管理模式核心，董事长往往成为企业唯一的决策"大脑",其他人则成为其执行的"手足",因而企业难以养成有效的犯罪"免疫力"与健康的"有机体"。"放过涉案企业而严惩涉案企业家"的玄机就在于,倒逼涉案企业摒弃这种不合时宜的文化传统,改革两权合一的产权结构(所有权与经营权合二为一)和企业资产与个人财产混同的财务管理制度,消除企业犯罪"基因"。第二,刑罚是对滥用意志自由而致法允许之危险现实化的行为人作出的报应性回应。涉案企业家享受不起诉的优待会动摇公众对法秩序存在力与贯彻力的信赖和忠诚,侵蚀刑罚的正当根基。因此,在罪责自负的刑法理念下,单位犯罪基于合规从宽获得的刑罚上利益并不能成为放纵个人犯罪的理由,只有将自然人的罪责置于严密的控制之下,自然人才不能以单位为盾牌。企业合规本质上是预防企业自身犯罪的"良药秘方",而不是为企业家开脱的"挡箭牌"。第三,如果不惩治具有罪责的企业家,不仅刑法的一般预防效果会陷入目的性落空的窘境,强烈冲击人民群众朴素的正义情感,而且还会滋生负面示范效应,即鼓励更多的自然人利用单位作为牟取不法利益的犯罪工具,这给培育风清气正、井然有序的法治营商环境带来严重的负能量。

概言之,为了更好地实现犯罪预防与司法公正的统一,要警惕合规计划沦为企业家逃避罪责与惩罚的工具,合规计划应当永葆"让合规者享受优待、让违规者付出代价"的价值本色。

（二）单位犯罪归责原则限制合规计划的适用拓展

根据现有规范资源,合规不起诉从逻辑上可以区分为法定不起诉、酌定不起诉和存疑不起诉、特殊不起诉四种类型。其中,酌定不起诉以"犯罪情节轻微,不需要判处刑罚或者免除刑罚"为必要。亦即,涉案事实虽然符合法定犯罪构成,然其违法性与有责性没有达到值得科处刑罚的程度。在企业合规改革试点中,检察机关普遍适用《刑事诉讼法》第177条第2款酌定不起诉的出罪通道,其他三类不起诉暂时无人问津。这一试点情状难免令人质疑:合规计划是否仅适用于轻罪?这一质疑也是企业合规改革向"深水区"推进的"必答题"。

从试点情况看,"最高可能判处三年有期徒刑"似乎已经成为适用合规计划的"天花板"。不仅我国司法实践难觅重罪合规案例，而且有的检察机关明确划定合规计划试点"禁区"。例如，根据南京市建邺区人民检察院《关于涉企犯罪案件中适用认罪认罚从宽推进企业合规的实施意见（试行）》，可能被判处三年有期徒刑以下刑罚的涉企犯罪，在考察期满后，企业履行合规承诺，完成整改方案，并满足刑事诉讼法规定的酌定不起诉条件的，方可依法作出不起诉决定。再如，深圳市龙华区人民检察院《关于对涉民营经济刑事案件实行法益修复考察期的意见（试行）》强调，可能判处十年有期徒刑以上的刑事案件，一般不适用该意见。总之，合规不起诉囿于可能被判处三年有期徒刑以下刑罚的轻罪案件，映照出合规计划刑事激励担当不足的困境，而这一困境的产生又与我国单位犯罪归责原则天然相通、紧密相连。

企业合规本土化实践必须规范考察其与我国单位犯罪兼容性、匹配度的问题。从根本上说，企业犯罪刑事责任的大小，取决于如何理解企业和企业职员之间的关系。[①] 对此，我国司法机关一直将企业决策责任论作为办理单位犯罪案件的指导原理。此举亦得到了我国刑法理论通说的背书。例如，张明楷教授认为，"单位犯罪是由单位的决策机构按照单位的决策程序决定，由直接责任人员实施的"。陈兴良教授认为，"单位犯罪是指公司、企业、事业单位、机关、团体为单位谋取非法利益或者以单位名义，经单位集体研究决定或者由负责人员决定，故意或过失实施的犯罪"。由此看来，基于企业决策责任论的基本观点，单位承担刑事责任的实质系单位为其作出错误决策而生成的恶害"买单"。因此，只有单位工作人员按照单位决策实施的犯罪才能够认定为单位犯罪。正如我国司法解释所指出的，认定单位犯罪必须同时具备两个条件：一是以单位名义实施犯罪；二是违法所得归单位所有。在以上两个条件中，"以单位名义""归单位所有"正是单位决策内容与程序的原生态呈现。

与"仆人犯错，主人受过"而导致企业受罚范围过广的替代责任原则相比，企业决策责任论无疑大大限缩了单位犯罪成立空间。甚至有学者

---

① 石磊：《单位犯罪适用》，中国人民公安大学出版社 2012 年版，第 5 页。

认为"其本质上与单位犯罪否定论也相差无几"。[①]企业决策责任论的积弊在于，即使企业职员为了单位利益，背离规范性期待而创设构成要件之不法，但只要企业职员的职务行为不能客观归责于单位集体决策机制和流程，那么，单位就无须对该行为负责。这不仅严重违背"利之所生，害之所归"的商业伦理，而且豁免了单位对预防职员犯罪行为的监管责任，为单位脱逸刑事打击留下了处罚漏洞，有损刑法正义价值。于是，企业决策责任论必然造成诸多企业合规热情不高、合规动力不足的局面。因为在公司不会被定罪的情况下，获得检察官的青睐没有任何意义。[②]

（三）企业犯罪暂缓起诉制度的立法缺席制约合规计划效果达成

在企业合规实践中，合规整改能够经得起刑事"体检"方能达标。实现"不敢犯、不能犯、不想犯"的健康指标一方面取决于合规计划设计良好、有效落实、发挥作用，另一方面则需要配套机制同步跟进。其中，暂缓起诉制度就是合规计划刑事激励机制的重要拼图。

在我国现行法律框架中，虽然合规计划尚未成为从轻、减轻或者免除处罚的法定量刑情节，但如前所述，试点地区检察机关纷纷将合规计划作为依法作出不起诉决定的重要评判因素，广泛适用于单位犯罪案件办理。

目前，一般采取"合规检察建议 + 相对不起诉"模式推动企业合规改革。亦即，检察机关依据调查情况，向涉案企业制发检察建议，涉案企业依照检察建议作出合规整改并向检察机关反馈，检察机关结合案情及企业整改情况作出相对不起诉决定。其中，检察建议不仅涉及对涉罪事项或涉案的业务环节进行整改，还包括在组织架构、权责配置、机制运作情况等企业治理活动中实现合规管理全覆盖等内容。这一模式不会引起合法性的争议，也确实能够实现涉企刑事案件办理法律效果与社会效果的双赢共

---

① 黎宏：《组织体刑事责任论及其运用》，载《法学研究》2020 年第 2 期。

② Jennifer Arlen, The Potential Promise and Perils of Introducing Deferred Prosecution Agreements Outside the U.S., New York University School of Law, Public Law Research Paper Series, Working Paper No. 19–30, Law & Economics Research Paper Series, Working Paper No. 19–29(2019).

赢。因为合规检察建议不仅与检察机关的法律地位没有冲突，反而是检察机关回应社会需求、守护公共利益的应有之义，具有内在的正当性，尤其与当前民营企业犯罪治理的刑事政策相契合。[①] 而且，合规检察建议也具有制发时间、对象较为灵活的独特优势。

然而，这一模式并非最优选项。其一，检察建议缺乏刚性约束力。合规建设只有进行时，没有完成时。以检察建议的方式督促涉案企业进行合规建设，涉案企业在获得不起诉的刑事"激励"后能否继续不打折扣地履行合规承诺存有疑问。毕竟，合规计划与利润最大化的生产目的之间存在难以调和的矛盾。其二，合规考察期限过于短暂。受刑事诉讼法审查起诉期限的限制，检察机关通常仅设置 6 个月至 1 年的考察期。刑事犯罪可谓"民法不法与行政违法的质变转化"，因而检察机关提出的合规整改方案往往指涉容易导致犯罪发生的管理制度和文化基因，需要投入更多的时间与资源。不超过 1 年的整改期限难以完成对企业经营方式和商业模式的实质性改造。相反，涉案企业可能只是建立了一个"纸面的合规计划"。

综上所述，现行刑事诉讼制度下，"合规检察建议＋相对不起诉"只是检察机关引导企业开展合规建设的权宜之计，这一模式的短板与漏洞需要暂缓起诉制度的补强与完善。

五、企业合规改革完善进路的规范性构建

法律制度的正当性基础必须去法律外部寻找，社会演进或时代精神是法的正当性之源。工业社会向信息社会的跃迁所带来的形势、环境、任务、要求的变化，使得检察权抛弃消极"守夜人"的传统角色，能动参与社会治理，俨然成为不可逆转的时代趋势。在此意义上，合规计划是新时代中国特色社会主义刑事司法制度的重大创新。它不仅可以帮助企业发现漏洞、讲正气、走正途，助力企业家聚精会神办企业、遵纪守法搞经营，在法治营商环境中提升企业竞争力，是企业从野蛮生长到健全发展以至建成"百年老店"的必选项，而且极大丰富了单位犯罪诉源治理的检察"工

---

① 李奋飞：《论合规检察建议》，载《中国刑事法杂志》2021 年第 1 期。

具箱"，彰显检察机关的司法智慧和履职担当。因此，检察机关应当正视面临的实然困境，从法理创新、立法输出、检察供给等维度强弱项、补短板，做好企业合规改革的"后半篇文章"。

（一）单位犯罪归责原则的法教义学重塑

萨维尼曾言："解释法律，系法律学之开端，并为其基础，系一项科学性的工作，但又为一种艺术。"[①] 解释本身就是司法的一项重点任务和主体工程，法律运用的前提就是必须经过解释。因此，解释是连接立法和个案的桥梁和纽带。《刑法》第 30 条规定，公司、企业、事业单位、机关、团体实施的危害社会的行为，法律规定为单位犯罪的，应当负刑事责任。从法条的文义射程看，除了传统的"经单位集体决策所实施的犯罪行为"能够成立单位犯罪外，《刑法》第 30 条并不排斥将"经单位负责人授权所实施的犯罪行为"，或者"既没有单位集体决策，也未经单位负责人授权，单位职员为实现单位利益而实施犯罪行为"解释为单位犯罪的可能。后两种情形成立单位并未逾越国民预测可能性，因而不属于类推解释，更无修法必要。

克劳斯·梯德曼（Klaus Tiedemann）教授认为，"相对于针对个人的刑罚制度而言，一种针对公司的制裁制度在进行制裁裁量时，不仅能够考虑个别的——使职员犯罪成为可能的——监督措施，还能够对公司的合规措施进行整体考量。进行个别考量时，使用的是严格的理由标准；而在进行整体考量时，依据的是对于组织过错的评价"。[②] 梯德曼教授的这一经典论述深刻揭示了制裁单位犯罪的两大实体根据（组织体责任论）：一是单位存在"前过错"。单位承担刑事责任的根本原因不在于职员的犯罪行为，而在于公司没有采取合理、必要的措施确保职员的履职行为符合法规范的要求。一旦单位职员具有创设法不允许之危险的企图和预备举动，那么单

---

① 梁慧星：《民法解释学》，中国政法大学出版社 1995 年版，第 194 页。

② 孙国祥：《经济刑法的奠基与构建者——悼念梯德曼教授》，载《中德法学论坛》（第 17 辑）（下卷），南京大学出版社 2021 年版，第 172 页。

位也就被法秩序赋予防止其职员针对第三人实施构成要件之不法的保证人地位。如果它没有履行阻止职员犯罪的保证人义务，职员的犯罪行为就应当归责于单位。也就是说，单位之所以要负刑事责任，是因为"管理机构或被任命的代表人以'机构性团体正犯'形式实施的违规行为不是'他人犯罪'，而是'自己犯罪'"。①二是来自明确的法定规范，将自然人行为的责任归责于单位，构成要件是由立法者作为归责规范而设立的②——单位负责人或职员为了单位利益，在其履职过程中生成符合构成要件之害恶。因此，未来我国可以在试点形成易复制、可推广的长效机制的基础上，以制发司法解释或指导性案例的方式摒弃企业决策责任论立场，转而采取前述组织体责任论以因应社会发展变迁能动扩张单位犯罪版图。

（二）暂缓起诉制度的立法输出

在企业合规的语境下，所谓企业暂缓起诉制度，又称附条件不起诉制度，就是激励涉案企业承诺建立有效的合规计划，以此作为不起诉的附加条件，经过一定的考验期且经评估确认有效后，对涉案企业正式作出不起诉决定。③通过近景观察我国不起诉制度的立法现状，再远景比较域外企业合规刑事激励的规范体系。应该说，在西方国家为企业合规立法规划的各项制度安排中，暂缓起诉协议和不起诉协议等刑事诉讼程序分流措施构筑了刑事司法激励机制的"绝代双骄"。以美国为例，"这种适用于公司的暂缓起诉协议和不起诉协议，对被告方提出了新的义务：一方面要缴纳高额罚款，被没收所有违法所得，向所有因犯罪行为受到损失的被害方进行赔偿；另一方面还要承诺在配合检察官调查的前提下，重建合规计划，或者完善合规管理体系，接受检察机关派驻的合规监督员，定期就其完善合规计划的进展情况向检察机关汇报。检察机关在对涉案公司进行持续合规监管的基础上，在考验期结束后，根据该企业重建或者完善合规计划的情

---

① ［德］乌尔里希·齐白：《全球风险社会与信息社会中的刑法》，周遵友、江溯等译，中国法制出版社 2012 年版，第 253 页。

② 孙国祥：《刑事合规的刑法教义学思考》，载《东方法学》2020 年第 5 期。

③ 李勇：《企业附条件不起诉的建议》，载《中国刑事法杂志》2021 年第 2 期。

况，最终决定是否作出提起公诉的决定"。[1]

如前所述，企业暂缓起诉制度的立法缺席不仅影响合规计划的效果达成，更加制约企业合规改革的"深水区"试点。近年来，主张在立法中增设企业（单位）暂缓起诉制度的呼声越来越高。[2]事实上，建构主义系统论为企业暂缓起诉提供了理论支撑，认罪认罚从宽制度为企业暂缓起诉在刑事诉讼法总则层面奠定了制度基础，未成年人犯罪附条件不起诉实践效果为企业暂缓起诉积累了实践经验，检察机关的试点探索也为企业暂缓起诉提供了实践样本。[3]因此，立法增设企业暂缓起诉制度可谓"万事俱备，只欠东风"。篇幅所限，企业暂缓起诉制度的立法设计无法详述，只能对该制度的基本要素进行必要的说明与注解。

第一，企业暂缓起诉制度的适用应当同时符合"利益兼得原则"与"平等原则"。对于前者，从国家方面来看，避免刑法的"水波效应"，是暂缓起诉协议的政治收益；从检察机关来看，可以提高办案的执法效率和执法力度；从企业来看，可以避免更大的损失。[4]对于后者，既要坚持大型企业与中小企业的平等适用，更要确保国有企业与民营企业被一视同仁地对待。

第二，在适用范围方面，企业暂缓起诉应当与酌定不起诉形成"功能互补，体系协调"的适用格局。亦即，企业暂缓起诉制度限于可能判处三年有期徒刑以上刑罚的涉企犯罪而排斥轻罪涉企刑事案件适用。

第三，须采取证据检验与公共利益检验相统一的适用标准。从证据检验来看，要以"排除合理怀疑"标准审查全案证据体系，在案证据和事实只有满足《刑事诉讼法》第55条规定的法定起诉条件，才能启动企业暂缓起诉的适用程序。从公共利益检验看，承办检察官必须进行价值权衡或

---

[1] 陈瑞华:《企业合规视野下的暂缓起诉协议制度》，载《比较法研究》2020年第1期。

[2] 杨帆:《企业合规中附条件不起诉立法研究》，载《中国刑事法杂志》2020年第3期。

[3] 李勇:《企业附条件不起诉的建议》，载《中国刑事法杂志》2021年第2期。

[4] 陈瑞华:《企业合规视野下的暂缓起诉协议制度》，载《比较法研究》2020年第1期。

利益衡量。相对于作出提起公诉的决定而言，暂缓起诉是否更加有利于公共利益的实现。检察官在考虑公共利益时，需要兼顾多个因素，如公司过去是否实施过类似行为，公司是否制定了积极有效的合规计划，公司的合作态度等。[①]

第四，至于暂缓起诉协议的具体内容，因为缺乏成熟的经验累积，故可以借鉴域外暂缓起诉协议的相关内容。如英国以立法的形式确定了协议的标准范本：（1）DPA 必须包含与指控罪行相关的事实陈述。（2）DPA 必须规定一个考察期限。（3）DPA 至少需要对被告提出下列要求：（a）向检察官缴纳罚款；（b）赔偿犯罪的被害人；（c）向慈善机构或者其他第三方捐款；（d）剥夺犯罪所得；（e）实施有效的合规计划；（f）配合相关的犯罪调查；（g）支付检察官合理的办案费用。（4）被告缴纳的罚款数额大致相当于法院判决的罚金数。（5）被告人违反 DPA 的后果。[②]

（三）企业合规配套供给的检察优化

从试点反馈情况看，检察建议、检察听证和典型案例将成为企业合规改革非常关键的一环，在服务经济社会高质量发展、优化法治化营商环境、推进社会治理过程中，充分绽放法治效应，但同时也需要进行一定程度的优化。

第一，对于社会治理范畴的合规整改检察建议，应当强化其刚性监督特征，实化其激励作用。其一，检察建议应当要求企业立即启动合规整改，并设置明确的整改期限。其二，检察机关应当建立跟踪回访机制，以对企业落实检察建议、开展合规整改的情况进行持续监督。其三，检察机关应对拒不进行合规整改的企业设置不利的法律后果，使检察建议发挥有效约束作用。例如，如果检察建议要求企业在 6 个月内完成合规整改，但期满发现企业怠于整改的，检察机关可以向行政机关发出检察建议，建议

[①] 陈瑞华：《企业合规视野下的暂缓起诉协议制度》，载《比较法研究》2020 年第 1 期。

[②] Crime and Courts Act, Schedule 17, Part 1, § 5(2013).

行政机关对该企业作出行政处罚，并加强行政监管。行政机关怠于行使职权的，检察机关还可以启动公益诉讼程序，提起行政公益诉讼。

第二，将检察听证灵活运用于企业合规，有利于提升企业合规审查的公开性和透明度，也为相关行业企业合规经营提供借鉴。与合规检察建议督促涉案企业"改过自新"的价值一脉相承，检察公开听证是检验合规建设效果的重要载体。通过公开听证，不仅可以借助"外脑智慧"，多角度听取意见，全面考察合规成果，促进企业实现"司法康复"，而且能够以公开促公信，获得民众对检察工作的理解支持，将企业合规办优、做实。然而，实践中还存在一定的畏难情绪，距"应听尽听"的全面推进要求尚有距离。对此，一方面要发挥业绩考评引领作用。强化业绩考评对听证的指引作用，加大考核权重，引导检察官在办理涉企刑事案件中主动开展公开听证，不仅是验收环节，甚至可以提前至作出企业合规决定的环节，都可以组织公开听证。另一方面要加强案例指导和实务培训。对各地办理的具有引领性、示范性、指导性的公开听证案件，及时编发典型案例，供各地办案时参照和借鉴，真正把案例用起来。通过举办培训班、业务竞赛等形式，加强实务培训，提升运用公开听证的能力和水平。

第三，案例既是企业合规法理研究的源头活水，更是指导企业合规改革向纵深推进的最佳"实践范本"。在目前企业合规缺乏专门立法的情况下，一个优质的典型案犹胜一打文件。它能够补充立法不足，细化操作指引，明确办案难点、办案方法、办案争议等方面的模糊地带，突出检察职能对改革试点的引领作用，是提升办案科学化、规范化水平的重要途径。案件的办理是改革试点面貌的真实呈现，能直观反映改革的质量与效果。然而，颇为遗憾的是，除了最高检发布的企业合规改革试点典型案例外，公开渠道尚无法检索到试点地区省、市两级检察院发布的这一领域典型案例。这与检察办案其他领域如网络犯罪、洗钱犯罪等典型案例培育盛况形成鲜明对比。因此，强化企业合规典型案例培育工作迫在眉睫。一是检察官要具备一双慧眼，善于发现涉企案件的"闪光点"。如案件办理能够推动企业合规与依法适用认罪认罚从宽制度、依法清理"挂案"相结合。二是关键词与典型意义的拟制撰写，能起到"画龙点睛"的功效。既要言简意赅地写明案件的亮点与特别之处，又要准确提炼出案件所蕴含的法律适用规则、审查判断事实要领、司法政策价值导向，供他人借鉴参考。三是分析论证有理有据，准确区分行政违法与刑事犯罪。案例是看得见的法典，摸得着的规则。企业合规案例必须提供一种行为指引，告诉涉案企业在内的市场主体，什么可以做，什么不可以做，促进全社会尊法、守法、学法、用法。

六、结论

企业合规是检察机关主动适应时代之变，全面贯彻新发展理念，融入新发展格局，以卓有成效的检察履职服务经济社会内涵式高质量发展的重要引擎和着力点。既要支持各类所有制企业发展壮大，又要有效防治形形色色的涉企犯罪，这是"企业合规"的初心。推动企业合规建设，不仅是诉讼制度领域的重大改革，而且涉及国家治理理念、治理方式的重大转变，即从事后惩治向事前预防的转变与从国家单打独斗向国家与企业合作预防的转变，是国家治理现代化在企业犯罪治理中的必然体现。企业合规建设又是一个需要持续推动的系统工程，改革试点其实也是为下一步推动相关立法积累实践经验。作为这项改革试点的引领者、主导者和实践者，检察机关要坚持问题导向，坚持自身挖潜与借助"外脑"相结合，努力把从渐入佳境的改革试点中千锤百炼"试"出来的科学经验升华成一批既有理论深度又接司法地气，充满人间烟火气息的智识成果，助力检察机关继续以高质量的检察履职，为经济社会高质量发展提供更加优质的法治保障。

企业合规背景下我国单位犯罪归责的实践难题及化解方案

刘　珏　管福生[*]

摘　要： 合规的研究不应当只停留在制度上，其理论对接对象是单位犯罪的刑事责任归属。司法实践中极少认定单位犯罪，原因在于单位犯罪归责原理不明晰、单位犯罪与自然人犯罪界限不明，以及缺乏研究单位犯罪的抓手。最高检开展企业合规试点工作为规范认定单位犯罪提供了契机，原理上拟制责任论只会加剧自然人犯罪和单位犯罪之间的原理冲突，应当确定固有责任论，单位直接负责人应根据授意和监督过失承担不同的责任，其他责任人员应当根据共同犯罪之基本原理、按照在犯罪中的支配力大小分别确定责任，并区别于自然人犯罪。

关键词： 企业合规；单位犯罪归责；司法实践；固有责任论

一、问题的提出

随着企业合规改革的深入开展，目前对于企业合规的研究主要集中于两个方向：一是立足于企业合规探究企业刑事责任发生的根据；二是研究涉案企业合规改革对企业刑事责任的影响，并将相关制度立法化。然而我国司法实践中单位犯罪的案件数量却与刑法中单位犯罪的罪名数量极不相称，中国裁判文书网上单位犯罪的裁判文书仅 3 万余份，在共 900 万余份

---

　　* 刘珏，浙江省湖州市人民检察院检察官助理；管福生，浙江省湖州市中级人民法院法官助理。

刑事裁判文书中几乎可以忽略不计。大多数单位犯罪在处罚上要轻于自然人犯罪，但在法益侵害程度上，单位犯罪与自然人犯罪并无差别，为何在刑事责任上存在巨大差异？这主要与单位犯罪的刑事责任构造有关。单位犯罪中的故意和过失显然无法按照自然人犯罪来理解和认定，因此对于责任中的"可谴责性"自然也无法与自然人同日而语。单位刑事责任与自然人刑事责任是完全不同的两种构造模式。

笔者以非法制造、买卖、运输、邮寄、储存枪支、弹药、爆炸物罪作为实证研究的对象。经检索，在中国裁判文书网本罪的裁判文书中，2015年1月1日至2020年12月31日与单位犯罪相关的一审判决共34份。上述案件中，辩护人都明确提出是单位犯罪，但检察机关对单位提起公诉的仅11起，法院认定单位犯罪的18起、对单位犯罪不予回应的6件、不构成单位犯罪的7件、认为构成单位犯罪但证据不足的3件。

法院明确认为不构成单位犯罪的7起判决书，无一例外都认可了被告人的行为是为了单位利益，但不认定为单位犯罪的理由则五花八门，有的认为分包工程的直接负责主管人员、直接责任人员的决定不能代表公司意志[1]，但有类似判例将这种情形认定为单位犯罪[2]；有的认为实控人以单位名义签订合同牟利，不代表公司决策层牟利[3]；有的认为该单位本来就没有相关资质，所以只能认定为个人行为[4]；更有甚者，在检察机关起诉称被告人是公司负责人之一，判决书亦认定被告人要求员工违法存储爆炸物的行为是为了单位利益时，却以无证据证实系单位负责人决定，不能体现单位意志为由，否定单位犯罪的成立[5]。

不难发现，实践中出现了司法机关对单位犯罪避而远之的情况。我们还发现法院的一个惯常做法，即在事实认定环节认为属于单位犯罪，在定

---

[1] 参见（2018）粤 1802 刑初 711 号刑事判决书。

[2] 参见（2019）闽 0721 刑初 43 号刑事判决书，（2017）内 0929 刑初 82 号刑事判决书。

[3] 参见（2018）粤 52 刑初 10 号刑事判决书。

[4] 参见（2019）湘 1021 刑初 232 号刑事判决书。

[5] 参见（2016）川 0812 刑初 56 号刑事判决书。

罪量刑环节将被告人直接视为单位犯罪中的直接责任人员等，但是却没有建议检察机关将单位追加起诉，事实上架空了单位犯罪条款。

二、我国单位犯罪司法适用现状的成因分析

（一）单位犯罪归责原理不明晰

前文所涉及的判决绝大多数认定为自然人犯罪，却鲜有对排除单位犯罪进行充分说理，与我国单位犯罪的归责原理不明晰不无关系。我国司法实践主张主客观一致的原则，即客观上有犯罪行为，主观上有相应的犯罪故意。由于单位犯罪的行为也是通过自然人来实施，在行为层面上难以区分二者，故司法实践中往往以是否具备单位意志来区分，然而对认定单位意志的范围又极其有限，仅限于通过单位集体决策的直接故意犯罪。现代企业的治理结构早已告别了决策层"事必躬亲"的时代，而是通过事先设定的规章制度和决策程序来决定单位经营管理的绝大多数事项，这也是将单位犯罪的研究重心转向合规的重要理由。

随着"企业合规"时代的来临，单位犯罪归责原理不清晰这一问题逐渐凸显，给司法实践带来了一系列的待解难题。例如，合规整改成为企业得以从宽处理乃至不起诉的理论依据究竟为何？企业从宽或者不起诉后，对于企业的直接负责的主管人员和其他直接责任人员是否可以同样从宽或者不起诉？前者涉及单位刑事责任的根基，如果单位刑事责任与合规无关，那么合规不起诉将成为空中楼阁。后者涉及单位刑事责任与个人刑事责任的关系问题，单位犯罪既不是单位与员工的共同犯罪，也不是单位单纯不履行对员工行为监督管理义务导致的刑事责任，这些问题已远非单位意志可以解释。

（二）单位犯罪与自然人犯罪界限不明

我国刑法分则中尽管单位犯罪条款不少，但是对单位犯罪处罚的范围和界限的设置并不合理。例如，单位不能构成贷款诈骗罪，司法实践中

曾经按照合同诈骗罪处理。① 此外，对于单位组织员工实施盗窃等未规定为单位犯罪的犯罪行为，如何处理也曾莫衷一是，即使在全国人大常委会发布立法解释后②，依然有学者持反对意见。③ 单位犯罪与自然人犯罪界限不明带来的后果是，同样是单位实施的犯罪行为，如果刑法规定为单位犯罪，除单位承担刑事责任以外，一般只处罚直接负责的主管人员和其他直接责任人员。反之，如果刑法没有规定为单位犯罪，那么只要参与实施了犯罪行为的员工，哪怕只是帮助犯，都有可能被追究刑事责任，处罚范围要远大于直接负责的主管人员和其他直接责任人员。司法实践中，有的案件只追究单位管理者和直接责任人员的刑事责任，有的将单位管理者、直接责任人员甚至参与员工，按照共同犯罪处理，这样一来，相同的案件出现了不同结果。④

我国刑法规定对单位犯罪原则上采取双罚制，即使少数采用单罚制的罪名，也是只处罚自然人而不处罚单位，似乎给我们一种立法上更加关注自然人刑事责任的错觉。在司法实践中，追究单位刑事责任和追究直接负责的主管人员、其他直接责任人员的刑事责任可以分别进行⑤，单位被撤销、注销、吊销营业执照或宣告破产的，也不影响追究自然人的刑事责任⑥，这些规定使得单位刑事责任与自然人刑事责任之间看起来似乎没有法理上的关联。如果说单位刑事责任的核心在于"单位意志"，那么直接负责的主管人员和其他直接责任人员刑事责任的核心又在于什么？所以，不仅是单位犯罪和自然人犯罪在立法上的界限不清，单位刑事责任与自然人刑事责任的界限也缺乏理论依据。

---

① 参见《全国法院审理金融犯罪案件工作座谈会纪要》。
② 参见《全国人民代表大会常务委员会关于〈中华人民共和国刑法〉第三十条的解释》。
③ 刘艳红：《"规范隐退论"与"反教义学化"——以法无明文规定的单位犯罪有罪论为例的批判》，载《法制与社会发展》2018年第6期。
④ 陈瑞华：《合规视野下的企业刑事责任问题》，载《环球法律评论》2020年第1期。
⑤ 参见《全国法院审理金融犯罪案件工作座谈会纪要》。
⑥ 参见《最高人民检察院关于涉嫌犯罪单位被撤销、注销、吊销营业执照或者宣告破产的应如何进行追诉问题的批复》。

（三）缺乏研究单位刑事责任的"抓手"

单位犯罪理论研究的匮乏，与德日两国刑法典均否认法人的犯罪主体有关，对于法人实施的"犯罪行为"，两国均是通过单独立法来处理。我国学者对于法人的犯罪能力普遍持肯定说，但当我们进一步追问何谓法人刑事责任的实质时，学术界却并没有给我们提供更为丰富的理论资源，根本原因就在于缺乏研究单位刑事责任的"抓手"。

目前来看，企业合规是研究单位刑事责任的"抓手"。从美国的企业合规路径来看，作为一种激励机制，企业合规如果具备规范上的恰当效果，企业会为了减少、规避刑事风险而主动采取措施，与刑法规范进行对话；但是在我国，企业只能消极地符合刑法规范，而不是积极地参与治理过程。虽然美国的企业合规制度不宜全方位地"移植"到我国，但是这种推动企业与规范对话的做法还是值得考量的。

三、企业合规背景下我国单位犯罪归责路径的选择

企业合规改革的理论核心是解决单位刑事责任的问题。传统意义上的单位犯罪体现为单位集体决定或负责人决定实施的犯罪，但是随着公司治理结构的转变，这种情形已经极为罕见，更为常见的是员工为了单位的利益而实施了犯罪行为，而这种行为得到了单位的"默许"。关于单位刑事责任的本质，主要是拟制责任论与固有责任论之间的争论。

（一）拟制责任论及其不足

由于我国刑法并未定义单位犯罪，加之司法实践中对单位犯罪中的自然人可以区分主从犯的做法，故有学者认为法人犯罪实质上就是法人内的自然人（共同）犯罪，法人的刑事责任是一种拟制的刑事责任。[1] 从自然人的角度来建构单位的刑事责任，最大的障碍便是与责任主义的协调问题。按照拟制责任论的观点，企业的刑事责任在于对企业内自然人刑事责

---

① 张克文:《拟制犯罪和拟制刑事责任——法人犯罪否定论之回归》，载《法学研究》2009 年第 3 期。

任的拟制和分担，其内在依据在于企业对于员工或代理人的授权。[1]但这里存在两个无法回避的问题：其一，代理人以被代理人名义实施的行为法律效果归属于被代理人，只存在于民事代理制度之中，而刑法坚持责任自负原则，从企业对员工或代理人的授权，无法推导出企业应当分担员工犯罪行为的刑事责任。其二，如果要从员工的行为中为企业的刑事责任寻找根据，则只能从企业对员工的监督管理义务角度入手，有学者因此提出单位犯罪实质上属于义务犯，其承担刑事责任的依据是违反"阻止内部成员利用企业进行犯罪"。[2]企业对员工的职务行为的确负有监管义务，但如果企业违反该义务就与员工同罪的话，那么单位犯罪事实上就成了企业与员工之间的共同犯罪，也与现行单位犯罪制度不符。

根据罪刑法定主义，法律拟制应当且只能是立法拟制。[3]但《刑法》第30条和第31条无论如何都难以得出单位犯罪是由个人犯罪拟制而来的结论。而且，拟制责任论也难以解释为何企业合规改革可以减轻或者免除企业的刑事责任。企业合规是企业在经营过程中遵守法律法规，并督促员工、第三方以及其他合作伙伴依法依规进行经营活动。[4]如果认为企业的刑事责任本质上是企业员工的（共同）犯罪，那么在案发之后实施的合规改革，在预防必要性上对自然人的刑事责任并不会产生实质性的影响，也就无法基于拟制责任论来解释合规改革对企业刑事责任的影响。

（二）固有责任论的提倡

如果说拟制责任论是沿着自然人到企业的路径来探寻企业的刑事责任，那么固有责任论则采取了完全相反的路径。在这种理论下，单位刑事责任的根据主要从单位的结构、制度、文化氛围、精神气质等因素中推导

---

[1] 张克文：《拟制犯罪和拟制刑事责任——法人犯罪否定论之回归》，载《法学研究》2009年第3期。

[2] 聂立泽、刘林群：《法人犯罪的义务犯本质与单一犯罪性质之确证》，载《政法学刊》2020年第5期。

[3] 赵春玉：《刑法中的法律拟制》，清华大学出版社2018年版，第17页。

[4] 陈瑞华：《企业合规的基本理论》（第二版），法律出版社2021年版，第7页。

出来。[1]单位承担刑事责任的根据不是它故意或过失借成员之手为某种具体犯罪行为，而是单位（不合规的）治理方式或者运营结构导致其中的自然人实施了刑法规定的危害行为。[2]但是，这只是说明了单位承担刑事责任的原因，并没有从实质上指出单位承担刑事责任的根据。责任的本质在于可谴责性，单位内部存在不合规之处，只能证明单位内部监督管理机制存在漏洞，并不必然意味着单位对犯罪行为存在故意或者过失。

现行刑法规定的单位犯罪一般有两种：第一类是通常由单位集体决定或负责人决定实施的犯罪；第二类是通常与单位员工业务活动有关而很少由单位集体决定或者负责人决定的犯罪。[3]司法实践中，往往以是否具备"单位意志"来区分单位犯罪与自然人犯罪。第一类单位犯罪中，如果单位决策层或者负责人故意违规决策，能否代表单位意志，与盗用单位名义实施犯罪的界限如何划分；第二类单位犯罪中，如果没有经单位或者负责人决策，如何体现单位意志？须知法益侵害结果的发生，并不一定源于单位决策层的违法决策，完全可能是源于单位固有的组织结构或决策程序上的缺陷。[4]因此，为了准确认定单位犯罪，对单位意志应当解释为：凡是经过单位决策程序作出的行为，均是符合单位的意志的行为。

在单位固有责任论下，企业合规与刑事责任的关系体现在：当单位存在有效的合规管理制度时，员工就不可能"合规地"实施犯罪行为，即便犯罪行为是单位决策层所决定，或者使员工以单位名义实施，单位也可以存在有效的合规制度为由，否定该行为的"单位意志"性。可以说，只有采取单位固有责任论，才能在理论上说明企业合规与其刑事责任之间的联

---

① 黎宏：《组织体刑事责任论及其应用》，载《法学研究》2020 年第 2 期。

② 时延安：《合规计划实施与单位的刑事归责》，载《法学杂志》2019 年第 9 期。

③ 耿佳宁：《单位固有刑事责任的提倡及其教义学形塑》，载《中外法学》2020年第 6 期。也有学者将第二种形式概括为单位的一般工作人员在履行业务的过程中造成重大损失或人员伤亡的犯罪，参见黎宏：《刑法学总论》（第二版），法律出版社 2016年版，第 112 页。

④ 黎宏：《单位犯罪中单位意思的界定》，载《法学》2013 年第 12 期。

系，从而有效地契合了社会对于企业"非罪化"治理的客观诉求。①

（三）单位刑事责任的实质根据

单位刑事责任的根据应当从合规的角度来进行论证。单位犯罪与合规本来就是一体两面的关系，合规关注的是事先防范，而犯罪关注的是事后制裁。②单位刑事责任是一个规范性的概念，根据固有责任论，单位意志是根据单位决策程序所体现的单位整体的意志。由于单位的合规制度存在缺陷，致使自然人实施的犯罪行为在决策过程中"一路绿灯"。正如有学者总结道，单位刑事责任的直接依据是单位具有"先在"上的管理过错，表现在单位没有有效地阻止员工的犯罪。③这里的阻止员工犯罪，并不是指单位的管理人员没有尽到监管员工行为的义务，而是体现为单位的治理结构存在缺陷，对员工可能实施的犯罪行为持一种容忍的态度，从而认定了单位犯罪故意的存在。

四、固有责任论下单位犯罪刑事责任的展开

（一）单位犯罪中自然人刑事责任的根据

1. 直接负责的主管人员刑事责任的根据

单位刑事责任产生的根源在于合规缺失致使其中的犯罪风险现实化。就合规缺失的责任而言，单位负责人首当其冲，因为在整个过程中，单位负责人除了决策失误之外，其责任还体现在对组织体活动的监督缺失。④但这只能证明，单位负责人员存在管理、监督上的过失，还不足以成为追究单位直接负责的主管人员刑事责任的依据。目前一种有力的观点是基于不作为犯的角度，通过赋予公司领导、合规官以监督者保证人义务，客观

---

① 陈卫东：《从实体到程序：企业合规与企业"非罪化"治理》，载《中国刑事法杂志》2021 年第 2 期。

② 黎宏：《企业合规不起诉：误解及纠正》，载《中国法律评论》2021 年第 3 期。

③ 孙国祥：《企业合规的刑法教义学思考》，载《东方法学》2020 年第 5 期。

④ 蔡仙：《论企业合规的刑法激励制度》，载《法律科学（西北政法大学学报）》2021 年第 5 期。

上构建一条连续的合规责任链条，只有每个职位上的责任人积极履行构建、运行合规计划的职责，才能排除个人责任。①在没有规定单位犯罪的德国，司法机关就是通过认定公司管理人员负有阻止与企业相关的、由企业雇员做出的犯罪行为的义务来追究管理人员的刑事责任。②

从义务的角度论证企业负责人员的刑事责任，其努力的方向是正确的，但从义务的来源看，现有法律法规难以推导出前引德国案件中的犯罪阻止义务。在现行法律中，与犯罪阻止义务最为接近的是《公司法》第179条、第180条规定的公司董事、监事、高级管理人员的忠实义务和勤勉义务。③但这与德国"合规官"的保证人义务存在一个重要的差别：公司高管的监督义务以其知道违法行为存在为前提，而保证人义务即使是在危险尚未发生时，亦不能免除。再者，由于保证人义务的实质是结果避免义务④，根据保证人地位二分法，无论是从对脆弱法益的保护地位分析，还是从对危险源的支配地位分析，都难以论证公司高管保证人义务的成立。⑤

在单位集体决定或负责人决定实施的犯罪中，单位直接负责的主管人员承担刑事责任当无争议。但对非经单位决策的犯罪中直接负责的主管人员的刑事责任，还是要回归企业合规本身。直接负责的主管人员的刑事责任的根源在于：一方面，基于公司高管的注意义务，其对于这种不合规的治理结构本身可能导致的风险负有监督义务（防止危险现实化）；另一方面，由于直接负责的主管人员长期容忍这种不合规状态的存在，也可以认

①　李本灿：《法治化营商环境建设的合规机制》，载《法学研究》2021年第1期。
②　李本灿：《合规官的保证人义务来源及其履行》，载《法学》2020年第6期。
③　朱锦清：《公司法学》（下），清华大学出版社2017年版，第59—79页。
④　《德国刑法》第13条第1款规定，行为人不防止属于刑法的构成要件结果，只有当他在法律上必须保证该结果不发生，并且当该不作为与通过作为实现法律的构成要件相当时，根据本法是可罚的。
⑤　德国学者阿明·考夫曼认为，根据保证人地位的不同功能，可以把保证人区分为照料性保证人与监护性保证人。照料性保证人，就是负有保护法益义务的人，如父母对其子女、夫妻之间都存在特定的保护义务，在受保护的法益受到侵害时，有防卫的义务。监护性保证人，就是管理特定的危险源，以及自己先行行为产生的危险，以避免这些危险源对法益造成危险。参见［德］克劳斯·罗克辛：《德国刑法学总论》（第2卷），王世洲等译，法律出版社2013年版，第536页。

为他们对这种状态下所"输出"的犯罪行为亦持容忍的态度。

2. 其他直接责任人员刑事责任的根据

单位犯罪中的其他直接责任人员，即直接实施构成要件行为的人员，在第一类单位犯罪中，表现为受单位决策层或管理层指示而实施了具体的犯罪行为；在第二类单位犯罪中，则表现为在业务活动中客观上利用了单位监管缺失而实施了犯罪行为，属于合规缺失的产物。在合规健全的状态下，这些错误的决策理论上都应当可以避免，可以说，单位和员工的行为共同导致了法益侵害结果的发生。

判断员工的行为是否属于单位犯罪，依然要从合规的角度入手。如果员工在业务活动中实施的犯罪行为没有受到公司任何制度的约束或制止，其明知是违法的，但却可能认为符合单位的利益，这种情况就是典型的单位犯罪。同时这也能说明，为什么在单位犯罪中，对于其他直接责任人员的处罚，一般会轻于纯粹的自然人犯罪，因为单位本身也分担了一部分的不法和责任。

（二）单位犯罪归责的理论回归

企业合规理论引入单位犯罪的司法实践，不仅是贯彻宽严相济刑事政策的主要途径，也是改变司法实践中对于单位犯罪侧重处罚自然人这一倾向的契机。

在我国单位犯罪双罚制的模式下，单位的刑事责任与自然人的刑事责任处于一种有联系但又相对独立的状态。单位犯罪的不法是通过自然人的行为实施的，但更多的时候，二者是相对独立的。单位犯罪的实质是单位中不合规的治理方式或者运营结构中所包含的与经营活动有关犯罪风险被管理人员或者员工的行为现实化。单位因未能防止风险现实化而承担责任。对于自然人而言，要么是以自己的行为实现了上述风险，要么是作为单位的管理人员未能履行防止风险发生的义务。

在涉案企业合规整改的案件中，对企业究竟是予以不起诉还是从宽处罚，除必须考量的罪行的轻重之外，其实还有一个容易被忽略的因素，即企业与自然人之间的责任大小程度。在第一类单位犯罪中，犯罪行为通常由单位集体决定或负责人决定实施，其他员工只是按照单位领导的指示实施了犯罪行为，因此在这一类犯罪中，单位应当"负主要责任"，而其他直接责任人员"负次要责任"。相反，在第二类单位犯罪中，犯罪虽然通常与单位员工业务活动有关，但并没有经单位集体决定或者负责人决定，因此员工应当"负主要责任"。

刑事合规背景下单位犯罪治理的
价值转向及其实现方式

潘 璐[*]

摘 要：我国单位犯罪教义学的整体性缺失及刑事合规的全球化发展是引发单位犯罪治理发生价值转向的内在动因和外在诱因。刑事合规背景下单位犯罪治理的价值转向具体体现为，整体主义取代个人主义的刑事归责转向，事前预防取代事后惩治的刑罚功能转向，平等保护取代差别保护的治理对象转向以及合作模式取代对抗模式的司法机制转向。构建本土化的企业合规不起诉制度具有理论根源及现实基础。以有效的合规计划为制度核心、建立企业合规不起诉二元治理模式、适用差异化的企业合规不起诉成立标准是纠正单位犯罪治理现状的合理路径，也是刑事合规背景下单位犯罪治理价值转向的实现方式。

关键词：刑事合规；单位犯罪；企业合规不起诉；刑事归责；认罪认罚从宽

一、问题提取

在经济全球化的背景下，合规风险已成为我国企业在域外发展不可绕过的一道屏障。从全球视野刑事合规研究来看，涉企刑事司法拥有前所未有的大格局和新面貌，并带动了我国刑事合规的发展。刑事合规在中国的引介与推行，必然触及我国单位犯罪制度，包括成立条件、责任内涵与程

---

* 潘璐，华东政法大学刑法学博士研究生。

序规则等基石性问题。其中，与企业合规不起诉制度相关的问题也尤为突出。目前理论界大多着墨于刑事合规的概念与渊源以及刑事合规对单位犯罪制度的影响与作用，鲜有对刑事合规背景下单位犯罪的价值转向进行系统梳理及分类，并将之正确落实于司法制度之中以完善单位犯罪治理。在此意义上，本文通过分析刑事合规背景下单位犯罪治理发生价值转向的成因及其特征，为合理构建企业合规不起诉提供了重要的启发与方向性的指引，有助于刑事合规背景下的单位犯罪治理相关研究获得有意义的实质性进展。

二、单位犯罪治理的价值转向

单位犯罪治理的价值转向并非崛地而起，抓取单位犯罪治理价值转向的成因及特征，对单位犯罪治理价值转向进行深入剖析探析是实现价值转向的必要依据和重要步骤。从成因分析，我国单位犯罪教义学的整体性缺失与刑事合规的全球化发展的双重压力是引发单位犯罪治理价值转向的内在动因及外在诱因。从特征分析，刑事合规背景下的单位犯罪治理从刑事归责、刑罚目的、治理对象、司法机制等各个角度体现了价值的转向。

（一）单位犯罪治理价值转向的成因

第一，我国单位犯罪教义学的整体性缺失是引发单位犯罪治理的价值转向的内在动因。单位犯罪是我国 1997 年刑法采用的称谓，在其他国家则通称法人犯罪。在我国，单位犯罪作为对自然人犯罪的补充，应当说，我国刑法在本质上依然是自然人刑法，有关单位犯罪的教义学存在整体性缺失的现象。一方面，国外立法或可借鉴之处不够或难以直接转化；另一方面，国内立法或对单位犯罪概念的理解不足或对责任依据存在争议。在实体问题上表现为过于强调单位与自然人在犯罪机理上的等价性，对单位主体性缺少规范上的独立评价。[①]

[①]　王志远、邹玉祥：《刑事合规视域下单位犯罪刑事治理的检视与完善》，载《甘肃社会科学》2020 年第 5 期。

第二，刑事合规的全球化发展是引发单位犯罪治理价值转向的外在诱因。目前，国际上个性化的刑事合规制度层出不穷。在美国，越来越多的涉罪企业与检察官达成暂缓起诉协议或不起诉协议，在刑事合规已相对完善的基础上就诉讼程序的选择上出台更为详尽的规范指引。英国的刑事合规框架不仅与《反贿赂法案》的条文相辅相成，还积极在金融服务业建立和维持激励机制。澳大利亚讨论增设与环境保护相关的法条时，将经营者的环保义务和污染风险控制的评估放在首位，并且考虑加入对相关资质的许可辅助刑事合规的实施。① 智利、巴西等拉丁美洲国家则重点将刑事合规与腐败问题和反腐败制度体系相联系。不仅如此，在许多目前未完全引入刑事合规的国家，也正积极探索制度创新的方式。墨西哥在努力尝试借鉴美国的暂缓起诉协议及不起诉协议来发展本国的司法制度，寻求将刑事合规纳入法律体系。阿根廷的一些法律条文已对执行刑事合规的公司的豁免有所涉及，下一步便是出罪机制的立法化。② 韩国基于遵守《欧洲理事会反腐败刑法公约》的公约国义务，在食品卫生法、建筑法等重要的经济法领域进行刑事合规的试点工作。③

（二）单位犯罪治理价值转向的特征

1. 刑事归责转向：整体主义取代个人主义

我国传统单位犯罪归责理论受美国刑法理论中雇主责任原则的影响，在对单位犯罪进行分析和解释时，侧重强调"是否以单位名义""是否为单位谋取利益""是否发生在责任人员的职务范围之内"等条件。应当承认，在我国单位犯罪制度中明显存有将自然人责任上升为单位责任的归责模式。

---

① Neil Gunningham, Compliance Enforcement and Innovation, https://www.oecd.org/env/outreach/33947825.pdf，2021 年 2 月 21 日访问。

② Gustavo A. Jimenez, Corporate Criminal Liability: Toward a Compliance-Orientated Approach, Indiana Journal of Global Legal Studies.

③ 潘璐:《我国刑事合规视域下单位犯罪制度的重塑》，载《青少年犯罪问题》2021 年第 3 期。

在刑事合规的背景下，单位罪责理论经历了由自然路径向规范路径的转变，传统以自然人为媒介建构单位责任的路径有背离罪责自负原则的嫌疑，刑事合规的施行加强了对单位犯罪主观罪责的贯彻。我国刑法所确立的单位犯罪，通常都是通过直接责任人员以积极作为的方式实施的犯罪行为。这种观点隐含的前提是，传统单位刑事归责理论对单位意志的判断是一种虚构，即认为过失犯罪中不存在单位决策的过程。我国主客观相统一原则理论本质上认为犯罪是自由意志与客观因素共同作用的结果[1]，行为人适格的法律地位、因果关系，还有行为人的德性和恶反映行为人是行动者，继而行为人要为行为负责。[2] 在单位作为犯罪主体资格被认可的情况下，辨认和控制自己行为的能力也应当被强调。我国刑事合规通过考量企业有没有建立有效的合规计划来推定单位犯罪的主观方面，对单位犯罪的解释强调单位犯罪的主观罪过的研究路径，实际上也强调罪责主义在单位犯罪中的贯彻，是带动个人主义的归责理论向整体主义转变。

2. 刑罚功能转向：事前预防取代事后惩治

刑罚的功能在于惩罚和预防犯罪，与自然人犯罪相比，在传统意义上对涉罪企业施加刑罚预防犯罪的目的更为重要。在刑事合规的背景下，相较于严格惩罚整个企业集体，公众更加愿意看到企业展现于社会面前的正面形象和对社会的可持续服务，刑罚功能由事后惩治转向事前预防。

现阶段，各种组织的结构截然有异，同一个职位对不同公司影响大相径庭。单位决策的方式隐蔽，单位犯罪的治理较自然人而言更为复杂。尽管我国立法已加大对于公害犯罪以及单位犯罪的治理需求，提高了食品安全犯罪法定刑，使污染环境罪的规制关口前移，但仍然无法消除诱发单位犯罪的内生性因素，无助于企业犯罪的减少。根据我国刑事合规赋予的要求，企业应当将预防犯罪作为义务。事实上，经济规制的主导模式应是事前预防式的，基本目标应是使经济组织在事前就遵从规则和法律并管理它

---

[1]　张明楷：《刑法的基本立场》，中国法制出版社 2002 年版，第 47 页。

[2]　［英］维克托·塔德洛斯：《刑事责任论》，谭淦译，中国人民大学出版社 2009 年版，第 106 页。

们的行为。[①]

3. 治理对象转向：平等保护取代差别保护

刑事合规要求对涉犯罪企业一视同仁，革除传统对涉民营企业犯罪刑罚化、重刑化的弊病。其中，关键的着力点是完善刑事诉讼法的司法程序保障，形成完善的企业合规计划，构建平等保护机制。在刑事合规的背景下，对企业犯罪治理对象价值核心正由差别保护转为平等保护。

早在之前，主导我国单位犯罪治理对象的价值观念为差别保护观，即对国有企业表现出明显的倾斜性保护的价值取向。具体而言，刑事立法直接涵盖了民营企业生产经营的大小环节，民营企业因其私有的产权属性而遭受区别对待，使民营企业的行为更易被刑法所追究。2019 年 10 月 8 日，国务院正式颁布《优化营商环境条例》，其中一项关键举措在于加强对各类市场主体的平等保护。在此意义上，刑事合规不仅作为一种激励机制，更是作为对教育刑的积极回应，对涉案企业予以平等保护。

4. 司法机制转向：合作模式取代对抗模式

美国的辩诉交易制度、德国的认罪答辩机制以及大陆法系国家的刑事协商制度等正在将刑事合规合作性理念与刑事司法有机结合，鼓励控辩双方平等协商。我国刑事合规也内在地具备认罪答辩性质，是合作性司法理念在单位犯罪治理领域的主要制度体现。

随着刑罚理念逐渐从报应性正义向恢复性正义的转变，刑事司法具有了更为显著的协商性特征，即将犯罪看作一种社会疾病，由司法机关、涉罪方、受害方等协商出合理的治疗和恢复方案。[②] 在此前提下，刑事合规制度的运行离不开企业之外其他社会组织的协同参与，企业犯罪的惩处和预防偏向通过国家企业合作模式来实现，增加刑事合规与司法部门的互动。最高人民检察院连同其他相关部门共同研究制定的《关于建立涉案企业合规第三方监督评估机制的指导意见（试行）》，正是各方主体协同参与

---

① ［英］马丁·因尼斯：《解读社会控制：越轨行为、犯罪与社会秩序》，陈天本译，中国人民公安大学出版社 2009 年版，第 168 页。
② 陈学权、陶朗逍：《企业犯罪司法轻缓化背景下我国刑事司法之应对》，载《政法论丛》2021 年第 2 期。

刑事合规的初步制度化体现。立足于此，检察机关在审查合规计划的同时应当同时听取第三方监管人、辩护人、涉罪企业、被害人以及有关行政部门的意见。不仅如此，刑事合规模式下检察机关的权能也相应发生变化，在考察合规计划有效性、犯罪处罚方式和处罚内容方面获得广泛的裁量权力。此外，司法领域也涉及对起诉便宜主义的探索，寻求试行暂缓起诉或不起诉机制的切入点。

三、构建本土化的企业合规不起诉制度实现价值转向

在立法尚需时日而风险已经逼近的情况下，短期内最合适的办法或许是通过刑事司法活动推动企业合规。[①] 对此，面对刑事合规背景下单位犯罪治理新问题，目前更为可取的方案是在现行规范体系内探索司法领域内合乎公平正义的解释规则与方式。

（一）构建企业合规不起诉制度的理论根源及现实基础

1. 理论根源：企业合规不起诉与我国刑事合规概念系出同源

对于构建本土化的企业合规不起诉制度，国内外学术界持相对慎重的态度。即便是在美国，也有学者质疑，暂缓起诉协议破坏了对刑事司法系统的信任及政府各部门之间的权力分立。[②] 对此，笔者认为企业合规不起诉制度的构建回归了我国刑事合规概念的本意，与我国刑事合规概念拥有共同的理论内核。

首先，两者共同倡导组织责任模式。比较分析域外单位犯罪罪责理论，企业决策论的责任范围过于狭窄，刑事上属于转嫁责任，不符合我国刑法罪刑法定原则的形式侧面。与此同时，雇主责任的责任范围过于宽泛，严格责任暂且没有适用空间，我国刑法应当不予承认。根据组织责任模式，一方面企业是独立于自然人之外的法律主体，另一方面可以根据企

---

① 李本灿：《我国企业合规研究的阶段性梳理与反思》，载《华东政法大学学报》2021 年第 4 期。

② David Lawlor, Corporate Deffered Prosecution Agreements: An Unjust Parallel Criminal Justice System, 46 Western State Law Review 27 (2019).

业文化、经营管理以及经营活动中的缺陷来认定企业刑事责任。立足于此，追究企业刑事责任的根据在于企业没有实施有效的合规计划，减免企业刑事责任的根据在于企业实施了有效的合规计划。

其次，两者共同推动企业治理的改善。法治是最好的营商环境，若能够及时对民营企业刑事司法保护政策的正当性予以回应并将其融入刑事法律制度，相当于从根本上打消民营企业家的顾虑、增强企业信心。企业合规不起诉弥补了企业犯罪治理手段的不足及单位犯罪追责体系的缺陷，使企业实现社会价值、承担社会责任。

最后，两者共同促进认罪答辩的刑事诉讼激励机制的发展。一方面，企业合规不起诉根植于企业认罪，与刑事合规具有相同的内核。国家对被害人与被告人之间的谅解、合作予以认可和鼓励，从本质上来说肯定了刑罚上从宽的逻辑基础，与刑事合规一脉相承。另一方面，企业合规不起诉强调协商，与刑事合规具有相同的内核。应当看到，在刑事合规制度成熟的国家，同样是辩诉交易制度或者刑事协商制度盛行的国家，也是公权力机关与民众更能接受以合作、和解作为解决争议纠纷手段的国家。

2. 现实基础：认罪认罚从宽适为企业合规不起诉的本土向度

认罪认罚从宽制度是在总结我国试点经验的基础上在 2018 年修订刑事诉讼法时专门规定的一项司法改革制度，笔者认为，认罪认罚从宽本质上是成熟的本土制度，以程序分流作为核心，提倡高效、快速地实现正义，适为合规不起诉的本土向度。

首先，认罪认罚从宽是成熟的本土制度。在我国刑事合规背景下，有学者呼吁应对《刑法》第 30 条进行整体性的完善和修改，删除第 30 条的"法律规定为单位犯罪的"限制性规定。[①] 还有学者提出应在《刑法》第 14 条的基础上增加一款："单位内部存在纵容企业犯罪的内部文化时，推定单位具有犯罪故意。"在第 15 条中增加一款："单位内部没有建立起有效的合

---

① 利子平、周建达：《单位实施纯正自然人犯罪的司法尴尬与立法解脱》，载《当代法学》2009 年第 5 期。

规计划而导致危害结果发生的，推定单位具有犯罪过失。"① 无论是修改现行《刑法》第 30 条、第 31 条的具体规定，还是重新列举单位犯罪的主体类型，都是过分倚重立法对传统单位刑事归责理论进行修正，规定单位犯罪的概念、确立单位犯罪的相对独立性。就目前而言，刑事合规具体化的能力并不完全取决于刑法所建构的具体规则，更依赖于最佳实践。② 在有必要尽快实现刑事合规价值转向的语境下，刑事合规背景下的单位犯罪治理期待运用本土成熟制度。这一点上，认罪认罚从宽贯穿刑事诉讼从侦查到审判的整个过程，在刑事诉讼的不同阶段与相应刑事诉讼制度结合。

其次，认罪认罚从宽核心是程序分流。不同于法教义学服务于法的安定性，刑事合规概念更多体现了前瞻性、灵活性，刑事司法程序分流的功能得以体现。美国是最早将原本适用于未成年人犯罪和毒品犯罪案件的审前转处协议程序扩展至所有企业犯罪案件的国家，通过不涉及认罪问题的不起诉协议和暂缓起诉协议对企业起到激励作用，后引起英国、加拿大、法国、新加坡等诸国的效仿。程序分流通过建立指控犯罪和不指控犯罪以外的第三种选择，不仅节约诉讼所导致的时间成本和精力成本，也有利于保护企业形象，在完善单位犯罪治理的同时对涉案企业起到了合规激励作用。与之相应，我国的认罪认罚从宽贯彻宽严相济刑事政策，实行区别对待，做到该宽则宽、当严则严，宽严相济，罚当其罪。类似于域外的辩诉交易、认罪答辩机制，认罪认罚从宽制度在实现繁简分流、优化职权配置等方面发挥了不可替代的作用。③

最后，认罪认罚从宽提倡高效、快速地实现正义。企业认罪认罚从宽旨在构建繁简分明的程序机制，诉讼效率的提升不仅在于审判程序的从简从快，而且贯穿整个刑事诉讼程序。犯罪嫌疑人或者被告人可以在侦查、

---

① 秦长森：《以"刑事合规"破解单位犯罪归责难题》，载《检察日报》2020 年 8 月 25 日。

② ［德］弗兰克·萨力格尔：《刑事合规的基本问题》，马寅翔译，载李本灿编译：《合规与刑法——全球视野的考察》，中国政法大学出版社 2018 年版，第 71 页。

③ 周新：《认罪认罚从宽制度试点的实践性反思》，载《当代法学》2018 年第 2 期。

审查起诉和审判各个阶段进行认罪认罚，也就是说，认罪认罚从宽处理机制是一个制度集，承载了各个诉讼阶段的具体从宽举措。[①]其适用价值在于，当企业高层人员、直接主管人员参与、放任或放纵犯罪行为等情形出现时，意味排除了合规的有效性。刑事合规将违反有效合规计划所导致的危害行为直接进行归责，详言之，无须区分单一或多重主体，也无须界定单位决策人员的范围，有效控制企业内部的失范行为，高效且快速对单位犯罪的归责问题进行认定。

（二）企业合规不起诉的路径选择

1. 以有效的合规计划为制度核心

以合规为核心的企业不起诉建立在有效的合规计划的基础之上，有效的合规计划是刑事诉讼激励机制发挥作用的前提。有效的合规计划是切割单位刑事责任与单位成员刑事责任的重要根据，构建以合规为核心的企业合规不起诉制度，需要有效的合规计划作为适用企业合规不起诉的依据和考量因素。[②]

首先，有效的合规计划对从宽起到了直接作用。概言之，行为人如果缺乏做与实际所做不同事情的充分机会，或行为人的选择能力如果受到充分削弱，就成立宽恕事由。[③]合规计划本质上限制了单位的选择能力，适以完善的合规计划作为宽恕事由。[④]当然，当选择受到的限制不足以作为被告违反刑事禁令的充分理由时，抗辩就要基于行为人当时缺乏另外选择的能力。如此一来，只有完善的合规计划可以起到降低乃至排除单位责任的作用，刑事合规具有排除单位责任的制度空间。

其次，有效的合规计划对行为不法及结果不法的认定起到间接作用。

---

① 李本灿：《认罪认罚从宽处理机制的完善：企业犯罪视角的展开》，载《法学评论》2018 年第 3 期。

② 李玉华：《我国企业合规的刑事诉讼激励》，载《比较法研究》2020 年第 1 期。

③ H. L. A. Hart, Legal Responsibility and Excuses' in Punishment and Responsibility, Oxford: OUP, 1968.

④ 潘璐：《企业合规对单位刑事归责理论的冲击与回应》，载《中国检察官》2022 年第 7 期。

通过对雀巢员工侵犯公民个人信息案①判决的分析可以看出，我国司法实务已逐渐开始承认，诸如公司手册、员工行为规范这些合规措施已能作为排除单位责任的参考因素。此外，针对单位犯罪中所涉及的注意义务的适格性和必要性、注意义务履行的可能性、从规范保护目的的视角探讨对结果不法的认定等而言，有效的合规计划同样是上述不法判断的影响因子。

最后，有效的合规计划将企业内部治理结构和经营方式增加作为确定单位主观罪过及从宽幅度的依据和考量因素。②我国刑法规定的单位犯罪一般都是法定犯，通常而言，法定犯违背伦理的性质不如自然犯那样明显，但是这并不意味着法定犯不具有伦理蕴含。③反之，完全可以通过企业内部治理结构和经营方式合理推断主观罪过，继而判断单位作为犯罪主体所体现的悔罪表现及罪行严重程度。事实上，在澳大利亚 1995 年《联邦刑法典》，意大利 2001 年第 231 号法令，以及英国 2010 年《反贿赂法》等诸多国家的制定法中也采纳了该范式。我国司法实践中亦存在通过关注单位内部的相关违法犯罪历史来认定单位犯罪处理方式的先例，在对直接负责人、主要负责人的调查上存在困难时，总结出单位长期的经营模式并以此定罪。④

2. 建立企业合规不起诉二元治理模式

合规不起诉制度是合规考察免责模式的具体表现形式，对于已经构成犯罪的企业来说，通过接受合规考察，重建合规管理体系，消除既有商业模式和经营方式中的"犯罪因素"，可以说服检察机关作出合规不起诉的决定。自我国进行本土化企业合规不起诉的改革探索以来，如何将较为严重的单位犯罪引入合规不起诉模式一直是一个瓶颈问题，合规不起诉的二元治理模式在现行法律框架内找到了突破的空间。

---

①　参见甘肃省兰州市中级人民法院（2017）甘 01 刑终 89 号刑事裁定书。

②　潘璐：《适应企业合规发展要求 完善单位刑事归责理论》，载《检察日报》2022 年 4 月 2 日。

③　陈兴良：《刑法哲学》，中国人民大学出版社 2017 年版，第 349 页。

④　参见浙江省绍兴市上虞区人民法院（2015）绍虞刑初字第 1141 号刑事判决书。

首先，企业合规不起诉的二元治理模式能够提供层级性的权力司法保障。检察建议模式偏向于预防、监控和应对，具有一定的"合规内部调查"性质，与之对应的激励效果也稍轻。在我国司法实践中，不少涉罪企业是陷入经营困难的中小微民营企业，所实施的通常是非系统性单位犯罪，不仅不存在助长犯罪的氛围，同时也无力缴纳高额的行政罚款。针对结构简单，并自愿认罪认罚的涉案企业，适用检察建议模式是第一层级的预防。附条件不起诉模式有较长的合规监管考察期，更为烦琐的合规监控人遴选制度，更强的激励效果。附条件不起诉模式强调避免顺应功利主义的需要，而对犯罪情节轻微的意义进行虚化。面对商业贿赂、非法经营、污染环境等更聚焦于企业自身氛围、制度和文化特性的系统性犯罪行为，适用附条件不起诉模式对涉案企业进行标准更为详尽的权力司法保障。

其次，企业合规不起诉的二元治理模式能够同时平复社会关系和法律关系。检察建议模式注重社会治理，细分为再审检察建议、纠正违法检察建议、公益诉讼检察建议、社会治理检察建议等，由检察机关依法履行法律监督职责，参与社会治理，预防和减少单位犯罪行为。应当看到，对涉案企业合规体系建设中的制度漏洞、重大隐患、合规风险所提出的检察建议，属于社会治理的一种重要方式。不同于检察建议模式，附条件不起诉模式以推动单位犯罪治理模式转型为导向。一方面，探究扩展附条件不起诉的适用范围、从轻微刑事犯罪拓展至所有符合企业认罪认罚成立标准的犯罪、由未成年人犯罪案件延伸至企业犯罪案件；另一方面，吸收合规计划的理念内核、确定附条件不起诉的一般规则。①

最后，企业合规不起诉的二元治理模式对企业合规不起诉中检察机关的自由裁量起到了双重限制作用。在检察建议模式下，要求检察建议书应当从存在的违法情形、理应被消除的隐患、建议的具体内容、建议单位落实情况等各个角度进行考察和记录。与之相应，合规附条件不起诉模式应采取完善现有的附条件不起诉制度为原则，签订详细的合规监管协议、在法定审查起诉期限内为企业确定合理的考察期、增加独立监控人的作用，

---

① 赵恒：《认罪答辩视域下的刑事合规计划》，载《法学论坛》2020年第4期。

赋予检察机关与涉案企业进行协商并签署整改协议的有限度的裁量权力。

3. 适用差异化的企业合规不起诉成立标准

如果说建立检察建议模式和附条件不起诉模式并存的二元治理格局的企业合规不起诉制度是从刑事司法的角度对涉案企业进行繁简分流，适用差异化的企业合规不起诉成立标准则是从刑事合规的归责角度追求企业非罪化治理。企业合规不起诉的初衷是通过一定的制度体系让企业用较小的成本和可持续的合规体系换取程序后果优惠，维持企业生命，实现利益多得。两者的有机结合，既实现了预防单位犯罪的目的，又弥补了单位犯罪入罪标准扩大化的治理困境，进一步提高单位犯罪案件办理的社会效果和法律效果。

首先，动态合规是企业非罪化治理的基础，差异化的企业合规不起诉成立标准又是动态合规的具体形式。对企业合规不起诉的构建可参考 2019 年出台的《关于适用认罪认罚从宽制度的指导意见》的规定，认罪认罚从宽标准对包括犯罪的事实、性质、情节和对社会的危害程度在内的因素适用标准，结合法定、酌定的量刑情节，综合考虑认罪认罚的具体情况。从合规的维度上看，对不同企业进行差异化评价是将静态合规转换为动态合规。

其次，宽严相济是企业非罪化治理的标杆，差异化的企业合规不起诉成立标准又是宽严相济刑事政策的实践方式。企业非罪化治理并非意味着无限制地放纵单位犯罪，具体而言，对企业犯罪应该先做适当分类，再适用企业合规不起诉成立标准。对于以单位为主体的与公共安全、国家安全有关的或者有严重社会危害性的恐怖犯罪、黑社会犯罪等，不适用企业合规不起诉。在经济犯罪中，个体代理人容易以其履行职务为由推脱罪责。可依据个人的任职情况、职业经历、专业背景、培训经历、本人因同类行为受到行政处罚或者刑事追究情况以及行为方式、资金流向等证据，结合其供述，进行综合分析判断。在面对公害犯罪时，以企业涉罪内容为出发点，确定刑事合规整改方向。其中，民营企业应当聚焦于企业治理结构的清晰化、重大决策的透明化以及管理人员责任的明确化，确保企业合规建设落在实处。外商投资企业应当将刑事合规建设的重心放在出口管制、垄断、不正当竞争、商业贿赂以及洗钱等风险管控上。

最后，建立合规文化是企业非罪化治理的手段，差异化的企业合规不起诉成立标准又是帮助建立合规文化的基本途径。参考《合规管理体系指南》（GB/T 35770—2017）中指出的"合规文化是价值观、道德准则和信仰在整个组织中的存在，并与组织的结构和控制系统相互作用，从而产生导致合规结果的行为规范"，以企业事故型犯罪为例，无论是故意犯罪还是过失犯罪，事故都并非突然发生，而一定有具体的危险预兆。若能在事前将风险的处理纳入合规文化，即能成为单位免责的有力判断材料。差异化的企业认罪认罚从宽成立标准旨在帮助建立有灵魂的合规文化，最终实现企业非罪化治理。

刑事合规视域下单位犯罪制度的
反思与重构

丁　丰　潘牧夫　杨　磊[*]

摘　要： 合规计划实施与单位刑事归责的实践，往往对单位犯罪案件和单位个人犯罪案件不加区分适用合规不起诉制度，没有认识到单位犯罪意志的整体性，更忽略了单位本身的犯罪。对单位犯罪进行刑事归责，应当考虑部分放弃罪责主义，即放弃主观归责的部分，而是将合规作为预防、发现和制止企业内部违法犯罪行为的内控机制。重构单位犯罪的立法需将单位责任从"一元责任"转向"二元责任"，区分单位自然人的行为因何归属于单位、单位整体意志与单位自然人意志的对立统一，通过以合规计划为核心的刑事合规制度为单位犯罪的成立寻求明确的依据，将合规计划的制定与实施作为阻却单位犯罪成立的理由。用"规制了的自制"模式对我国单位犯罪归责进行重构，以有效遏制单位犯罪。

关键词： 单位犯罪理论；合规计划；刑事归责；阻却事由

随着经济社会的发展，企业的治理不断从外部治理走向内部治理，企业合规作为针对企业违法犯罪预防的有效举措，其以刑事法律风险防控为基本内涵，以降低刑事犯罪风险为基础功能，同时还兼具推动企业合理承担社会责任的扩张功能。[①] 将合规纳入刑法学中单位犯罪的分析框架，主

---

　　* 丁丰，浙江省庆元县人民检察院检察长；潘牧夫，浙江省庆元县人民检察院检察官助理；杨磊，中国矿业大学硕士生导师。
　　① 韩轶：《企业刑事合规的风险防控与建构路径》，载《法学杂志》2019年第9期。

要是看到公司制定并实施合规计划对其刑事责任可能产生的影响。缘起于美国的企业合规关注的是如何有效地预防和惩罚企业犯罪，并建立起了一套"由一项行业自律与企业自我监管的举措转变为企业内部侧重威慑、预防违法犯罪行为的内控机制"，[①] 在企业经营全球化的进程中，企业合规逐渐成为与世界经济接轨的外部压力与现代公司治理中企业内部风险管理内在动力的共同需要。[②] 2018 年"中兴事件"的爆发无疑极大地推动了企业合规在我国的实践与展开，加强企业合规成为主流。自合规改革试点以来，单位犯罪起诉数明显下降。但目前我国的单位犯罪体系下，单位责任双罚制的理解过于强调了自然人的意志而没有认识到单位犯罪意志的整体性，更忽略了单位本身的犯罪。合规计划的理论与实践对构造独立于自然人犯罪的单位犯罪论体系是一个相对较新的思路，调整单位主体独立的归责评价、独立认定单位的刑事责任和自然人的刑事责任罪过的认定及刑罚等方面内容，将刑事合规作为单位犯罪的责任减免事由，甚至是违法阻却事由，用"规制了的自制"模式对我国单位犯罪归责进行重构。

一、现状与症结：我国单位犯罪治理的问题

（一）我国单位犯罪治理的现状描摹

近年来，单位犯罪其实已经是一种普遍现象，根据中国裁判文书网显示，2016 年 1 月 1 日至 2021 年 1 月 1 日，五年间单位犯罪共计 11296 件，除 2020 年单位犯罪有所回落外，整体呈现逐年上升的趋势，尤其是涉众型经济类犯罪案件数量大幅增加，"且企业犯罪日益呈现全球性、开放性、风险性以及不确定性"[③]，企业犯罪的治理迫使单位犯罪刑事责任的宽度逐步扩大，自《刑法修正案（九）》颁布以来，我国立法对单位犯罪又作了

---

① 万方：《企业合规刑事化的发展及启示》，载《中国刑事法杂志》2019 年第 2 期。

② 孙国祥：《刑事合规的理念、机能和中国的构建》，载《中国刑事法杂志》2019 年第 2 期。

③ 潘璐：《我国刑事合规视域下单位犯罪制度的重塑》，载《青少年犯罪》2021 年第 3 期。

扩展，再一次反映了单位由特殊主体向一般主体发展的趋势以及在更多领域承担责任的突破，目前为止，我国刑法共有 187 个单位犯罪罪名，占刑法罪名总数的 41.37%，企业作为单位犯罪主体可能实施犯罪集中体现在不正当竞争、垄断、违法招投标、生产安全风险和生产污染、生产销售伪劣产品、逃税、虚开发票、购买发票、出售发票等犯罪领域。① 然而企业犯罪的法律规制与司法实践依然折射出传统的企业犯罪治理方式的局限，"大量的兜底性条款或称新型的口袋罪名体现了这一点，刑法中关于操纵证券、期货市场罪的规定就采用了列举加兜底的形式，相关司法解释又规定了兜底条款，即形成所谓'兜底的兜底'的情形"。② 碍于新类型案件尤其是新兴经济领域的犯罪层出不穷，兜底条款的设置旨在防止出现新类型犯罪后无法可依的窘迫处境，使企业对自己行为的性质及其后果具有一定的预判性。③ 然而，延续事后惩治的治理思路使得刑法不断扩张的同时却并未能解决企业犯罪治理滞后和低效的现象。

（二）不容忽视的症结：单位责任归责混乱

"我国刑法所确立的单位犯罪制度，采取'一个犯罪主体，双重刑罚对象'的双罚责任追究方式。"④《刑法》第 30 条规定："公司、企业、事业单位、机关、团体、实施的危害社会的行为，法律规定为单位犯罪的，应当负刑事责任。"第 31 条规定："单位犯罪的，对单位判处罚金，并对其直接负责的主管人员和其他直接责任人员判处刑罚。本法分则和其他法律另有规定的，依照规定。"双罚制是对单位组织体的犯罪行为的综合性的全面处罚，既追究单位的财产刑和资格刑，又追究个人的生命刑和自由刑。

---

① 韩轶：《企业刑事合规的风险防控与建构路径》，载《法学杂志》2019 年第 9 期。

② 刘宪权：《操纵证券、期货市场罪司法解释的法理解读》，载《法商研究》2020 年第 1 期。

③ 卢乐云：《企业家及其企业的刑事风险与防控》，载《中南大学学报（社会科学版）》2013 年第 6 期。

④ 陈瑞华：《论企业合规的中国化问题》，载《法律科学（西北政法大学学报）》2020 年第 3 期。

单位和个人均要对自己的行为承担责任。但在司法实践中，单位犯罪过于原则化的规定导致其存在罪责刑不明晰、逻辑上有矛盾和司法实践恣意等情形。一是"不能正确区分单位犯罪与个人犯罪"，单位犯罪要求犯罪行为体现的是单位意志，其犯罪目的一般是为实现单位利益，利益不仅仅为特定人员所得，而自然人犯罪的主观方面则是体现自身意志，犯罪所得利益归个人所得。"私分国有资产罪与私分罚没财物罪明显是个人以单位名义实施的为了谋取个人利益的犯罪，但是却被规定为单位犯罪。"[①] 二是出现"主要追究负责任的个人、附带追责企业"的情形，长春长生公司违法违规生产狂犬病疫苗案件最为典型。[②] 三是单位犯罪的成立条件高于个人而法定刑却低于个人，例如高利转贷案件、走私货物案件及合同诈骗案件等，单位构罪的标准明显高于个人而量刑却低于个人[③]，"在单位责任和个人责任未进行有效分割的情形下，单位容易被有些人恶意且故意控制实施违法犯罪行为，并逃避刑事制裁"。[④]

（三）单位责任归责混乱的原因分析

我国确立了单位的独立犯罪主体地位，但是对于单位犯罪的处罚并未能充分考虑"单位犯罪意志的整体性或者领导在单位意志中的决定性"[⑤]，以及在实践中随应对"单位犯罪到底是单位本身的意识和行为导致还是自然人的责任（故意或过失），或者是二者共同实施的犯罪"。单位责任归责混乱源于对单位责任双罚制的理解出现了偏差，逃逸到单罚制的合理性理解中，即单位只是具有拟制人格的特征，单位犯罪能力依托于个人，从

[①] 李永升、杨攀：《合规计划对单位犯罪理论的冲击与重构》，载《河北法学》2019 年第 10 期。

[②] 2018 年长春长生公司"问题疫苗"事件中，吉林检察机关依法批捕 18 人，国家药监局和吉林省药监局分别对长春长生公司作出多项行政处罚。马明亮：《作为犯罪治理方式的企业合规》，载《政法论丛》2020 年第 3 期。

[③] 参见最高人民检察院、公安部《关于经济犯罪案件追诉标准的规定》第 23 条规定。

[④] 林荫茂：《单位犯罪理念与实践的冲突》，载《政治与法律》2006 年第 2 期。

[⑤] 李本灿：《单位刑事责任论的反思与重构》，载《环球法律评论》2020 年第 4 期。

而否认了单位的犯罪能力。① 过于强调自然人的意志而没有认识到单位犯罪意志的整体性,更忽略了一些单位犯罪的产生是基于单位内部的体制性因素而导致的,尤其是在公司结构中,无论是股东会还是董事会均有权依据其职权要求公司作出特定行为,领导集体掌控了公司的实际运作,单位员工只能作为执行决策的工具而已。② 这也解释了为何实务中判断单位意志常常将其拟制推定为特定自然人的行为和意志,从而在追究责任时主要追究直接负责的主管人员或其他直接责任人员,混淆单位实施的犯罪和单位犯罪的差别。

在单位犯罪的司法适用上,单位意志的判断往往借助非法利益的归属,尽管有学者提出"个人为单位谋取利益的意图并不能简单地视之为单位意志,要审查该行为是否经过了决策机关同意,或者该行为是否符合单位业务活动的政策、规定或操作习惯"③,但客观上"违法所得归单位所有"实际上是对主观"谋求单位利益"的推定规则,借以判断犯罪行为是单位犯罪还是自然人犯罪。比如《全国法院审理金融犯罪案件工作座谈会纪要》就放松了对单位决策内容的考察而更加关注客观上违法所得的收益是否归单位所有。易言之,司法实践中有意识地回避了立法上单位与责任人之间的罪责关系问题,而是适用单位犯罪的"一元责任论"逻辑,为在实质上明确单位刑事责任的独立性,通过客观上非法利益所得的归属来赋予单位意志的独立性,并采取"一个犯罪主体,双重刑罚对象"的双罚制责任追究方式,使之与现行单位犯罪的立法相协调,目的也是对单位的客观归责与主观归责在一定意义上统一在"单位意志"这一要件之下。④

---

① 黎宏:《完善我国单位犯罪处罚制度的思考》,载《法商研究》2011 年第 1 期。
② 李本灿:《单位刑事责任论的反思与重构》,载《环球法律评论》2020 年第 4 期。
③ 黎宏:《单位犯罪的若干问题新探》,载《法商研究》2003 年第 4 期。
④ 王志远:《环境视野下我国单位犯罪理念批判》,载《当代法学》2010 年第 5 期。

二、冲击与塑造：企业合规与单位犯罪重塑的逻辑关系

（一）契合单位犯罪治理思路的转变

随着单位犯罪案件的形势越发严峻，进入审判程序的单位犯罪数量逐年攀升，单位犯罪治理的思路也在转变，由传统的事后惩治转向完善预防企业犯罪的措施，预防违法犯罪的发生，降低企业犯罪的概率，有效规避企业经营中的刑事法律风险。正如有学者所言："最优的犯罪治理方式应是预防犯罪的发生。"[①] 以避免刑事风险为目的的企业刑事合规计划，其中也蕴含了企业犯罪治理的思路转变，企业合规的本质是"有目的地制定和实施以避免刑事责任为目的的行为模式"[②]，通过将刑法上的评价和外部监管内化到企业的自我的文化和管理中，用"'规制了的自制'理念改造预防单位犯罪的方式"。[③] 这也意味着企业的治理不断地从外部治理走向内部治理，不仅要保证企业社会责任的约束和履行，而且对企业的刚性社会责任也作出了相应的要求[④]，企业需要对公司的行为进行约束，制定有效的合规计划并保证合规计划得到有效落实，使之符合法律的正向评价、商业道德伦理规范和公司职业规范，有效完备的合规计划的制定和实施可以作为企业犯罪的责任减轻事由，甚至是出罪事由，因为企业践行合规计划"帮助其取得了与刑罚相同的效果"。[⑤]

（二）弥补企业犯罪治理模式的缺陷

如前文所述，针对我国企业犯罪治理的检视可以发现现有的单位犯罪

[①] 石磊：《刑事合规：最优企业犯罪预防方法》，载《检察日报》2019 年 1 月 26 日，第 3 版。

[②] 潘璐：《我国刑事合规视域下单位犯罪制度的重塑》，载《青少年犯罪》2021 年第 3 期。

[③] 李永升、杨攀：《合规计划对单位犯罪理论的冲击与重构》，载《河北法学》2019 年第 10 期。

[④] 章竟：《企业社会责任视角下的公司治理完善研究》，福建师范大学 2013 年博士学位论文，前言。

[⑤] 叶良芳：《美国法人审前转处协议制度的发展》，载《中国刑事法杂志》2014 年第 3 期。

理论存在治理企业犯罪滞后和低效的现象，不能有效控制单位犯罪，其原因在于，基于事后惩治的角度，现有刑法中关于单位犯罪的概念模糊且规定甚少，从刑法条文关于单位犯罪的范围不明晰以及刑法修正案不断扩充单位犯罪的罪名即可佐证[①]；基于预防犯罪的角度，单位犯罪理论仅是注意到了企业的刑事法律风险，但在罪名和刑罚结构上过于轻视预防功能，缺乏出罪和免责的事由[②]。此外，单一的罚金刑起止刑幅并没有作具体规定，在执行时效果也不甚理想。

事实上，企业犯罪治理模式的缺陷不仅源于自身的局限性，也受企业发展的复杂性、职能转变所影响，公司的社会角色越发重要，除了"作为现代社会中社会财富的创造者、社会规则的模范遵循者和践行者，还被期待成为道德引领者"，[③]这促使司法看待企业犯罪的目光从过去转向未来，从特殊预防转向一般预防，"司法对于企业的规制也从较为单一的模式转向协商治理模式"[④]，企业合规架起了企业自我管理与外部监管及利益相关方保护有效分离的通道。在刑事合规作为新的社会组织体的犯罪预防理念和实践的影响和推动下，构建以企业刑事合规为核心的单位犯罪治理体系，通过企业刑事合规体系与企业内部管理的有效结合丰富刑法的内容、调整单位犯罪的刑事责任制度，既解决了单位犯罪归责理论的模糊化、无理化、随意化问题，又能使企业根据自身情形制定和实施合规计划，规避刑事风险。

（三）契合企业合规全球化趋势

缘起于美国的企业合规经过本土实践，相继在英国、德国、日本等国

[①]　李永升、杨攀：《合规计划对单位犯罪理论的冲击与重构》，载《河北法学》2019 年第 10 期。

[②]　董文蕙、杨凌智：《论我国企业犯罪治理模式之应然转变——以刑事合规为视角》，载《南昌航空大学学报（社会科学版）》2019 年第 4 期。

[③]　赵万一：《合规制度的公司法设计及其实现路径》，载《中国法学》2020 年第 2 期。

[④]　李本灿：《企业犯罪预防中国家规制向国家与企业共治转型之提倡》，载《政治与法律》2016 年第 2 期。

家风靡。紧跟着美国步伐的合规制度建设针对的主体范围愈加广泛，不仅可以管辖本国公司，同时在这些国家进行投资、经营、贸易等活动的主体都有可能成为管理对象，进一步推动了合规制度在全球的辐射与影响，使之成为全球化的、不可阻挡的潮流。[1]

目前合规已然成为企业走向世界的通行证。企业合规在我国的初步兴起，无疑有着深刻的时代背景、时代需求和惨痛的经验教训，共同推动我国合规制度的建设。自 2018 年 7 月 1 日起，《合规管理体系指南》这一企业合规领域首个国家标准正式生效；11 月 2 日，国资委发布了《中央企业合规管理指引（试行）》；12 月 26 日，国家发展改革委会同外交部等六部门制定了《企业境外经营合规管理指引》，重点建设境外贸易、境外投资、境外工程承包以及境外日常经营领域的合规建设，以让我国企业在"走出去"的过程中免受外国司法部门和行政部门施加压力。到 2020 年，基于贯彻落实保障民营经济健康发展的司法政策，最高检开始企业合规试点探索，经过不到两年的两期改革试点，10 个试点省份检察机关共办理涉企业合规案件 766 件。[2] 可以预料，未来我国将构建企业刑事合规的治理体系，保证我国企业经营日益国际化过程中避免出现违背国内或域外刑事法律规定而面临的刑事合规风险。

三、规范与构建：单位犯罪归责中合规计划的引入及其实现

在企业合规思潮和域外法人犯罪理论的冲击和影响下，厘清我国刑事合规与单位犯罪制度重塑之间紧密的逻辑关系[3]，调和"一元模式论"与"二元模式论"，调整单位主体独立的归责评价、独立认定单位的刑事责任和自然人的刑事责任观罪过的认定及刑罚等方面内容，以遏制单位犯罪，

---

[1]　李本灿：《刑事合规的制度边界》，载《法学论坛》2020 年第 4 期。

[2]　《如何让好制度释放司法红利——全国检察机关全面推开涉案企业合规改革试点工作部署会解读》，载最高人民检察院官网，https://www.spp.gov.cn/zdgz/202204/t20220402_553256.shtml，2022 年 4 月 2 日访问。

[3]　潘璐：《我国刑事合规视域下单位犯罪制度的重塑》，载《青少年犯罪》2021 年第 3 期。

回应立法空白下合规激励制度的实践质疑。

（一）以合规计划转变单位犯罪刑事归责路径及标准

1. 我国单位犯罪规定解释论上的转变

合规计划之所以能在英美法系国家得到蓬勃发展，根本上是基于其法人刑事归责理论的成熟，企业应对内部人员实施的犯罪行为承担刑事责任的"替代责任理论"。从我国单位犯罪的立法规定来看，单位犯罪归责理论是以维持既有的以行为责任为核心的认定架构，《刑法》第 30 条的语义规则也是"单位实施的危害社会的行为，法律规定为单位犯罪的"是单位犯罪，强调单位的独立性、独立意志和独立责任，单位经集体决定或负责人决定，为了单位利益而实施的行为违反了其应当承担的刑法规定的某种法律义务，其本质是单位自己的行为而不仅仅是责任人的行为。[①] 这是单位独立承担刑事责任的根据。而双重性指的是单位意志形成过程中，单位意志来源于作为决策机关的自然人的意志，二者统一于单位意志的整体性之中。司法实践中，双重性的观点因其便于解决单位刑事责任的事实依据问题，几乎成为绝对主流。[②] 但"一元模式论"的观点有其内在逻辑问题，如果单位犯罪的刑事责任认定是需要根据传统刑法理论认定个人刑事责任，是否与单位犯罪的"独立性"与"整体性"相矛盾？[③] 也忽略了企业内部决策程序、内容及更宽泛意义上的内部治理结构对单位意志形成过程的影响。当然，"公司决策及其内容是公司治理结构和运营方式的具体体现"[④]，这也是二元归责理论无法回避的问题。对于单位过失犯罪，尤其是因"业务过失或监督管理的疏漏导致公司人员实施了具有社会危害性的行

---

① 最高人民法院刑事审判一至五庭：《中国刑事审判指导案例》（1），法律出版社 2017 年版，第 212 页。

② 《单位犯罪研究》课题组：《上海法院系统审理单位犯罪情况调查》，载《华东刑法法评论》2003 年第 2 期。

③ 周振杰：《企业刑事责任二元模式研究》，载《环球法律评论》2015 年第 6 期。

④ 时延安：《合规计划实施与单位的刑事责任》，载《法学杂志》2019 年第 9 期。

为，符合'为公司谋利'的构成要件"①，即便不存在"单位意志"，也应以刑法法益的侵害追究单位的刑事责任。

企业合规视角下的单位犯罪归责的解释，应脱离以人的行为和心理要素转化为单位的行为和心理，而是基于合规计划作为单位意志考察的核心要素，进行"积极的客观归责＋消极的主观归责"，在客观层面单位是否实施有效的合规计划以预防犯罪风险，确认单位成员的犯罪行为及危害结果非归属于单位，在主观层面不存在不具预见可能性的责任阻却事由。

2. 以企业合规转变单位犯罪刑事归责路径及标准

判断"单位意志"与"单位责任人意志"，若不借助组织责任视角，通过合规制度建立和实施的考察，阻却责任人实施犯罪的可能性，预防内部犯罪的发生，极难区别何谓基于单位意志支配下的单位行为，何谓个人意志支配下的个人行为。② 将合规计划引入我国刑法学中单位犯罪归责模式中，必须转变我国单位犯罪归责理论，从强调"一元模式论"的归责路径转变为"二元模式论"。"在二元模式下，当发生危害行为或者危害结果后，将通过两条独立的路径认定企业（单位）刑事责任：一是根据传统刑法理论认定个人刑事责任的过程；二是根据企业文化、经营管理以及经营活动中的缺陷来认定企业刑事责任的过程。"③ 在"二元模式论"的视域下，单位承担责任的本质应当是未尽到合规义务，单位的行为不仅仅体现在某个自然人的行为上，而且要关注其自身内部治理结构和经营方式，单位的归责基础应当是其内部的治理结构和经营方式的缺陷。④ 在此基础上提出的合规计划是从行为责任转向组织责任，将合规制度纳入对我国刑法学层面的影响主要体现在对单位犯罪的教义构建应当与自然人犯罪相区分，无须考虑单位的主观归责或过失归责，而体现在企业制定并实施合规计划对

① 赵秉志、侯帅：《当代中国犯罪争议问题研讨》，载《现代法学》2014年第4期。

② 参见最高人民法院刑事审判第一庭、第二庭：《刑事审判参考》（2002年第1期），法律出版社2002年版，第12页。

③ 周振杰：《企业刑事责任二元模式研究》，载《环球法律评论》2015年第6期。

④ 王皇玉：《法人刑事责任之研究》，载《辅仁法学》2013年第46期。

其刑事责任的影响，即站在单位意志独立性、整体性的角度考虑单位的组织管理流程规范、经营方式、风险规避等合规措施的制定和实施作为判断单位犯罪的阻却事由。"在组织体责任模式下，合规计划具有充当出罪机制的空间。"[①] 据此，可以得出如下结论：有效的合规计划通过系统的制度约束使单位不可能实施在单位意志支配下的单位犯罪行为，即使单位成员实施了犯罪行为也只能归责个人自身的意志；在过失犯罪中，有效的合规计划可以证明单位对合法经营已经尽到合理的注意义务，已发生的危害结果不应归属于单位。

（二）合规计划在单位犯罪刑事归责中的具体适用

1. 单位犯罪刑事归责标准之一：以合规计划判断单位是否违反特定义务

单位犯罪的归责前提是对特定义务的违反，某一单位涉嫌犯罪，首先是因为该单位违反了其应当承担的某种法律义务。合规计划对于企业来讲有强制性的，也有非强制性的。强制性表现在企业根据法律法规制定合规计划是其应当履行的一项义务，比较典型的是企业的设立、税收、会计等应符合特定的强制性规范，非强制性表现在企业根据其自身情况制定规章制度对其自身及员工的自我约束，公司自治之商事精神即体现在公司依据任意性规范对公司的内部治理结构和经营方式作出调整。从合规的推行来看，除在特殊情形下，通过合规更多的价值体现在规避刑事、行政及其他商业风险，减少负向收益为落脚点的，通过反向归咎为企业建立合规制度提供动力。当然，更有效的制度设计是对合规的有效运行提供激励，使单位更加主动自愿地将合规计划渗入到经营和管理之中，真正实现"合规计划是最优企业犯罪预防方法"。

对于我国单位犯罪的认定而言，有效的合规计划可以视为是单位预防刑事犯罪及避免刑事处罚风险的系统性措施，为合规赋予恰当的法律意义意味着合规应成为企业遵循的一项法律义务。也即，如果实施了合规计

---

① 李本灿：《刑事合规制度的法理根基》，载《东方法学》2020年第5期。

划，通常能够防止违法行为的发生，在这样的情况下，即使发生了单位业务活动相关的法益侵害，单位也可应管理或组织形态的健全或单位业务活动违法的可预见性，具有免除刑事责任的抗辩空间。如果单位未实施合规计划或制定了纸面上的合规计划，企业在日常风险管理、风险的防范和应对以及对相关内部人员的违法犯罪行为等方面未能得到有效的纠正，因而导致合规计划没有得到全面且有效的落实，则单位可能因其未尽到合理的注意义务，导致发生的危害结果归属于单位，从而不能阻却归责。

对于合规计划的具体组成，美国联邦量刑委员会发布的《联邦组织量刑指南》列出了有效合规的一般标准，包括七个要素，可作为参考。[①] 在体系构建上可以学习西门子公司的模式，西门子公司的合规体系由商业行为准则和制度保障组成，商业行为准则的核心为"只有清廉的业务才是西门子的业务"，商业行为准则确立了"基本行为要求""如何对待商业伙伴和第三方""避免利益冲突""公司财产的使用""环境、安全与健康""投诉与建议""合规执行与监督"等方面的规则。[②] 制度保障则分为防范、监控、应对三大体系[③]，防范体系注重在具体业务中确定和避免合规风险。监督体系确立了控制管理、审计、投诉处理和报告责任四大流程，不仅检查管理人员及业务，还定期检查合规制度在全球的有效执行。应对体系要求及时对全球范围内有违规行为的员工进行处罚，对相关的制度漏洞进行填补以防止类似事件再次发生。

2. 单位犯罪刑事归责标准之二：单位违反合规义务与危害结果具有相关性

单位作为生产经营活动的组织者和法律效果的归属主体，依靠单位内部的治理结构和经营方式而存在，单位的"组织责任"要求公司章程的设立及其对于公司内部治理结构体系的规定内容理应包括对一般业务行为

---

① 美国联邦量刑委员会发布的《联邦组织量刑指南》列出了有效合规的一般标准，参见陈瑞华：《美国反海外腐败法与刑事合规问题》，载《中国律师》2019年第2期。

② 陈瑞华：《西门子的合规体系》，载《中国律师》2019年第6期。

③ 陈瑞华：《企业合规的基本问题》，载《中国法律评论》2020年第1期。

的管理和监督，在其怠于履行结果预见义务及结果回避义务的情形下应承担相应的责任。鉴于日常的生产经营过程中，企业的种种经营行为必然要依靠内部成员来实施，单位在管理流程规范、合规措施、业务政策等所体现的单位业务决策权利产生及监督机制所指向的风险预防和回避则至关重要，在单位犯罪归责的判断中，风险的预防和回避需要判断单位的监督过失行为是否与造成的危害结果有因果关系，而有效合规计划的制定和实施也应作为阻却单位犯罪成立的理由。[1]

单位针对管理监督应履行的注意义务的内容，可以分为确立合规的管理运行体制和选任具有专门能力的从业人员，判断单位对于上述义务的履行与发生危害结果之间的因果关系来认定单位的责任。对于"确立合规的管理运行体制"，如果单位在管理流程规范、合规措施、业务政策等所体现的单位业务决策权利产生及监督机制中，针对特定的犯罪行为充分履行了法律法规所要求尽到的合规义务，可以认为不成立单位过失犯罪。换言之，单位可以评价为采取了完备、有效的合规计划，则这一合规计划减少了单位行为与危害结果之间盖然性的因果关系，单位自身行为并未创设能够指向犯罪结果发生的风险，应否认单位在客观上可以进行归责。对于"选任具有专门能力的从业人员"这一义务来说，信赖原则有其适用的价值。单位监督管理过失属于通过单位成员的行为间接创设了法益侵害风险，与直接创设风险的行为责任不同，间接创设法益侵害风险情形下涉及答责原则的运用，"根据答责原则，每个人原则上只需要安排好自身的行为，自己不去危及法益即可，无须照管他人不去危及法益，因为这属于他人管辖的范围"。[2]如单位合规计划所体现的用人单位的选任规则及监督机制，足以认为在当时的情况下单位选任了足以信赖的、具有专门能力的从业人员，且不存在动摇这一信赖存在的特殊情况，则应该认为单位有理由相信所选任的单位成员能够妥善地履行结果预见义务和结果回避义务。在危害结果发生的情形下，若单位亦没有在自身内部治理结构和运营方式上

---

[1]　时延安：《合规计划实施与单位的刑事归责》，载《法学杂志》2019 年第 9 期。

[2]　劳东燕：《风险社会中的刑法》，北京大学出版社 2015 年版，第 159 页。

创设法所不容许的风险（或不具有防止结果发生的可能），则危害结果不能归属于单位，从而否认对于单位的刑事归责。

四、结语

企业合规已然是世界趋势，是我国企业与全球经济深度接轨的必然结果，尤其经"中兴事件"后，企业合规更是从观念层面转向改革试点、实践探索和制度设计，但企业合规的有效运行需要靠一系列配套制度运作来予以衔接、支撑和强化。企业合规的中国化需要一套法律的建制并围绕这一词按照一定的规则运作，"实现企业治理结果、内控机制和责任价值三个维度的'全面风控'"。[①] 在我国，企业合规的中国构建的理念已初步形成，但从内容到制度尚处于起步阶段，改革中遇到的难题亟须实践的总结和理论的指导。建立具有中国特色的合规制度，关键在于重构单位的刑事归责理论，厘清合规体系下单位的组织责任与单位犯罪之间的关系，改变企业刑事责任与个人责任难以区分的理论不清与实践不明的现状，构建新的实体法与诉讼法框架与内容，完善合规不起诉的制度设计、程序供给和权力规范。

---

① 杨力：《中国企业合规的风险点、变化曲线与挑战应对》，载《政法论丛》2017年第 2 期。

新加坡暂缓起诉协议制度的评估、镜鉴与省思

李世豪　龚　涛*

摘　要： 新加坡与中国在企业合规不起诉制度的建构上，同为后发型国家。新加坡除在高盛案中适用过"有条件警告"制度外，新加坡总检察署始终保持着谦抑审慎的态度，迟迟未激活暂缓起诉制度，其背后的原因在于伴随着暂缓起诉而存在的"两极分化的司法体系"，以及缺乏司法制衡的检察裁量权对于该国法治的潜在威胁。鉴于新加坡的相关经验，我国在后续的企业合规改革中，在警惕刑事合规万能主义之余，还应回应法律面前人人平等的现实观照，加强对检察裁量权的制约，合理适用合规不起诉机制。具体来说，我国应该加强顶层设计，做好行政监管与刑事合规的模式选择与协调衔接，审慎推进以检察机关为主导的涉案企业合规改革，并明确法院在刑事合规中的角色定位。

关键词： 企业合规；新加坡；合规不起诉；暂缓起诉协议；检察裁量权

企业刑事合规理论诞生于风险刑法和协商司法背景下，作为制度的合规不起诉最早发源于美国，后为其他国家所陆续引进。① 随着两轮企业合

---

*　李世豪，武汉大学法学院宪法学与行政法学博士研究生；龚涛，武汉大学法学院经济法学博士研究生。

①　广义上的企业合规不起诉包括了暂缓起诉和不起诉两种方式，狭义上的企业合规不起诉单指不起诉方式。除非特别说明，否则后文所指的企业合规不起诉均指广义上的企业合规不起诉，特此说明。

规改革在各地试点工作的结束，涉案企业合规改革将在全国推开。① 目前，我国企业合规改革尚处于"摸着石头过河"的初级阶段，尤其是在试点实践工作高速推进的背景下，理论上尚存有不少关于引入刑事合规的必要性和可行性的质疑。②

新加坡是一个高度发达的资本主义国家，其人均 GDP 高居亚洲第一。在世界银行发布的《2020 年全球营商环境报告》中，新加坡位居全球第二。③ 新加坡不仅和我国在主流文化上同根同源，而且在企业合规不起诉的制度建构方面，二者同为后发型国家，两国改革均是因为域外合规诉讼的被动局面倒逼内省所致。④ 但是，自新加坡议会引入暂缓起诉协议制度以来，该国总检察署却始终保持着谦抑而迟迟未激活该制度，其背后的原因值得揣摩。他山之石，可以攻玉，对新加坡相关经验的镜鉴能为我国企业合规改革的下一步操作提供有益启示。

一、新加坡引入暂缓起诉协议制度的背景与评估

（一）导火索——美国司法部诉吉宝离岸与海事公司及其子公司案

吉宝离岸与海事公司（以下简称"吉宝公司"）是一家总部位于新加坡的跨国企业，该公司广泛地在世界各地开展海上平台及船舶制造维修等业务。⑤ 根据美国司法部公布的暂缓起诉协议书，吉宝公司在美国的全资

---

① 最高检：涉案企业合规改革将在全国推开，https://t.ynet.cn/baijia/32070942.html，2022 年 1 月 25 日访问。

② 刘子良：《刑事合规不足以解决企业犯罪问题》，载《广西政法管理干部学院学报》2020 年第 4 期，第 109—117 页。

③ 世界银行官网，https://chinese.doingbusiness.org/zh/reports/global-reports/doing-business-2020，2021 年 11 月 5 日访问。

④ 根据《中国年度企业合规蓝皮书（2020）》，在美国《反海外腐败法》（以下简称 FCPA）的执法中，中国持续成为执法案件涉及最多的国家，2019 年 50% 的 FCPA 和解案件涉及中国，2020 年 11 起案件中有 4 起涉及中国，占比 36%。参见文丽娟：《〈中国年度企业合规蓝皮书（2020）〉发布 互联网平台企业在多领域存合规风险》，载《法治日报》2021 年 7 月 16 日，第 4 版。

⑤ Keppel Offshore and Marine，https://www.keppelom.com/en/content.aspx?sid=2452，visited on 8 November 2021.

子公司为赢得与一家巴西国有石油公司的签约权，涉嫌在长达十年的时间里向巴西官员行贿。该子公司以其控制的空壳公司的名义，通过签订咨询协议的方式向美国和其他地方的银行账户支付贿赂款项。这些贿赂款项随后便会落入两位巴西官员和一名巴西劳工党党员口袋中，以确保吉宝公司在巴西深水钻井平台业务的开展。[①] 2017 年，美国司法部以该公司涉嫌违反美国《反海外腐败法》为由向纽约东区法院起诉了该公司。同年 12 月，吉宝公司与美国司法部达成了暂缓起诉协议，而且一并与巴西联邦公共事务部和新加坡总检察署达成和解。在一份为期三年的暂缓起诉协议中，吉宝公司承认了美司法部的指控，并支付了约 4.22 亿美元的罚款，而新加坡的反腐败调查局则以对该公司发出有条件警告的形式来代替对其提出诉讼。在该案调查过程中，吉宝公司与美国司法部进行了实质性合作，并采取了富有成效的补救措施。例如，该公司解雇了参与贿赂犯罪的员工，并加强了对公司合规及内控系统，包括在外部顾问的协助下，对企业合规计划进行持续性审查。此外，美司法部还公开了对吉宝公司法务部门一名前高管的指控，而其已表示对其中一项指控认罪。[②]

在签订上述暂缓起诉协议后，新加坡当局极力要求在之后推出的改革法案中引入暂缓起诉协议制度。2018 年 3 月 19 日，新加坡国家议会通过了《刑事司法改革法案》，修订的刑事诉讼法中新增了暂缓起诉协议制度。就此意义来说，促进本国企业刑事合规制度与国际接轨，以及规避海外"长臂管辖"执法对本国企业、资本以及金融体系所带来的潜在风险是新加坡开展企业刑事合规改革的直接必要。

---

① United states of America v. Keppel Offshore & Marine LTD., 17 CR 697{KAM}.

② Department of Justice U.S. Attorney's Office Eastern District of New York, Keppel Offshore & Marine Ltd. and U.S.-Based Subsidiary Agree to Pay $422 Million in Global Penalties to Resolve Foreign Bribery Case, https://www.justice.gov/usao-edny/pr/keppel-offshore-marine-ltd-and-us-based-subsidiary-agree-pay-422-million-global, visited on 15 January 2021.

（二）师出英国——新加坡暂缓起诉协议的制度框架

新加坡暂缓起诉协议制度基本效法自英国。不同于美国的检察主导模式，英国暂缓起诉协议制度的突出特点是贯彻了司法审查原则。根据《犯罪和法院法》与《暂缓起诉协议实务守则》，作为检方的皇家检察署和严重欺诈办公室享有暂缓起诉协议的发动权，但检方在初审前须将申请书草案及证明文件提交至法院。[①] 法院享有对该协议的最终审批权，其在审查的过程中如认为涉案企业的犯罪事实不明或协议中部分条款还待厘清，则可延期批准该协议。[②] 在履行协议过程中，任何变更协议的行为都需要经过法院批准。[③] 如果检方认为涉案企业严重违反了该协议，或双方无法就补救措施达成一致，抑或法院不批准拟补救办法，法院则可决定终止暂缓起诉协议。[④] 由此可以看出，英国法院对暂缓起诉程序的全过程都掌握了实控权。

新加坡《刑事诉讼法》附件 6 中罗列了适用暂缓起诉程序的罪名，主要包括贪污贿赂、洗钱、伪造账目、操纵市场等经济犯罪。与英国相仿的是，新加坡暂缓起诉谈判的启动权属于检察机关，而协议的批准、变更、终止权均归于新加坡最高法院。在法院审查时，检察官必须证明签订暂缓起诉协议符合司法公正（interests of justice）的要求，而且是公平、合理和相称的（fair, reasonable and proportionate）。[⑤] 如果涉案企业违反暂缓起诉协议，新加坡最高法院只能选择终止或不终止暂缓起诉协议。[⑥] 所有关于暂缓起诉的听证会均不公开进行，而且除非有上诉，否则法院不会公开说明批准暂缓起诉协议的理由。[⑦] 新加坡法院对于暂缓起诉协议的审查力度明

[①] See Deferred Prosecution Agreement Code of Practice ("DPA Code") 9.3.

[②] See DPA Code 10.5.

[③] See DPA Code 13.

[④] See DPA Code 12.

[⑤] See Criminal Procedure Code 149F.

[⑥] See Criminal Procedure Code 149G.

[⑦] Singapore Parliament, Parliamentary debates Singapore official report thirteen Parliamentary Volume 94 No. 69 first session, https://sprs.parl.gov.sg/search/sprs3topic?reportid=-bill-251, Visited on 9 January 2022.

显弱于英国，考虑到法院一贯的谦让态度，也难怪有研究者认为新加坡的暂缓起诉协议制度介乎于美国检察主导式和英国司法审查式之间。①

（三）昙花一现——以"有条件警告"形式进行暂缓起诉

2020 年 10 月，高盛集团与美国司法部签订了暂缓起诉协议，作为该协议的一部分，高盛新加坡私人有限公司将向新加坡政府支付 1.22 亿美元。新加坡商务部在与总检察署沟通后，根据《预防腐败法》第 5（B）（I）条对高盛公司发起了为期 36 个月"有条件警告"以代替公诉。新加坡金融管理局则根据《证券及期货法》向高盛集团发出相应指示，要求该公司委任独立的外部机构对其采取的补救措施进行检查监督。②此举姑且可以看作新加坡当局启用暂缓起诉协议前的一次预演。

在新加坡，检察机关素有采用警告这一措施的惯例，但将警告措施延伸至企业犯罪领域尚属首次。作为习惯法的警告措施分为"严厉警告"和"有条件警告"两种形式。"严厉警告"旨在阻止个人犯罪，是执法机关在刑事调查结束后对个人发出的警告，发出警告后检察机关依然可对该犯罪嫌疑人提起公诉。在"有条件警告"中，检方一般会要求犯罪嫌疑人遵守一定的条件。如违反相应的条件，检方有权就警告所适用原始罪行以及任何新的罪行起诉该犯罪嫌疑人。

关于"有条件警告"与暂缓起诉协议制度的区别，新加坡律政部长 K. Shanmugam 指出，"有条件警告"更适用于企业犯罪行为已得到充分解决，即企业愿与执法当局进行合作并作出赔偿的情形，而暂缓起诉协议适用于

---

① CHUA, Eunice, CHAN, Benedict Wei Qi, Deferred prosecution agreements in Singapore: What is the appropriate standard for judicial approval, 16 International Commentary on Evidence, p.1.

② Monetary Authority of Singapore, AGC, CAD and MAS take action against Goldman Sachs (Singapore) Pte. on 1MDB bond offerings, https://www.mas.gov.sg/news/media-releases/2020/agc-cad-and-mas-take-action-against-goldman-sachs-singapore-pte-on-1mdb-bond-offerings, Visited on 9 April 2022.

更为复杂的局面。①然而，这种以"有条件警告"的形式来适用暂缓起诉协议的方法不一定合适，尤其对于越来越复杂的商事犯罪来说。第一，较之于法律已明确规定的暂缓起诉协议来说，"有条件警告"仅是一种习惯法行为。在高盛案中，仅通过非成文法机制就对企业处以1.22亿美元的天量罚款做法的正当性是存疑的。第二，在英美先期所签订的合规不起诉协议中，通常会附有详细的犯罪事实陈述和合规整改要求，但"有条件警告"机制并不存在任何实施细则，导致其缺乏透明度且难以监督。第三，由于警告并非具有法律效力的事实认定或控罪声明，如果涉案企业或人员违反警告中的任何条件，总检察署很可能需要重新启动针对该企业的刑事司法程序。然而，由于适用警告措施导致起诉时间延后，检方在整理证据方面会遇到一定的挑战。②但在暂缓起诉协议中，检方通常会要求企业认罪并承诺放弃诉讼时效。综上所述，以"有条件警告"的形式对企业进行暂缓起诉并非正式法律机制，也不是长久之计。

（四）危机四伏——新加坡暂缓起诉协议制度的启用风险

1. "两极分化的司法体系"对平等原则的潜在威胁

新加坡《宪法》第12（1）条规定，"法律面前人人平等，人人享有法律的平等保护"。在引入暂缓起诉协议制度的过程中，令新加坡当局所担忧的一点是伴随着暂缓起诉而存在的"两极分化的司法体系"（two-tiered justice system）。③仅向企业提供暂缓起诉协议不免让人觉得，大型企业可利用非常规手段从司法程序中脱身，而相关人员也可能借此逃避刑事起

---

① Singapore Ministry of Law, Written Answer by Minister for Law, Mr K. Shanmugam, to Parliamentary Question on Number of Prosecution Agreements and Conditional Warnings Involving Corporations, https://www.mlaw.gov.sg/news/parliamentary-speeches/2022-02-15-written-answer-by-minister-for-law-k-shanmugam-to-pq-on-deferred-prosecution-agreements-and-conditional-warnings-involving-corporations, Visited on 11 April 2022.

② Singapore Legal Advice, Consequences of Receiving a Stern Warning in Singapore, https://singaporelegaladvice.com/law-articles/stern-warning-consequences-singapore, Visited on 11 April 2022.

③ Tan Yann Xu, Evaluating Deferred Prosecution Agreements in the Context of Singapore, 2019 Singapore Comparative Law Review, p.157-158.

诉，这种情况会侵蚀民众对于法律面前人人平等原则的信仰。

事实上，合规不起诉"放过企业，处罚个人"的目的与新加坡一贯的政策立场是一致的。在惩治企业犯罪时，新加坡检方历来侧重于起诉实施不当行为的个人。新加坡前总检察长 V K Rajah 指出，"在新加坡，个人和企业实体都可能会因不当行为而面临刑事执法行动，执法的重点是追究实施不当行为的个人责任……即便个人可能设法通过钻营企业结构或隐藏公司面纱的方式逃避执法，但最终无法躲避刑事责任"。① 究其原因，是因为新加坡当局担心无辜的利益相关者，例如涉案企业员工、股东和债权人等受到起诉企业带来的不利影响，尤其是在定罪导致企业消亡的情况下。这种初衷显然是没错的。然而从实践来看，合规不起诉的适用确有损害平等原则的弊端。在最早适用合规不起诉的美国，检方对个人和企业犯罪采取不同的刑事措施的行为就饱受质疑。有观点认为，美国"太大而不能入狱"（too big to jail）的文化 ② 导致了"两极分化的司法体系"的盛行，此种情况下，企业及其高级管理人员可以凭借合规不起诉程序轻易逃避刑事起诉。③ 根据调查，美国 2004—2014 年间发生的 84 例涉及《反海外腐败法》的刑事执法行动中，其中 76% 的案件检察机关并未起诉涉案企业员工。而在企业合规不起诉制度运转之前，美国针对商业组织的执法行动中有 83% 的案件检方会对涉案企业员工提起刑事公诉。④ 考虑到美国的前车之鉴，在新加坡国家议会关于刑事司法改革法案的讨论中，其副议长就强调"引

---

① 　The Business Times, V K Rajah: Financial crime: Leaders can instil spirit of compliance, https://www.businesstimes.com.sg/opinion/financial-crime-leaders-can-instil-spirit-of-compliance, Visited on 9 November 2021.

② 　"太大而不能入狱"指的是因大型公司规模较大，执法机关在对其进行执法时会有所忌惮，从而倾向于不起诉该公司。Ellis W. Martin, Deferred Prosecution Agreements: Too Big to Jail and the Potential of Judicial Oversight Combined with Congressional Legislation, 18(2) North Carolina Banking Institute, p.457-480.

③ 　The Global Anticorruption Blog, Matthew Stephenson: UK Bribery Prosecutions and the Rule of Law, https://globalanticorruptionblog.com/2017/08/24/guest-post-uk-bribery-prosecutions-and-the-rule-of-law/, Visited on 14 November 2021.

④ 　Mike Koehler, Measuring the Impact of Non-Prosecution and Deferred Prosecution Agreements on Foreign Corrupt Practices Act Enforcement, 49(2) U.C. Davis Law Review, p.521-541.

入暂缓起诉协议制度不能令人产生法律适用不一致的误解"。^①在立法上，新加坡通过列举罪名严格限制了暂缓起诉协议的适用范围。在执法上，总检察署对于暂缓起诉采谦抑主义，至今仍未就任何一起企业犯罪适用该程序就是其态度的最好呈现。在司法上，暂缓起诉协议能否生效、变更，约定期限届满后检方能否不诉均需要法官审查同意。此番设计似乎能有效缓解暂缓起诉与司法平等之间的张力，但由于一个内在强大、外乏监督的检察权的存在，实则不然。

2. 检察裁量权过大的隐忧

根据新加坡《宪法》第 35（8）条，总检察长作为检察官，有权酌情行使检察权，并就任何犯罪发起、进行或停止法律程序。这种权力几乎是绝对的，而新加坡民间一直充斥着对检察裁量权不受控制的担忧。

在暂缓起诉程序中，总检察署同样有着非常大的裁量空间。在英美等国订立暂缓起诉协议的磋商过程中，检察官可以要求企业承担任何数额的经济处罚以及令企业进行彻底的结构改革，有批评者认为这些举动可能篡夺了立法权。^②也有论者认为，在监管机构本身就可以对企业合规状况进行评估的情况下，总检察署再进行合规考察实际是一种极端的裁量方式，因为这远超检察机关应有的附带条件监管权限。^③从这个意义上说，暂缓起诉的存在涉及了行政监管和刑事合规的功能分权问题，这背后实际触及了宪法框架。

而且，新加坡暂缓起诉协议体系虽源自英国，但与英国不同的是新加坡总检察署不仅不会公布相关的检控守则，并且关于暂缓起诉的听证会也是非公开进行。其实，早在新加坡引入暂缓起诉协议制度前，其国内就多

---

① Singapore Parliament, Parliamentary debates Singapore official report thirteen Parliamentary Volume 94 No. 69 first session, https://sprs.parl.gov.sg/search/sprs3topic?reportid=bill-251, Visited on 9 January 2022.

② Siyuan Chen & Eunice Chua, 2018 Changes to the Evidence Act and Criminal Procedure Code: The Criminal Justice Reform Bill and Evidence (Amendment) Bill, 30(2) Singapore Academy of Law Journal , p.39.

③ Anthony S. Barkow & Rachel E. Barkow ed, Prosecutors in the Boardroom: Using Criminal Law to Regulate Corporate Conduc, New York University Press, 2011, p.31.

有要求总检察署公布各类检控守则的呼声。时任新加坡总检察长却指出，尽管出于对检察机关办案透明度的考量需要对其行为进行监督，但发布这类检控守则不仅不能完整、如实地反映办案检察官对于具体案情的考量，而且会帮助那些对犯罪深思熟虑的嫌疑人了解他们将在何时以及在何种程度上受到起诉，而且他们还会借助检控守则来与检察机关"讨价还价"。①

3. 司法审查难以对检察权形成有效监督

根据既往的判例来看，新加坡法院对检察机关一直保持着一种"恭顺"的尊让态度②，主要原因在于以下两点：威斯敏斯特宪制模式中议会至上的权力设计以及儒家思想的深远影响。不同于美国宪法对司法权的强调，新加坡宪法深受英国"议会至上"思想影响，其司法分支相较于美国来说非常谨慎，新加坡法院并不愿涉足"政治与法律之间的'无人区'"，因为其认为自身的作用有限。③此外，在新加坡，儒家传统思想熏陶下的精英治国理念也影响着法院对行政权力的监督力度。在威权政治下，人民行动党控制的政府广受人民的信赖和尊重。一份政府白皮书就指出："这种对政治制度的隐性信任影响了司法判断，这可以从人们对政府的顺从态度，有时甚至是对政府自治的偏好中得到证明。"④

这种尊让态度直至 2007 年新加坡律协诉 Tan Guat Neo Phyllis 案才发生一定转变。该案中，新加坡最高法院强调了司法机构对于维护宪法分权框架的作用，其指出，"宪法明确将检察权与司法权相区分，二者居于平等地位。因此，尽管法院可能会在检察权恶意行使的情况下对其进行干预，

---

① Singapore Attorney General's Chambers, Publication of Prosecutorial Guidelines, https://www.agc.gov.sg/legal-processes/publication-of-prosecution-guidelines, Visited on 7 January 2022.

② Siyuan Chen, The Limits on Prosecutorial Discretion in Singapore: Past, Present, and Future, 2013(1) International Review of Law, p.1-27.

③ Ariel L. Bendor & Zeev Segal, Constitutionalism and Trust in Britain: An Ancient Constitutional Culture, a New Judicial Review Model, 17(4) American University International Law Review, p.683-722.

④ Li-ann Thio, Beyond the Four Walls in an Age of Transnational Judicial Conversations Civil Liberties, Rights Theories, and Constitutional Adjudication in Malaysia and Singapore, 19(2) Columbia Journal of Asian Law, p.444.

但这不是真正意义上的'干涉'，因为违反宪法的权力本就不具备法律效力，并且根据宪法，法院本身就有义务防止这种行为……法院有两种方式限制检察权，第一种是宣布检察机关不当行使权力的行为违宪，第二种是控制刑事司法程序，即在法定权限范围内，法院依法审理相关案件"。[1] 该判例是新加坡法院对检察权的态度由"绝对放任"到"部分审查"的转折点。然而，这种转变不代表法院对检察权的全局性限制，新加坡的司法审查一直存在"合宪性推定"的传统。在2011—2012年的两起案件中，新加坡最高法院不仅指出，"法官不得假定总检察长对于案件怀有恶意，除非有相反的证据"[2]，而且还进一步强调了其应推定检察官按照公共利益行权，而且该权力行使合法。[3] 此外，根据既有判例来看，新加坡法院对检察权进行监督还需满足一定的条件，即只有检察裁量行为有违宪法平等条款、禁止双重危害条款或者不符合善意行使原则时，法院才能对其进行限制。

在暂缓起诉协议的审查方面，新加坡法院的监督空间较为有限。承办法官并不会介入暂缓起诉协议的谈判之中，只是在协议签订后进行审查。协议的订立、变更、终止都仰仗于检察官的发起，这样来看法院在暂缓起诉程序中只具有间接监督角色。而且在审查要件层面，"司法公正"和"公正、合理、适当"这两组词语都较为宽泛，很难把握。

二、我国涉案企业合规改革对新加坡经验的镜鉴

（一）涉案企业合规改革应回应法律面前人人平等的现实观照

平等是当代人类社会的普世价值。不论是新加坡还是中国，民众普遍存在法律面前人人平等的诉求。我国《宪法》规定公民在法律面前一律平等，《刑事诉讼法》第6条重申了这一原则。相同问题相同对待，不同问

---

① Law Society of Singapore v. Tan Guat Neo Phyllis [2007] SGHC 207, [2008] 2 S.L.R.(R.) 239, H.C.

② Yong Vui Kong V. Attorney-General [2011] 2 SLR 1189 at [139].

③ Ramalingam Ravinthran V. Attorney-General [2012] 2 SLR 49 at [46].

题不同对待，这是实现司法平等的题中应有之义，但合规不起诉的适用却存在损害平等原则的风险，这也是新加坡迟迟不启用暂缓起诉制度的原因之一。

首先，由于我国企业合规不起诉教义学的根基的薄弱，部分理论未能很好地回应企业和自然人犯罪在归责模式和刑罚上的平等问题。如何看待单位犯罪和自然人犯罪之间的关系决定了对待单位犯罪的态度。按照我国刑法双罚制原则，在涉企犯罪中，个人的刑事责任以单位构成犯罪并且追究刑事责任为前提，即单位无责个人也无责。实践中，我国司法机关通常将单位中责任人员可能被判处的刑罚作为衡量单位犯罪严重程度的主要标准。而在企业合规不起诉制度的发端之地美国，替代责任作为主要犯罪归责模式已有数百年的历史。有论者为了方便合规不起诉制度的移植，主张引入替代责任、集合责任等归责模式。[1] 这实际扩大了企业犯罪的处罚范围，是对目前刑法教义的一种突破。也有论者认为，"既然单位与个人犯罪侵害的法益性质和程度相同，二者所受到的刑事追诉与处罚也应当协调一致"，进而主张对二者的同罪同罚符合平等原则。[2] 但如果一方面在形式上对企业和个人同罪同罚，但另一方面又主张对单位犯罪采用特殊的归责模式而配置不同的刑罚，那么何谓实质平等呢？[3] 有学者进一步从单位犯罪分离的角度回应了上文指出的困境，强调在现行刑法的框架下，单位犯罪的聚合形态允许对企业和个人分别进行责任追究。因此，合规不起诉的效力范围应仅局限于单位，不能涉及单位成员。检察机关对单位中犯罪的自然人个体进行追诉并不会损害刑法单位犯罪结构。对于重罪案件中犯罪情节严重、法定刑在三年有期徒刑以上刑罚或者拒不认罪的责任人，应当

---

① 万方:《企业合规刑事化的发展及启示》，载《中国刑事法杂志》2019年第2期。

② 孙国祥:《刑事合规的理念、机能和中国的构建》，载《中国刑事法杂志》2019年第2期。

③ 田宏杰:《刑事合规的反思》，载《北京大学学报（哲学社会科学版）》2021年第2期。

予以追诉。① 本文同意此种观点。

其次，我国改革实践中普遍存在的"双不起诉"现象也有违平等原则。"放过企业，严惩个人"是包括新加坡在内的英美法系国家所适用这套合规不起诉所奉行的理念。而我国合规不起诉试点工作却出现了"放过企业，再放企业家"的"双不起诉"现象。② 这不禁让人疑惑，事后的企业合规计划效果应只能及于企业自身，而我国实践却将该制度适用于企业管理者，道理何在？③ 而且，在"双不起诉"观念引导下，部分地方以企业成员的罪刑轻重来决定是否适用相对不起诉。例如，辽宁省出台的《关于建立涉罪企业合规考察制度的意见》规定，"直接负责的主管人员和其他直接责任人员依法应当被判处三年以上十年以下有期徒刑的，具有自首情节或者在共同犯罪中系从犯，或者直接负责的主管人员、其他直接责任人员有立功表现的，可以适用合规考察制度"。此种做法显然是对合规出罪的误解。考虑到我国中小民营企业的经营现状，有些理论设法将涉罪企业与直接责任人员进行分离追责，但由于"企业与企业家有着较强的依附关系，以刑事合规来分割企业守法意志和成员（尤其是高管）不法意志的期待值偏低，企业独立责任在学理上难以证成"。④ 尽管考虑到现阶段对自然人的合规不起诉主要适用的是可能被判处三年有期徒刑以下的轻罪，且通常与认罪认罚从宽制度相"捆绑"，但从长久来看，如果这种双不起诉大量适用并长期存续，舆论中"以罚代刑""罚不当罪"的说法就不会消停，若不能妥善解决此类问题，最终可能造成平等价值的偏废。

最后，参与合规考察的不同企业的经营规模和性质也关涉到了平等问题。从我国国情来看，涉案企业大多为中小企业，其中大部分企业因为囊中羞涩很难去承担合规整改的开销，遑论去建立专门的法务或风控部

① 刘艳红：《企业合规不起诉改革的刑法教义学根基》，载《中国刑事法杂志》2022 年第 1 期。
② 李玉华：《企业合规本土化中的"双不起诉"》，载《法制与社会发展》2022 年第 1 期。
③ 黎宏：《企业合规不起诉：误解及纠正》，载《中国法律评论》2021 年第 3 期。
④ 陈卫东：《从实体到程序：刑事合规与企业"非罪化"治理》，载《中国刑事法杂志》2021 年第 2 期。

门。另外，我国企业设立门槛低，存续寿命短，刑法规定的从业禁止力度有限，且部分单位犯罪的入罪门槛高于自然人，比起花钱参与合规，企业主可能会觉得注销企业的方式更为省事。[1] 有论者认为应将合规不起诉的适用范围严格限制为大规模企业，而将其他类型的组织和个人排除在外。[2] 在实践中，辽宁省就将依法纳税、吸纳就业人口、带动当地经济发展、拥有自主知识产权、商誉、专有技术或商业秘密等作为适用企业合规不起诉的条件。但如果同样犯罪的情况下，大规模企业可以花钱合规整改而案结事了，中小规模企业却需承担刑事责任，那么何谓平等呢？在民众对权力寻租存在普遍忧虑的情况下，如何确保合规不起诉不沦为一种"花钱免刑"的非法出罪机制还需具体研讨。

（二）我国涉企合规案件中检察机关的裁量权

在暂缓起诉协议制度建章立制后，新加坡总检察署始终保持着谦抑审慎的态度，背后的原因值得深省。新加坡长期以低犯罪率而享誉全球，但根据调查显示，过去十年间新加坡的犯罪率却呈现上升趋势，其主要原因是商业犯罪的增加。[3] 所以，新加坡总检察署不适用暂缓起诉协议并非无案可办，而是另有顾虑。

目前我国检察机关并没有罚款科处权，而且刑事诉讼法规定五种不起诉情况主要针对的是自然人，将现有不起诉制度生搬硬套地适用到涉企合规案件中，不能很好地与认罪认罚从宽制度相衔接，达不到刑事激励的效果。在我国，不仅刑事实体法缺乏适用合规激励以及替代责任的传统，而且刑事程序法中也缺乏暂缓起诉这样的制度支持。最直白摆脱这种困境的办法就是修法，但即使是改革派的学者也承认"在《刑法》和《刑事诉讼

---

① 刘晓光、金华捷：《企业刑事合规本土化转化探索思考》，载《检察日报》2021年3月31日，第3版。

② 崔文玉：《公司治理的新型机制：商刑交叉视野下的合规制度》，载《法商研究》2020年第6期。

③ Statista, Overall crime rate in Singapore from 2011 to 2020, https://www.statista.com/statistics/628339/crime-rates-in-singapore/, visited on 16 January 2022.

法》中引入合规激励机制是企业合规中国化面临的最大难题"。[①] 在短期不大可能对刑法和刑事诉讼法进行调整的情况下，检察机关的能动性实际上受到了不小影响，只能囿于"检察建议"和"附条件不起诉"两种模式进行实操，而这两项制度距离域外的合规不起诉，不论是在刑事激励抑或企业治理的效果层面都有不小差距。

在我国，检察机关拥有着是否不起诉的决定权、适用对象和适用前提的选择权以及合规考察的审核权。在适用对象和条件方面，检察机关既可以选择对企业和企业家双不起诉，也可以选择单独起诉犯罪嫌疑人；既可以将案件范围限定在"依法应当被判处三年有期徒刑以下刑罚"的情况，也可以将合规考察适用到"法定刑在三年以上十年以下有期徒刑"的情形。在合规考察审核方面，目前第三方评估结果仅作为检察院"重要参考依据"，涉案企业最终是否能够通过合规考察的决定权还属于检察机关，而且检察机关作为第三方机制管委会成员，可以参与第三方人员名录库的入库条件和管理办法的研究制定。在司法责任制改革的背景下，合规不起诉个案适用比重被纳入各级检察机关的业绩考核中，在科层组织的上令下从之的关系范式下，检察机关很难不去为了合规而办案。而且在合规不起诉程序的前后，承办检察官均需要与涉罪企业进行直接接触，其间存在部分检察人员禁不住诱惑被贿赂而枉法裁判的风险。

三、我国涉案企业合规改革对新加坡经验的省思

（一）做好行政监管与刑事合规的模式选择与协调衔接

新加坡等英美法系国家开展合规不起诉的前提是其有着以罚金代替自由刑的易科制度传统，在此基础上这些国家的检察机关可以对涉案企业科处高额罚金，并要求企业在合规层面重新建章立制，全程接受监管以消除再犯可能。新加坡作为一个营商环境高度发达的国家，本身已经具备了完善的行政监管体系，而该国之所以没有启用暂缓起诉制度，其中一部分原

---

① 陈瑞华:《论企业合规的中国化问题》，载《法律科学（西北政法大学学报）》2020 年第 3 期。

因是因该国对行政合规和刑事合规模式的位次选择。

我国对企业合规的行政监管早早走在了刑事合规之前，自 2006 年原银监会发布的《商业银行合规风险管理指引》和后续的原保监会发布的《保险公司合规管理指引》而铺开。我国合规体系的要素包括了内控体系、风险管理、外部审计以及诸如证监会上市辅导制度等与监管机构合作内容，所缺乏的只是作为刑事处罚的减轻、豁免情形以及处罚的替代或者并加手段。[①] 有论者基于现代企业对犯罪行为的敏感性推导出了"刑事合规是企业合规制度的核心"[②]，这一论断属于强加因果。作为私主体的企业不论是对公权力机关的行政处罚还是对刑事处罚都具有天然敏感性，而且根据我国相关法律法规，对于企业最严格的处罚莫过于责令停产停业、责令关闭或者处以高额罚款，这些都可以通过行政手段来实现。况且，目前我国企业所进行的合规实践大多为了应对行政监管。即使是大力主张进行刑事合规改革的学者也承认，只有从根本上解决企业违反行政法规的问题，才能实现企业的"去违法化"。[③] 离开行政合规孤立地看待企业刑事合规属于"头痛医头，脚痛医脚"。也难怪有观点认为，中国语境下的企业合规关涉的主要是行政法问题，所应倡导的是"行政合规"，而非"刑事合规"。[④] 笔者认为，就合规模式的选择来看，行政合规的位次无疑是要居于刑事合规之前。如果大量的合规问题能消解于前端的行政环节，于公于私都是十分理想的状态。无论企业是构成行政违法还是行政犯罪，均需要以行政规范作为前置判断依据。[⑤] 而企业犯罪需要行政合规与刑事合规协同治理的根本原因在于，这些犯罪大多属于违反了行政法规，但危害性已经

---

① 邓峰：《公司合规的源流及中国的制度局限》，载《比较法研究》2020 年第 1 期。
② 李本灿：《我国企业合规研究的阶段性梳理与反思》，载《华东政法大学学报》2021 年第 4 期。
③ 陈瑞华：《论企业合规在行政监管机制中的地位》，载《上海政法学院学报（法治论丛）》2021 年第 6 期。
④ 田宏杰：《刑事合规的反思》，载《北京大学学报（哲学社会科学版）》2021 年第 2 期。
⑤ 张泽涛：《论企业合规中的行政监管》，载《法律科学（西北政法大学学报）》2022 年第 3 期。

触及刑事法规制领域的行政犯罪，这种双重违法性决定了对行政犯必须同时处以行政处罚和刑事处罚。于此来说，只有在行政监管严重失灵且适用行政处罚还不足以惩戒企业犯罪的前提下，才需要动用刑事手段。反过来说，作为预防企业违法犯罪手段的刑事合规，更多应通过行政监管的方式予以实现。[①]

鉴于此，一方面，我国应进一步完善现有的行政监管制度；另一方面，对于确有必要纳入刑法规制范围的涉企行政犯罪，在其治理过程中应探索行政合规与刑事合规的有效衔接方式。我国立法规定了对行政违法与刑事犯罪的"双轨执法制"，行政处罚等手段位于刑罚之前，执法中所涉及的问题除了行刑衔接、侦检衔接外，在应对行贿之类的职务犯罪问题时可能还涉及了监察机关与检察机关的衔接问题。但是现阶段由于诸多标准和程序的缺失，行政执法机关、刑事侦查机关与检察机关在办案时出现衔接不畅的问题是在所难免的。有论者结合试点改革的实践指出，企业合规的行刑衔接的问题主要体现在立案侦查、合规考察对象准入、合规考察验收以及合规不起诉的后续处理上，很显然这几个问题的提出是基于检察主导模式的现状。然而，该论者也承认"作为一场国家层面的法律制度革新，涉案企业合规改革无疑需要统筹立法、司法、行政等多方资源，由检察机关牵头主导已明显力不从心"。[②]

事实上，多元主体参与企业治理是我国自改革开放以来大力发展市场经济所形成的局面。在这个过程中，检察机关从未成为主角，只是在现阶段引导着涉企合规改革的方向。在执法的前期，行政执法机关与检察机关需要做好立案的衔接工作，规避有案不移、以罚代刑现象。检察机关在履行监督职权过程中，如认为行政机关应当依法移送涉企犯罪案件而不移送的，可以对该执法机关制发检察建议。检察机关在决定不起诉涉案企业后，可以在行政执法机关对企业的日常监管外再建立一种常态化合规整改

---

① 张泽涛：《论企业合规中的行政监管》，载《法律科学（西北政法大学学报）》2022年第3期。

② 李奋飞：《涉案企业合规刑行衔接的初步研究》，载《政法论坛》2022年第1期。

回访机制，对已通过合规考察的企业进行定期回访监督。如发现涉案企业合规整改落实不到位，或者未及时修正合规计划的，可以向相关行政负责机关、行业协会制发检察建议，督促上述监管责任主体对该企业检查监督，督促其彻底改正。

（二）限制涉企合规案件中检察机关的自由裁量权

有论者指出，比起关注检察裁量权的扩张，更应该把关注点放在检察机关不起诉程序的适用是否合理的问题上。[①] 本文赞同这种观点。检察机关在办理涉企合规案件的过程中，在合法的框架内更应注意不起诉权的合理行使问题，从而符合实质法治的要求。

1. 充分尊重第三方监督人的专业地位

根据法律规定，我国检察机关既无企业犯罪侦查权，也无预防企业犯罪的职责。刑事合规的核心理念是共治，但具体到合规计划层面，则属于企业治理问题，在这方面，检察院不能充当企业的法律顾问，应充分尊重第三方监督人的专业地位。

按照《关于建立涉案企业合规第三方监督评估机制的指导意见（试行）》的要求，第三方组织合规考察书面报告等合规材料应作为检察机关对涉案企业作出起诉或者不起诉等相应处理判断的重要参考。在第三方监督人可能关心的薪酬问题方面，上述规范性文件并未进行详细说明。就英美等国的情况来说，在其考察期限动辄长达几年的情况下，合规审查费用无疑是一笔高额的支出，指望检察院去承担此类费用是不切实际的。有些试点地方由财政承担了这一支出，这种企业犯罪由纳税人"买单"的做法显然缺乏正当性，而且在企业合规全面铺开的背景下也不是长久之计。新加坡议员 Murali Pillai 指出，"合规外部监督员的花销应由企业控制，即使监督员实际为检察机关工作，并且可能存在潜在的'道德风险'，他看到过'监督员因过大开销把公司搞得一团糟的例子'"。而新加坡时任律政部

---

① 周新：《涉罪企业合规不起诉制度重点问题研究》，载《云南社会科学》2022年第 2 期。

高级部长回应道，立法"故意保持灵活"，因此"各方可以就监督员的作用和监督问题在细节上进行措施"。① 这种方式这不失为我国的参考之策。至少对于大型企业来说，由于这些公司的架构烦琐、合规计划缜密，由其自身承担第三方合规考察费用似乎较为合理。

2. 制定企业合规不起诉相关规范

新加坡国内民众担忧总检察署在暂缓起诉中裁量权过大的原因之一在于其缺乏公开透明的检控守则，此种情况下检察权存在被滥用的可能。尽管考虑到我国刑事诉讼法尚未修改的大前提，但目前检察机关发布的规范性文件只是笼统地提出了原则性要求，却并无具体的专项刑事合规标准，也没有周延地设计合规不起诉和合规考察程序。合规不起诉的开展有赖于检察机关发布针对性的办案规则。随着涉案企业合规改革的深入，最高人民检察院可以适时启动司法解释制定程序，系统发布一套《人民检察院企业合规不起诉办案规则》。另外，最高检还应针对我国经常出现的企业犯罪类型制定专门的办案指导意见。具体承办检察机关在决定是否对涉嫌特定犯罪类型的企业适用合规不起诉程序时，能够根据该指导意见作出准确判断。在此基础上，检察机关还可以督促涉案企业根据相应规范制定专项合规方案和行为准则。②

（三）明确法院在企业刑事合规中的角色定位

如果认为英式暂缓起诉协议制度因过于严厉的司法审查而阻碍了合规不起诉的开展，那么新加坡的审查力度稍弱的制度模式可能会给予我国一定启示，即法院只需要在合规不起诉协议的达成阶段进行把关，并不介入检察机关与涉案企业的谈判程序当中。检察机关与法院可就企业合规在量刑中的酌情从轻处罚情节达成共识。具体而言，最高人民法院、最高人民检察院可以在《关于常见犯罪的量刑指导意见（试行）》中增加企业犯罪

---

① Singapore Parliament, Parliamentary debates Singapore official report thirteen Parliamentary Volume 94 No. 69 first session, https://sprs.parl.gov.sg/search/sprs3topic?reportid=-bill-251, Visited on 9 January 2022.

② 陈瑞华：《企业合规不起诉制度研究》，载《中国刑事法杂志》2021 年第 1 期。

的量刑规范化规定，将合规计划的实施情况作为企业犯罪酌定量刑情节，在量刑上，法院可根据企业合规情况在一定幅度以内从宽处罚；犯罪情节较轻的，可以减轻或者免除处罚。[①] 此外，还通过修法将合规的刑法激励在从宽处罚幅度内拓展至缓刑量刑建议等。[②] 在此基础上，对于十年以上的重大犯罪虽然没有通过检察机关的合规不起诉出罪的可能，但是通过合规从宽量刑也能起到相应的激励效果。对于可能被判处三年以上十年以下的单位犯罪，在笔者看来应该有两种处理路径：第一种路径是基于现实情况考量，遵照罪刑相适应原则，由检察机关根据认罪认罚与合规整改情况，比照普通案件向法院提出从轻量刑建议。法院享有对企业的合规考察权和最终处理权，并可以参与到第三方评估机制中。对于涉及当地民生经济的大型企业犯罪，可以由企业所在地的政法委牵头建立法检联席会议，讨论企业合规考察事宜。第二种路径是基于未来可能确立的暂缓起诉制度背景而提出的，检察机关对于可能被判处三年以上十年以下的单位犯罪，可以裁量决定暂缓起诉，但法院应参与到暂缓起诉协议审查中来。这种途径中，法院的参与需遵循司法"不告不理"的原则，即涉案企业及个人如果对暂缓起诉协议全部或部分条款不服的，可以向法院进行申诉，再由法院对暂缓起诉协议进行审查。此种情况遵从了检察裁量的优位性，缓解了法检的直接对抗，有助于避免英式强司法审查导致的达成暂缓起诉协议案件量偏小的弊端。从实质正义角度来看，在未来制度允许的情况下，即使在前期审查起诉阶段检察机关未能启动合规不起诉程序，但只要涉案企业愿意在审判阶段进行合规整改，那么法院也应尽量给予其合规考察的机会。[③]

四、余论

企业合规制度本是舶来品，在其发源之地美国，不仅公司制度演化史长达 200 余年，而且本就具备长期适用司法协商制度的基础，协商和交易

---

①　熊亚文：《理性建构刑事合规的中国路径》，载《比较法研究》2022 年第 3 期。
②　董坤：《论企业合规检察主导的中国路径》，载《政法论坛》2022 年第 1 期。
③　卢勤忠：《企业刑事合规实践探索的适用问题研析》，载《中州学刊》2022 年第 3 期。

一直被认为是"盎格鲁－撒克逊"刑事司法程序的基因。① 新加坡虽然是后续引入合规不起诉制度的国家，但本身就具备非常发达的企业合规治理体系，若非美国司法部以反海外腐败为名对该国企业科处的高额罚款这一外部因素，新加坡当局是否会引入或者说多大程度会效法暂缓起诉制度还是未知数。与新加坡不同的是，我国刑法归责责任的设置不同于英美法系的替代责任，也并不是所有犯罪都适用于企业，宪法对于检察机关的职权定位、职能范围的规定也与英美法系有很大区别。自我国全面引入认罪认罚从宽制度已有数年，受制于本土协商司法氛围的稀薄以及法律实施现状与改革初衷的背离，改革实践中出现了不少"疑难杂症"。而与认罪认罚从宽制度有所不同的是，在我国行政监管合规体系本就运行良好的情况下，引入合规不起诉制度可能没有那么迫在眉睫。即便是在行政监管真正失灵之后，合规不起诉也只是刑事激励方式之一，在有立法支持的情况下，法院在审判程序中也可以依据主客观责任和合规整改情况来减免涉案企业的刑罚。

当然，本文并非不赞成我国企业合规不起诉制度的构建，只是以新加坡引入暂缓起诉制度为引，主张对于合规不起诉的引入以及后续改革应保持一种审慎的态度，特别是在传统教义学的基础理论没有很好地厘清以及得到回应的情况下，不妨放慢改革的步伐。以美国为发端的这套企业合规不起诉制度本非完美无缺，而且在法律移植的过程中，由于不同国家法治本土资源以及社会价值取向的不同，制度运行中所存在的问题也会被放大。我国在推行涉企合规改革的过程中，不能一味迎合西方主流态势和观点；在警惕刑事合规万能主义之余，应该一步一个脚印地积淀东方经验，发扬本土智慧。从长远角度来看，国家方面全局性的涉企合规改革应在党的领导、依法治国和人民当家作主的框架下，在党中央充分评估决策后，由人大进行立法。最终形成一套行政合规和刑事合规协调衔接下，执法机关、监察机关、检察机关、审判机关分工负责的企业合规制度和公私协调的企业治理体系。

---

① 戎静:《法国刑事合规暂缓起诉制度之缘起、效果及借鉴》，载《比较法研究》2022 年第 3 期。

刑事合规不起诉：域外经验与中国启示 *

林竹静　詹　可 **

摘　要： 2018 年美国司法部（DOJ）修订的《司法手册》（USJM）及 2021 年 10 月发布的多项企业刑事合规政策显示，美国司法部门正在对其企业刑事合规制度进行全新、全面的审视。由于中美国情与司法制度的根本区别，当前我国检察机关以"酌定不起诉＋检察建议"或"附条件不起诉"方式开展的企业刑事合规不起诉试点与美西方国家的 DPA 和 NPA 制度设计存在明显区别。中国特色的企业刑事合规不起诉是新时代检察机关积极拓展职能参与社会治理的全新探索。相比之下，DPA 和 NPA 模式则已运行多年，其在合规不起诉实际效果、"积极干预"合法性、第三方评估机构设置等具体制度运作方面暴露的问题、存在的争议及围绕制度完善所进行的探索与努力非常值得我们借鉴。通过对"他山之石"的比较研究，有助于我国从刑事立法、制度设计及具体操作三个层面，加快完善检察机关企业刑事合规不起诉制度。

关键词： 企业刑事合规；合规不起诉；检察机关；第三方监督评估；市场主体保护

企业合规是确保企业遵守外部规则和内部控制，落实风险评价和管控

---

* 本文系最高人民检察院检察理论研究重大课题"'四大检察'全面协调充分发展研究"（编号：GJ2019A01）阶段性研究成果。

**　林竹静，上海市人民检察院检察官；詹可，浙江清华长三角研究院法治与社会治理研究中心助理研究员。

的重要措施。①我国最早的企业合规制度规范源自 2006 年 10 月 25 日原银监会发布的《商业银行合规风险管理指引》，旨在"使商业银行的经营活动与法律、规则和准则相一致"。从 2020 年 3 月开始，最高人民检察院在全国六家基层检察院试点开展"企业刑事合规不起诉适用机制改革"第一期试点工作，并于 2021 年 4 月 8 日印发《关于开展企业合规改革试点工作方案》（以下简称《方案》）开始第二期改革试点，范围扩大至 10 个省（直辖市）。②以此项试点工作为起点，我国检察机关开启了企业刑事合规不起诉的试点探索。

2021 年 6 月 3 日，最高人民检察院与司法部等 8 部门联合发布《关于建立涉案企业合规第三方监督评估机制的指导意见（试行）》，并同步发布第一期企业合规改革试点典型案例。从公布的典型案例分析，一个突出特点是对涉嫌犯罪的企业和个人，在其落实合规制度后，检察机关均作出了不起诉决定。这与美国等普通法系国家企业刑事合规不起诉制度要求的"放过企业、惩罚个人"的思路明显不同。但考虑到"全球围绕企业刑事合规不起诉的规范可能正在趋同，向着合规计划转变，以逐渐实现刑法威慑目的"的发展趋势，③域外的企业合规不起诉制度及案（事）例，或可为我国企业合规不起诉制度后续完善所借鉴。

---

① 合规源于行政监管领域，其主要目的是在不失去市场活动的经济和社会利益的情况下刺激市场主体合法经营。企业合规是指企业通过制定政策、程序等规范来确保企业经营活动、员工行为等符合国家政策和法律规范，并建立合规部门以确保企业和每名员工人都遵守相应的政策和程序。参见 Alexander S. Gillis. DEFINITION compliance. TechTarget – Search Data Management, https://searchdatamanagement.techtarget.com/definition/compliance；陈瑞华：《企业合规的基本问题》，载《中国法律评论》2020 年第 1 期。

② 企业刑事合规不起诉适用机制改革第一期改革试点涉及上海市浦东新区、金山区，江苏省张家港市，山东省郯城市，广东省深圳市南山区、宝安区的 6 家基层检察院，第二期改革试点范围较第一期有所扩大，涉及北京、辽宁、上海、江苏、浙江、福建、山东、湖北、湖南、广东等 10 个省（直辖市）。参见《最高检下发工作方案 依法有序推进企业合规改革试点纵深发展》，载 https://www.spp.gov.cn/xwfbh/wsfbt/202104/t20210408_515148.shtml#1。

③ Jimenez, Gustavo A. "Corporate Criminal Liability: Toward a Compliance-Oriented Approach." Ind. J. Global Legal Stud. 26 (2019): 353.

一、美国企业刑事合规不起诉实践及问题

在以法治为基础的市场主体管理过程中，执法的质量比执法的数量更重要。通过企业刑事合规制度的实施，在企业犯罪前加以制止或在犯罪初期加以拯救，将能更好地发挥法律惩罚犯罪保护市场主体的价值。在普通法系的美国，根据替代责任理论、身份等同责任理论等，企业可能会对作为其代理人的雇员的作为、不作为或失职承担替代刑事责任。[①] 由于法人是抽象的，不具有意识，这就要求法院将公司雇员视为推断犯罪意图的一种手段，因为公诉方为确保定罪，必须证明被告在实施犯罪时的心理状态，并实施了犯罪行为。[②] 如果企业员工在其职责范围内履行职务行为，且个人的行为使得公司受益，则根据组织体责任论，公司应对员工的行为承担间接责任。

2021 年 10 月，美国司法部（DOJ）发布了多项关于公司执法的重要公告，涉及公司刑事合规的各个阶段，从调查到指控、和解等，反映了司法部正在对其公司执法方法进行全新的、整体的审视。[③] 司法部还宣布成立公司犯罪咨询小组，该小组可以就司法部关于公司刑事执法相关的政策提出建议，包括监察员选择和 NPA、DPA 违规等。[④] 在英国，2013 年《犯罪与法院法》（Crime and Courts，ACT）设立了合规暂缓起诉制度。2014年修改后，除受案范围和个别程序性设计不同外，其他制度基本上沿袭美国。 2018 年以来，刑事合规不起诉制度得到空前发展，加拿大、澳大利

[①]　参见 N.Y. Cent. & Hudson River R.R. v. United States, 212 U.S. 481, 491–95 (1909)，认定公司负有责任，因为公司仅通过知识和目的归属于公司的代理人或雇员实施行为；另见 United States v. Grimm, 738 F.3d 498, 507 (2d Cir. 2013)，公司只能通过其代理人行事，个人代表公司的行为可能应适当向其收费。

[②]　参见 Mens Rea, Black's Law Dictionary（10th ed. 2014）。

[③]　Gibsondunn, 2021 Year-End Update on Corporate Non-Prosecution Agreements and Deferred Prosecution Agreements, https://www.gibsondunn.com/2021-year-end-update-on-corporate-non-prosecution-agreements-and-deferred-prosecution-agreements/#_edn14.

[④]　Transcript, John Carlin on Stepping up DOJ Corporate Enforcement, https://globalinvestigationsreview.com/news-and-features/in-house/2020/article/john-carlin-stepping-doj-corporate-enforcement.

亚、新加坡等国纷纷效仿英国①，修改刑事法律建立本国的暂缓起诉制度。②各个国家的处理方式表明，它们也在朝着以合规为导向的方法迈进。

（一）美国企业刑事责任的构罪要件

1. 主观要件：法人意志

美国法院最早开始对公司追究刑事责任，可追溯到19世纪，当时是在强调严格责任的背景下进行的，通过将公司的刑事责任限定于无须证明犯罪意图的案件中，规避了确定抽象的拟制主体法人的意志问题。后来在纽约中央和哈德逊河铁路公司诉美国案中，美国最高法院确立了"雇主责任原则"，并认定公司应对需要犯罪意图证据的罪行负责③，并且最高法院认为，公司可以对其代理人的认知和目的负责并被指控，并在赋予代理人的权利范围内承担责任，而无须关注和证明公司代理人是何种犯罪意图。④这种方式后来逐渐形成"集体知识原则"⑤（Principle of Collective Knowledge），通过承认公司的行为，防止公司通过划分员工的职责来逃避责任。由于集体知识原则仅涉及公司的知识，而不涉及特定意图之一要素，所以，在没有公司代理人特定意图的情况下，如果没有其他证据，则该原则不能用来"创设"公司的特定意图。因此，实践证明公司的意图，判断时需要考虑多种因素。

2. 行为要件：职务行为

企业作为法人实体，本身不具备自然人的意识和思维，其刑事责任基于员工的职务行为成立。在A.I.信用公司诉军团保险公司案中，上诉法院

---

① 如2018年6月，加拿大通过综合预算实施法案C-74中的条款颁布了DPA，修订了加拿大刑法。

② 杨帆：《企业合规中附条件不起诉立法研究》，载《中国刑事法杂志》2020年第3期。

③ 参见判例 N.Y. Cent. & Hudson River R.R. v. United States, 212 U.S. 481（1909），在最高法院声明没有反对该判决后，追究公司对其代理人的交易行为的刑事责任，美国联邦法院认可了追究公司实体刑事责任的诉求。

④ 参见 Helton v. AT&T, Inc., 709 F.3d 343, 356（4th Cir. 2013），公司员工在其受雇范围内获得的知识归结于公司。

⑤ 集体知识原则规定，公司代理人的个人知识可以汇总，以整体提供这些代理人的"集体"知识，从而让公司承担刑事责任。

法官认为，企业要对员工的违法行为承担责任，前提是员工的行为必须发生在其任职范围内。[①] 通常情况下，个人的职责范围并不被严格限定，员工有权利从事有关职务行为，就符合这一条件。[②] 如果第三方有合理的理由相信，员工有权执行相关职务行为，则员工行为视为公司行为。[③] 如果第三方知道员工超出其职责范围行事或者滥用职权，则该员工的行为不能归咎于公司。[④] 然而，无论何种情况，公诉方都需要证明代理关系的存在。根据联邦法院的实践发现，"即使公司实施了明确禁止相关行为的管理制度，员工的行为仍可以影响公司意志"。[⑤] 公司合规制度的存在并不能使公司免予责任承担，并且起诉不要求证明公司因缺乏有效的制度而承担责任。但是，能够证明已经制定了公司政策以减少犯罪的公司则可能有资格被减轻处罚。[⑥] 由此可见，美国的判例逐渐形成一种共识，企业是否建立有效的刑事合规制度，并不是刑事入罪的要件，而是出罪时的考量因素。

3. 结果要件：企业获利

公司承担刑事责任的第三个要件要求员工的行为可能使公司受益，不要求公司实际已获得利益，只要员工有此意图即可。[⑦] 员工的行为有利于公司的利益时，法院可能会发现这种意图是明显的，即使没有任何其他证据证明这种意图。此外，主要考虑很多员工都会为了自己的个人利益而行动，因此不必强调个人获益，只要员工的行为至少有部分原因是为了公司受益即可。有些情况下，即使员工违反了公司制度，也可以归咎为公司的

[①]　参见 A.I. Credit Corp. v. Legion Ins. Co., 265 F.3d 630, 637（7th Cir. 2001），原因在于企业代理人在其受雇范围内的任何行为均归于公司。

[②]　参见 United States v. Chon, 713 F.3d 812, 820（5th Cir. 2013）。

[③]　参见 United States v. Great Am. Ins. Co. of N.Y., 738 F.3d 1320, 1333（Fed. Cir. 2013）。

[④]　参见 Anderson v. Int'l Union, United Plant Guard Workers, 370 F.3d 542, 551（6th Cir. 2004）。

[⑤]　Bailey Wendzel et. al., Corporate Criminal Liability, 56 Am. Crim. L. Rev. 671, 709 (2019).

[⑥]　参见 U.S. SENTENCING GUIDELINES MANUAL § 8C2.5（f）。

[⑦]　参见 United States v. Potter, 463 F.3d 9, 25（1st Cir. 2006），如果"代理人正在执行其被授权执行的行为，并且这些行为的动机，至少部分是出于使公司受益的意图"，公司可以对代理员工的行为承担责任。

责任。[①] 然而，员工所犯罪行，如果明显背离公司利益，而且公司并未从中获利，则不能让公司承担刑事责任。此外，当员工的行为违反对公司的信托义务时，公司也可以避免承担责任。[②]

（二）美国企业刑事合规不起诉的程序设计

20 世纪 70 年代以来，美国《反海外腐败法》（FCPA）的实施和 80 年代企业刑事合规的应用，导致人们对于通过自然人意志推断法人意志理论的反思，美国逐步发展出多种依据法人本质特征来确定法人刑事责任的理论，如法人独立责任的"组织责任"归责理论。[③] 这些理论的共同特点是，认同法人具有独立人格和独立意志。得益于判例法的灵活性，这些理论很快生效实施，服务于企业刑事合规的过程。美国联邦量刑委员会 1987 年制定的《联邦组织量刑指南》规定，如果公司建立了有效的合规程序，可以减轻刑事处罚。美国司法部随后发布的《美国律师手册》（USAM），[④] 首次对检察官适用合规不起诉或延期合规起诉的具体要求进行了说明，为刑事合规在其他司法管辖区的应用奠定了实践基础。

DPA 和 NPA 是企业刑事合规不起诉制度实施过程中核心的两类协议，是公司与政府之间的两种自愿预审协议，它们是解决对公司犯罪不当行为进行调查的常规方法，旨在避免刑事追责对公司及其股东和员工造成的直接和附带的严重不利后果。DPA 不是放弃起诉[⑤]，而是作为处理企业刑事案

---

① 参见 United States v. Philip Morris USA, Inc., 449 F. Supp. 2d 1, 892–93（D.D.C. 2006），如果公司代理人行使公司赋予他的权力，并在其工作过程中实施某种行为，则只要该代理人的行为意图使公司受益，即使该行为是非法的或违反指示或管理的，公司也应承担责任。

② 参见 Lamorte Burns & Co. v. Walters, 770 A.2d 1158, 1168 (NJ 2011)；另见 Restatement (Third) of Agency § 8.01 (2006)。代理人有义务在与代理关系有关的所有事项中为委托人的利益忠诚行事。

③ 陈瑞华:《合规视野下的企业刑事责任问题》，载《环球法律评论》2022 年第 1 期。

④ U.S. Department of Justice, JUSTICE MANUAL, § 9–16.325 (2008).

⑤ DPA 通常涉及检察官对企业提出的刑事指控，但是要求企业作出守法合规整改的承诺，并在约定时间内履行该承诺，在此期间检察官会暂时搁置指控。如果企业完全遵守协议条款履行承诺，在协议期限结束时，法院将驳回所有未决指控。

件的新的选择。① DPA 设定的时间段，类似于缓刑考验期。然而，DPA 不同于 NPA 或者控辩交易，后两者在事情的整个过程中检察官都不会提起指控。② 在形式和功能上，DPA 与辩诉交易非常相似③，它们都是替代性争议解决机制。在该机制中，检方为被告提供了一个机会，让被告有机会就此事进行协商，而不是进行庭外解决。NPA 的运作形式与 DPA 类似，如果企业完全遵守协议条款、履行承诺，在协议期限结束时，检察官将同意不提出任何指控。④ 根据 2018 年最新修订的《司法手册》（USJM）关于刑事合规制度的要求，美国司法部检察官在决定是否起诉公司时，需要调查罪行的严重性，并综合考虑多种因素。⑤

（三）美国 DPA 和 NPA 制度运行暴露的问题

在美国，企业均非常重视其社会声誉，而 DPA 和 NPA 制度的使用，可以产生比控辩交易更小的声誉制裁，因此很受欢迎。⑥ 但这两项制度同样也会对公司、受调查的员工个人和政府产生各种不利后果。⑦ 虽然 DPA

---

① U.S. Department of Justice, JUSTICE MANUAL, § 9–28.1000 (2018).

② Peter Spivack & Sujit Raman, Regulating the "New Regulators": Current Trends in Deferred Prosecution Agreements, 45 AM. CRIM. L. REV. 159, 164–67 (2008) (discussing the recent proliferation of DPAs and NPAs).

③ 在控辩交易中，通常是被告同意接受有罪（除非是"奥尔福德认罪"）或未经审判的定罪，以换取政府的较轻指控或判决。同样，在 DPA 中，被告同意接受与政府谈判的一系列条款，包括支付罚款、加强内部合规管理等，以换取在成功完成这些条款后撤销所有指控。

④ NPA 和 DPA 在程序上有所不同。与 NPA 不同，DPA 与起诉文件一起正式提交给法院。两者通常都需要承认不法行为、支付罚款和罚金、在协议未决期间与政府合作，并实施补救措施，例如制定和执行合规计划，有时还与向政府报告的监察部门合作。

⑤ U.S. Department of Justice, JUSTICE MANUAL, § 9–28.300–9–28.1300. (2018). 因素包括：（1）罪行的性质和严重程度；（2）公司不法行为的普遍性；（3）公司从事类似不法行为的历史；（4）公司配合调查和及时披露不法行为的意愿；（5）公司合规制度和管理实践的存在状况和有效性；（6）附带后果和补救措施的充分性。

⑥ Mungan, Murat C. "Optimal non-prosecution agreements and the reputational effects of convictions", International Review of Law and Economics 59 (2019): 57–64.

⑦ Barry A. Bohrer & Barbara L. Trencher, Prosecution Deferred: Exploring the Unintended Consequences and Future of Corporate Cooperation, 44 AM. CRIM. L. REV. 1481, 1481 (2007), p.1481.

和 NPA 允许公司相对快速地结束刑事调查，并让股东和员工相信公司的持续存续能力，但它们也会使公司面临更大的民事责任和经济处罚风险。① DPA 可能会对公司当前未决及以后要面对的民事诉讼产生不利影响。

　　DPA 和 NPA 制度也可能会导致公司与其员工之间的紧张关系加剧。DPA 条款通常要求公司向检察官提供企业合规规范和员工面试等材料，这将可能导致公司施压员工迫其合作，因此可能迫使员工在维护其防止自证其罪的权利和面对因雇主不遵守规定而遭到报复之间作出选择。此外，选择合作的员工可能会面临额外的刑事风险，并可能在未来被起诉时出现对自己不利的后果。②

　　此外，由于检察官可以决定是否与企业达成 DPA 和 NPA 协议，并且在企业履行合规协议后可以决定是否起诉企业，因此具有极大自由裁量权。法院的独立监督是非常必要的，不仅可以防止"司法量刑权的侵蚀"，也可保护更广泛的公众利益，尤其是在刑事案件中。③ 通过在制度层面建立相适应的制约制度，督促和规制检察官公正地行使自由裁量权。④

　　同属普通法系的英国也与之类似。2013 年 4 月 25 日英国议会通过《犯罪和法院法》（Crime and Courts Act 2013），允许因腐败犯罪而受到调查的公司达成 DPA 协议。⑤ 根据 DPA，公司必须"实施合规计划，或更改与 P 的政策和 P 的员工培训⑥，或两者相关的现有合规计划"，并且只有在

---

① Michael R. Sklaire & Joshua G. Berman, Deferred Prosecution Agreements: What is the Cost of Staying in Business?, WASH. LEGAL FOUND, Vol. 15, No. 11, June 3, 2005, at 1.

② Manacorda, Stefano. Corporate Compliance on a Global Scale: Legitimacy and Effectiveness. Springer Nature, 2022: 356.

③ United States v. Orthofix, Inc., 956 F. Supp. 2d 316 (D. Mass. 2013).

④ Reilly, Peter R. "Sweetheart Deal, Deferred Prosecution, and Making a Mockery of the Criminal Justice System: US Corporate DPAs Rejected on Many Fronts." Ariz. St. LJ 50 (2018): 1113.

⑤ Grasso, C. 2016. Peaks and Troughs of the English Deferred Prosecution Agreement: The Lesson Learned from the DPA between the SFO and ICBC SB PLC. The Journal of Business Law 5: 388–408.

⑥ P 可以是法人团体、合伙企业或非法人协会，但不能是自然人。

DPA 到期时满足这些要求的情况下，才会停止诉讼程序。[①] 意大利类似的反腐败法律制度中，法人实体可对"第 231/2001 号法令"所列的为法人利益而犯下的罪行负责，除非该实体已制定并执行了合规方案。[②] 这种责任在形式上是行政性的，但本质上是"惩罚性的"，因此许多学者认为它可被认为是介于刑事责任和行政责任之间的第三种责任。[③]

二、基于中国试点的刑事合规不起诉比较考察

（一）中国企业刑事合规不起诉试点模式

在各地基层检察院的试点过程中，逐渐形成了企业刑事合规不起诉制度的两种基本模式：

模式一：酌定不起诉 + 检察建议。检察院在作出不起诉决定的同时，对涉嫌犯罪的企业提出检察建议，并督促企业采取相关整改措施，包括建立健全合规制度及相应的管理制度、制定合规运营计划、成立合规管控部门、落实风险防控措施等。实践中，这种模式的激励效果并不如预期。由于检察院作出了酌定不起诉的决定，意味着涉嫌犯罪的企业已经在一定程度上排除了被追究刑事责任的风险。因此，企业继续落实检察建议的动力大大降低，而且企业后续是否真正达到合规要求，并没有明确的标准，检察院难以采取强制有力手段督促企业采取措施完全达到合规水平。

模式二：附条件不起诉。检察院在对涉嫌犯罪的企业作出附条件不起诉决定前，先对企业以下事项进行考量：（1）应明示认罪认罚，接受对其可能判处的刑事处罚；（2）公司出具刑事合规整改承诺书，制定合规整改方案（或签订合规监管协议，协议类似于 DPA 或 NPA）；（3）检察院限定合规监督审查期限；（4）独立的第三方监督评估组织对涉案企业的合规承

---

① 英国 2013 年《犯罪和法院法》（Crime and courts, ACT）的附表 17 "延期起诉协议"（Schedule 17（"Deferred prosecution agreements"）of the Crime and Courts Act 2013）。

② ITALIAN LEGISLATIVE DECREE of 8 June 2001 No. 231/2001.

③ De Maglie, C. 2011. Societas delinquere potest? The Italian Solution. In Corporate Criminal Liability, ed. M. Pieth and R. Ivory, 255–270. Dordrecht: Springer.

诺进行调查、评估、监督和考察。第三方监督评估组织组成人员，包括律师、会计师、税务代理人等专业人员，应现场监督合规计划或合规监督协议的执行情况；（5）审查期限届满，检察院应当继续公开审查，决定是否作出合规不起诉决定。

在当前国家注重培育和促进市场主体发展的背景下，模式一有利于相对快捷高效地处理小微企业相对简单的案件。与模式一相比，模式二包含独立的第三方监督评估组织，具有更好的激励效果，并且检察院的合规不起诉决定是基于前期一段时间的评估和考察，更加科学与精准。而模式二有利于从根本上解决中大型企业的合规运行问题，因此值得深入研究并落实该制度的应用。

（二）企业刑事合规不起诉问题中外比较

美国的检察官隶属于司法部，检察官代表司法部向企业发起刑事合规要求，司法部与企业达成的 DPA 和 NPA 协议，具有行政管理的性质和目的，具有比刑事法律更大的弹性空间。相比之下，我国检察机关是宪法规定的法律监督机关，行使诉讼与监督职能，并不具备行政管理职能。因此，中国企业刑事合规不起诉与美国 DPA 和 NPA 模式必然会存在一些差异。比如，我国《方案》并未严格区分企业和个人的刑事责任，进而企业在按照有关规定作出并落实合规承诺后，企业和企业中的员工个人均不受到起诉追责①，而不是像美国通常做法，会放过企业而起诉员工个人。然而，各国的企业刑事合规不起诉同样也面临一些共性的问题与争议，对此深入了解可为我国的制度完善所镜鉴。

1. 合规不起诉效果的问题

实际上，美国的 NPA 和 DPA 制度的实际效果在其国内正遭受尖锐批评。如认为 NPA 和 DPA 协议未能遵守基本的法治原则，即程序透明度、司法监督、公共利益问责制和三权分立等，且有时这种制度更关系执行效

---

① 参见《最高检发布企业合规改革试点典型案例》中的案例一，载 https://www.spp.gov.cn/xwfbh/wsfbh/202106/t20210603_520232.shtml。

率和结果的确定性，而忽视对正义的保护。[①] 有些企业（尤其在大型互联网企业）仅仅进行表面上的合规努力，其目的是给公众一种遵守法律的假象，从而在"良好企业"的声誉优势中获得更大利益。[②]

在我国，企业刑事合规不起诉的实际效果同样存在争议。一方面，刑事、行政处罚标准倒挂，可能影响企业适用合规积极性。行政处罚罚款数额远超刑事罚金数额，使得一些企业在缴纳行政合规罚款后，无资金继续经营，企业面临倒闭风险。[③] 另一方面，《刑事诉讼法》《关于推进行政执法与刑事司法衔接工作的规定》等规范，对被不起诉人需要给予行政处罚、处分或者需要没收其违法所得的，人民检察院应当提出检察意见，移送有关主管机关处理。

合规不起诉实际效果的疑虑关键在于：如果将刑事责任视为行政责任的延伸，那么企业存在有效的合规计划，是否可以作为排除或减轻企业行政责任的有效评估依据？毕竟企业难以在犯罪之前制定合规计划，并在犯罪后满足检察机关在公诉案件中的期望。[④]

2."积极干预"的合法性争议

由于 DPA 中有时会含有授予检察官对公司决策具有重大控制权的条款，所以其可能会破坏传统的公司治理结构。[⑤] 2021 年 10 月 28 日，美国司法部副总检察长表示，对于面临调查的企业，从调查之日起，检察官

[①] Reilly, Peter R. "Sweetheart Deal, Deferred Prosecution, and Making a Mockery of the Criminal Justice System: US Corporate DPAs Rejected on Many Fronts", Ariz. St. LJ 50 (2018): 1116.

[②] Krawiec, K.D. 2003. Cosmetic Compliance and the Failure of Negotiated Governance. Washington University Law Quarterly 81: 487–544.

[③] 例如，上海市办理的首例虚开增值税专用发票合规案件中，若企业被起诉后判处罚金一般不超过 50 万元，而纳入试点后，根据《税收征收管理法》、国家税务总局《关于纳税人取得虚开的增值税专用发票处理问题的通知》规定，企业被不起诉后移送行政机关处罚需要处税款 50% 以上 5 倍以下的罚款，一般"补一罚一"，远高于刑事罚金。对于一家注册资本仅 200 万元的企业而言，企业缴纳高昂罚款后难以继续经营，会挫败企业参与积极性。

[④] Manacorda, Stefano. Corporate Compliance on a Global Scale: Legitimacy and Effectiveness. Springer Nature, 2022: 319.

[⑤] Barry A. Bohrer & Barbara L. Trencher, Prosecution Deferred: Exploring the Unintended Consequences and Future of Corporate Cooperation, 44 AM. CRIM. L. REV. 1482 (2007).

将审查其全部刑事、民事和监管记录，而不仅限于犯罪的材料。[①] 此举将能够避免检察官在企业实施犯罪行为之前的提前介入，影响企业的经营自主性。

"积极干预"的事前合规模式可防患于未然，但是该行为没有法律依据，存在争议和风险。虽然在互联网领域，有网络安全、数据安全审查评估等行政合规手段，强制企业通过自查自纠、第三方审查评估等方式落实行政责任，但并没有法律法规要求任何企业配合接受刑事合规，刑事诉讼法也没有相应可参照的程序性规定。在没有任何证据显示企业存在违法行为的情况下，检察机关如果贸然实施调查和合规评价指导，极易侵犯企业的经营自主权、干扰企业的正常经营活动，破坏企业商誉，这将与"落实企业刑事合规，提升营商环境"的初衷背道而驰。因此，是否有必要开展"积极干预"的刑事合规，或在企业实施犯罪的危急性有多大时，才有必要"积极干预"仍有待进一步商榷。

3. 第三方评估机构设置问题

美国的 DPA 和 NPA 制度将联邦检察官置于远远超出其业务能力和专业知识范围的商业监督位置，进而改变了政府职能，因此受到广泛批评。[②] 可能有鉴于此，法国在建立反腐败机构时，规定监督合规计划的实施以合作的方式进行。[③] 相比之下，我国构建独立的第三方监督评估机构，通过借助"外脑"弥补检察机关专业性不足的做法显得更为妥当。第三方监督评估机构的设置能更加有效督促企业合规制度的建立和落实，但是第三方监督评估机构的人员配置与运营经费又在实践中生成新的问题。

---

① DOJ JUSTICE NEWS, Deputy Attorney General Lisa O. Monaco Gives Keynote Address at ABA's 36th National Institute on White Collar Crime, https://www.justice.gov/opa/speech/deputy-attorney-general-lisa-o-monaco-gives-keynote-address-abas-36th-national-institute.

② Barry A. Bohrer & Barbara L. Trencher, Prosecution Deferred: Exploring the Unintended Consequences and Future of Corporate Cooperation, 44 AM. CRIM. L. REV. 1481-1482 (2007).

③ Manacorda, Stefano. Corporate Compliance on a Global Scale: Legitimacy and Effectiveness. Springer Nature, 2022: 296.

（1）关于人员配置。此次发布的实施细则规定①，第三方组织组成人员系中介组织成员的，在履行第三方监督评估职责结束后一年以内，本人及其所在中介组织不得接受涉案企业、人员或者其他有利益关系的单位、人员的业务。该限制过于严苛，不利于外部专业人员的引入。

首先，限制范围太广泛。高水平的中介机构一般规模大、人员多、业务广，且在各地多设有分所，一名员工参与第三方监督评估工作会对整个中介机构业务发展或机构内其他中介人员执业产生限制。②因此，囿于利益冲突限制，大型中介机构成员积极性不高。以上海市为例，多起大型涉案企业的监督评估工作最终只能由中小型中介组织成员承担。

其次，限制条件不明确。相比于各行业对利益冲突限制的细化规定，最高人民检察院发布的指导文件仍处于原则层面，很多事项均未作明确。多方面的不确定性，使得考虑是否加入该活动的中介机构心存疑虑，仍在观望中。

最后，可能引发消极履职风险。由于利益冲突限制的是加入第三方组织的中介人员，实践中，中介组织成员在开展具体监督评估工作前会再三权衡，出现"仅入库不履职"的情况。③

（2）关于经费保障。《涉案企业合规第三方监督评估机制专业人员选任管理办法（试行）》规定的"各地可以结合本地实际，探索多种经费保障模式"，从全国来看，各试点地区已逐渐形成了涉案企业单独承担、地方财政年度经费预算拨款、检察机关年度经费预算拨款、"涉案企业自付＋财政保障共担"等多种经费保障模式。但实践中也面临新的问题：

首先，涉案企业单独承担监管费用存在独立性风险。由涉案企业给付

---

① 参见《〈关于建立涉案企业合规第三方监督评估机制的指导意见（试行）〉实施细则》第 17 条。

② 如加入上海自贸区专业人员名录库的毕马威咨询公司表示，公司旗下全国员工近两万名，业务线近百条，绝大多数与企业合规并不相关，因个别成员参与第三方监督评估活动，导致全国各分所、各成员均作出回避，很难得到本单位支持。

③ 例如，在静安区对某保险公司启动的第三方机制过程中，某律师在选任为第三方组织成员后，为避免利益冲突限制影响，其所属律所要求其退出监督评估工作，静安区第三方机制管委会最终选择其他律师担任该涉案企业的第三方组织成员。

监管费用使第三方组织成员的收入和监督评估结果间产生联系，可能会引导其作出偏向于涉案企业的结论。与实践中上市公司审计等业务相比，上市公司审计实质是中介机构接受股东委托，对企业管理者的经营情况进行审计，其报酬由股东通过公司支付，一定程度上避免了被评估者与付费者身份混同。同时，涉案企业合规试点工作作为新兴事物，监督考核程序、标准等还需探索，若采用此种经费保障模式，容易陷入"虚假整改""花钱买刑"的风险。

其次，由地方财政经费予以保障存在实践困境。在来源依据方面，缺乏法律法规明确具体规定，难以设立地方财政专项资金或列入年度财政预算。在拨付管理方面，第三方监督评估机制管委会属于议事协调机构，不符合事权与财权相一致的财政经费保障与支出原则。在给付标准方面，受限于地方财力和财政预算上限，只能维持较低或者基本报酬标准，难以有效发挥激励作用。

最后，经费问题制约第三方监督评估机构成员履职积极性。在以个人名义入库的前提下，第三方工作强调亲历性，而履职经费与工作付出程度不对等会减损成员履职驱动力。在试点前期阶段，由于案件量较少，专业人员出于情怀或宣传等考虑，尚可公益承担个别案件，但随着案件量增多，缺乏配套机制保障将严重影响第三方监督评估机制可持续运行。

鉴于各地经济状况和制度实践的差异，上述模式各有利弊，并衍生出一些理论争议和实践障碍。经费来源于涉案企业，会存在公正性的担忧；经费来源于财政预算，又会加重地方财政负担；无偿履职尽责则会挫伤参与人员的积极性和责任心。

三、企业刑事合规不起诉的完善进路

（一）立法规范层面：对刑事实体法与程序法做必要调整

传统刑法中并无专门针对企业刑事责任的规定，即企业刑事责任是完全依附于自然人刑事责任而存在的。针对企业刑事责任，我国刑法通过"单位犯罪"进行规制。司法实践中，一般以单位员工的行为是否以单位

名义、体现单位意志、单位是否从中受益等作为判定单位犯罪成立与否的依据。2017 年我国"合规无罪抗辩第一案"[1]，在认定单位犯罪时作出了突破性探索，将企业是否构建了完备的合规管理体系作为认定单位犯罪"主观意志"存在与否的重要依据，区隔了单位犯罪与个人犯罪的主观意志，进而对单位责任和个人责任进行了切割。[2]但是，以"单位意志"为焦点的归责理论，仍禁锢在自然人刑事责任理论的框架内，没有实现法人与自然人责任的彻底分离。

1994 年的《法国刑法典》（French Criminal Code）在吸收英美等普通法系判例法的基础上，开创性地提出了法人承担刑事责任的两个要件：（1）犯罪行为由法人机关或代表实施；（2）为了法人利益而实施。[3]此后，法国刑法学界逐步演绎出代表责任理论。法国的代表责任理论与英美的替代责任等归责理论既有渊源，但又有自身特点，近年来又朝着自主责任理念方向发展[4]，法人与自然人的刑事责任完全分离。近年来，法国的司法机关也越来越倾向于优先处罚法人。《法国刑法典》确定独立的法人刑事责任，能够有效发挥其对企业的修复和改进作用，值得我国借鉴和参考，避

---

①　参见甘肃省兰州市中级人民法院刑事判决书，（2017）甘 01 刑终 89 号，载 https://wenshu.court.gov.cn/website/wenshu/181107ANFZ0BXSK4/index.html?docId=c9b2766c 4a4d44ecb303a7bb00f20229，2022 年 2 月 25 日访问。

②　陈瑞华：《合规无罪抗辩第一案》，载《中国律师》2020 年第 5 期。

③　陈萍：《中法单位（法人）刑事责任比较研究》，南京大学 2014 年博士学位论文。

④　1994—2005 年，法国的法人刑事责任仅限于法律明确规定责任[《法国刑法典》第 121-2 条规定，法人可能对其任何代表或机构代表其实施的刑事犯罪承担责任]。自 2005 年 12 月 31 日起，这一限制性规定被取消，法人可能会对任何违反法国法律的刑事行为承担责任[参见法国 2004 年 3 月 9 日通过的第 2004-204 号法案（Law No.2004-204 of 9 March 2004）]。因此，法人的刑事责任可能源于其董事会或监事会等合议机构或个人代表人的任何违法行为[受公法管辖的法人实体（市、地区、省和其他公共机构）仅在特定情况下承担责任。事实上，《法国刑法典》第 121-2 条规定，此类公共机构仅对在通过公共服务委托协议委托给其他公共或私人机构的活动中所犯的罪行承担刑事责任]。个人代表包括以下个人：（1）董事、经理、总经理和总裁，法律或章程赋予权力对实体进行管理、管理和控制的个人；（2）事实上董事或经理，以及被赋予权力的人（包括员工）或在公司的特定任务范围内行事（如清算人）。关于员工行为所产生的责任，鉴于授权不需要以书面形式进行，法院会参考雇员的地位或素质来确定他们是否作为"代表"行事的法人。

免突破罪刑法定原则的限制。

鉴于中国当前着重鼓励市场主体的培育和保护，对于中大型企业，应当依据经营状况，鼓励落实上述模式二"附条件不起诉"的合规不起诉制度，以帮助企业提升适应国际贸易风险的能力。而对于小微企业，[①] 用于合规的经济和技术能力有限且员工的活动往往与企业息息相关，因此优先适用模式一，以避免企业因为管理人员被追究刑责，无人管理企业而造成企业的关闭。

（二）制度设计层面：夯实合规实践中检察机关监督角色

检察机关作为国家法律监督机关，其根本职责在于通过强化法律监督，维护国家法律的正确实施，保障全社会实现公平和正义。可借用工程施工中的"施工方"和"监理方"的概念做形象说明。在开展企业刑事合规的具体方式方法上，明确检察机关在合规作业中的"监理"角色，就是要求检察机关充分发挥行政检察监督职能，促进政府行政主管部门在企业合规监管中依法履职。

在企业刑事合规工作中，税务、工商等具体的行政监管部门是专业"施工方"，检察机关则更像是合规施工的"监理方"。检察机关全程监督但不"越俎代庖"的工作定位，既是由其作为国家法律监督机关的角色定位所决定，也符合当前检察机关的实际检力配置。行政检察监督是"监管之上的监督"，检察机关只有进一步加强对行政机关的监督，督促行政机关的监管和合规指引，并适当地通过给予税收优惠、信贷融资优惠等措施，给予企业合规鼓励，变被动刑事合规、"宽恕"合规为主动合规、自律合规，才可能从根本上改变刑事合规制度障碍多、程序复杂、成本高等问题。同时，鼓励企业落实行政合规，加强自我监管，也相当于将行政机关的合规监督在企业完成"内生化"，这也相对增进了企业与员工的合法权益保障。事实上，美国司法部正制定类似政策，要求"公司必须主动评

---

① 小企业的基本要素有三个：（1）管理和所有权的集中化；（2）由提供资本的业主直接管理；（3）组织复杂程度低。

估其内部合规计划，以确保对不当行为进行充分监管和补救，否则未来将要承担合规失败的成本风险"。①

《中共中央关于加强新时代检察机关法律监督工作的意见》强调"健全行政执法和刑事司法衔接机制"。落实到检察机关主导下的企业刑事合规不起诉工作，一方面，严格监督企业制定和落实合规的进展情况，必要时以检察建议等形式给予及时指导，尽可能在行政层面解决合规问题；另一方面，刑事责任作为企业合规的终极威慑和问责手段始终应予高度重视。连接行政执法与刑事司法，行政责任与刑事责任之间的桥梁应始终是畅通的。否则，一味强调单一的刑罚威慑，无法从根本上解决企业合规内生动力不足的问题，企业犯罪控制很难起到实效。②

（三）具体操作层面：完善第三方评估机构经费人员保障

经费保障与人员履职回避是实践中的难点。实践中的第三方监督评估组织建设，各地根据其现有资源，对经费来源和人员组成进行了不同的探索，尚未形成统一有效的制度。

一是要理顺"涉案企业购买服务进行合规整改"与"第三方组织监督评估整改效果"之间的关系。为了确保监督评估环节的工作强度、所耗成本都在相对可控的范围内，涉案企业聘请专业机构帮助自身制定合规计划、完成合规整改的行为属于正常的市场行为，应当予以认可。二是经费来源要合法。为保证第三方机制运行的公正性，原则上不得向涉案企业索取第三方组织履职费用，或者谋取其他利益；同时，多渠道积极争取财政经费和行业协会支持，尽快理顺经费拨付、使用流程，为试点工作提供切实保障。三是公开经费标准。

在第三方监督评估组织的人员履职方面：一是扩大选任范围，积极

---

① Memorandum from Deputy Attorney General Lisa O. Monaco, "Corporate Crime Advisory Group and Initial Revisions to Corporate Criminal Enforcement Policies", Oct. 28, 2021, Retrieval from: https://www.justice.gov/dag/page/file/1445106/download.

② Sally S. Simpson. Corporate Crime, Law and Social Control, Cambridge University Press. 2002, p. 154.

鼓励专家学者、公司法务、行政监管人员等加入。二是可以在选任公告说明中对利益冲突问题做专门释明，确保申请入库人员充分了解利益冲突限制，避免盲目入库。三是可以在第三方机制配套规定和选任说明中分别明确入库出库规则等具体内容，以避免出现入库但不参与监督评估的情形。

企业合规第三方监管深度
与监督激励机制研究

柴峥涛　李世阳　金士国[*]

摘　要： 随着企业合规改革的深入推进，一些企业合规监督案件存在结果式的考核验收模式，引发理论界与实务界关于合规监督流于表面、合规整改流于形式的担心和疑虑。结合国外相关资料和做法，提出第三方监管组织应深度参与企业经营决策、开展过程性监督，以深度监督推进有效合规整改，为合规考察结果作为较大幅度宽缓情节奠定事实基础。为此，按照推动第三方监管组织开展深层次监督的要求，既要厘清未依法履行职责所应承担责任的法理依据，又要参照企业破产管理人制度，建立健全第三方监管组织的履职评价、动态管理等机制，更要完善行政监管机关和利害关系人的意见反馈机制，以此监督激励第三方监管组织履职更加到位。

关键词： 第三方监管；深层次监督；责任承担；意见反馈渠道；监督激励

企业合规是一种司法康复机制，目的是挽救"带病企业"，给予它们一个整改自救的机会，是涉案企业合规改革的本质和出发点。因此，企业是否进行合规整改，以及整改成效如何，合规监管人是重要的一环。2021年6月3日，最高检与全国工商联、中国贸促会以及司法部、财政部等多部委联合印发的《关于建立涉案企业合规第三方监督评估机制的指导意见（试行）》（以下简称《第三方监督评估机制的意见》），采取了第三方监管

＊　柴峥涛，浙江省温州市人民检察院检察长；李世阳，浙江大学光华法学院刑法所所长、副教授、硕士生导师；金士国，浙江省永嘉县人民检察院常务副检察长。

委员会的方式。

但委托第三方监管，并非灵丹妙药，更不是一委托就万事大吉。近十余年来，与第三方监管类似的，有购买第三方服务、第三方评价、第三方鉴定等机制改革。如在购买第三方服务工作中，如何保证服务质量，是一个难题；在第三方评价、鉴定中，如何确保评价的专业、深度、中立可靠，也是一个问题。

相应地，涉案企业合规考察是对企业是否康复、合规管理是否达标的考核，不是一个客观性的结果标准，而是对一个靠规章制度来运行的组织体的行为是否规范的评价，需要通过长时间监管或观察才能完成对该主体的行为评判和改造，与污染环境等"恢复原状"结果性评价不同，即难度更大，对考察时间要求更高。

当前理论界和实务界对避免虚假整改、"合规腐败"存有共识，但在如何避免上的讨论似乎还不够，特别是第三方监管人的角色、职责等理论问题还未厘清，导致司法实践中的监管机制建设存在随意性，也导致在很多合规试点案件中检察机关将工作重点放在对涉案企业合规计划的审核上，一旦认可了这一计划，一般都能通过企业的合规整改验收，而问题的关键主要涉及合规考察的实质性和有效性问题。

一、企业合规监管模式实践运行中可能存在的问题

《第三方监督评估机制的意见》第 11 条至第 13 条规定了第三方监管组织的职责，主要包括对合规计划进行审查并提出修改建议的职责，在确定合规考察期后对企业进行检查评估报告职责，以及在合规考察期届满后全面考核的职责。由此进一步的问题是，其考察的深度如何，是限于结果式合规考核模式，还是深层次的过程监督。

目前，在一些已办结的案例中，企业合规监管组织更多属于上级定期考察形式的监管模式。如在一起涉虚开增值税专用发票案中，原先由乡镇、工商联和协会成立第三方考察机构，后又聘请一家律师事务所和税务师事务所担任独立监管人，以提高专业性。但上述过程中，一是监管组织并没有派人在企业任职，也不参与企业决策的讨论，只是规定监管组织

随时可以且每月必须进企业一次监管企业的经营状况，并指导、查验相关台账，核对相关发票。二是明确企业主管人员必须通报企业相关决策和合规进展。三是明确检察机关可以会同监管组织，对企业是否履行刑事合规计划书中的义务进行中期评估。四是刑事合规监督考察期届满前30日内，独立监管人对涉案企业的刑事合规计划执行、刑事合规建设目标是否实现等情况进行全面评估，并向第三方考察机构与检察机关提供全面评估报告。第三方考察机构应综合独立监管人、刑事合规企业提供的材料，并结合自身的监督考察情况，对合规建设实施有效性、全面性进行评估，供检察机关参考。五是检察机关在刑事合规监督考察期届满前组织召开听证会，邀请办案单位、人大代表、政协委员、人民监督员、专家学者，全面听取涉案企业刑事合规建设情况介绍以及第三方考察机构、独立监管人评估报告，并就企业合规建设是否合格等内容听取听证员意见，形成会商意见。最终认为，涉案企业在刑事合规监督考察期内履行完毕刑事合规计划，没有违反刑事合规监督考察要求，经公开听证，考察合格，检察机关可依照相关法律予以从宽处理。

可见，上述案例中的第三方监管组织的做法，很多套用的是机关内部考核验收式的监督模式。这与国外相关企业合规监管人深入企业内部，类似于国内派驻纪检监察组那样，以当事人的身份进行事前、事中环节合规监管的做法有所不同。因为一个有效合规系统的表面特征很容易被模仿，而法院和监管者却很难判断其有效性（尤其是在事后）。[①]那么，第三方监管组织的角色定位应该是什么？实践中其是否已经认真履行该责任？该如何督促其履职尽责？

二、明确第三方监管组织的深层次监督定位

从国外情况来看，合规监管人制度是暂缓起诉协议制度（Deferred

---

① ［美］金伯莉·D.克拉维克:《表象化的合规与协商治理的失败》，李本灿译，载李本灿等编译:《合规与刑法——全球视野的考察》，中国政法大学出版社2018年版，第99页。

Prosecution Agreement，DPA）和不起诉协议制度（Non-Prosecution Agreement，NPA）的重要组成部分。早在 2008 年，时任美国副总检察长签署通过的部门负责人备忘录（the Morford Memo，以下简称莫福德备忘录）在"引言"中开宗明义指出监管人的主要职责——评估和监督企业是否遵守合规协议条款；2018 年时任助理总检察长又发布题为《刑事部门事项中的监督者的选择》的备忘录（《Benczkowski 备忘录》），重申独立监管人的任免必须对涉案企业和社会同时具有积极效应，并指出监管人的设置绝不是为了惩罚之目的。[1] 合规监管机制对于执法层面最大的社会经济效益在于：对于企业的威慑（deterrence）以及促进企业的修复（rehabilitation）。一是威慑作用。美国对于暂缓起诉协议制度 DPA 和 NPA 的一大争议便是，很多企业往往因为规模巨大而更容易不被起诉[2]（too big to jail）。因为一旦对大型企业进行定罪判刑，往往伴随着大批的员工失业和股民的血本无归，所以政府往往不愿意对这样的企业进行严厉的处置。第三方监管组织最重要的作用就是，借助自身专业性，对涉案企业不合规问题明察秋毫，进而对于涉案企业产生一定的威慑和警醒作用，从而能从实质角度进一步促进企业真正地"办实事"，避免合规计划沦为纸上谈兵。二是修复作用。在企业犯罪领域，一个企业系统性、大范围违规的原因往往比较复杂，涉及很多方面，单靠检察官是很难面面俱到地予以监管排查的，而行政执法部门的公职性也决定了其不可能长期派驻于某一企业来全程监管合规计划。作为独立第三方的监察员，在签订协议并得到一定报酬之后，其可以长期地驻扎在涉案企业，关注合规计划实施的每一个细节，将合规的理念和思维融入公司运行的各个层面，推动企业更好落实合规计划。"监察员提供的信息使公众和政府放心，该组织正在努力确保类似的不当行为不再发生。"[3] 具体来说：

---

① 马明亮：《论企业合规监管制度——以独立监管人为视角》，载陈瑞华、李玉华主编：《企业合规与社会治理》，法律出版社 2021 年版，第 255 页。

② Nick Werlep, Prosecuting Corporate Crime when Firms Are Too Big to Jail: Investigation, Deterrence, and Judicial Review, 128 Yale Law Journal 1366, 1372 (2019).

③ Veronica Root, "Modern-Day Monitorships", 33 Yale Journal on Regulation Bulletin, 1 Jan, 2016, p.129.

（一）美国

1991 年联邦量刑委员会颁布《联邦组织量刑指南》，列出有效合规计划的"七个一般标准"：一是建立合理预防犯罪发生的合规政策标准；二是指定高层人员来监督企业的合规政策标准；三是谨慎小心，不向组织了解的或应当了解的有犯罪倾向的个人授予重大的自主决定权；四是就企业合规政策表现向所有员工进行有效普及；五是采取合理措施以实现企业标准下的合规，如利用监测审计系统来检测员工的犯罪行为，建立违规举报制度等；六是通过适当的惩戒机制始终严格执行合规标准；七是发现犯罪行为后，采取必要的合理措施来应对犯罪行为，并预防类似行为发生。在此基础上，为防止只有"纸面"合规计划，1999 年，时任美国司法部副部长埃里克·霍尔德发布企业诉讼指南，引导检察官检查"企业是否指派来足够多的职员来审核、记录、分析和应用合规工作的成果"。[①] 2008 年至 2018 年，美国司法部通过发布备忘录的形式，为监管人的职责进行详细说明。第一，《Morford Memo》认为监管人的主要职责在于：评估并监管企业是否遵守 DPA 或 NPA 协议条款，注重减少企业不法行为的再犯风险，而不以施加更多惩罚为目的。第二，监管人的次要职责是及时向检察机关汇报在企业内未被发现的违规行为或考验期内新发的违规事件。一旦掌握任何内部违规的可靠证据，监管人都必须尽快向企业高层和合规负责人进行汇报，督促企业进行自查和披露。如果企业行动不力，监管人也有权直接向执法部门报告。[②] 2010 年，联邦量刑委员会对 1991 年《联邦组织量刑指南》进行修订，强调企业董事会和首席合规官之间应存在直接汇报渠道，最近的 DPA 和 NPA 就倾向于修改合规结构，以便企业首席合规官能够直接和董事会审计委员会进行沟通；要求公司指派负责监管合规建设的

---

① ［美］瑞恩·D. 麦克康泰尔等：《"事前规划"抑或"事后处罚"：合规在刑事案件中的作用》，万方译，载李本灿等编译：《合规与刑法——全球视野的考察》，中国政法大学出版社 2018 年版，第 160—161 页、第 164 页。

② e.g. United States of America v. Diamler AG, Notice of Filing of Deferred Prosecution Agreement(2010), https://www.justice.gov/sites/default/files/criminal-fraud/legacy/2011/02/16/03-24-10daimlerag-agree.pdf.

高级职员履行直接上报给独立监管机构的义务，包括内部审计。①

以 2013 年的美国某建筑工程服务提供商和司法部达成的 DPA 为例，检察官首先明确了第三方监管人的职责是对公司履行 DPA 中的合规义务进行监督和评估，对企业内部相关政策程序的合规评估和整改建议应当仅限于反贿赂法律领域。第三方监管人被要求必须尽力与公司法务、合规负责人、内部审计人员保持合作，并且采用风险导向方法（risk-based approach）进行调研。检察官对于监管人如何评估风险（行业、地理位置、与当地政府官员的联络密度等），应该收集何种信息（财务、审计等），采取何种调查手段（访谈、实地考察等）都进行了适当限制。监管人需要根据具体协议内容计划开展各阶段工作并作出说明，向负责本案的检察官和涉案企业高层进行反馈。监管人要对涉案企业合规体系的有效性进行初步审查（initial review），就企业的整改方向和具体行动方案向检察机关和企业提交书面评估报告。在企业实施整改方案一段时间后，监管人还要发起后续审查（follow-up review），以书面形式持续向检察部门和企业负责人汇报实际整改效果，提交相应的证据。美国司法部还要求监管人确认所有内容的完整准确性，保留日后追究其监管不力责任的权利。②

（二）日本

近年来，越来越多日本公司参与国际上的重大并购机会。因此，日本立法者一直忙于从企业的法律义务和管理层的法律义务层面修改日本立法，以求预防公司的违法犯罪行为，促进公司经营治理体系的完善。2002年，日本的商法修订后要求公司设置监督委员会，并且规定董事必须负责构建对于监督委员会履行职务而言必要的内部治理体系。关于企业合规负责人的具体职责，川崎友已教授将其概括为五个方面：（1）制作及修

---

① ［美］瑞恩·D.麦克康泰尔等：《"事前规划"抑或"事后处罚"：合规在刑事案件中的作用》，万方译，载李本灿等编译：《合规与刑法——全球视野的考察》，中国政法大学出版社 2018 年版，第 178 页和相关注释。

② United States of America v. Bilfinger SE, Deferred Prosecution Agreement, at 44–52 (2013), https://corporate-prosecution-registry.s3.amazonaws.com/media/agreement/bilfinger.pdf.

改合规指南手册;(2)监督从业人员的行动以预防违法犯罪行为;(3)已经发生违法犯罪行为时,按照预先设定的程序对从业人员进行惩戒处分;(4)发现违法行为时,将该事实报告给法律执行机关,在侦查、调查时努力使企业采取合适的应对措施;(5)在企业决定经营方针、进行具体交易时,给出法律建议。①

(三)德国

在德国,合规监管人的任务是通过内部控制降低风险,维护企业利益。为了达到维护企业利益的目的,合规官具体承担了六个方面的任务:预防、建议、信息控制、控制、记录、制裁。Konu 教授将上述六大功能具体化为:(1)为公司领导塑造合规理念,促进其建立广泛的合规体系;(2)为公司领导层及负责领导实施合规管理提供支持;(3)设置、记录,并为合规体系的更新完善提供建议;(4)信息收集与评估,协调自下而上及自上而下的信息流;(5)预防性建议及符合需求的员工教育;(6)监督合规措施的执行;(7)对公司内重大法律事件及法律环境的改变进行报告;(8)执行或者至少在内部调查时予以配合以发现可能的违法行为;(9)与领导层或负责领导协作对发现的违规行为予以惩戒,并改善合规系统缺陷。②

可见,大多要求合规监管人要履行实质监管义务,即一方面以事前参与等方式履行监管责任,努力在事前事中环节推进业务合规,推动企业经营模式的"去犯罪化",即消除和改造原本符合犯罪构成的商业模式和经营习惯,使企业回归合法经营的道路,这才是合规计划被有效实施的标志。③另一方面是发现违规事项后,有及时向企业高层和执法部门直接报告的权利和义务,即事后以推动惩戒的方式倒逼合规建设。可以说,国外的企业合规监管人大多属于过程中监督,而不仅仅是结果式的事后监督。

---

① [日]川崎友巳:《合规计划的现状》,曾文科译,载李本灿等编译:《合规与刑法——全球视野的考察》,中国政法大学出版社 2018 年版,第 27—29 页。

② 李本灿:《合规官的保证人义务来源及其履行》,载《法学》2020 年第 6 期。

③ 陈强:《反垄断合规监管之审视》,载《太原学院学报(社会科学版)》2021 年第 4 期。

也正是因为强调开展深层次监督，才会更多涉及独立监管人在可能获知企业商业秘密后需要履行保密义务的问题。而我国的第三方监管在这方面的矛盾不突出，也印证了其介入不深，大多属于事后监管，事前事中监管不到位的问题。

正如一些学者指出的那样，企业只是在外部引入合规体系的要素，没有将合规管理渗透到管理过程之中，无法建立针对合规风险的监控体系。企业法务部门之所以越来越被"边缘化"，一个方面是因为法务部门往往站在企业经营管理之外处理法律事务。而合规管理与法务管理的本质区别就在于，合规管理既需要最高层作出承诺和亲自参与，也需要渗透到公司经营管理的每一流程，唯有将合规融入公司决策、经营、财务、人事、薪酬管理的各个环节，使之在保持独立性的前提下，对上述管理活动拥有审核、把关、异议甚至否决的效力，那种无效的合规整改才能得到避免。[①] 只有在明确其深层次监督定位后，对合规改造后的成效才有保障，才能以合规整改为依据，在制度设计方面，为涉案企业作更大幅度的宽缓处理，而不仅仅是作为酌定从宽量刑情节来对待。[②]

三、完善第三方监管组织履职尽责的监督激励机制

（一）压实第三方监管组织的监督责任

国外暂缓起诉协议制度中，企业应履行协议约定的报告义务，或在企业内部设立合规监管人员，独立负责企业内部合规计划的建设和监督合规计划的执行，否则将承担相关责任。

德国联邦最高法院于 2009 年 7 月 17 日作出关于诈骗案件的判决，使得合规负责人的职责成为社会关注的焦点。在这个案件中，被告人 W 作

---

① 陈瑞华：《什么是无效的合规整改》，载《民主与法制》2022 年第 3 期。

② 虽然在未修法之前，从实然角度来讲，合规整改只能作为酌定从宽情节，但这并不妨碍在今后立法建议草案中以附条件不起诉的制度设计，为合规整改赋予更大的宽缓幅度。如果没有更大的宽缓幅度，则附条件不起诉等同于相对不起诉，甚至导致原本就可以相对不起诉的案件，还要通过企业合规整改考察后才能作不起诉。相比以往而言，反而是趋严把握了。

为德国城市清洁公司的法律和内部审计部的领导，承担公司内部的风险控制职能。在 2001—2002 年度，W 所在公司的一名主管 G 对街道住户设置了过高的街道清理费，且均支付完成，最终被判定构成诈骗罪。对以上违法事实，本案的被告人是明知的，但其并未加以阻止。州法院在一审判决中认为，被告人有义务确保那些对需支付费用的债务人利益加以保护的法律规范得到遵守。因为之前的共同被告人 G 的行为服从于被告人 W，对于被告人 W 而言，当然存在一个帮助的故意，因而被柏林地方法院判定构成诈骗罪的不作为的帮助犯。最终，德国联邦最高法院认可了该判决，并从被告人"作为法律和审计事务部领导"的地位推导出了保证人义务。德国联邦最高法院在附则中表达了一个观点：合规官的任务是防止违法行为，尤其是企业内部发生的犯罪行为，而这些犯罪行为可能会因为责任风险或者名誉毁损而给企业自身带来明显的不利。这类被委托人原则上承担了刑法意义上的、阻止企业成员实施于企业活动有关的犯罪行为的保证人义务。

德国学者通过《股份法》第 93 条以及《有限责任公司法》第 43 条中董事或者业务执行人的注意义务，推导出了领导人的合法性义务（Legalitätpflicht）。从注意与监督义务中可以推导出合规义务。关于这两种义务的来源，德国学界占优势的观点认为，若这种责任源自管理层对下级的控制，因而领导层也应当承担通过约束性的命令和监管以防止刑事上可罚的企业行为的义务。如此一来，当企业犯罪时，承担合规职责的机构当然有义务针对受指令约束的员工实施的犯罪行为加以干预。如在德国，继联邦最高法院作出认定合规负责人保证人义务的判决后，学界很多观点提出了合规负责人的作为义务的问题，尤其是信息义务，即合规负责人是否有义务将相关信息转达给管理层。这种"将信息转达的核心义务"产生于合规负责人在企业中的公司法地位。① 当然，对于合规负责人来说，企业内部的权利制衡机制、信息流通机制及其所负有的监管职责决定了他们不

---

① ［德］托马斯·罗什：《反对合规负责人的保证人义务》，李本灿译，载李本灿等编译：《合规与刑法——全球视野的考察》，中国政法大学出版社 2018 年版，第 380 页。

可能彻底控制或支配相关违法犯罪，而是只能进行程度较低、强度相对较弱的管辖。但依据法律法规、规章、政策性文件或合规契约，只要该行为在合规负责人的监管职责范围之内，便可以构成危险行为，不履行职责义务的，可能构成不作为，承担相应责任。[①]

如前所述，国外的企业合规监管人大多被要求开展过程监督。其中，对于该履职而未依法履职的问题，作为企业合规的监督主体，在其职权支配管辖范围内，有责任阻止企业成员实施于企业活动有关的违规违法犯罪行为，未履行该保证人义务的，理应受到相应责任追究。只有按照职责，通过追责来倒逼履职，才能推动合规监管往深处走、往实处走。当然，至于监管介入程度应当如何，仍是一个有待探索的课题。

（二）建立健全行政监管单位和利益关系人意见必听必查必反馈机制

第三方监管本质上是依托专业机构为办案机关提供参考意见。在公开基础上自觉接受监督，是最好的"防腐剂"。要保证监管的有效性，落实对监管的"再监督"，一方面是来自上级或委托方的激励考核机制；另一方面来自利害关系人的监督。只有利害关系的对立方对涉案主体最为关注，对其的监督才能更为积极。

以虚开增值税专用发票案为例，税务机关认为涉案企业已构成犯罪，才将该案移送审查起诉，现在检察机关经合规考察后认为涉案企业已改正，拟作不起诉或从宽处理，从心理角度看，税务等执法机关往往会觉得自己原先的执法意见不被认可，即构成了利益关系方中的"对立方"。同时，其作为该领域行政监管部门，对涉案企业该领域问题的观察敏锐性更为专业，对其整改问题是否到位、是否流于表面等情况更为深刻。因此，检察机关在审查第三方监管组织的考察意见（包括过程中的监督意见）时，要将听取原先行政执法单位甚至执法人员的意见作为必经程序、对其

---

① 张小宁：《论合规负责人的保证人义务——以证券犯罪为示例》，载《东方法学》2021 年第 5 期。

反馈的问题意见必须针对性审查，只有排除问题，才能确认合规整改合法有效。

除此之外，若在环境污染案件等存在社会意义上的受害人的案件中，受害人作为利益攸关的一方，其意见也应被重视，并在排除争议基础上才能确认合规整改成效。

也正是因为要充分听取意见，故现有合规整改案件在即将完成整改时，都有开展公开听证工作。但听证是形式，内容本质是要建立利益关系方意见必听、必核、必回复、必附卷制度，像对待辩护意见一样对待企业合规整改利益关系方特别是对立方的意见，也倒逼形成检察机关、第三方监管组织、利益关系方的等腰三角形的监督制约结构，推动第三方监管组织履职更加到位、更加有效。

（三）完善第三方监管组织的激励机制

对第三方监管组织既要限权，也要授权，才能更好地发挥第三方监管组织的积极性，强化监督职能，防止虚假整改。从监督考察结果的角度看，要引入社会力量的监督，允许社会公众对第三方监管的结果进行质疑和提出反对意见。[①] 从第三方监管组织的履职过程看，除了《第三方监管机制的意见》第 9 条规定的巡回检查小组、第 18 条规定的涉案企业投诉反馈机制外，关键是要建立对第三方监管组织的信用评级制度。即参照企业破产管理人的制度，由第三方监管委员会牵头，检察机关参与，建立健全第三方监管组织的履职评价、动态管理等机制；对未履职尽责的，要作否定性的信用评价，构成违法犯罪的，要依法承担法律责任。具体就信用评价而言，建议要抓好以下制度建设：

1. 个案和年度履职评价机制

在制度确立并推广后，合规整改案例应该有所增多，可以而且有必

---

① 朱孝清：《企业合规中的若干疑难问题》，载《法治研究》2021 年第 5 期。

要开展案件评价工作。[①]一是参考法院企业破产管理人制度，检察机关对进入第三方监管人名册的中介机构和个人进行个案履职评价。即在案件合规整改监督期满时，检察机关综合企业合规计划落实情况、第三方监管组织的监督情况、相关利害关系人的意见，对第三方监管组织的履职情况作优秀、合格、不合格的评价。对于在合规整改期间未满，第三方监管人以实际行动严重不履行监管职责的，应重新指定或更换。二是年度评价由第三方监管委员会牵头，以第三方监管组织本年度个案履职整体情况为主要内容，加上机构规模或个人从业经验、专业团队建设、职业操守等。履职评价年度内有一件个案履职评价结果为不合格的，该年度履职评价结果为合格或不合格；履职评价年度内有两件或以上个案履职评价结果为不合格的，该年度履职评价结果为不称职。第三方监管组织对其被评为不合格有异议的，可在收到通知之日起 5 日内书面提出复议申请。年度履职评价结果纳入监管组织履职信息库，并在网站公布，抄送上级第三方监管委员会。

2. 履职评价的结果运用机制

一是关于个案履职评价。在企业破产案件中，个案履职评价结果作为确定管理人报酬的重要参考因素。同样，无论是由企业将合规整改监督运行费用提存，还是由财政专项资金补助，相关经费的支付，一般要经过第三方监管委员会或办案机关的审批。因此，可以将个案履职评价作为对第三方监管组织报酬核定的一个变量。二是关于年度履职评价。第三方监管组织的确定，可参考企业破产管理人制度，分为"电脑随机抽签＋专家评审＋第三方监管委员会审定"。其中，不同案由案件，合规整改的重点不同，不同金额和规模的企业，合规整改的要求也不同，故在电脑筛选环节前一般要分组或筛选。故年度履职评价为优秀的，可以在下一年度内进入当地名录电脑摇号推荐名单的频率不低于平均水平，并享有直接进入评审

---

① 参见温州市中级人民法院《关于印发〈破产管理人履职评价的办法（试行）〉的通知》。

阶段或电脑抽签阶段的权利两次。年度履职评价结果为不称职或连续两年为基本称职的管理人，由第三方监管委员会对是否保留其监管人资格进行专项评审；如果保留监管人资格，则暂停其承接新的刑事合规案件的资格三至六个月，并责令其整改。①

---

① 参见浙江省高级人民法院《关于印发〈关于规范企业破产案件管理人工作若干问题的意见〉的通知》，载人民法院诉讼资产网，https://www.rmfysszc.gov.cn/statichtml/rm_xw_detail/2014/12/05/1399.shtml，2021 年 11 月 13 日访问。

合规不起诉考察期限探析

姜俊鹏　李琪*

摘　要：随着风险社会的变迁，合规不起诉的本土化培植方兴未艾。在风险刑法视野下，合规考察期作为关键一环，既作为责任免除的前提条件，又体现社会防卫的目的实现。双重设立基础的廓清对设立原则提出要求，既不能"一刀切"，也不能"一成不变"，然而域内外实践样态、现有理论争鸣无法完全契合。据此，对内可选用量化评估方法，根据客观危害、主观恶性、悔罪态度等初始权衡因素，分档确定考察期限；对外应与"查冻扣"企业财物的强制性措施期限、"双罚制"下直接责任人员审查起诉期限等调适衔接；运行中还需根据合规进展、企业态度、法益修复等加减分项定期调整，结合考察期内拒不配合、又犯新罪或骗取考察等否决项终止期限。

关键词：合规不起诉；合规考察期；责任免除；社会防卫

一、合规考察期的设立基础

（一）责任免除的前提条件

经济全球化、风险多元化与形势复杂化的时代业已降临，风险社会的转型悄然完成。与社会整合机制上的这种变化相呼应，工业社会时代的"发展"导向的政策基调，到了风险社会为"安全"导向的政策基调所取

---

* 姜俊鹏，上海市徐汇区人民检察院检察官助理；李琪，上海市徐汇区人民检察院第六检察部副主任。

代。[①] 在当下环境中，企业遭遇的风险早已不限于传统的商业风险，还包括地缘政治风险、社会责任风险、环境责任风险以及合规风险等大量非传统风险。面对中兴通讯案等多起合规事件，我国司法决策部门对检察制度进行重大改革试点，推行企业合规不起诉制度。通过探讨合规对企业责任消减、免除的合理性、可行性，探索"企业合规"的本土化厚植，进而助力国内企业固本强基、内外兼修。在我国，这种制度参照了未成年人附条件不起诉制度，检察机关设置合规考察环节，在此期间通过激活企业的合规体系予以免责化处理，为后续的合法合规经营奠定制度基础。作为企业合规不起诉制度必不可缺的关键阶段，合规考察期在企业行为的可谴责程度与诉讼结果之间直接建立比例关系，契合我国刑法评价的"无责任则无刑罚"逻辑进路，体现责任免除要求。

在风险刑法视野中，传统刑法观念下的古典惩罚模型并未被割裂和抛弃，责任主义仍是我国刑法罪责刑相适应原则的重要体现，刑事责任可谓犯罪和刑罚的中介和桥梁。当企业出于管理体系隐患、经营融资困难等缘由铤而走险，触犯非法生产经营、侵犯知识产权、非法集资借贷、商业领域贪贿、安全责任事故、虚开涉税发票等种类罪名时，根据责任主义的限定和指引，司法机关只有先根据企业的实施行为、危害后果等罪量情节准确厘定刑事责任，才能对其科处相应刑罚。在合规不起诉制度下，如果企业在审查起诉阶段中进入合规考察环节，并在考察期间落实合规计划承诺，健全管理规章制度，规范生产经营方式，完善企业治理结构，在考察期限届满后满足相应条件，就能被认定为符合不起诉情形，从而避免进入审判阶段、被科处相应刑罚。正因如此，我国司法实践对合规考察期的架构势必慎之又慎，这也与目前大部分试点检察机关倾向于选择在情节相对轻微、危害程度较小的案件中探索的操作理念不谋而合。易言之，合规考察期的表现业已成为介入衡定企业罪量轻重乃至科处刑罚与否的新因素，甚至具备一定的填补受损法益、减轻乃至免除刑事责任的功效。

---

① 劳东燕：《风险社会中的刑法：社会转型与刑法理论的变迁》，北京大学出版社2015年版，第29页。

（二）社会防卫的目的实现

风险社会的核心在于风险控制，刑法毋庸置疑是一系列控制制度中的必备工具。在古典刑法理论的框架下，预防效果并非立法者在考虑入罪化问题时所追求的目的，预防的效果是通过惩罚的施加而附随地带来。在风险社会的背景下，为了让刑法有效地承担起保护法益的任务，在考虑是否予以入罪时，立法者将刑事政策上的需罚性因素放在重要的位置，指向未来的预防效果成为入罪化立法的主导性目的。[①] 预防刑法以及由此催生的刑罚积极预防机能的空前强化，展示了现代刑法正在经历规范结构和机能上的综合调整。[②] 如果依照传统的惩罚目光审视企业犯罪，动辄运用刑事手段严厉规制，通过司法程序对其定罪量刑、科处刑罚，一方面将会导致我国的单位犯罪率持续走高，诱发严刑峻法的风险，最终成为沉疴的司法负担；另一方面也会贻误时机，错过挽救因一念之差误入歧途或因经营困难被迫铤而走险的企业，严重影响企业自身、员工乃至合作方等多方主体，产生消极的连锁效应。在风险社会的转型中，合规考察的出现无疑具有积极意义，避免对尚有一线生机的企业宣告死刑，重在挽救经考察合格的企业，促使企业日后合规合法、有序经营，具备防卫实现目的。

在风险刑法体系从古典惩罚模型向现代预防模型过渡、转化的过程中，合规考察期的设置在主客观两层面均折射出社会防卫的预防色彩。一方面，在主观层面，企业进入合规考察期，本身就属于对法规范的遵守，即在一定程度上满足了刑法预防功能对犯罪主体的意识修复。当涉罪企业主动选择进入合规考察程序，配合提交合规计划，及时作出合规承诺，恰说明其主观恶劣性、危害性的极大减弱甚至消除，以及对于法规范的忠诚。合规的企业文化是企业作为一种组织体所体现的守法意识，有效的合规计划体现的是企业作为一种组织体对法律的敬畏、遵从，体现的是一种

---

① 劳东燕：《风险社会与功能主义的刑法立法观》，载《法学评论》2017 年第 6 期。

② 何荣功：《预防刑法的扩张及其限度》，载《法学研究》2017 年第 4 期。

认罪悔罪的态度。[①]另一方面，在客观层面，企业渡过合规考察期，意味着对法秩序的恢复，即在某些方面实现了刑法预防功能想要达到的功效。在风险社会中，刑法的功能不再单纯指向惩罚，而是通过治理最终促使涉罪企业不再犯。企业在合规考察期内，通过积极执行合规计划，落实财产类犯罪的退赔退赃、补缴税款，或者责任事故、环境生态类的整改修复等措施，由此在未经司法审判的情况下即告预防目的实现。与通过执行罚金刑来预防再犯罪的做法相比，合规考察期的存在更体现矫正犯罪、消除危害的预防要旨，实现积极的社会防卫效果。

二、合规考察期的设立原则

（一）基本原则

在风险社会中，责任免除和社会防卫应当趋于一致，不能单独割裂看待。合规考察期的设立基础既能体现传统刑法的惩罚效果，又契合现代刑法的功能主义，葆有恢复性司法理念与合作性司法理念的内涵，走向报应与预防折中的并合。双重基础的兼而有之，对如何架构合规考察的期限设定、缩减与撤销提出了更高的要求。从责任免除前提出发，合规考察的设定不能采取"一刀切"的做法。换言之，面对触犯不同罪名以及同种罪名下犯罪情节迥异的企业，不应设定相同期限。以虚开增值税专用发票罪为例，根据《刑法》第 205 条规定，该罪量刑档次分为三档，以 5 万元、50 万元、250 万元作为分界。当涉罪企业甲的虚开数额为 3 万元，涉罪企业乙的虚开数额为 300 万元时，在不适用合规不起诉制度的情形下，显而易见，甲乙需承担的刑事责任、将被科处的刑罚具有较大差异。再以骗取贷款罪与贷款诈骗罪的对比为例，尽管两罪的表现形式相似，但在主观要件、罪量标准、量刑档次等方面区别较大，骗取贷款罪的刑事责任明显轻于贷款诈骗罪。而在合规不起诉制度下，刑责轻重有别的两家企业如若适

[①]　李勇：《检察视角下中国刑事合规之构建》，载《国家检察官学院学报》2020年第 4 期。

用相同的考察期限，无疑动摇了合规考察期的设立基础。由此，合规考察期的设置，应当根据涉罪企业所触犯罪名、情节等有所区别，才能符合责任免除的前提要求。

以避免刑事风险为目的的企业刑事合规计划的制定和贯彻，恰好与最优的犯罪预防和刑法评价机能的具体化、情景化的国家、社会需求相吻合，与刑法对犯罪惩罚的事后性互相弥补。[①] 从社会防卫目的出发，合规考察期的执行不能"一成不变"。换言之，在企业进入合规考察环节后，期限应当结合企业的合规计划落实、法益弥补修复程度随之延长或缩短。在合规考察期内，各适用企业必然会在预防再犯罪、消减危害性等方面产生不同效能。例如，就同样涉嫌虚开增值税专用发票罪的两家企业而言，甲企业在合规考察期内全额补缴税款，积极申报纳税，落实税收政策，建立合规运行的税务体系；乙企业则在满足追缴条件、具有充足资金的情况下展现出相对消极的补缴态度，且后续仍出现部分不尽规范但尚未上升至违法层面的纳税行为。在此情形下，如若仍严格依照设定的期限对甲、乙两家企业执行合规考察，难以与不同程度的预防进程相呼应。当然，如若涉罪企业涉及财产类犯罪，但自身规模较小、经营困难时，或者涉罪企业涉及社会公益类犯罪，复原被损坏的秩序法益需要较长阶段时，如何调适合规考察期的执行期限，还需结合个案情况综合考虑。因而，合规考察期在执行过程中是否延长或缩短，应当参照涉罪企业推进合规整改计划、履行法益修复义务等因素审查决定，方可契合社会防卫的预防目的。

（二）域内外实践样态

刑事合规制度发轫于域外，以合规的全流程嵌入替代追诉，赋予主动节约司法资源、实现预防功效、防控未来风险的企业不起诉的治理路径。在域外各国的合规实践中，美国的暂缓起诉、不起诉制度与我国目前探索的合规不起诉最为类似。暂缓起诉协议和不起诉协议没有本质区

---

① 石磊:《刑事合规：最优企业犯罪预防方法》，载《检察日报》2019 年 1 月 26 日，第 3 版。

别，只是所处诉讼阶段不同。对于已经提起公诉的案件，检察官在认为涉案企业符合法定条件的情况下，可以适用暂缓起诉协议。对于尚未提起公诉的案件，检察官则可以适用不起诉协议。[①] 在实际运行过程中，暂缓起诉协议制度每次均设置考验期，而不起诉制度则并非如此。在暂缓起诉协议中，考验期限一般而言不超过 18 个月，当然也并未固定局限在 18 个月的框架之内，上述期间仅是根据美国暂缓起诉制度的司法实践操作大致平均得出。具体到某些案件中，暂缓起诉协议考验期也会根据个案情形进行调整。例如，在汇丰银行涉嫌洗钱的暂缓起诉协议案中，汇丰银行支付 12.56 亿美元罚金，并采取整改措施，暂缓起诉期即设定为 5 年。[②]

近年来，国内对合规不起诉制度的探索方兴未艾，检察系统的试点亦是自上而下，层层铺展。多地检察机关印发相关工作规程，对涉罪企业开展合规考察不起诉。目前，几乎所有进行改革探索的检察机关，在审查起诉阶段都设置了专门的合规考察期，以便使企业接受一段时间的合规考察，逐步建立行之有效的合规管理体系。例如，福建省泉州市洛江区检察院发布《涉企案件合规不起诉工作规程（试行）》，涵盖合规不起诉制度的具体实施程序、考察期限、被考察企业义务、考察后的处理程序等内容。该制度发生在审查起诉阶段，设定 5 个月到 12 个月的考察期，在审查起诉期限结束之前进行考察。又如，浙江省岱山县人民检察院印发《岱山县人民检察院涉企案件刑事合规办理规程（试行）》，明晰合规整改周期。审查起诉期间，合规整改期应在 6 个月至 2 年间，可适当延续，具体根据犯罪的性质、情节、后果等综合评估。检察官同相关部门协调，通过羁押必要性审查、变更强制措施、建议中止审理或延期审理、退回补充侦查等方式保证整改期的有效性。

在域内外的试点或实践中，部分模式将合规考察期限制在固定范围内，完全严格遵守刑事诉讼法的审查起诉期限；部分模式则在原则性地规定相应期间的前提下，根据个案具体情况进行调整。从合规考察期的设立

---

① 陈瑞华：《美国暂缓起诉协议制度与刑事合规》，载《中国律师》2019 年第 4 期。
② 李玉华：《我国企业合规的刑事诉讼激励》，载《比较法研究》2020 年第 1 期。

基础与基本原则出发，后一种模式更能体现责任免除的前提要求，实现社会防卫的预防目的。应当明确的是，对于合规考察的期限设置，不能采用前一种模式，即拘泥于刑事诉讼法的现有规定，囿于审查起诉的法定期限。如若严守刑事诉讼法的办案周期，一方面，不足以全面覆盖所有类型的涉罪企业，无法合理区分罪量大小、情节轻重有别的各类考察主体，不能体现涉罪企业所触犯罪名的轻重对合规考察期及合规不起诉的影响，进而在某种程度上与责任免除前提要求相悖；另一方面，即使用足"两退三延"，原则上我国刑事诉讼法下的审查起诉期限仍然只有 6.5 个月。而且，在目前追求繁简分流求精从快的司法导向下，"两退三延"制度也无法常态化应用，是故不能满足为各类涉罪企业均提供必要考察时长的要求，难以保证挽救企业、建构合规的不起诉要旨实现，进而无法契合社会防卫目的。

（三）理论学说争鸣

合规不起诉制度作为预防企业二次犯罪、推动企业合规运行的治理进路之一，在风险社会转型当下，业已掀起法学术界的热议思潮，力求为合规不起诉的本土化进程奠定理论基础。通过检索中国知网等学术文献平台，可以发现相关理论研究成果的数量逐年攀升，自 2020 年来呈现"井喷式"趋势，绝大多数学者对合规不起诉制度的推广与研究持有积极肯定的态度，也提及合规考察期等相关概念。尽管称谓有所区别，如合规考察期、合规考验期、合规整改期等，但本质殊途同归，均将合规考察期作为合规不起诉的重要一环纳入架构。然而遗憾的是，上述理论研究中，多数成果以更多篇幅着墨于合规考察监管模式、合规考察主体的选择，对于合规考察期则或是寥寥几笔带过，或仅原则化、抽象化地说明设置合规考察期有其可行性、必要性与关键性，而未能深入探讨合规考察期的期限设置、是否能够随推进程度实现灵活调整变化，以及出现特定情形时是否需要终止撤销等具体细节，也未能就合规考察期与刑事诉讼办案期限等的衔接或突破加以说明。也就是说，关于合规考察期的细化设想，目前在学术界尚未全面铺开，从一定意义上说，仍然处于相对空白的状态。

　　综观目前已经提出相应探索设想的少数文献成果，其中以陈瑞华教授、杨帆教授与马明亮教授等学者的观点较有代表性。陈瑞华教授先区分了合规不起诉的两种实现路径，即"检察建议模式"和"附条件不起诉模式"，并指出我国试点探索的检察机关，绝大多数选用附条件不起诉模式。提出检察建议的检察机关，通常不会设定较为严格的考察期；而适用附条件不起诉的检察机关，则会设置 6 个月以上的考察期，责令企业接受合规监管人的持续监管，定期提交合规进展报告，这显然更有助于企业真正建立有效的专项合规计划。[①] 杨帆教授认为，关于不起诉的考验期，当前未成年附条件不起诉的考验期是 6 个月以上 1 年以下，考虑到企业的情况差异较大，且重建合规体系需要一段较长的时间，所以企业附条件不起诉的考验期应相对宽泛，可定为 1 年以上，5 年以下。[②] 马明亮教授则认为，我国的附条件不起诉与美国的暂缓起诉、不起诉极为相似，只是该制度目前只适用于未成年刑事案件。可以考虑将其扩容改造适用于企业犯罪案件，根据企业的违法犯罪情况，适度延长考验期如 1 年至 3 年，将合规计划纳入其中。[③]

　　通过参考我国现行的附条件不起诉制度，或者域外类似模式，试图突破审查起诉期限对于合规考察期的限制，提出先设定幅度，再在个案中根据企业具体情况确定期限。一方面，上述设想在一定程度上反映了合规考察期的责任免除前提要求，没有"一刀切"地规定合规考察期限，而是依照案件情形设置，可以为后续具体架构合规考察期提供借鉴。然而，上述设想虽在责任框架内，但从某种意义而言，仍偏向理论抽象设定，缺乏充分的指引效应，无法为适用实际操作奠定基础。另一方面，学术界观点对于社会防卫目的实现的辐射未能全面展开。论及合规考察期具体设计的观点多囿于最初的期限设定，而未探讨后续的期限调整及特殊情形下的终止等。实际上，当企业符合合规考察相关条件、进入考察期后，建立完备的

[①]　陈瑞华：《企业合规不起诉制度研究》，载《中国刑事法杂志》2021 年第 1 期。

[②]　杨帆：《企业合规中附条件不起诉立法研究》，载《中国刑事法杂志》2020 年第 3 期。

[③]　马明亮：《作为犯罪治理方式的企业合规》，载《政法论坛》2020 年第 3 期。

合规运行机制，形成有序的合规文化，再犯可能性、预防必要性随着考察期限的推进而相应降低，影响预防刑的减免，甚至减免刑事责任、享有免予起诉的待遇。刑法作为社会风险的"最后一道防线"，必须具有一定的容忍度和谦抑性。学术界未能对合规考察期限是否缩减或延长进行探讨，也就影响社会防卫目的的全方位体现。

三、合规考察期的运行体系

（一）合规考察期的内部体系

企业犯罪不同于自然人犯罪，后者应当在规定的审查周期内完成，以避免超期羁押、不必要羁押的风险，而前者在该方面的政策考量因素则相对较弱，单纯从理论上而言，似无机械遵守某类办案期限的硬性要求。论及自然人犯罪，需要说明的是，目前我国对企业合规不起诉制度的适用主体范围还存在一定争议，是否应当将企业家等涉罪企业的主管人员或其他直接责任人员纳入合规考察范围尚未明确。各地检察机关在试点过程中亦未形成统一手势，但多以涉罪企业为适用对象。根据合规不起诉制度设立旨趣，本文亦认为仅适用于涉罪企业，否则一旦运用不当会造成自然人犯罪后逃逸的"外壳"，导致溢出效应。故合规考察期限无须狭隘于现有审查起诉期限。首先，为充分实现合规考察期的责任免除前提，探索适用于罪质轻重各异的涉罪企业，可以尝试将合规考察期限分为各幅度档次，以一季度或半年为一档划分。其次，考虑到合规考察期的社会防卫目的，期限下限不宜过短，应当至少满足 6 个月的初始期限，否则无法充分考察涉罪企业是否落实合规计划、实现预防效果。最后，关于合规考察期的期限上限也不宜过长，否则所反映的责任程度过重，就会导致此情形是否仍应适用合规不起诉、抑或需要提起公诉的意见分歧。从检察机关的角度考量，启动刑事诉讼同样存在高昂的成本和巨大的风险。[①]参考现有学说及

---

① 石磊、陈振炜：《刑事合规的中国检察面向》，载《山东社会科学》2020 年第 5 期。

域内外试点经验，期限上限以 2—3 年为宜，各地可以结合当地实际需求探索设定，并划分合规考察期限的各个幅度。

在厘定各期限档次后，检察机关需根据个案情形，具体确定合规考察期。第一步，在责任免除前提条件的要求下，选择期限幅度。此时可以考虑是否选用设立类似于计算公式的路径，通过代入涉罪企业的相关情况，运算得出大致期限档次。例如，在适用合规考察前，检察机关先根据在案证据，衡量若起诉该涉罪企业可能被判处的罚金刑，以及直接责任人员可能被判处的刑罚（若有）；再除以当地司法探索中对于满足该罪名合规不起诉条件的顶格要求刑期，得出百分比；后将计算结果与根据各档次对应的分界线相比，得到某一类期限幅度。假定 6 个月至 3 年的上下限，以 6 个月为一档，则将计算结果与五档之间的 20%、40%、60% 与 80% 对应，即可明确幅度。当然，计算公式的适用存在前提。合规不起诉制度不宜适用于可能判处过重刑罚的企业，故需检察机关事先已经廓清各类罪名下满足合规不起诉适用条件的最高罪量标准。第二步，在社会防卫目的的指引下，确定具体期限。检察机关可以结合涉罪企业实施犯罪的主观恶性、诉讼过程中的认罪悔罪态度、主动弥补或修复受损法益的程度、企业与相关责任人员是否存在自首、立功等情节，作为不同权重的衡量因素，给予幅度内的从短或从长。如若企业具备某些类似于自然人犯罪的重大立功等减轻情节，也可以考虑是否减至下一幅度期限内。由此，合规不起诉推动国家刑罚立场的变化，即从偏重制裁转向偏重挽救。[1] 既契合合规考察期的双重设立基础与基本原则，又回应风险社会背景下刑法转型的功能导向。

（二）合规考察期的外部衔接

合规不起诉制度的合规考察环节完整架构，包含适用主体、考察主体、期限设置、监管模式、相关制度衔接等要素均不可缺。在确需涉及其他要素时，本文采用更利于全面说明合规考察期限设计依据、具体操作的多数观点。第一部分在于衔接自然人犯罪案件的审查起诉办案周期。首

---

[1]　赵恒：《涉罪企业认罪认罚从宽制度研究》，载《法学》2020 年第 4 期。

先需要说明，前文在论述如何确定合规考察期限时，立足于单位犯罪与自然人犯罪案件中办案期限设计的政策考量不同等观点，指出不应当将合规考察期局限于刑事诉讼法下的审查起诉期限。这一观点与本处并不矛盾，本部分主要着眼于司法实践中单独的单位犯罪案件相对较少，大多属于"双罚制"案件，即同时处理涉罪企业与直接负责的主管人员、其他直接责任人员。涉罪企业经过合规考察期获取不起诉待遇的概率较高，然而这不代表直接责任人员可以免予刑事处罚。当涉罪企业进入为期至少 6 个月的合规考察期后，应当如何处理同案移诉的直接责任人员？此时，检察机关可以考虑拆案处理，在查清全部案件事实的基础上，对涉罪企业的直接责任人员从快移诉，并建议法院适用简易程序。而且能够适用合规不起诉制度的企业往往不涉及严重犯罪情节，此种情形下对直接责任人员判处缓刑的可能性较高，不会产生"打击企业负责人会影响合规不起诉目的实现"消极效果。

若想深入探索合规考察期限，仅单纯阐述期限设置本身尚力有不逮，还需完善与我国现行刑事诉讼法下其余法定期限的衔接。鉴于本文的论证重点在于期限的配套设计，囿于篇幅限制，故对除期限外的其余非必要内容不再展开论述。第二部分在于衔接对涉罪企业财物采取强制性措施的期限。根据刑事案件的诉讼流程，案件须得经历立案、侦查、涉及自然人犯罪时的批捕、捕后侦查等阶段，部分案件还存在延长侦查期限的情形，方能进入审查起诉阶段，具备适用合规不起诉制度的可能。上述过程相对较长，而侦查机关在立案后可能就已对涉罪企业的相关财物采取查封、扣押、冻结等强制性措施，甚至还会拍卖、变现企业财产。对于部分因生产经营陷入困境才铤而走险实施犯罪的企业而言，此举无疑是雪上加霜。即使企业争取到进入合规考察期的机会，也很难享有充足的财物储备，以落实合规承诺、满足不起诉考察条件。企业刑事合规活动的成功实施，可使得最优的犯罪预防成为可能。[①]部分犯罪情节不重、认罪悔罪态度良好

---

① 卢勤忠：《民营企业的刑事合规及刑事法风险防范探析》，载《法学论坛》2020年第 4 期。

的被考察企业，本身的刑事责任相对较轻，再犯可能性较小，无须严加预防。此时，若上述企业确有经济困难，检察机关在设定考察期时或者实施考察后，可以根据个案中的涉罪企业具体情况，考虑是否与侦查机关沟通协作，通过制发检察建议、召开公检联席会议等措施，建议分阶段、分比例解除查封、扣押、冻结等强制性措施。

（三）合规考察期的运行方式

综观我国目前的合规不起诉试点经验，适用企业所涉罪名多为《刑法》第三章规定的破坏社会主义市场经济秩序类犯罪，也有第二章规定的重大责任事故类、安全事故类犯罪，以及第七章妨害社会管理秩序罪下的破坏环境资源保护罪等。结合司法实践，在为期1个月的法定审查起诉期限内，检察机关需要完成审阅案卷材料、决定采用合规不起诉、监督涉罪企业出具合规承诺、明确合规落实计划、必要时举行公开听证等步骤，上述工作本就花费一定时间，故在进入合规考察期之前，绝大多数涉罪企业无法退出经济类犯罪的全部损失，或者完全修复责任事故、环境资源方面受损法益。为激励企业依照承诺架构合规体系、结合危害程度填补受损法益，可以赋予刚进入合规考察期的涉罪企业基础分值，如百分制下的60分或十分制下的6分为起点。在此基础上，检察机关可以探索制定各类罪名下的具体操作细则。正向根据法益修复程度与先前所造成的社会危害后果轻重的比例，反向根据涉罪企业拒不配合或怠于履行合规承诺等情形恶劣程度，综合评估后在基础分值上量化加减。若涉罪企业累计加分后达到一定阈值，则可根据其分数变化，考虑将其合规考察期在对应幅度内甚至下一幅度内缩减，以反映社会防卫目的的逐步实现、责任免除程度的相应减轻，反之则考虑适当延长考察期限。这一趋势契合恢复性司法理念导向，也与《刑法修正案（十一）》将主观恶性相对不重的非法吸收公众存款罪案件的退赔作为法定从轻、减轻情节的法益修复立法趋向一致。

在具体操作过程中，首先，加分项目的设置可以参考企业积极配合整改、主动防控合规风险、逐步兑现合规承诺，在给被害人造成财产损失后尽力退赃退赔，在偷骗税、虚开专票等侵犯国家税收征管秩序后补缴税款、缴纳罚款，在给生态环境造成危害后采取保护措施、修补受损环境等情形。其次，减分项目的设置可以参考企业未能按阶段落实合规任务、偶有消极懈怠落实态度、未定期按时提交评估材料、考察期间又犯新风险或存在暂未发现的旧有风险等，但上述经评估后尚未达到足以影响合规不起诉效果实现与否的严重程度，或者系因政策变化、市场风险等非企业主观故意，且企业仍有接受合规考察的意愿。最后，否决项目则可体现为或涉罪企业主动放弃、退出合规考察期，或在有能力退赃挽损的情形下暂缓乃至拒不退赔，在足以填补、修复因自身违法犯罪行为而受害的法律关系时推卸不为，或存在假合规以骗取合规不起诉情节，或又犯新罪、发现漏罪等。由此，在合规考察过程中，监管主体应当及时跟进，根据上述项目定期评估企业表现。此外，需要说明的是，鉴于涉罪企业在合规考察期间尚未被诉至法院，实质上是通过合规不起诉特殊地中止了审查起诉期限，仍在检察机关阶段，故无论合规考察监管模式如何选择，均应由监管主体提请检察机关决定是否延长或缩短乃至终结合规考察期。通过正向激励和反向归咎，满足合规考察期双重设立基础与基本原则的要求。既体现个别威慑效果，又实现本来要通过刑事处罚才能完成的矫正功能。[1]

在风险社会的转型过程中，刑法作为国家治理机制中重要的一环，需要对敏感的社会问题作出积极回应。风险刑法由此诞育，由传统的古典惩罚模型蜕变为现代的预防功能模型，将社会变迁维度融入刑法视野，体现刑法体系的应变素养。为契合风险社会下的企业合规管理需求，实现国家治理和企业自治的双向效能，我国对合规不起诉制度的试点探索应运而生。其中，架构合规考察期需要呼应双重设立基础的要求，体现责任免除前提条件，便于社会预防目的实现。本文结合域内外司法实践与学术界观点，尝试提出评估设置考察初始期限、根据考察进展量化调整、衔接完善相关法定期限的探索路径，以期对合规不起诉制度的构建有所裨益，推动我国在刑事合规领域向法治国保障目标迈进。

---

① 陈瑞华：《合规视野下的企业刑事责任问题》，载《环球法律评论》2020年第1期。

企业合规刑事立法若干问题研究 [*]

夏　凉^{**}

摘　要： 企业合规在刑事立法上具有预防论上的意义与功能。其中，企业合规在刑事立法上的要点在于：一是在司法裁量上可以作为酌定情节，而无须予以法定化；二是需要对附条件不起诉和相对不起诉进行立法上的梳理与整合，使附条件不起诉制度经过立法扩张也能够适用于涉罪企业合规建设；三是对于检察建议不宜在立法上作过多规定，以保持其针对性和灵活性；四是在刑事责任归属的程度上，企业与企业主应有所区分，同时应对单位过失犯罪作立法上增修，并在《刑法》第 62 条和第 63 条分别增加"犯罪法人"这一主体称谓。

关键词： 企业合规；刑事立法；酌定情节；不起诉；检察建议；刑事责任归属

一、企业合规制度的发展

（一）域外合规的立法例

刑事合规的渊源一般认为发端于 20 世纪六七十年代美国企业的合规制度。20 世纪 90 年代以来，美国率先确立了合规考察免责模式，美国联

---

　　* 本文系 2021 年度最高人民检察院检察应用理论研究课题"涉案企业合规建立第三方监管机制实践与问题研究"、2021 年度浙江省人民检察院专题调研重点课题"企业合规建立第三方监管机制实践与问题研究"（项目编号：zjdy202128）的部分研究成果。
　　** 夏凉，浙江省宁波市人民检察院四级高级检察官。

邦检察机关将"审前转处协议"制度适用到企业犯罪案件之中，同时确立了暂缓起诉协议和不起诉协议制度。也就是说，涉罪企业经与检察机关协商后达成协议的，可在缴纳高额罚款、积极配合、有效补救的基础上，在商定的合规考察期内实施有效合规计划[1]，检察机关根据企业推行合规管理的效果，作出是否提起公诉的决定。[2] 即便是检察官起诉后仍可通过量刑激励，进而推动企业改进内控。

企业可以独立承担刑事责任的相关制度最初确立在英美法系国家中。英国在 2010 年《反贿赂法》第 7 条"商业组织预防贿赂失职罪"即主要通过独立构罪方式推动企业自我治理商业贿赂问题。[3] 意大利、法国等部分大陆法系国家直到 20 世纪初才陆续确立了刑事合规制度。其中，法国的合规计划推行得最为激进，其将刑事合规缺位作为犯罪构成要件之一。[4] 意大利第 231 号法令则明确规定，实施有效合规体系，可以免除企业的刑事责任；但是，企业发生系统性犯罪行为的情况除外。《西班牙刑法典》第 31 条第 2 款也规定，企业实施有效预防犯罪的合规体系的，对公司内部人员所实施的犯罪行为不承担刑事责任。[5] 对于涉嫌犯罪的企业，检察机关先对其科处高额罚款，然后才与其达成暂缓起诉协议或者不起诉协议；对企业经过合规监管认为已经实施有效合规计划的，可以作出不起诉的决定，而对于企业内部直接责任人员则须提起公诉。[6] 2014 年以后，英、法等国的企业合规制度渐趋成熟、完善。

（二）我国合规制度的发展

2017 年以来，我国的企业合规制度开始确立并逐渐发展起来。2017

---

[1] 合规计划是一种旨在全面发现和预防企业犯罪的组织体系，其目标一是阻止公司内部不端行为；二是提供一种内部监督和报告不当行为的方法。参见李勇:《企业附条件不起诉的立法建议》，载《中国刑事法杂志》2021 年第 2 期。

[2] 陈瑞华:《企业合规出罪的三种模式》，载《比较法研究》2021 年第 2 期。

[3] 李本灿:《刑事合规制度的法理根基》，载《东方法学》2020 年第 5 期。

[4] 林静:《刑事合规的模式及合规计划之证明》，载《法学家》2021 年第 3 期。

[5] 陈瑞华:《企业合规出罪的三种模式》，载《比较法研究》2021 年第 2 期。

[6] 陈瑞华:《企业合规出罪的三种模式》，载《比较法研究》2021 年第 2 期。

年 12 月 29 日，原国家质量监督检验检疫总局发布了《合规管理体系指南》；2018 年 11 月 2 日，国务院国有资产监督管理委员会发布了《中央企业合规管理指引（试行）》；2019 年 1 月，银保监会发布了《关于加强中资商业银行境外机构合规管理长效机制建设的指导意见》。2019 年 2 月 25 日，习近平总书记在中央全面依法治国委员会第二次会议上指出："企业合规管理要跟上。我国企业走出去都会面临经营管理合规的问题。要强化企业合规意识，走出去的企业在合规方面不授人以柄才能行稳致远。"① 从 2018 年开始，我国学术界开始关注并探索关于企业合规的理论问题；2019 年，最高检理论所还形成了一份关于检察视域下刑事合规监督的专题研究报告。2020 年以来，我国检察机关开始进行企业合规不起诉制度的改革探索。2021 年 3 月 19 日，最高检印发了《关于开展企业合规改革试点工作方案》，在最高检的指导下，北京、上海、广东、江苏、浙江等 10 个省份部分地区先后开展企业合规改革第一期和第二期试点工作，试点地区检察机关开始试行企业合规考察制度；2021 年 6 月 3 日，最高检联合司法部、财政部、生态环境部、国资委、税务总局、市场监管总局、工商联、贸促会印发了《关于建立涉案企业合规第三方监督评估机制的指导意见（试行）》，开始在依法推进企业合规改革试点工作中建立健全涉案企业合规第三方监督评估机制。目前，涉案企业合规改革已在全国推开。

（三）刑事立法上的预防论意义

企业合规制度的核心环节即为企业合规建设与监管。企业合规建设与监管的意义从刑罚预防论的角度讲主要在于以下两个方面：其一，就特殊预防而言，在企业涉嫌犯罪并进入刑事司法程序后，需将涉罪企业进行合规建设与监管作为是否免刑以及量刑情节予以考量，确立并构建企业合规的刑罚激励机制；其二，就一般预防而言，确立并统一行政监管部门合规指引的国家标准，建立行政监管激励机制，这具有先天基础和制度优势，

---

① 习近平：《论坚持全面依法治国》，中央文献出版社 2020 年版，第 257 页。

合规指引国家标准以及行政监管激励机制在预防企业法人在违法状态下逐渐成为犯罪主体，即削减单位犯罪因子方面具有一定的积极效用。[①] 当然，一般预防需与特殊预防进行良好的衔接与融合，从某种程度上讲也是行刑衔接机制的搭建、完善过程。将预防企业行政违法作为合规体系建设的基本目标，才能实现企业犯罪的"源头治理"，避免企业从行政违法走向犯罪道路。[②]

从犯罪阶段性预防的角度讲：其一，就事前预防而言，企业合规建设与监管可以最大限度预防企业从行政违法转化成单位刑事犯罪，同时亦可清除企业合规上的瑕疵行为，使之运行更为规范；其二，就事中预防而言，企业合规建设与监管可以及时阻断企业法人的罪错行为或违法犯罪过程，将企业违法犯罪扼杀在萌芽阶段；其三，就事后预防而言，涉罪企业合规建设与监管可以避免罪错企业再次发生类似违规违法行为，同时在合规建设完成后对涉罪企业的惩罚也具有一定的减免作用，故其重在减少、弥补损失，监管激励、挽救企业的宗旨在此体现。这是犯罪社会学范畴的内容，需要有针对性地探究与分析企业犯罪原因，所以说，企业合规刑事立法需将犯罪学与刑事法学二者打通，走刑事一体化之路，需要考虑二者结合的理论与原则。

二、企业合规情节酌定化

（一）关于酌定情节的讨论

是否应将企业合规作为法定减免事由？即在对单位量刑时是否需要将企业合规这项因素作为刑罚减免甚至不诉的必要条件并予以法定化？笔者认为，无须将企业合规作为法定情节，而只作为酌定情节即可。这可以从不同的具体情况来加以讨论：（1）对于犯罪性质、犯罪情节、危害后果轻微的涉罪企业，企业合规并不必然成为刑罚减免或不诉的必要条件。

[①] 当然，这些措施能否真正起到阻止企业中自然人以企业名义实施违法犯罪活动，难以进行有效评估。

[②] 陈瑞华：《企业有效合规整改的基本思路》，载《政法论坛》2022 年第 1 期。

因为这种情况其本身就符合相对不诉的适用条件，以现行《刑事诉讼法》第 177 条第 2 款直接作出相对不诉处理即可。当然，如果该涉罪企业进行了进一步合规建设并有第三方对之进行监管且成效良好的话，则可以在法定从宽的基础上再次酌情从宽处置（包括行政处罚的从轻或减轻）。（2）如果涉罪企业已被纳入进一步合规建设方案且由第三方机构进行监管，此时企业合规也可能成为该企业刑罚减免乃至不诉的必要条件，如果该企业拒绝配合、放弃或停止合规建设、不服从第三方机构的监管，那么只要满足以上任何一项，对其量刑时则可以排除适用从宽处罚的刑事政策。（3）如果该涉罪企业犯罪性质、犯罪情节或危害后果并不轻微，此时企业合规也并不必然成为其刑罚减免或不诉的必要条件，只是一般情况下检察官可以视情酌情予以从宽处罚，这只是一种倾向性处置方式，当然也可以排除适用从宽处罚的刑事政策。

（二）法定化之否定

需要指出的是，能否将企业合规及第三方监管作为出罪事由？有学者提出，在实体法上，企业合规应成为涉案企业提出无罪抗辩的法定事由。在程序法上，检察机关根据企业实施合规体系所作的合规不起诉决定，本身就具有"合规出罪"的效果。[1] 鉴于此，笔者也认同检察机关可以将企业合规及第三方监管作为涉罪企业出罪事由的观点，这相当于英美法系中的正当化事由或大陆法系中的责任阻却 / 减轻事由（也是一项超法规事由），但是笔者不认同将企业合规这一抗辩事由法定化。因为企业合规是一项十分具象的情节，其需要检察官在案件审查中综合具体情形把握合规程度；部分合规不起诉（相对不起诉）虽具有出罪之近似效果，然终究只是减轻刑事责任的免予刑事处罚，而非无罪，要达无罪之程度，尚需在具体裁量中作更为全面深入之拿捏，且须与免刑情节相区分。所以企业合规成为无罪抗辩的法定事由不具有立法上的现实可操作性，只能作为一项酌定情节。

---

① 陈瑞华：《企业合规出罪的三种模式》，载《比较法研究》2021 年第 2 期。

三、不起诉之立法完善

对刑事合规的涉罪企业作出不起诉处理，其具体性质在刑事诉讼法上该如何界定呢？这里将涉及对几种不起诉（包括理论上的模型建构）的区别适用问题。虽然附条件不起诉和相对不起诉二者皆适用于轻罪案件，但区别也是明显的。

（一）关于不起诉制度

1. 附条件不起诉适用于已经达到了起诉标准的案件，但出于特定利益或情势考虑，对犯罪嫌疑人附加一定条件，当这一条件被有效实现后，即作出不予起诉的决定，否则依然要提起公诉。[①]这说明附条件不起诉不是终局性的裁决。在我国，当前附条件不起诉制度仅适用于未成年人犯罪的诉讼程序之中。企业附条件不起诉制度（当然，这里只是作为一种理论模型的畅想，尚未转变为立法现实），就是激励涉罪企业承诺建立有效的合规计划，以此作为不起诉的附加条件，经过一定的考验期且经评估确认有效后，对涉罪企业正式作出不起诉决定。[②]附条件不起诉将涉罪企业合规建设置于终局裁决之前，更适宜于企业合规计划体系的建设。

2. 相对不起诉针对轻罪案件，即案情较轻，可以直接不予起诉，而不必先附带一定考察条件予以暂缓起诉，这样即使要对涉罪企业进行合规建设，也是置于终局性裁决即不起诉决定之后通过检察建议的形式开展，建议该涉罪企业进行由第三方监管的合规建设。当然，视具体案情也可以建议一些符合条件的涉罪企业在侦查机关移送审查批准逮捕阶段开展第三方监管合规建设。

3. 第三种不起诉是一种专门针对企业的创新模式，可称之为"合规不起诉"（这也是一种立法设计上的理论模型）。这一新概念特指涉罪企业

---

① 陈卫东：《从实体到程序：刑事合规与企业"非罪化"治理》，载《中国刑事法杂志》2021 年第 2 期。

② 李勇：《企业附条件不起诉的立法建议》，载《中国刑事法杂志》2021 年第 2 期。

已实施了行之有效的合规计划，并以此作为无罪（出罪）或罪轻的抗辩事由，检察机关据此作出不予起诉的处理。检察机关适用合规不起诉的主要理由是企业犯罪情节轻微、直接责任人可能被判处三年有期徒刑以下刑罚、在已然推行企业合规计划的前提下积极配合、有效补救，并对其管理制度进行了认真整改，消除了企业管理上的制度漏洞和隐患，对于企业再次犯罪进行了制度层面的预防。检察机关通过采取合规考察措施，对于实施有效合规计划的涉案企业，最终作出不起诉的决定。[①] 在学理上可以认为，合规不起诉包含了附条件不起诉和相对不起诉两种形式。

（二）立法上的梳理

在提出涉罪企业合规建设的三种不起诉模式上，笔者倾向于做一次立法上的梳理与整合，即在附条件不起诉和相对不起诉的基础上进行立法修订、补充，而不另行创制新的所谓"合规不起诉"统一模式。当现行附条件不起诉制度经过立法扩张能够包含涉罪企业附条件不起诉的时候，那么对于一些移送审查起诉的涉企案件尤其是对企业主要负责人采取取保候审强制措施的案件，可以适用附条件不起诉制度，同时对该涉罪企业进行合规建设第三方监管；而对于一些涉企的轻微刑事案件则可以直接作出相对不起诉处理，并在此不诉决定之后发出检察建议，建议该涉罪企业进行由第三方监管的合规建设。当然，在立法设计上可将此有关内容作为刑事诉讼法第五编特别程序中的独立一章而设立。

目前，鉴于立法尚未修改，在现有立法框架下笔者主张在侦查机关移送审查批准逮捕阶段即对符合条件的涉罪企业，以及侦查机关对企业负责人采取取保候审强制措施的涉罪企业开展第三方监管式的刑事合规建设。

四、检察建议法律属性及其制发

（一）立法属性

刑事诉讼法中对检察建议未作具体规定，仅在第 95 条羁押必要性审

---

① 陈瑞华：《企业合规出罪的三种模式》，载《比较法研究》2021 年第 2 期。

查中规定了"对不需要继续羁押的，应当建议予以释放或者变更强制措施"，而在 2019 年最高检公布施行的《人民检察院检察建议工作规定》中作了详细规定。虽然检察建议存在刚性不足、效果间接的问题，但被建议的单位须在规定期限内对处理情况予以反馈，因此毫无疑问检察建议具有公权属性，属于司法权的一种表现形式。

（二）制发模式

制发有关涉罪企业合规建设的检察建议多用于两种监管模式：一是在检察官直接监控涉罪企业合规建设的实践模式下，该类检察建议直接向被监控进行合规建设的涉罪企业制发，其优势在于针对性强，在熟悉案情的情况下直接制发检察建议至涉罪企业，效率高见效快；其不足之处在于只能向央企等国有企业以及集体企业制发，不能向民营企业等私企直接制发，因此适用范围有限。二是在以行政部门为主体的第三方组织对涉罪企业合规建设进行监管的情况下，该类检察建议可直接向对进行合规建设的涉罪企业履行监管职责的行政部门制发，其优势在于符合检察机关法律监督职能属性与参与社会综合治理的角色地位，且充分利用行政专业资源，节省了大量司法资源；其不足在于不少行政机关不熟悉具体案情，需通过事前沟通衔接了解涉罪企业情况，耗时较长。

相比较而言，笔者更倾向于选择后一种实践模式。理由如下：首先，检察权的履行应具有一定边界的限定，作为检察监督方式之一的检察建议其制发对象也应具有平等性和一定范围，并不是包罗万象、涵盖社会全部领域；其次，检察建议的制发应当审慎，不应任意制发而致宽泛、泛滥，如此容易丧失其权威性进而影响其成效，而且司法权过度介入市场经济也会对社会本应保有的一种宽松、自由的营商环境造成不利影响，进而破坏社会组织自治自愈的机能。此外，检察机关需不断完善检察建议的配套措施，对其制发对象施以一定的刚性效力。

鉴于检察建议所涉及的内容具体而多样，且因不同个案而不同，故不宜在立法上作过多规定，以保持其针对性和灵活性，这也是专项合规体系构建的需求。

五、刑事责任归属

（一）企业与企业家

在具备企业合规建设以及第三方监管条件的情况下，在企业和企业家之间刑事责任归属如何区分？笔者认为，一般情况下免予刑事处罚在适用于企业的同时也应适用于企业家。但若是企业本身已建立并实施了相对较为完善的合规体系计划，而企业主要负责人避开企业合规计划而强行推行涉嫌违法犯罪性质的事项，那么此时基于民法学中的表见代理原理企业应当负刑事责任，但可以免予处罚，因为企业作为单位法人，在一定程度上已经尽到了注意义务和尽职义务。具体条款可适用现行《刑法》第 37 条，而不必另行增设相关内容之条款；同时对现行《刑法》第 31 条应作相应修改，即"单位犯罪的，根据不同情形对单位免于处罚或判处罚金……"对该企业主要负责人则仍应予追责。

（二）单位过失犯罪

对于单位过失犯罪，这里的注意义务有一个程度的问题，即在多大程度上履行该注意义务才算是脱离了间接故意的范畴。这是一个有待探讨的刑法问题。笔者认为，企业管理层或决策层已经为预防企业违规违法作了必要的努力，如开会商讨有关问题并作出决议、单位制定章程涵盖了合规建设内容、在采取措施实施合规计划上成效显著，而只是个别高管的不当行为促使或引发单位实施了违法犯罪行为，这时即可认为该单位法人属于过失犯，并且前提是企业合规计划体系经过审查被认为是没有缺陷或漏洞的，亦即已尽注意义务，但未尽尽职义务。对于单位过失犯罪，传统刑法关于过失的见解已很难适应具体司法实践的需要，其审查认定的标准已近乎英美法系的严格责任。因为采用传统自然人犯罪追责方式来预防法人犯罪，其效果无异于缘木求鱼。[①] 故应对现行《刑法》第 15 条作出相应的增

---

① 张远煌：《从企业合规到刑事合规》，载《企业合规全球考察》，北京大学出版社 2021 年版，序言。

补修改，或者在第 30 条有关单位犯罪的条文下以独立条款作出规定，限于篇幅，此处不做展开。另外应根据不同程度的犯罪情节和社会危害结果，分别适用现行《刑法》第 37 条、第 62 条和第 63 条，予以免予处罚、从轻处罚或减轻处罚。当然，笔者建议今后修法时在现行《刑法》第 62 条和第 63 条分别增加"犯罪法人"这一主体，以使条文表述更加完善，适用更加顺畅。

（三）关于罪量因素

当然，检察机关在实际操作中还有其他一些疑问，比如对涉罪企业合规建设资格的把握方面，目前缺乏明确具体的标准，即究竟什么样的案情可以将其纳入合规计划之中，这里主要涉及一个罪量因素的指标问题。如在虚开增值税专用发票的单位犯罪案件中，是否可将纳入合规计划的涉罪企业的情节较轻的税款额度限定在 15 万元以下？若另具有诸如自首、立功等法定减轻情节的是否可限定在 25 万元以下？当然，若是这样以罪量因素作"一刀切"的标准划定界限，是否太过机械化？因为每个企业的自身情况及其发展前景也各不相同；但若不做此划分，将导致检察机关自由裁量权或无所适从，且容易导致因刑事合规耗散刑事法规范的适用效力。故这一矛盾如何化解确实值得在制定诸如数额幅度等司法解释时作进一步思考。

六、余论

"企业合规"这一名词及其相关制度是一个"舶来品"，且主要是发端于影响较大的美国合规制度。由于中美语境不同，故司法程序所涵盖的事实范围也不尽相同。实际上，美国法语境下的"刑事合规"在中国法语境下多为"行政合规"的问题。在笔者看来，涉罪企业刑事合规虽为整个刑事司法程序所包含，检察机关也发挥了至关重要的作用，但即便成立第三方机制管委会并组建第三方监管组织，也还是多少带有"行政监管"的色彩，所以在立法上应处理好行刑衔接的技术性问题，如行政罚款与刑事罚金的衔接协调问题。当然，如此亦可避免刑事手段过多介入甚至干涉市场经济的自由竞争和优胜劣汰，这也是刑法谦抑性原则在立法与司法上的重要体现。

根据我国国情，笔者主张涉罪企业刑事合规适用第三方监管的条件有以下三点：第一，企业所涉罪质较轻、情节轻微、危害后果不大；第二，企业接受认罪认罚，采取措施积极弥补损失、赔偿受害方；第三，企业能够继续开展正常的生产经营，且能够接受第三方监管下的合规体系完善并予以主动配合。另外，企业刑事合规建设的成本花费应根据其自身的情况和特点，一般情况下无须严格遵照统一的合规指引，司法机关和行政机关也不应在此问题上过多干预。

总之，在刑事司法视域下研究企业合规的立法问题，其前提是对刑事法学尤其是刑法有一个整体性、体系性、系统性的了解和掌握，而不是经验性地就事论事，狭隘片面地讨论企业合规的具体问题，那样对"企业合规"制度的嵌入式融合发展和刑事法学的理论自洽无疑是不利的。犯罪有太多的偶然性，笔者希望企业合规制度的设计和探索能够真正起到预防、阻止、减轻犯罪以及缓解企业罪责的效果，而不是一种纯粹的制度上的粉饰，或成为一种规避责任的"装饰性合规"。

企业刑事合规制度建构中
人民法院的角色定位反思与形塑

李　楠[*]

摘　要：以域外实践为鉴，人民法院在企业刑事合规制度构建中应适度延伸司法审查权，将司法审查范围拓展至合规不起诉案件，兼顾犯罪治理与司法效率双重价值，并对企业与自然人的刑责作出"切割"。在角色塑造具体过程中，人民法院通过审查起诉阶段参与司法听证、审判阶段对合规从宽起诉协议进行调整、判后阶段将合规计划执行情况作为刑罚激励因素等举措来适当强化法院司法审查权；对企业刑事合规的适用对象、适用案件范围、企业合规计划的有效性进行轻重有度的司法审查；并从实体从宽、程序从简两个方面实现企业刑事合规与认罪认罚从宽制度的融合，进而为人民法院充分参与企业刑事合规改革探寻可取的路径。

关键词：企业刑事合规；人民法院；角色定位

一、问题提出：企业刑事合规制度建构中存在人民法院角色缺失问题

企业刑事合规是指为了降低或避免企业或员工的行为给企业带来的刑事责任，通过刑事政策上的正向激励，推动企业以刑事法律的标准来识别、评估和预防刑事风险，制定并实施遵守刑事法律的措施。最高人民检察院自 2020 年 3 月起分两期开展了企业合规改革试点工作。2022 年 3 月，

---

*　李楠，浙江省宁波市高新技术产业开发区人民法院法官助理。

第二期试点结束后，企业合规改革已在全国检察机关全面推开，体现了检察机关以刑事手段完善企业治理、促进民营经济平等保护、贯彻落实宽严相济刑事政策的理念。[①] 在最高人民检察院的主导下，我国企业刑事合规改革蓬勃开展，在探索适用合规改革的全流程办案机制、推动刑事检察与公益诉讼检察业务实质性融合[②]、切实推动企业合规运转、维护社会公共利益等方面已取得明显成效。

随着改革探索的逐步深入，尤其是受案范围的不断延拓，人民法院在企业刑事合规制度建构中参与度不高的问题逐步显现。其一，在审判权与审判阶段的终局性、被动性要求下，人民法院主动参与企业刑事合规制度构建的观念缺失。其二，多数实践中，检察机关在审查起诉阶段即对符合条件的企业作了合规不起诉处理，人民法院缺乏介入的程序空间；而在检察机关作合规从宽起诉的案件中，人民法院在其间发挥的作用一般仅体现为将企业合规整改的成效作为量刑因素考量，此外尚无更多探索。企业刑事合规制度作为践行刑事一体化的典型实践，其功能的充分发挥需要司法机关的协同配合，有必要对企业刑事合规制度建构中人民法院的角色定位予以厘清，做到人民法院不缺位、不越位。

二、比较法考察：企业刑事合规制度建构中法院角色定位的域外实践

域外主要存在两种企业合规模式，即美国的"检察官自由裁量模式"和以英国为代表的"司法审查模式"，前者对于暂缓起诉协议主要采用检察机关内部控制模式，后者则采用以法院司法审查为主要内容的司法监督模式。本文将对英美模式及部分欧陆国家在企业合规探索中法院的角色定位进行概括性述评，从而为探讨我国人民法院在企业合规探索中的角色定位提供借鉴与启示。

---

① 李本灿：《刑事合规制度改革试点的阶段性考察》，载《国家检察官学院学报》2022 年第 1 期。

② 参见《最高检发布第三批涉案企业合规典型案例》，载最高人民检察院网，https://www.spp.gov.cn/xwfbh/wsfbt/202208/t20220810_570413.shtml#1，2022 年 8 月 10 日访问。

（一）美国：法院极为有限的形式审查

美国在合规不起诉领域作出最早的立法层面的尝试即在 1974 年美国国会颁布的《迅速审判法案》中对"审前转处协议"制度的确立。[①] 最初该制度出现在未成年人司法程序中，后逐渐延伸至毒品犯罪中需要强制性治疗的案件，20 世纪 90 年代以来，逐步被适用于公司涉嫌犯罪的案件中，并在此过程中，创设了暂缓起诉协议（DPA）和不起诉协议（NPA）两种制度。美国立法赋予检察机关较大的执法权，授予检察机关与涉罪企业达成不起诉协议或暂缓起诉协议的权力。与检察机关达成不起诉协议或暂缓起诉协议的企业，在考验期结束后会被宣告为无罪。[②] 在达成不起诉协议的过程中，检察机关无须向法院提交正式的指控文件，法官根本无法参与审查，自然难以对检察官的权力行使司法审查权。[③] 而暂缓起诉协议因在已提起公诉的案件中达成，虽需要接受法官的司法审查，但法官一般消极对待该权力，不对检察官提交的协议进行实质性审查或修改。如 2016 年 Fokker 案的二审判决认为，初审法官对检察官与被告方签订的暂缓起诉协议的否定明显超出法官的职权范围。即便如此，在美国，不起诉协议的适用比例也明显高于暂缓起诉协议的适用比例，这在一定程度上反映了检察官对自由裁量权的偏好。[④]

（二）英国：法院严格、全面的实质审查

美国"审前转处协议"制度因在预防企业再次犯罪、降低诉讼成本方面的积极效果，对其他国家刑事诉讼制度的发展产生了较大影响。鉴于美国不起诉协议制度下检察机关过于广泛的自由裁量权，2014 年以来，英国、加拿大、新加坡等国家相继确立了暂缓起诉协议制度，并在机制设计上强

---

① 陈瑞华：《企业合规基本理论》，法律出版社 2020 年版，第 331 页。
② 转引自陈瑞华：《企业合规视野下的暂缓起诉协议制度》，载《比较法研究》2020 年第 1 期。
③ 转引自唐彬彬：《检察机关合规不起诉裁量权限制的三种模式》，载《法制与社会发展》2022 年第 1 期。
④ 陈瑞华：《企业合规基本理论》，法律出版社 2020 年版，第 239 页。

化法官司法审查的实质权力。① 在英国实践中，法院的司法审查呈现以下特征：其一，程序必要性。暂缓起诉协议唯有经过刑事法院（Crown Court）审查和批准，方可生效。英国法官持续参与并监督企业合规整改。法院组织预备听证，由检察官对暂缓起诉协议的公平性、合理性、协议签订过程进行解释说明；法官对暂缓起诉协议具有一票否决权；若法官同意暂缓起诉协议，则须公开宣布该协议获得批准，并将该协议在网站公开；协议实施过程中，若法官发现企业违背协议事项，则可邀请检察官和企业共同作出补救方案。其二，审查的实质性。英国司法部 2011 年《反贿赂法案》围绕有效企业合规标准，确立了"充分程序"的六项原则 ②，由法官对企业是否满足有效合规的标准进行审查。法官还可决定降低对中小微企业的审查标准，选择适当的替代程序。

（三）部分大陆法系国家

1.法国：法院类似"公证人"的中立听证

法国的暂缓起诉制度被表述为"基于公共利益的司法协议"（CJIP）制度，根据该制度，经检察机关与涉罪企业协商，承诺在三年考验期内完成合规制度的建立或完善并签订协议，期满后，经审核确已履行协议内容的，检察机关经向法院申请放弃公诉程序。③ 对于公共利益司法协议的审查，法院采取听证形式。法院不会对协议的实质内容进行审查，听证程序虽由法院组织，但并不会推动听证程序中的"辩论"，亦即，通过听证，法官仅对企业涉罪事实进行确认，并在程序合理的基础上对检察官提交的协议作出肯定或否定的决定。法院不能对协议条款加以修改，在整改实施环节，也无须进行监督和评估。可见，法国的法院对暂缓起诉协议更多的

---

① 转引自唐彬彬：《检察机关合规不起诉裁量权限制的三种模式》，载《法制与社会发展》2022 年第 1 期。

② 刘艳红：《涉案企业合规建设的有效性标准研究——以刑事涉案企业合规的犯罪预防为视角》，载《东方法学》2022 年第 4 期。

③ 陈瑞华：《法国〈萨宾第二法案〉与刑事合规问题》，载《中国律师》2019 年第 5 期。

是一种形式上的确认，实质上对于暂缓起诉协议的实体问题仍然由检察机关主导。

2. 意大利：以法院所主导的审判程序处理企业犯罪的倾向

意大利在 2001 年 6 月 8 日首部企业合规法令《关于法人、公司、协会及非法人组织行政责任的法令》中，对合规计划的有效评估作了专门规定，要求评估主体由法官组成，亦即，只能由法官来决定企业能否能因合规而免责。[①] 对于企业合规案件，无论是审前程序中的预防性措施、初步听证会，还是审判阶段的裁决，执行程序中对制裁措施的监督执行等，法院均起到决定性作用。在《意大利刑事诉讼法典》中有辩诉交易的规定，法官有权批准辩诉交易的协议，并宣布结束诉讼程序，意大利企业合规制度亦有辩诉交易的规定。[②] 由此可见，意大利的法院在企业合规案件中所起到的作用大于检察院，呈现在审判阶段适用企业合规机制的偏好。

3. 德国：行政合规为主导的背景下法院基于审判职能的有限参与

德国传统刑法并不承认法人犯罪，企业不是刑事责任主体，无须承担被起诉风险。作为定罪量刑政策的合规计划在德国暂时不存在明确的立法基础，但并不等于企业实施的合规计划没有任何法律效果。[③] 以《违反秩序法》第 30 条和第 130 条为核心，《德国刑法典》相关规定为补充，德国企业合规模式以向企业管理层施加监督义务为路径而展开，德国大型公司倾向于构建企业内部合规体系以预防犯罪。如果涉企刑事案件中被指控的企业制定了某些合规举措，该企业有可能避免巨额罚款。司法实践中，一般将对企业的行政诉讼和对企业员工的刑事诉讼合并审理，法院可以在这种合并的诉讼中对企业处以罚款。可见，德国的企业合规更偏向于以行政合规路径来展开，法院表面上未在企业合规中行使司法权，但实际上通过各种途径参与企业合规活动。

---

① 刘霜:《意大利企业合规制度的全面解读及其启示》，载《法制与社会发展》2022 年第 1 期。

② 陈瑞华:《法国〈萨宾第二法案〉与刑事合规问题》，载《中国律师》2019 年第 5 期。

③ 李本灿:《刑事合规的制度史考察：以美国法为切入点》，载《上海政法学院学报（法治论丛）》2021 年第 6 期。

三、应然方向：企业刑事合规制度建构中人民法院角色定位的逻辑基点

在我国企业刑事合规制度建构中探索人民法院的角色定位，应对域外实践经验进行有选择地借鉴，并立足本土，找寻该制度建构与人民法院职能定位的逻辑联结。

（一）人民法院司法审查权应当适度延伸

有观点认为，根据我国宪法对法检机关的职能定位，应由检察机关行使刑事案件的起诉裁量权，法院在案件提起公诉前无法参与案件的审查活动。[①] 笔者认为，对于法院在企业合规制度建构中所扮演角色的问题，不应从职能的表象来孤立看待，而应将其回归于价值论的视野进行探讨。

首先，在比较法上，美国实践中，因检察机关自由裁量权过大，暂缓起诉协议对涉案企业具有鲜明的惩罚性特征，这被认为是将法官和陪审团手中的审判权向司法部及其检察官的追诉权的一种转移。[②] 大型企业一旦被认定为犯罪，将对社会公众利益，甚至对区域经济社会稳定带来消极影响；反之，如果涉案企业合规整改情况并不能达到出罪程度，却被检察机关作不起诉处理，也将产生不良示范效应。由于我国检察机关内部监督机制的封闭性，检察机关对于企业刑事合规实践中的自我控制呈现有限性。人民法院有必要借鉴英国模式下的实质司法审查机制，通过人民法院司法审查权的介入，对检察机关与涉案企业达成的合规不起诉协议进行全面客观的审查，并作出是否准予的决定。

其次，人民法院对合规不起诉协议进行司法审查是"互相配合"法检关系理念的体现。根据《宪法》第140条规定，在办理刑事案件时，检察权与审判权的活动原则为分工负责、互相配合、互相制约。所谓互相制

[①]　转引自陈瑞华：《企业合规视野下的暂缓起诉协议制度》，载《比较法研究》2020年第1期。

[②]　转引自熊亚文：《理性建构刑事合规的中国路径》，载《比较法研究》2022年第3期。

约，是指职权行使须受到其他机关的制约，正如法院可对公诉案件作出无罪判决；检察机关也可对法院裁判提出抗诉。刑事诉讼法学界一般认为控审分离是《宪法》第 140 条"互相制约"的一个具体原则。[①] 在这样的立法原意及职权架构之下，法检机关通常具有泾渭分明的权限意识，法院遵循着被动司法的理念，仅对已进入审判阶段的案件行使审判权。2018 年刑事诉讼法修改所确立的认罪认罚从宽制度，对传统法检权力关系产生了重大影响。其中备受瞩目的是《刑事诉讼法》第 201 条第 1 款关于量刑建议的规定，该问题在理论界和实务界聚讼纷纭，主流观点认为法检之间的职权定位应处于动态协调的过程中，如有论者认为"应在互相配合原则下实现法检关系的良性互动"[②]。笔者认为，法检关系的互动协调，深刻契合了刑事一体化理念。近年来，司法体制改革使司法权力得到重新配置，但其最终目的仍是"要让人民群众在每一个司法案件中感受到公平正义"。有效应对新形势下层出不穷的新问题、维护经济社会新秩序，成为考验司法机关司法能力、预防重大风险的重要命题。在积极推进民营经济蓬勃有序发展，创新开展企业犯罪治理的价值导向下，企业刑事合规制度建构中法检之间的协商型司法模式，具有重要价值和时代意义。

（二）犯罪治理价值与司法效率价值应当兼顾与权衡

美国模式下检察官对合规不起诉享有绝对的自由裁量权，在提升办案效率方面发挥了显著成效，彰显了预防犯罪的特殊价值，但其不足之处也由此凸显。因检察官自由裁量权外部监督的不足，法官的司法审查呈现虚无缥缈之态，检察机关与企业协商地位不平等，协议签署的合意性基础难免有丧失之虞，不仅隐含着廉政风险，也将影响合规整改效果。而英国模式通过立法明确法官的主导作用，强化其实质审查权，虽然弥补了检察官自由裁量权过大的缺陷，但也暴露出一些问题。暂缓起诉协议制度在 2014

---

① 刘计划：《控审分离论》，法律出版社 2013 年版，第 2 页。
② 陈明辉：《认罪认罚从宽制度中法检权力的冲突与协调》，载《法学》2021 年第 11 期。

年被引入英国后的适用情况并不乐观，在案件数量与案件类型上均与美国相差悬殊。究其原因，主要是在英国法院严格而全面的实质审查之下，检察官须面临实体法和程序法的双重检验。相对于直接起诉而言，启动该程序为检察官带来的负担更为繁重，检察官借此制度提升办案效率的驱动被明显削弱。由此可见，法院在企业合规中所扮演的角色、行使司法审查权的程度，将对企业刑事合规制度价值的发挥起到直接且重要的影响。既要避免法院司法审查权越界行使，对检察机关和涉案企业施加不合理负担；又要通过法院的司法审查，确定企业合规协议的有效性，以推动企业刑事合规制度的犯罪治理功能得到充分发挥。

（三）企业刑事责任与企业中的自然人刑事责任应当分离裁量

企业刑事合规中的定罪量刑，既涉及对单位的责任减免，也涉及对企业中自然人的责任减免。从实体法角度而言，立法解释为因刑事合规计划免除单位的刑事责任提供了依据，但并不意味着可以"连带"免除自然人的刑事责任。对于已被不起诉处理的企业，自然人责任应当如何追究的问题上，笔者认为，应该区分事前企业合规不起诉和事后企业合规不起诉两种情形。就事前企业合规不起诉而言，企业已在单位意志之下构建健全的企业合规计划，如果自然人此时违背企业合规计划而实施犯罪，因该犯罪并不具备单位意志，则应由自然人承担刑事责任。就事后企业合规不起诉而言，如果企业中的自然人实施犯罪是为单位谋取利益，但并不体现单位意志，则对此类情形应当按照自然人犯罪处理。主要原因在于：其一，根据平等适用刑法原则，相同犯罪之下被害人遭受的法益侵害相同，作为加害人的单位或是自然人均应受到相同刑法评价；其二，在企业已建构合规计划的情形下，刑事合规计划足以否定自然人所实施犯罪中的单位意志，尽管自然人可能以单位名义实施犯罪，但实属对单位名义的盗用，既反映了其较大的主观恶性，也丧失了享受企业合规优待的逻辑联结。

（四）人民法院应当充分依托既有恢复性司法制度资源

与企业刑事合规理念具有内核相通性的制度基础和资源在我国刑事诉

讼体系中已有存在，如认罪认罚从宽、刑事和解等制度。这些制度所潜含的对法益恢复性的倡导，与以司法协商主义和起诉便宜主义为重要价值内核的企业刑事合规制度具有高度价值契合性。恢复性司法理念是与传统刑事司法模式下的报应性司法理念所相对的。① 恢复性司法看待犯罪的视角更加立体，关注犯罪行为所包含、影响的所有主体以及后果的承受者，而非仅仅审视犯罪本身，这一特殊视角造就了恢复性司法的特殊价值取向。②

认罪认罚从宽制度系恢复性司法制度的典型表现之一。犯罪嫌疑人或被告人自愿认罪认罚，体现了再犯风险的降低，节约了司法资源，法院由此可将其作为量刑从宽情节。与之相似，法院在对企业合规整改情况进行审查后，可对企业进行量刑减免，其价值根源即企业通过合规整改，弥补了犯罪后果，消除了再犯风险，同时也可反映企业主观恶性及社会危害性的降低。认罪认罚从宽制度和企业刑事合规制度的另一相似性体现为二者的各个流程、环节均不是孤立的、模块化的，而是整体的、联结式的，且较大程度牵涉法检机关的协调配合。在对认罪认罚从宽制度中检察机关求刑权与法院审判权相互协调的过程中，法检机关通过出台规范性文件进行流程设计上的细化和完善，也值得企业刑事合规探索中予以借鉴。

四、实现路径：企业刑事合规制度建构中人民法院角色塑造的具体路径

人民法院在企业刑事合规制度建构中的角色塑造，首先应当摒弃美国式的法院有限形式审查的模式，在宪法和两大组织法对法检职能基本定位的基础之上，充分权衡企业犯罪治理价值和司法效率价值，从重塑法院司法审查权、推进该制度与认罪认罚从宽制度相融合的维度进行探索。

---

① 于鸿峣、王建军：《认罪认罚从宽制度下被害人诉讼参与权之思考——以恢复型司法理念为视角》，载《石家庄学院学报》2021年第3期。

② 李迪：《恢复性司法视域中的反腐败追逃追赃国际合作》，载《法学杂志》2022年第3期。

（一）全流程司法审查权的行使

1.审查起诉阶段：构建针对合规不起诉协议的听证制度

法国模式下的合规协议司法听证制度以及意大利模式下只能由法官来决定企业能否因合规而免责的域外实践，强调法院和法官在司法审查中的作用，值得我国本土化构建中予以借鉴。对于检察机关拟作出不起诉决定的案件，法院应以何种方式介入的问题上，可借鉴法国模式，由检察机关组织听证来为法院在审查起诉阶段司法审查权的行使提供空间。检察院应针对其与企业达成的合规不起诉协议组织听证，通知同级法院及第三方监督主体参与。法院对合规不起诉协议应享有一票否决权，并对合规不起诉协议作出核准或不予核准的裁定。检察机关对于裁定不服的，可以提出抗诉。

2.审判阶段：人民法院可对合规从宽起诉协议进行调整

检察机关向法院提起公诉时，检察机关与企业达成的合规从宽协议应作为案件证据，由法院予以审查。法院如认为合规从宽协议真实有效，且企业的合规整改情况达到了足以对其进行从宽量刑的程度，则可对合规从宽协议予以确认。法院经审查，如对于合规从宽协议的有效性存疑，或者认为尚不足以达到量刑从宽的程度，为了保证企业合规整改的连贯性，应由法院主导，联合检察机关、第三方监督主体对合规从宽协议进行调整。协议经修改，涉案企业应对合规整改的方向及时调整，法院可在合规考验期满之后经考察对企业从宽量刑。

3.判后执行阶段：将合规计划的判后执行情况作为刑罚激励

有观点认为，企业合规整改发挥实效的关键在于合规计划制定之后的执行。因为"一个有效的合规制度很容易从表面进行复制"。[①]在对涉案企业合规整改的后续监督上，实践中一般由检察机关联合行业主管部门、第三方监督主体，对合规企业进行回访，并视情况向行业主管部门制发检察

---

① 刘子良：《刑事合规不足以解决企业犯罪问题》，载《广西政法管理干部学院学报》2020 年第 4 期。

建议。对于已适用合规不起诉的企业，这种监督模式尽管可以起到一定威慑作用，但此时刑事诉讼程序已经终结，其威慑效果相对于审查起诉阶段将大打折扣。同时，检察建议本身在强制执行效力上具有不确定性，于促进企业长期坚持合规计划、形成常态性合规体系而言，或许不应给予太多期待。在配合检察机关和第三方监督主体完成合规整改，从而获得不起诉处理或刑罚减免后，企业基于合规经济成本的考量，可能对合规计划放任自流，阻断了合规成效。此时，法院的介入将发挥独特价值。如对于企业责任人犯罪案件，对于责任人适用企业合规从宽量刑的，可将判后涉案企业对合规计划的坚持和执行情况作为对有关责任人适用减刑、假释的条件，以形成企业合规计划后续执行中的刑罚激励。

（二）司法审查重点的明晰

无论是对于合规不起诉案件还是合规从宽起诉案件，人民法院均应对企业刑事合规的适用对象、适用案件范围和企业合规计划进行审查。

1. 实质审查：适用对象及案件范围

一是应对适用对象进行实质审查。西方国家在企业合规实践中的一项重要理念是"放过企业，但不放过企业家"[1]。检察机关对涉罪企业达成暂缓起诉协议后，企业要建立并实施有效的合规计划，就必须实施有效的奖惩机制，对负有责任的公司中自然人进行严厉惩戒。[2]在我国，民营企业占企业总量的绝大多数，民营企业的法定代表人多系企业创始人，是决定企业生死存亡的灵魂、核心人物。该类主体一旦被法院定罪甚至判处监禁刑，企业有可能面临资金链断裂、停产停业的后果，对于小微企业而言，此类风险尤甚。另外，对企业责任人员适用合规不起诉或量刑减免，可促使其积极推进企业整改。实践中仍应综合考量企业规模等案件具体情况，基于保护民营企业又不放纵犯罪的原则，充分评估有关责任人被追究刑责

---

① 刘艳红：《企业合规不起诉改革的刑法教义学根基》，载《中国刑法学杂志》2022 年第 1 期。

② 陈瑞华：《刑事诉讼的合规激励模式》，载《中国法学》2020 年第 6 期。

对企业产生的影响。

二是应对适用案件范围进行实质审查。有学者主张，只能对企业责任人员可能被判处三年有期徒刑以下的企业适用合规不起诉。[①] 还有学者认为，应划定刑事合规适用的特定范围，如一定规模以上的企业以及涉嫌特定罪名的企业。[②] 实践中，检察机关基本将合规不起诉的适用案件范围限定为企业相关责任人依法应被判处三年有期徒刑以下刑罚的案件，重点针对涉生产经营类犯罪的企业。笔者认为，上述问题的厘清需要回归我国企业刑事合规改革的目的和动因，即充分贯彻优化营商环境、保护民营企业的政策方针，以刑事激励促进企业自我优化，实现最优犯罪预防。一方面，企业规模较小并不意味着其不具有被"拯救"的必要；相反，小规模企业因涉嫌犯罪被追究刑事责任后凭借一己之力"起死回生"的概率更加渺茫。企业刑事合规的适用限定于较具规模或者涉嫌特定罪名的企业，势必将遭受刑法适用不平等的正当性质疑。另一方面，将有关责任人员的罪责轻重作为企业刑事合规的适用条件，将极大限缩该制度的涵摄范围。

2. 实质审查为主，形式审查为辅：企业刑事合规计划的有效性

合规计划作为企业刑事合规制度建构所围绕的中心，必须对其进行客观、公正、审慎地评价。通过对合规计划的评价，可以有效防止企业在参与企业刑事合规过程中表里不一，也可以从侧面反映检察机关在主导企业签署协议过程中职能发挥的允当性。合规计划的有效性应涵盖自愿性、真实性、合法性及对出罪或量刑减免的影响因子。法院在司法审查中，应综合衡量该阶段的审查重点及司法效率等因素。

其一，法院应对企业刑事合规计划的自愿性、真实性、合法性进行形式审查。合规计划的构建是一个宏大的工程，涉及管理学、财税学等多学科的交叉，由法院对其进行实质审查不仅存在客观困难，也与目前司法资源短缺的形势相悖。况且，在第三方监督主体的参与下，"将专业的事交

---

① 杨帆：《企业合规中附条件不起诉立法研究》，载《中国刑事法杂志》2020 年第 3 期。

② 赵恒：《认罪答辩视域下的刑事合规计划》，载《法学论坛》2020 年第 4 期。

给专业的人做"更为合理，于提升司法效率亦为有益。

其二，法院应对企业刑事合规计划对企业出罪或量刑减免的影响因子进行实质审查。企业合规计划应与企业的实际犯罪风险相当，避免企业合规计划过度规制企业的经营自主权；企业合规计划须具备可操作性和针对性，对于塑造企业合规文化、抑制风险诱因、预防企业再次犯罪、恢复所侵害利益具有实际效用；企业合规整改的效果也应具备科学性和时效性。这些问题直接涉关对企业进行出罪或量刑减免的核心问题，又因其居于协商性司法模式下各类风险的汇聚地，有必要对其进行实质审查。在此过程中，法院亦应善于借力第三方监督主体的专业优势。

（三）与认罪认罚从宽制度的融合

如前文所述，认罪认罚从宽制度与企业刑事合规制度在价值理念和制度结构上存在的共通性，为二者的融合提供了可能。涉罪企业通过对司法机关的积极配合、对企业合规体系的完善所体现的犯罪预防性昭示，成为涉案企业获得从宽处罚的依据。认罪认罚从宽的制度结构主要包含"实体从宽""程序从简"两方面内容，涉案企业通过构建合规计划完成认罪认罚之后，可从以下层面获得从宽优待。

1. 实体从宽

对于认罪认罚的企业所适用的刑罚从宽包括从轻判处罚金刑和免处罚金刑。将刑事合规理念融入认罪认罚从宽制度之后，企业犯罪的治理思路由报应主义导向下的打击企业犯罪转变为预防主义导向下的修复受损利益、优化企业内控格局，现行实体从宽的体系尚不足以体现对涉罪企业的充分激励。因为对于企业而言，其最为关心的往往并不是罚金的多少，而是脱离犯罪标签、恢复商业声誉。因此，在刑事诉讼的各个阶段，增强刑事合规的"出罪"功能，减少企业受到刑罚的可能性，可以起到更为彻底的从宽效果，对企业认罪认罚并构建合规体系的激励也更为强烈。通过构建刑事诉讼各个阶段的多元出罪机制，一方面，使企业在各环节均可把握参与合规整改的机会，不因某一阶段的迟疑、延误而错失良机；另一方面，可使各类实体从宽的类型获得全面均衡发展，避免我国企业刑事合规的实践高度集中于企业合规不起诉或从宽起诉这两类由检察机关主导的模式，从而削减决定权过于集中所导致的各类风险。涉罪企业在审判阶段才进行认罪认罚并参与企业合规的，经法院审查符合有关条件的，可对其进行出罪处理，或通过附条件缓刑的方式进行从宽量刑。

2. 程序从简

认罪认罚者得以从宽处理的正当性依据之一在于预防刑必要性的减少。程序简化之所以能体现从宽功能，是由于其使被追诉人尽快摆脱权利义务不明确的状态。在刑事企业合规制度中，由于认罪认罚的主体由自然人变为企业，认罪认罚的方式变为构建合规计划，这也就涉及程序从简如何与合规计划的构建相协调的问题。对于签署企业刑事合规协议的企业，对案件的审前程序、庭审等诉讼流程也应按照认罪认罚从宽制度进行程序简化。认罪认罚从宽制度的一项重要程序价值即依托刑事简易程序和速裁程序，加快诉讼进程，提高司法效率。在对已作出合规计划的企业进行审理的过程中，应视案情复杂程度妥善适用简易程序和速裁程序，为企业节约诉讼时间和成本。

第二部分

涉案企业合规本土实践

实践、反思与再反思：
中国特色的涉案企业合规改革试点

冯 浩 杨 磊 李 成*

摘 要： 企业合规"刑事化"成为全球企业合规制度发展的重要趋势和立法方向，域外企业合规的展开为我国提供了一定的镜鉴。当下我国开展的企业合规改革的核心是推行"企业合规不起诉"，聚焦于现有的实体与程序法律的框架下，合规适用标准、条件的把握、合规改革办案机制的建立及合规激励价值的发挥。改革语境下合规计划的制定与实施应以合规的基本理念与理论作为指引，域外成熟经验作为参照，结合我国的制度背景、理论根基和地方经验谨慎探索，挖掘企业进行合规的动力、影响因素及多元调节变量等，为企业合规的实证调研、经验总结提供丰富样本，基于我国的法律体系和立法模式，建立起具有中国特色的企业合规制度体系。

关键词： 企业合规；检察探索；典型案例；中国特色

近年来，企业犯罪的高发态势促使我国不断检视企业犯罪治理模式存在的缺陷，我国现有单位犯罪制度过于原则化的规定导致单位犯罪存在罪责刑不明晰、逻辑上有矛盾等情形，司法实践随意应对"单位犯罪到底是单位本身的意识和行为导致还是自然人的责任（故意或过失）"或者是二者共同实施的犯罪，过于强调自然人的意志而没有认识到单位犯罪意志的

---

* 冯浩，中国矿业大学人文学院法学系主任；杨磊，中国矿业大学硕士生导师；李成，中国矿业大学（徐州）安全生产法律与政策研究中心助理研究员。

整体性，在追究责任时混淆单位实施的犯罪和单位犯罪的差别，单位责任归责混乱。同时，"企业犯罪日益呈现全球性、开放性、风险性以及不确定性"①，企业犯罪的治理迫使单位犯罪制度由事后惩戒转向事前预防，企业合规针对企业违法犯罪预防的有效举措，其以刑事法律风险防控为基本内涵，以降低刑事犯罪风险为基础功能，同时还兼具推动企业合理承担社会责任的扩张功能。②建立有效的合规制度，已经成为西方国家对企业进行治理的重要方式。刑事合规所倡导的刑事法规与企业共治的模式可为我国企业犯罪治理借鉴。刑事合规的全球化尤其是"中兴事件"的发生也倒逼我国企业犯罪治理模式进行转变。

当下我国企业合规的改革以推行"企业合规不起诉制度"为核心展开，争议点在于合规不起诉的适用对象，落脚点在于合规的考察，难点也是突破点在于合规不起诉制度与相关制度的衔接。③现阶段的合规改革关注的是在现有的制度体系下如何把握合规适用标准、条件，如何建立合规改革的办案机制及如何更好地发挥合规的激励价值，延伸出的合规的考察与监管、重罪合规及对合规计划实施与单位的刑事归责等问题尚需对实践进行观察与思考。

一、企业合规的形成、模式比较

（一）企业合规的形成与确立

目前合规已经成为一种世界趋势，是企业走向世界的"通行证"。企业合规在我国的初步兴起，其深刻的时代背景无疑在于我国全面改革开放的持续推进及其与世界经济的深度接轨。在国外的合规建设如火如荼之际，我国也对合规问题进行了持续的关注，推出了指向企业内控机制的基

---

① 潘璐：《我国刑事合规视域下单位犯罪制度的重塑》，载《青少年犯罪》2021年第3期。
② 韩轶：《企业刑事合规的风险防控与建构路径》，载《法学杂志》2019年第9期。
③ 陈瑞华：《企业合规不起诉制度研究》，载《中国刑法杂志》2021年第1期。

本规范及配套指引，对重点领域、重点环节、运行机制、制度保障以及风险应对作出了相对明确的规定，总体上呈现从全面到专项、从境内到境外、从概括到具体的发展趋势，逐渐形成具有中国特色的多领域深层次的企业合规制度（见表1）。

表1　我国企业合规制度与配套指引一览表

时间	主体	文件	重点内容
2006 年	国资委	《中央企业全面风险管理指引》	指向战略、财务、市场、运营和法律五个维度的风险结构
2008 年	财政部等5 部门	《企业内部控制基本规范》及配套指引	标志中国企业合规在内部控制规范建设上取得重大突破，被誉为"中国版"的萨宾斯法案
	国家标准委、国家质检总局	《合规管理体系指南》	为合规管理提供组织建立、实施、评价和改进合规管理体系的标准化指导
	国资委	《中央企业合规管理指引（试行）》	明确中央企业合规管理体系的原则、重点领域以及重点环节，并细化其运行和保障机制
	国家发展改革委等6 部门	《企业境外经营合规管理指引》	重点建设在境外贸易、境外投资、境外工程承包以及境外日常经营领域的合规建设
2011 年	国家标准委	《企业法律风险管理指南》	为可复制和推广提供了基石
2021 年	最高检等9 单位	《关于建立涉案企业合规第三方监督评估机制的指导意见（试行）》	对具体开展涉案企业合规不起诉工作进行了规定
	国家市场监督管理总局	《企业境外反垄断合规指引》	对企业境外经营反垄断合规工作提出管理机构规定、风险提示及具体应对措施

（二）企业合规的检察探索：模式比较

检察院早已投身于合规建设当中，自2020年初最高检选择六家基层检察院作为试点，至2021年4月下发《关于开展企业合规改革试点工作方案》（以下简称《试点方案》），启动第二期企业合规改革试点工作，范围扩大到北京、辽宁、浙江等10个省份，对于企业合规改革试点的实施,《试点方案》要求此项试点要与依法适用认罪认罚从宽制度和检察建议、依法清理"挂案"、依法适用不起诉结合起来。各地根据《试点方案》的要求,进行了各具特色的先行先试。比如深圳市宝安区检察院最早对企业犯罪不起诉进行试点,深圳市南山区检察院制定了《关于涉企业犯罪案件适用附条件不起诉试点工作方案(试行)》,南京市建邺区检察院制定了《关于涉企犯罪案件中适用认罪认罚从宽推进企业合规的实施意见(试行)》,浙江省岱山县检察院发布了《涉企案件刑事合规办理规程(试行)》。

上述试点中关于合规不起诉主要分为两大模式:"检察建议 + 相对不起诉"模式和"合规考察 + 附条件不起诉"模式。前者模式考虑到企业犯罪的情节轻微,不需要判处刑罚或者免除刑罚,代之以接受检察院的检察建议建立合规管理体系,以促使刑事合规与企业犯罪的刑事责任相统一,刑事合规与出罪、刑事合规与刑罚减免保持在定罪和量刑环节的一致。[1]一些地方检察机关推行轻罪合规是源于我国刑事诉讼法对检察院实施相对不起诉规定了严格的限制,考虑了合规开展的正当性,但忽略了合规的制定与实施并非以罪名的轻重为考量依据,而应当面向未来,考虑合规对于企业、相关利益者包括社会的价值,有无降低企业再犯新罪的可能。且合规目前作为刑事司法政策有被滥用的嫌疑,如若企业犯轻罪,本就可以直接依法予以不起诉,没有必要重新包装上"企业合规的壳","检察建议 + 相对不起诉"模式的适用应有一定的克制。后者模式主要考虑对涉罪企业进行一定期限的合规考察,根据合规的开展成效作出是否起诉的决定。"附条件不起诉"模式下,检察机关一般会将企业纳入合规监管程序,设置考察期限,并且检察院或第三方评估机构对合规计划进行评估和落实进行考察评估。[2]尽管附条件不起诉更契合企业合规的本意,但依然面临两大问题。一是法律适用上的障碍,依照刑事诉讼法规定附条件不起诉制度的

---

① 周振杰:《企业适法计划与企业犯罪预防》,载《法治研究》2012 年第 4 期。
② 赵运锋:《刑事合规附条件不起诉立法思考和内容构建》,载《上海政法学院学报(法治论丛)》2021 年第 6 期。

适用对象，只能是未成年人，涉嫌犯罪的企业不适格。二是合规本意的背离，实务中附条件不起诉容易演变为"既放过企业，又放过个人"的双不起诉现象，正当性和目的性值得商榷。

（三）企业合规的检察探索：案例评析

2021 年 6 月 3 日，最高检发布的《最高人民检察院发布四起企业合规改革试点典型案例》，张家港市 L 公司、张某甲等人污染环境案体现了检察机关积极主动发挥合规主导责任及推动企业合规与检察听证、行刑衔接相结合方面的现实要求；上海市 A 公司、B 公司、关某某虚开增值税专用发票案展现了检察机关推动企业合规与适用认罪认罚从宽制度相结合及推动企业合规与检察建议相结合的实践意义；王某某、林某某、刘某乙对非国家工作人员行贿案彰显了检察机关积极推动企业合规与依法适用不起诉相结合的示范效应；新泰市 J 公司等建筑企业串通投标系列案件则是为减少和预防企业再犯罪，使企业更主动地承担社会责任，同时推动当地建筑行业深层次问题的解决，为企业合规建设提供了生动的检察实践。[①]但第一批典型案例仅 4 例，显然并不能囊括实践中合规的案件范围、企业类型、难点问题、监督实施等。[②]随着试点的不断深入和扩大，合规的系统性考量会被更全面地展现出来，企业合规改革实践的观察与思考的重要性将更加凸显。

从首批典型案例来看，检察机关对所涉企业启动合规考察大致有以下几个理由：（1）犯罪情节较轻，符合相对不起诉的规定。例如，污染环境的案件，排放污水量较小，尚未造成实质性危害后果（张家港市 L 公司、张某甲等人污染环境案）。（2）案件类型典型，有成熟经验借鉴。例如，虚开增值税专用发票罪和行贿罪在合规案件中较为典型，且国外相关案例多发，有较为成熟的经验可以比较借鉴（上海市 A 公司、B 公司、关某某

---

① 《最高检发布企业合规改革试点典型案例》，载最高人民检察院网，https://www.spp.gov.cn/spp/xwfbh/wsfbh/202106/t20210603_520232.shtml，2022 年 1 月 29 日访问。

② 孙国祥：《企业合规改革实践的观察与思考》，载《中国刑事法杂志》2021 年第 5 期。

虚开增值税专用发票案和王某某、林某某、刘某乙对非国家工作人员行贿案）。（3）罪后表现良好，积极配合合规改革。典型案件中，相关涉罪人员有可以减轻处罚的情节（张家港市 L 公司、张某甲等人污染环境案，上海市 A 公司、B 公司、关某某虚开增值税专用发票案）。总体而言，因首批典型案例尚无法形成类型化的标准，这反映了此阶段检察机关在合规激励对象的选择上，试点单位尚未形成章法，裁量性的余地很大。

二、反思：域外镜鉴下合规试点的展开

（一）合规计划是否应适用于所有单位犯罪案件

企业合规改革首要考虑的应当是适用对象的问题。在企业合规兴起之初，美国的暂缓起诉协议（DPA）和不起诉协议（NPA）适用对象大多是大型企业，且大型企业由于资金力量雄厚、业务范围广，外部力量推进企业合规更具备可能性[①]，在合规计划的推进中，"制定和实施合规计划的高额成本对中小企业仍然是个难题"[②]。从最高检公布的典型案例来看，大多数适用刑事合规利用认罪认罚从宽制度轻判的适用对象都是中小企业、适用案件都是三年以下的犯罪。"从试点角度分析，中小企业进行合规更易受到外在强制性因素的影响而非自生动因进行合规，有些单位犯罪的企业合规过程中因合规不起诉的制度激励、挽回企业形象，避免严重的附带后果和刑罚后果"[③]，以及配合检察机关合规试点等多种因素考量而在一定程度上带有被强制性，系属合规过程中存在的"被选择性合规"。从在最高检公布的典型案例可以窥见，适用合规不起诉的犯罪大多数都是一些轻罪。《刑事诉讼法》第 177 条第 2 款的相对不起诉以及第 282 条第 1 款的附条件不起诉，所针对的都是以自然人为核心的轻罪；而在大多数合规不起诉的适用范围中，三年有期徒刑以下的轻罪是一个必要条件，以上海市

---

① 孙国祥：《单位犯罪的刑事政策转型与企业合规改革》，载《上海政法学院学报（法治论丛）》2021 年第 6 期。

② ［美］菲利普·韦勒：《有效的合规计划与企业刑事诉讼》，万方译，载《财经法学》2018 年第 3 期。

③ 李玉华：《我国企业合规的刑事诉讼激励》，载《比较法研究》2020 年第 1 期。

金山区人民检察院为例，该检察院制定的《试行合规工作办法》不仅规定了合规不起诉适用对象是犯罪嫌疑人是可能被判处三年有期徒刑以下的企业案件，同时实践中对于适用合规建设的企业条件也是如此。

质疑企业合规改革的学者分析认为，"中小企业面临的主要问题是生存，如果用刑法手段强制要求企业必须建立合规计划，这对于那些本来就融资困难、资金周转不畅的中小企业来说无疑是雪上加霜"。[1] 中小企业理应关注的是生存和发展问题，中小企业的优势在于"船小掉头快"，[2] 若通过合规计划试图将消极的中小企业塑造为积极的合规参与者，这种理性设计似乎忽略了中小企业设立和利益结构的自然形成——大企业更偏好企业合规，因为大企业有能力、有动力，更容易受到制度激励，适宜成为企业合规制度的适用对象，而中小企业则相反，中小企业更适宜作为"搭便车"者，享受企业合规的公司法设计下的"红利"。[3] 此外，企业合规制度适用目的在于激励更多的企业建设完备的合规计划预防犯罪，考虑的因素理应为涉罪企业是否应当通过合规出罪，而非犯罪情节，三年以下轻罪作为必要条件将极大限制合规制度适用的空间。[4]

（二）"单位意志"的混淆引发酌定不起诉与附条件不起诉的争辩

实践中，采用"合规考察＋附条件不起诉"模式的检察机关居多，但无论是何种模式，都有其自身的问题。单位犯罪制度与企业合规尚未形成匹配，在实体法上的出罪、抗辩等机制与程序法上的酌定不起诉及附条件不起诉等情形均缺乏明确的法律规定。"检察建议＋酌定不起诉"模式主要是将关注的核心从情节轻微的自然人犯罪嫁接到企业犯罪，借发送检察

① 田宏杰：《刑事合规的反思》，载《北京大学学报（哲学社会科学版）》2020年第2期。
② 陈卫东：《从实体到程序：刑事合规与企业"非罪化"治理》，载《中国刑事法杂志》2021年第2期。
③ 赵万一：《合规制度的公司法设计及其实现路径》，载《中国法学》2020年第2期。
④ 陈学权、陶朗逍：《企业犯罪司法轻缓化背景下我国刑事司法之应对》，载《政法论丛》2021年第2期。

建议要求企业建立合规体系以使企业免责。但该模式下企业犯罪与企业合规之间是何种关系？酌定不起诉是以"犯罪情节轻微"为基础条件，而不应是"企业合规建设"为基础条件，换言之，企业本身无须进行合规改革，合规整改的检察建议仅是附加提出的结果，而不是前置条件[①]，如若将企业落实检察建议进行合规作为其出罪或免责事由，则其本质就已经不是酌定不起诉的范围，而是简化版的附条件不起诉。且将企业合规的范围限定在轻罪适用这一条件，会极大地限制企业合规的适用空间，无法有效发挥合规刑事激励的推动作用。检察建议在未能建立相应监督机制的情形下，涉罪企业更容易"为了逃避处罚和制裁而制作的'装饰门面的合规'（Cosmetic Compliance）或'纸面合规'（Paper Program）"。[②] 在上述问题上，"合规考察 + 附条件不起诉"模式可以进行一定程度的回避，既解决了酌定不起诉可能引发的对企业造成不必要负担的问题，同时将关注的问题聚焦在司法规制对企业带来的影响和社会的负效应上，[③] 而不是将考量重点放到犯罪情节上，《关于建立涉案企业合规第三方监督评估机制的指导意见（试行）》亦未排斥重大企业犯罪案件适用合规。就国外的经验来看，合规制度推进并不限定于轻罪、重罪。以美国司法部为例，美国司法部针对反腐败、反贿赂等领域对西门子公司、中兴公司等的高额罚款以及适用DPA、NPA状况，而贿赂犯罪在美国《模范刑法典》里就属于一级重罪。[④] 合规不起诉的目的并不是简单原谅犯罪企业，惩罚不守法律、规则的企业，而是将企业犯罪带给社会的负面影响降至最低，让企业规范经营。

————————

① 陈瑞华：《企业合规不起诉改革的八大争议问题》，载《中国法律评论》2021年第4期。

② 李勇：《涉罪企业合规有效性标准研究——以A公司串通投标案为例》，载《政法论丛》2022年第1期。

③ 陈学权、陶朗逍：《企业犯罪司法轻缓化背景下我国刑事司法之应对》，载《政法论丛》2021年第2期。

④ 美国关于对罪刑等级的划分，参见储槐植、江溯：《美国刑法》（第四版），北京大学出版社2012年版，第4、246页。

（三）作为"单位意志"还是"个人意志"要素的合规计划

一般而言，企业合规不起诉制度中不起诉的对象是企业而非个人，但实践中往往出现了企业积极进行合规建设，则企业和企业家均可以享受合规不起诉的待遇。[①] 这种对直接负责人的轻判甚至是双不起诉的判决是否违反了合规建设中"放过企业，严惩个人"的理念[②]，实践中的做法值得反思，因为检察机关在助推企业合规实践中遇到的具体问题看似只是操作层面的，但其实与我国刑法关于单位犯罪的规定以及相关单位犯罪的诉讼制度等紧密联系。例如，一些地方对企业合规改革关注的往往不是企业，而是企业成员，以企业成员的涉罪轻重决定是否适用合规考察的相对不起诉。此种做法实际上在一定的程度上限制了对企业适用合规监管下不起诉的范围。如有论者指出，"在从宽方式上，西方国家的责任加减最终体现为罚金的减免与增加。但我国的涉案企业、人员更加关注自然人的自由刑判处，因此，刑事合规的从宽是否要及于自然人及其背后的理论依据值得研究。"[③] 企业合规作为一种基于风险防控的公司治理方式，针对企业整体的单位犯罪刑事合规风险与企业内部人员和机构的刑事合规风险应有所区别，企业合规针对的是单位犯罪而不是个人犯罪，是"企业自身的合规"，而不是"企业家的合规"，[④] 企业整体实施的犯罪体现了企业的整体意志，不应当随着企业高级管理层意志的变动而变动，[⑤] 即企业整体实施的犯罪与企业内部人员是分离的，更多的是需要通过刑事合规加强企业整体犯罪刑事风险的防控。面对企业内部人员和机构的刑事合规风险处理，企业合规制度能否适用于个人，将涉罪企业与企业成员做适当分离，放过企业而留

---

① 黎宏：《企业合规不起诉：误解及纠正》，载《中国法律评论》2021 年第 3 期。
② 李玉华：《企业合规不起诉制度的适用对象》，载《法学论坛》2021 年第 6 期。
③ 刘晓光、金华捷：《企业刑事合规本土化转化探索思考》，载《检察日报》2021 年 3 月 31 日，第 3 版。
④ 陈瑞华：《企业合规不起诉制度初步研究》，载《中国刑事法杂志》2021 年第 1 期。
⑤ 周振杰：《企业适法计划与企业犯罪预防》，载《法治研究》2012 年第 4 期。

下涉罪的企业成员 [①]，理论上值得进一步讨论。

三、反思之反思：合规的实施应体现中国化

（一）合规改革试点与正式适用的思路应各有侧重

在我国，公众型公司依旧为少数，绝大多数企业为中小型企业。对中小企业是否需要进行合规及制定和实施合规计划的高额成本对中小企业的确是"生命不可承受之重"。[②]学者们普遍认为，企业合规考察应更多地适用于大型企业，大型企业制定并落实合规计划的成效、企业自身的犯罪情况及引发的社会后果、进行合规的能力和动力都非小企业所能比拟，"企业合规的制度优势和整改效果的有效发挥，需要依赖大企业的现代性的治理结构、组织体系和企业责任与个人责任分离等条件"。[③]反观中小企业，其典型特点是股东人数少、注册资本数额低、设立方便和治理结构简单，不具备建立有效合规体系的条件，也缺乏足够的财力支撑，容易成为被动的"纸面合规"。况且中小企业的企业意志和股东意志高度混同，即使企业实施了犯罪也往往以单位内部的自然人行为为前提来认定单位刑事责任，没有回归到单位具有独立于自然人的刑事归责的模式。这也是中小企业不适宜开展合规的原因之一。

当然，司法界并非对合规考察的适用范围与理论界有实质分歧，检察机关之所以偏好对中小企业进行合规试点有诸多原因，一是改革试点的特殊性使然。试点有其自身的思维路径，改革要考虑稳妥性，检察机关可以在处理风险较小的案件不断积累正确的经验，发现问题也容易处理，循序渐进地进行探索，而不是盲目地拿大型企业进行开刀。二是中小企业比大型企业更具备"自愿性"。尽管如前所述，大型企业更有动力和能力进行

[①] 孙国祥：《企业合规改革实践的观察与思考》，载《中国刑事法杂志》2021年第5期。

[②] ［美］菲利普·韦勒：《有效的合规计划与企业刑事诉讼》，万方译，载《财经法学》2018年第3期。

[③] 陈瑞华：《企业合规不起诉改革的八大争议问题》，载《中国法律评论》2021年第4期。

合规改革，但企业配合执法部门开展合规的前提是企业涉罪，在不具备企业涉罪的基本条件时企业合规的主动性和被动性相对缺失，且企业进行合规也会在一定程度上暴露经营问题和风险，短期内不利于企业的发展。中小企业则没有那么多顾虑，一旦涉罪，中小企业和个人的合规意愿是较强的，也更愿意配合检察院开展合规建设，甚至有少数情况下个人为规避刑法处罚而主动向检察院提出合规申请。三是检察机关与企业合作开展合规的能力水平尚有待提升。合规计划的制定不单纯是法律问题，也关乎企业管理，不同行业、企业、风险点、业务开展等均有差异，"企业合规作为一种基于风险防控所建立起来的治理方式"[1]，既要遵循基本的刑事法规则，又要涵盖应对其业务风险的一系列措施构建专项合规，所以合规建构是法学和管理学、金融学等交织的，这对检察机关与企业的合规开展提出了极高的要求，就目前而言，企业合规的开展尚且处于全面合规阶段。

（二）依托"二元模式论"建构"附条件不起诉"为主和"行刑衔接"为辅的二元合规模式

如反思二所言，"检察建议＋酌定不起诉"模式出现了本末倒置的逻辑，落实检察建议不是酌定不起诉的条件，而是检察机关酌定不起诉后附加提出检察建议，"合规检察建议是检察机关在办案过程中向涉案企业所提出的建立或完善合规管理体系的建议，在性质上属于社会治理的范畴。"[2]但其约束力相对有限，激励机制不足，不像"附条件不起诉模式要求企业配合调查、制定合规计划并落实、通过合规考察后方能出罪或免除一定责任"。[3]在此情形下，有学者提出"建立企业犯罪附条件不起诉制度后，应当放弃检察建议的形式"。[4]笔者认为，合规检察建议模式有其自

①　陈瑞华：《企业合规不起诉制度研究》，载《中国刑事法杂志》2021 年第 1 期。

②　李奋飞：《论企业合规检察建议》，载《中国刑事法杂志》2021 年第 1 期。

③　刘译矾：《论企业合规检察建议激励机制的强化》，载《江淮论坛》2021 年第 6 期。

④　欧阳本祺：《我国建立企业犯罪附条件不起诉制度的探讨》，载《中国刑事法杂志》2020 年第 3 期。

身特点和优势，不应简单弃用，而是改变思路，做好合规改革中刑事法与行政法的衔接，在强化检察建议行政激励机制的同时发挥检察建议"柔和性、灵活性和便捷性"的优势。[①]原因在于，一般而言，"我国企业涉嫌犯罪由行政不法转化为行政犯罪，最为典型的是刑法分则中破坏社会主义市场经济秩序犯罪和妨害社会管理秩序犯罪"。[②]检察机关发现企业已行政违法但还未触犯刑法，或者同时触犯行政法、刑法但犯罪情节轻微可以不予起诉，或是还未进入刑事合规程序的企业，在未来也存在行政法层面合规处理的可能，检察机关可向企业发送合规检察建议，并由行政机关对企业的合规建设进行监管。市场监管总局依法对美团在中国境内网络餐饮外卖平台服务市场实施"二选一"垄断行为作出行政处罚[③]及具体做法可为行政合规的实践提供参考。至于其中的程序应如何设计，需考虑行政处罚和刑事处罚的关系，同时可参照合规刑事激励激活行政处罚激励机制等，解决合规检察建议模式激励不足的问题。

"合规考察＋附条件不起诉"模式的问题解决，需要通过立法将附条件不起诉适用范围扩展到单位，考虑适用的对象和条件。如若单位事先构建施行了合规体系与文化，对潜在的犯罪活动进行了充分的预防，[④]则可以证明单位已经尽到合规责任，主观上可能没有过错或者过错轻微。从这个意义上讲，有效的合规管理体系是可以作为出罪的理由的。附条件不起诉更多情况下需要处理的是企业涉罪后，检察机关为推进企业积极构建和实施合规计划，通过刑事激励政策提高企业的自愿性与主动性。检察机关与企业达成一致后，合规的具体落实，包括合规的实体条件、计划的制定、实施的有效性、考察的期限、验收评估机制、出罪等内容，是构建附条件不起诉制度的关键所在，本文受讨论重点和篇幅所限不再予以展开讨论。

---

① 刘译矾：《论企业合规检察建议激励机制的强化》，载《江淮论坛》2021年第6期。

② 陈瑞华：《行政不法事实与犯罪事实的层次性理论——兼论行政不法行为向犯罪转化的事实认定问题》，载《中外法学》2019年第1期。

③ 参见国家市场监管总局向美团发出的《行政指导书》第3条之规定。

④ ［美］菲利普·韦勒：《有效的合规计划与企业刑事诉讼》，万方译，载《财经法学》2018年第3期。

（三）合规双不起诉是合规不起诉与认罪认罚结合下的本土化改造

目前学界对合规改革中最大的争议是对涉罪企业和责任人双不起诉，或者对责任人的不起诉的做法存疑。合规的理念与价值，在广义层面上体现在"完善公司治理方式、加强公司社会责任承担、促进企业可持续发展、加强政府对企业的有效监督及利益相关方的自我保护等方面"；[①] 狭义方面体现在为企业增值、赋能，使企业具备抵御刑事风险的能力。易言之，企业合规是企业的合规而不是个人的合规，是对单位犯罪归责体系的重新构建而不是为个人犯罪后出罪提供选择。在双罚制的规则下，即使是基于同一个犯罪事实与罪名，单位及成员的归责基础并不相同，"单位要么依据事前合规从而具备免责事由，要么依据事后合规预防和控制单位犯罪，基于量刑上'以刑制罪'以出罪"[②]，个人责任不能因单位合规不起诉得到豁免。同时需要关注的是，实践中检察机关将合规不起诉进行本土化改造为合规双不起诉的前提条件是，涉罪企业适用合规考察制度的案件应符合"直接负责的主管人员和其他直接责任人员依法可能被判处三年以下有期徒刑、拘役、管制或单处罚金"，对于涉案责任人可能判处三年以上有期徒刑的则明确不适用合规双不起诉。[③] 如此设计有三个方面原因：一是中小企业的企业意志与个人意志高度混同，个人意志在很多情形下就等同于单位意志，事后的合规往往体现了二者的共同意志，甚至是责任人的意志，企业合规对负责人的连带激励作用具有一定的合理性。二是传统的单位犯罪归责理论容易在认定犯罪时采用一元论，将人的行为视为单位行为，在处罚时适用二元论，在治理单位犯罪时主要追究个人，对单位处以罚金刑。单位归责制度本身的模糊性为责任人适用合规不起诉提供了解释空间。三是认罪认罚从宽制度的适用条件是对可能判处三年有期徒刑以下刑罚的认罪认罚案件，实践中既起诉企业又起诉责任人的案件，通过企业

---

① 陈瑞华：《企业合规基本理论》，法律出版社 2021 年版，第 107—123 页。
② 姜涛：《企业刑事合规不起诉的实体法根据》，载《东方法学》2022 年第 3 期。
③ 具体可参见江苏、浙江、辽宁等诸多省份建立的涉罪企业合规考察制度相关文件。

合规与适用认罪认罚从宽制度相结合，亦是有意回避法律上的障碍。检察机关的实践也在强调二者适用不起诉的实体条件应有所区别。但合规双不起诉的文字表达容易引起误会，或被误解为企业家合规不起诉，不利于社会对合规制度的理解与实践。

以"合作共治"为核心理念的企业合规改革已经基本达成共识，刑事激励也推动了事后合规的制度建设，但我们必须清醒地意识到，改革实务操作中遇到的争议和难题包括但不限于企业合规适用的对象、范围的确定、涉罪企业与个人责任的分离、合规的监管及合规激励的方法等。"当下中国企业社会责任走向'合规化'，需要借助于足够代表性样本做实证调研，挖掘问题背后的履行社会责任驱动力、影响因素及多元调节变量等，同时经过比较令人信服的'对标分析'，寻找和设定出企业涉及实现'责任价值最大化'和'责任优先顺位'两大目标中的若干合规性议题。"[1]同时，在试点的思路下进行合规要保持谨慎，不断进行思考、反思与再反思，在植根于中国国情的基础上建立具有中国特色的企业合规制度。

---

① 杨力:《中国企业合规的风险点、变化曲线与挑战应对》，载《政法论丛》2017年第 2 期。

企业刑事合规的实践难题
与脱困路径探析

金 琳 徐 涛*

摘 要： 当前企业刑事合规在我国当前本土化过程中仍然存在一些突出问题，如合规计划有效性的界定，可适用企业刑事合规主体的不明确性，开展企业刑事合规过程中的程序正义保障，以及司法机关与行政机关在合规领域的衔接机制不够通畅等。本文建立在对最高人民检察院已公布试点典型案例剖析的基础上，结合企业刑事合规本土化样本，对于企业刑事合规当前存在的实践难题提出部分意见。

关键词： 企业刑事合规；实践问题；合规有效整改；行刑衔接

近年来，检察机关在刑事公诉制度方面进行了不少创新，其中引入合规制度，督促涉案企业进行企业合规管理建设就是其中一项重要内容。正是在外部环境和内部合法发展的动能驱动下，建立、完善企业合规体系日益凸显其必要性与紧迫性。检察机关以法律监督职能为依托，通过在刑事案件办理中引入合规制度，以助力企业合规改革推进企业内部治理结构的改进，既是新时期检察机关参与社会综合治理的表现，也是在保护和支持民营经济高质量发展的背景下，深化法律监督效能的现实需要。开展企业刑事合规是从市场主体内部着手，通过自身建设，最终避免降低刑事法律

---

* 金琳，浙江省温州市鹿城区人民检察院第八检察部副主任；徐涛，温州市震瓯律师事务所律师。

风险。① 到目前为止，企业刑事合规在本土落地生根，对于企业"除罪化"和促进社会经济的发展起到了积极作用。各地人民检察院结合当地自身情况，开展多模式的企业刑事合规建设。但在相关成功案例和数据的背后，实践中也存在可供探究的偏差和难题。结合西方国家对于刑事合规的态度以及处理方式，在本土化过程中，给予我国的企业刑事合规进程一定的参考借鉴意义。

一、我国当前企业刑事合规的实践样态

在过往试点中存在两大模式即"事后合规模式"和"事前合规模式"，当前主流还是选择了企业附条件不起诉的"事前"刑事合规模式。② 所谓"事后合规模式"，即"相对不起诉结合检察建议模式"，指对符合相对不起诉条件且有合规意愿的涉案企业，检察机关先作出相对不起诉决定，其后再对涉案企业发出检察建议，以检察建议的形式督促企业进行合规计划的建设。③ 所谓"事前合规模式"，即在企业涉嫌犯罪案件审查起诉过程中，设立考察期，在考察期内检察机关会同第三方独立监管人，指导涉罪企业制定合规计划，通过健全管理规章制度，规范生产经营方式，完善企业治理结构。在考察期结束后，检察机关将综合考虑犯罪事实、犯罪情节、合规计划完成情况、第三方独立监管人意见等因素④，决定是否提起公诉。核心在于企业通过建立或完善有效合规计划与国家达成"和解"，换取相对不起诉。⑤ 因其类似于未成年人的附条件不起诉制度，故在理论界也将其称为企业附条件不起诉制度。⑥ 在全国范围内有许多同等含义但不同名称

① 童建明：《充分履行检察职责 努力为企业发展营造良好法治环境》，载《检察日报》2020年9月22日，第3版。
② 陈瑞华：《企业合规不起诉制度研究》，载《中国刑事法杂志》2021年第1期。
③ 李奋飞：《论企业合规检察建议》，载《中国刑事法杂志》2021年第1期。
④ 邓根保等：《涉案企业合规第三方监管评估机制的建立与运行》，载《人民检察》2021年第20期。
⑤ 陈瑞华：《企业合规不起诉制度研究》，载《中国刑事法杂志》2021年第1期。
⑥ 张阳：《企业刑事合规本土探索的实践偏误与路径回归》，载《西南政法大学学报》2021年第6期。

的称谓，类似涉案企业刑事合规制度①、涉罪企业合规考察制度②、企业犯罪相对不起诉机制③等。即使称谓不同，但基于的原理和选择的路径基本都相同。在国家出台第三方独立监管机制相关规定以后，"事前合规模式"越发统一。根据最高人民检察院数据显示，经过两期改革试点，10个试点省份检察机关共办理涉企合规案件766件，其中适用第三方监督评估机制案件503件，案件类型不断丰富、拓展。④

二、当前企业刑事合规存在的突出问题

（一）合规计划实际是否有效难以界定

合规计划的有效性、针对性是合规审查的重中之重，也是认定该单位是否达到或满足成就刑事合规条件的重要指标，学术界主流定义的三大参考指标为"计划设计的有效性""计划执行的有效性""计划结果的有效性"。⑤从2021年6月3日最高检发布的第一批典型案例中分析，"张家港市L公司、张某甲等人污染环境案"中合规计划的有效性是值得商榷的。因为该案从2020年8月1日送至检察院审查起诉起，到2020年12月当地生态环境部门专业人员为主的评估小组对其作出评估合格通过合规考察的决定来看，单单如此短的时间之内，构建有效的合规计划是十分困难的。同样，第一批典型案例"上海市A公司、B公司、关某某虚开增值税专用发票案"中，人民法院作出判决后，检察机关联合税务部门进行回访时，仍发现该企业合规建设需要进一步完善，并向其发送检察建议，建议

---

① 参见浙江省岱山县人民检察院发布的《涉企案件刑事合规办理规程（试行）》。
② 参见辽宁省人民检察院等十机关发布的《关于建立涉罪企业合规考察制度的意见》。
③ 参见深圳市宝安区人民检察院发布的《企业犯罪相对不起诉适用机制改革试行办法》。
④ 《涉案企业合规改革试点全面推开！这次部署会释放哪些重要信号？》，载最高人民检察院网，https://www.spp.gov.cn/zdgz/202204/t20220402_553256.shtml，2022年6月9日访问。
⑤ 郭小明、刘润兴：《如何确保刑事合规计划得以有效实施》，载《检察日报》2021年8月6日。

其强化合法合规经营。可见，该企业即使在更长时间内制定、实施合规计划，仍存在未达到有效性标准的情况。当然，现阶段由于第三方监管人员的经费问题仍未落实，独立监管人本身也存在流于形式的可能。

（二）可适用企业刑事合规和启动第三方监管机制的主体仍不明确

在《关于建立涉案企业合规第三方监督评估机制的指导意见（试行）》中，明确了四类主体不适用于开展企业合规试点以及适用第三方机制的情况；《涉案企业合规建设、评估和审查办法（试行）》中也未进一步明确适用主体。回归最高检案例，第一批案例"王某某、林某某、刘某乙对非国家工作人员行贿案"中，公司并未成为检察机关的公诉对象，但将相关涉案企业进行刑事合规，还需要进一步明确合规的具体依据。同时，第一批案例"新泰市 J 公司等建筑企业串通投标系列案件"中，该案件是由张某黑社会性质组织迫使下产生的串通投标案件，那么可依据刑法的相关规定，对于被胁迫参与犯罪的，按照其情节减轻处罚或免除处罚，再结合当地对企业保护的政策，对相关企业负责人予以不起诉即可。第二批案例"张家港 S 公司、睢某某销售假冒注册商标的商品案"，是在"挂案"中进行的刑事合规，依据当前的《关于建立涉案企业合规第三方监督评估机制的指导意见（试行）》《涉案企业合规建设、评估和审查办法（试行）》规定，该案与"生产经营活动密切相关"，与生产经营活动密切相关需要今后在合规改革的探索中通过文件进一步释明，以确定合规的目的与企业有序经营、健康发展的目的一致。目前，各地均未明确适用企业刑事合规的具体涉案罪名，分析第一批指导案例，部分案件没有第三方监管机制的引入。由于《关于建立涉案企业合规第三方监督评估机制的指导意见（试行）》的后续颁布，在第二批企业合规典型案例中，几乎都有引入第三方监管机制，此时合规制度适用主体可参考该指导意见中明确的四类不符合刑事合规情形。

（三）开展刑事合规过程中程序仍不完善

即使当前国家和各个省市层面都公布了相应的企业刑事合规实施办法

和指导性案例，但在开展企业刑事合规法律监督工作的过程中，程序上存在问题，实体公正、公平的同时需要程序公平、公正。由于各地检察院没有建立统一的刑事合规程序标准，刑事合规的各个阶段需要检察机关向合规主体送达、出具的文件是不明确的；合规主体需要向检察机关提交具体何许材料，也是不明确的；包括各个阶段的权利义务告知程序、规范性文件等，并没有进行统一。第二批案例"上海 J 公司、朱某某假冒注册商标案"中，由检察院向 J 公司制发《合规风险告知书》，引导 J 公司作出合规承诺，那么应该告知哪些风险，告知的权利义务具体是什么；"张家港 S 公司、睢某某销售假冒注册商标的商品案"中，公司主动提交《提请开展刑事合规监督考察的申请书》，检察院指导公司进行合规承诺，并出具调查报告，那么调查报告是否必需；"随州市 Z 公司康某某等人重大责任事故案"中公司自行提交开展企业合规的申请书、书面合规承诺以及企业经营状况、纳税就业、社会贡献度等证明材料，那么企业提请合规的证明材料清单需要包含哪些内容。同时，三案中合规具体承诺事项和未达到承诺目标的后果也皆不相同，且企业合规承诺的具体主体是谁。针对异地刑事合规的启动也各有各做法："上海 J 公司、朱某某假冒注册商标案"中使用《第三方监督评估委托函》，明确委托事项及各方职责；"山东沂南县 Y 公司、姚某明等人串通投标案"两地检察院共同签订《企业合规异地协作协议》。未统一必然会导致在现实情况当中出现一地一做法、各地各特色的情况，在检验合规实质效果的同时，更应当注重程序合法保障、被合规主体的权利保障。

（四）企业刑事合规过程中，公、检、法及行政机关的联动仍需加强

在"张家港 S 公司、睢某某销售假冒注册商标的商品案"中，检察机关在市公安局的邀请下提前派员介入。该案中存在因单位涉嫌犯罪一定程度上影响经营资金周转困难、公司面临危机的情况，该情况在当前经济大环境下以及社会氛围的影响下，是普遍情形，单位犯罪涉及企业负责人刑事责任时则导致无心经营，对于涉及犯罪的单位产生重大影响。问题在于刑事合规制度由检察机关在审查起诉阶段启动，即便侦查阶段认为案件

有适用合规制度的必要性，目前侦查阶段检察机关如何介入、侦查环节如何与后续审查起诉环节衔接尚未明确。再者，若涉及虚开增值税专用发票罪，以及环境污染罪等相关罪名，存在合规事后需要与行政机关相衔接的情形，即使该涉案企业通过刑事合规考察，建立完备了的刑事合规法律风险防范体系，但依然无法避免高额的行政经济责任，补缴税款和滞纳金并缴纳相关罚款。应当解决两个问题：刑事立案后，符合开展刑事合规的企业，行政机关、公安机关如何与检察机关衔接，保证企业正常生产经营，提前开展合规准备工作；以及企业刑事合规达成后，检察机关与行政机关如何衔接，避免高额罚款、避免其他行政处罚使得企业倒在行政责任的承担上，或影响经济能力，或影响资格能力。

三、针对当前突出问题的脱困路径

（一）合规审查从"纸质"审查到"实质"审查的转变

首先，将原学理界的"平面""静态"审查标准即"计划设计的有效性""计划执行的有效性""计划结果的有效性"进行进一步立体化，对原注重书面审查的形式进行改变。"从全球视野来看，科学、合理的监管制度是有效企业合规计划的前提与保障。"[1]通过总结当前企业刑事合规的成功案例与经验，需要将纸面静态合规标准转化为立体化、动态化的合规标准。

第一，针对合规计划设计的有效性，不应当只审查书面规章制度材料的完整，而应当强调书面合规计划的试行、运行、实际落地情况。立体化考察企业是否建立"穿透式"的合规管理模式，凭此计划建立一套可以发挥预防、监控作用的内部风险防控机制，至少需要包含合规章程、合规行为准则、合规组织体系、合规人员设置、风险预防体系、风险监控体系、监察考核体系等基本要素。[2]对于合规计划的动态化审查需要强调四性，

---

[1] 马明亮：《论企业合规监管制度——以独立监管人为视角》，载《中国刑事法杂志》2021 年第 1 期。

[2] 陈瑞华：《有效合规管理的两种模式》，载《法制与社会发展》2022 年第 1 期。

即针对性、可操作性、纠错性和预防性。①那么也就需要合规对象在合规计划启动前对自身当前情况作出深度剖析，包括引发涉案罪名的根本因素，公司当前的经济实力、人员配置，以及公司现有条件下可适用的、符合公司当前实际情况的纠错和预防机制。笔者在办理浙江某有限公司涉及虚开增值税专用发票罪刑事合规案件中，在剖析诱发犯罪因素后，甚至对公司运行架构、组织结构进行调整，强调突出针对性；在培训落地、合规专员设置、奖惩力度上，结合公司当前的实际情况以及员工大会召开以后所反映的诉求，再三修改，强调可操作性；在公司原有风险预防体系的基础上，强化关键节点、强化岗位责任，在具备员工对制度适应的基础上突出纠错与预防作用。

第二，针对合规计划执行的有效性审查，则是从"纸面合规"到"实质合规"的关键。企业合规更深层次的价值在于以特定的刑事案件为切入口，以个案暴露的企业内部治理具体问题为预警，督促企业针对自身情况，建立有利于降低自身风险的一般预防机制。因此，在执行合规计划的过程中，企业不仅要突出合规计划的针对性，还要注意覆盖可能产生的违法风险点，要根据企业运营情况对合规计划进行实时的动态调整，并借助管理体系的运作有效落实，从这一方面而言，专项合规计划应当成为开展合规工作的例外，应普遍适用全面合规计划。②同时要审查企业是否将合规紧密结合自身管理体系，把公司的决策、经营、财务、人事等纳入合规管理；将员工的薪酬、晋升、岗位调动、评优等与合规相关联。③企业合规组织体系是否独立，是否具有实体权限，如拥有"一票否决权"等。

第三，针对计划结果的有效性审查，则应当考察该企业是否具备、拥有合规文化。美国《联邦组织量刑指南》之后进行了多次修正，将"提倡鼓励道德行为和遵守法律的组织文化"与"预防并调查犯罪行为"的价值

---

① 陈瑞华：《合规监管人的角色定位——以有效刑事合规整改为视角的分析》，载《比较法研究》2022 年第 3 期。

② 李本灿：《企业合规程序激励的中国模式》，载《法律科学（西北政法大学学报）》2022 年第 4 期。

③ 陈瑞华：《企业合规基本理论》，法律出版社 2021 年版，第 153 页以下。

相等同。① 企业是否具有合规文化需要审查企业在开展合规过程中是否将技术性的要素向文化要素转变。审查要点一，合规是否融入企业自身业务模式。美国第二大银行富国银行具备完善的合规机制，但是没有将合规文化建立在其核心商业模式上，导致在 2016 年出现整体塌方式的违规事件。而企业的核心业务模式主要在盈利模式上，以及密切关联的费用支出、合规监管机制。② 审查要点二，企业管理层在执行企业管理决策时是否体现了合规意识，是否有履行合规承诺，若相关人员缺乏合规意识且滥用职权，在决策时以个人权威代替合规程序③，不论国内外皆为通病，这必然无法建立有效的合规体系；对内要形成对公司全员的自我监督，甚至通过管理层对外要形成对商业伙伴的合规监督。④ 审查要点三，内外部宣传上是否能够体现企业的合规文化，要重点审查是否企业全员具有尊重规则意识，并且具有推崇道德的观念。审查要点四，内部合规反馈渠道是否保持通畅，是否有建立完备的举报和处理机制：一是员工向企业反映的违规问题应当得到快速的、实际的整改；二是管理层对于员工合规诉求的回应应当是公开透明的。因为员工是在一线最快、最接近事实的违规反馈，关乎企业切身利益，但又容易引发"羊群效应""破窗效应"，故对其回应必须公开透明。审查要点五，问责机制是否落实有效：出现违规情形时，是否对员工和管理人员起到了实际的惩罚与教育的作用。若不痛不痒、流于形式，则属无效情形；若过重过痛，则会对企业的日常经营产生困难。最终目的在于，营造全员的守法意识和守法风气。

这里还要注意的是，有效的合规标准一定程度上是企业管理体制高

---

① Federal Sentencing Guidelines Manual 8B2.1-Effective Compliance and Ethics Program, 2004.

② 张远煌、秦开炎：《合规文化：企业有效合规之实质标准》，载《江西社会科学》2022 年第 5 期。

③ Kiazad, K.et al.(2010). In Pursuit of Power: The Role of Authoritarian Leadership in the Relationship Between Supervisors "Machiavellianism and Subordinates" Perceptions of Abusive Supervisory Behavior. Journal of Research in Personality, 2010, 44(4).

④ 李勇：《涉罪企业合规有效性标准研究——以 A 公司串通投标案为例》，载《政法论坛》2022 年第 1 期。

度成熟的反映，但对中小微企业而言，以健全的合规理念、合规目的、合规方针等对个体作出要求恐与企业当前发展实际脱节，因此对中小微企业的合规审查，建议仍应当结合小微企业发展实际，在个案的基础上，关注同类型企业同类型违法行为，从同类行业着眼进行高发、多发风险点的排查，并由检察机关牵头，推动涉案企业灵活开展合规自查。如最高检企业合规典型案例（第三批）中"江苏 F 公司、严某某、王某某提供虚假证明文件案"，该案件中的企业系小微企业，检察机关在开展合规时就围绕小微企业特点，在未建立第三方监管机构的情况下，从指导形成风险自查报告、修订企业合规计划等关键环节入手展开合规，并通过具体的检察建议帮助企业查漏补缺，做到充分激发小微企业合规的积极性。

（二）进一步细化涉企合规改革和第三方监管机制的适用标准

最高人民检察院、司法部、财政部等《关于建立涉案企业合规第三方监督评估机制的指导意见（试行）》对涉案企业、个人愿意认罪认罚、企业能够正常生产经营、承诺建立或者完善企业合规制度、具体启动第三方机制的基本条件、自愿适用第三方机制的，均能够启动第三方监督评估机制。相关文件精神也强调一般情况下，涉企合规改革的范围应当覆盖公司、企业等主体在生产经营活动中涉及的各类犯罪案件，现代罪责承担原则需要考虑两个方面：一是是否需要负责，是否存在违法阻却事由；二是需要承担多少的责任，是否罪刑法定。企业刑事合规作为突破实体法律规定出现的新型免责事由，若一律进行合规免责，将导致实体公平出现重大偏差；但如果限制苛刻的条件使得小部分企业可进行合规，则该制度又失去了本土化的意义。因此，《指导意见》以及相关配套文件的规定无疑为今后企业合规制度的适用明确了具体方向。另外，从适用刑事合规罪名轻重的角度而言：当前适用主要还是三年有期徒刑以下的轻罪，但单位犯罪无法避免不构成重罪，而且当前亟须进行合规的大部分都是涉嫌重罪的企业。[1]从需求角度或公平角度考量，对于涉嫌重罪的企业也应当具有进行

---

① 黎宏：《企业合规不起诉：误解及纠正》，载《中国法律评论》2021 年第 3 期。

刑事合规的资格，即使其不具备免除刑事责任的条件，也可将完成刑事合规作为其罪轻辩护的理由进行从轻或减轻处罚。① 一言以蔽之，所有与经营有关的单位犯罪都应当具备基础资格参与刑事合规建设，但具体是否符合开展的条件应当结合具体情况，包括企业资质、纳税额度、是否为高新技术产业、员工数量、行业地位、社会贡献、社会公益、表彰评优等，且国家层面应当针对性地出台相对应的具体准入门槛初步标准，如最高检企业合规典型案例（第三批）"王某某泄露内幕信息、金某某内幕交易案"，就为开启较重刑罚案件探索适用合规制度提供了有益启示。案件中，犯罪嫌疑人王某某原本可能被判处三年以上有期徒刑，但考虑到其所在公司处于运营模式转型的关键阶段，王某对企业的正常经营和发展确有重要作用，检察机关及时变更羁押强制措施为取保候审，同时考虑较重刑罚案件启用合规的审慎性，抓住该公司家族式治理特点，以检察建议推动关联公司和子公司同步整改，达到了因案施治的效果。

（三）追求实质"合规"的同时保证程序"合规"

现阶段刑事合规作为发端不久的新兴制度，仍处于"摸着石头过河"的阶段，相应的配套制度亟须细化明确，要看清"河底石"，更要看明"上岸路"。就事前而言，可由最高检联合各有关单位、行业协会、专业机构共同制定《企业刑事合规法律监督工作实施细则》进一步明确可进行刑事合规的案由、涉案企业启动合规的"准入门槛"、被合规企业的权利义务内容以及合规考察期限等，在现有试点的基础上扩大涉案企业的适用范围，让更多涉案企业享受到法律政策福利，在实施合规的过程中程序上需实现程序公平、公正。② 就事中而言，需要制定统一的《企业刑事合规考察承诺书》《企业刑事合规风险告知书》《合规监管人、合规考察机构权利义务告知书》《被合规考察企业权利义务告知书》《关于企业合规整改情况的报告》等进行规范适用，在合规过程中实现程序合法。就事后而言，虽

① 陈瑞华：《企业合规制度的三个维度》，载《比较法研究》2019 年第 3 期。
② 杨帆：《企业刑事合规的程序应对》，载《法学杂志》2022 年第 1 期。

有《涉案企业合规建设、评估和审查办法（试行）》进行初步规制，明确了基本标准，如应当建立健全的合规管理机制、合规绩效评价机制、监测机制、调查机制、举报机制等，但需进一步制定《企业犯罪刑事合规考察细则》，将合规考察中涉及的事项通过具体的文件进行明确，不仅审查案件是否符合对象条件、证据条件、公益条件、配合条件、合规条件以及补救条件，还应当考虑在完善现有意见基础上引入听证程序[①]，防止检察机关在合规考察中裁量权行使的随意性。

（四）在企业刑事合规中构建行刑衔接机制

美国司法部通过霍尔德备忘录（Holder Memo）确立了检察机关与其他机关合作的基本规则。"每个联邦检察官办公室、部门、诉讼组成部分都应有相应的政策和程序，以适当地协调政府的刑事、民事、监管、行政救济。这些政策和程序应强调刑事的、民事的、机构的代理人员之间应尽早进行有效的、定期的沟通，应在法律允许的范围内，找出最适合解决案件的途径。"[②] 企业刑事合规改革是一场社会综合治理改革，离不开公安机关、法院、行政监管机关、行业协会等主体的参与。在接下来的改革中，可统筹立法、司法、行政、行业协会等多方面的资源进行推进，将企业刑事合规改革纳入政法体制改革中，可按照"党委领导、部门联动、企业主体、社会参与"的总体架构落实。

除去政策层面，司法机关与行政机关在涉及刑事合规案件衔接上程序问题的出现是不可避免的，因为缺乏相关法律法规的规制。[③] 企业完整刑事合规以后，对于行政责任的减免作用目前也没有在立法层面得到相应的确认；从深远层次角度来讲，在司法系统内企业进行"除罪化"后，未来长时间内的督促、检查作用都需要依靠行政机关，如双方没有达到合理

---

①　李奋飞：《论企业合规考察的适用条件》，载《法学论坛》2021年第6期。

②　U.S. DOJ Justice Manual, 1–12.000 Coordination of Parallel Criminal, Civil, Regulatory, and Administrative Proceedings.

③　赵旭光：《"两法衔接"中的有效监督机制——从环境犯罪行政执法与刑事司法切入》，载《政法论坛》2015年第6期。

有效的衔接、不能建立统一的犯罪预防体系，则企业刑事合规的效果将大打折扣。当前强调程序上的衔接由于立法层面的限制可能实属空谈，所以更需要强调实体层面的衔接。"站在国家治理企业的角度，行政执法和刑事司法具有一定的相似性，包括证券监督管理委员会（证监会）、市场监管局、生态环境局等在内的一系列国家行政机关，具有对企业执法的强制力，其执法程序也具有一定的准司法性质，处罚决定与刑事判决同样会给企业的生存和发展带来严重影响。"[1] 所以，就事前而言，对于符合启动刑事合规初步条件的企业，检察机关可否主动派员参与侦查阶段引导启动开展刑事合规[2]，检察机关以"提前介入"的方式将合规前移，在侦查阶段与公安机关联合开展合规工作，帮助企业守住"基业"。需要留意的是，部分地区出台的制度中已关注到了这一重大问题，例如，浙江省人民检察院等 23 部门联合发布的《关于建立涉案企业合规第三方监督评估工作机制的意见（试行）》第 18 条就明确了合规成果在行政处罚中的运用。即对于刑事程序终结后需给予涉案企业行政处罚的案件，人民检察院应将合规考察报告副本移送相应行政机关，并视情况以检察建议或其他适当方式，建议行政机关对涉案企业减轻或免除处罚，行政机关对企业合规情况和检察机关建议进行评估后，原则上应对涉案企业减轻或免除处罚。[3] 同时，在将来开展的合规行刑衔接探索中，检察机关可与行政机关共同组建合规考察机构，就企业合规整改在违法行为性质、社会危害性程度方面形成的评价建立具体、明确的量化指标，明确整改成效辐射到行政处罚上对应的减轻、免除的幅度。故在现有条件下，需要充分发挥检察建议的作用，以及各单位、部门协调会的作用，构建行刑衔接初步模式，保障企业后续的正常经营。

---

[1] 陶朗逍：《论中国治理企业违法的和解合规模式》，载《东北大学学报（社会科学版）》2021 年第 2 期。
[2] 孙国祥：《企业合规改革实践的观察与思考》，载《中国刑事法杂志》2021 年第 5 期。
[3] 李奋飞：《涉案企业合规刑行衔接的初步研究》，载《政法论坛》2022 年第 1 期。

当前企业刑事合规话题，综观世界范围内在刑法理论研究方面也属于重中之重。我国学术界也普遍支持国家在这一层面的改革，甚至提出诸多立法建议，总结许多实践经验，设想了众多具有创造性的模式。但刑事合规本身就是一个非常复杂的问题，尤其是针对刑事合规计划的有效评估。企业刑事合规作为国家层面的一场综合改革，要让这场对于国民经济产生重大影响的改革继续深化，需要多方联动。企业刑事合规本身也是一套需要关注程序与实体的制度，不能仅依赖于程序出罪。[①] 国家经济处在发展、转型和不断提高的上升循环过程中，构建开放、高效、便利的法治营商环境，有利于促进企业自身发展和社会经济水平的持续提升。企业刑事合规制度更是共治理念的体现，其内部进行自我改造，外部进行强化检查监督。对于在未来进一步实现"共治"过程中立法层面问题的解决以及实体层面的完善，需要进一步思考。

①　赵恒:《认罪答辩视域下的刑事合规计划》，载《法学论坛》2020 年第 4 期。

企业合规不起诉制度的构建与完善

龙婧婧 *

摘　要： 在实践运行中，企业责任与个人责任难以分离，企业合规不起诉制度的适用案件类型局限，第三方监督机制不健全以及企业合规建设的评估标准不明确等问题制约了企业合规不起诉制度的发展。为此，应建构企业责任与个人责任相分离理论，适当扩大企业合规不起诉制度的案件适用范围，完善企业合规的第三方监督机制，明确企业合规评估标准。

关键词： 企业合规；企业合规不起诉；第三方监督机制

企业合规不起诉是检察机关开启企业合规改革试点的内容之一。2020年3月，最高人民检察院选取了上海、广东、江苏和山东等地的六家基层人民检察院作为"企业犯罪相对不起诉适用机制改革"试点单位，对企业合规不起诉制度进行先试先行。随后，试点检察院开始陆续出台关于企业合规不起诉制度的相关文件。例如，深圳市宝安区检察院颁布的《关于企业刑事合规协作暂行办法》、张家港市检察院颁布的《企业犯罪相对不起诉适用办法》、舟山市岱山县检察院颁布的《涉案企业刑事合规办理流程（试行）》。2021年3月，最高人民检察院部署开展第二期改革试点，将试点范围扩展到62个市级院、387个基层院。2022年4月，最高人民检察院会同全国工商联合会召开会议，决定将涉案企业合规改革试点在全国检察机关全面推开，企业合规不起诉制度不断扩大实施。

尽管当下"企业合规不起诉"制度并不是国家立法层面的规范概念，

---

* 龙婧婧，中共湖南省委党校（湖南行政学院）副教授、硕士生导师。

也没有统一规范的定义，但是基于司法实践的试点做法，目前较为普遍的理解是指检察机关对于涉嫌犯罪的企业，发现其具有建立合规体系意愿的，可以责令其针对违法犯罪事实，提出专项合规计划，督促其推进企业合规管理体系的建设，进而作出相对不起诉决定的制度。[①] 基于此，本文试图通过全面梳理企业合规不起诉制度的缘起来论证该制度构建的必要性，通过分析企业合规不起诉制度的实践运行来探寻该制度进一步完善的方向和路径。

一、企业合规不起诉制度的缘起

我国对企业合规的重视并不是自觉自发的，而是伴随着中国企业发展进程中面临的企业犯罪不断高发、治理效果欠佳，尤其是中国企业国际化进程中遭受海外合规指控重创后的被动应对。自 2017 年以来，市场监管总局（国家标准委）、国资委、发改委等部委相继出台《合规管理体系指南》《中央企业合规管理指引（试行）》《企业境外经营合规管理指引》等全国性文件政策，标志着"合规建设"从企业行为上升为政府指导行为。合规建设将不再是被动实施，而是内生需要；不再是可有可无的弹性需求，而是必须为之的刚性需求。基于此，检察机关探索试行企业合规不起诉制度，服务引领企业合规建设朝着新阶段迈进。

（一）我国企业犯罪形势严峻

近年来我国企业犯罪形势严峻，从犯罪数量来看，犯罪总量逐步增长；从犯罪特点来看，企业贿赂犯罪严重、民营企业公私财产混同、企业缺乏守法诚信意识和社会责任意识，这充分说明我国企业合规意识匮乏，亟须加强企业合规建设。

---

① 陈瑞华:《企业合规不起诉制度研究》，载《中国刑事法杂志》2021 年第 1 期；杨宇冠:《企业合规案件不起诉比较研究——以腐败案件为视角》，载《法学杂志》2021 第 1 期；刘少军:《企业合规不起诉制度本土化的可能及限度》，载《法学杂志》2021 年第 1 期。

1. 从犯罪总量来看

在中国裁判文书网以"单位犯罪""第一审程序""刑事判决"为关键词进行检索和统计，发现 2014—2019 年，企业犯罪数量共计 19591 件。[①]其中 2014 年 1592 件，2015 年 2131 件，2016 年 2700 件，2017 年 3808 件，2018 年 4576 件，2019 年 4784 件。由以上数据可见，2014—2019 年我国企业犯罪的数量呈现明显上升趋势，特别是 2016—2017 年，我国企业犯罪增长 1108 件。2018 年和 2019 年两年，企业犯罪数量超过 4000 件。具体如图 1 所示。

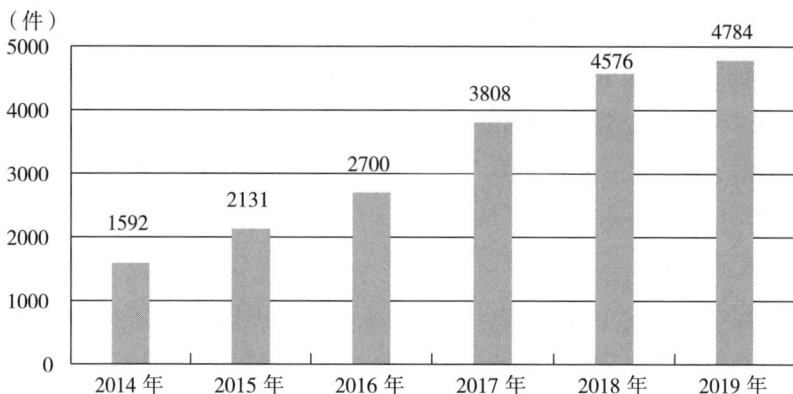

图 1　2014—2019 年企业犯罪数量统计

2. 从犯罪特点来看

我国企业主要呈现如下特点：一是企业贿赂犯罪严重。从 2014—2019 年我国企业犯罪触犯的罪名来看，贿赂犯罪的数量位居第一，共计 2643件（其中单位行贿罪 2062 件）[②]，这表明商业行贿在企业经营中甚至在一些行业中已经成为"行业潜规则"。二是民营企业公私财产混同。在我国

[①]　由于我国企业合规不起诉制度的试点工作于 2020 年已经开始实施，因此本文重点分析 2019 年之前我国单位犯罪数量的变化情况，以证明我国构建企业合规不起诉制度的必要性。

[②]　李勇：《企业附条件不起诉的立法建议》，载《中国刑事法杂志》2021 年第2 期。

中小微民营企业中，企业的经营管理人把个人财产与企业财产相混同，甚至将企业财产视为自己"私产"的现象十分常见。同时，在我国"人情社会"的大环境下，企业管理层中的家族关系和裙带关系十分严重，这也使得"家天下"的企业治理观念在我国中小微民营企业中盛行。由此，中小微民营企业的经营管理人员更容易产生侵吞和占用企业财产的现象，导致企业职务侵占和挪用资金案件高发频发。三是我国企业的守法意识和诚信意识缺位。2018 年，我国企业家触犯的罪名中非法吸收公众存款罪高居榜首，高达 699 件，占比达 24.3%。[①] 非法经营罪和走私犯罪也持续高发。这表明在高额利润的诱惑下，我国企业在经营过程中投机和侥幸心理盛行，遵纪守法意识淡薄。此外，侵犯知识产权罪、合同诈骗罪和拒不支付劳动报酬罪也是我国单位犯罪中的常见罪名，并且同一企业屡次触犯上述罪名的现象时有发生。四是我国企业社会责任意识淡薄。比如 2005 年松花江重大水污染事件[②]、2012 年广西龙江河镉污染事件[③]、"三鹿奶粉"事件、长春疫苗事件等，企业为了追求利润而不惜污染环境、制假掺假，社会责任意识淡薄。

（二）企业犯罪治理效果欠佳

就我国目前企业犯罪治理的现状来看，传统刑法对涉案企业"定罪处罚、一罚了之"的治理模式已经无法满足新时代企业的发展需求，治理效果不理想。因为我国采用的企业犯罪"刑事优先治理政策"，具有明显"重打击、轻预防"的特点。一旦企业有违法犯罪行为，则用刑法进行事后惩罚。企业一旦被定罪，不仅要面临产品召回、民事赔偿、行政罚款

[①]　张远煌：《企业家刑事风险分析报告（2014—2018）》，载《河南警察学院学报》2019 年第 4 期。

[②]　该案系中石油吉林石化公司双苯厂苯胺车间发生爆炸事故，导致约 100 吨苯、苯胺和硝基苯等污染物流入了松花江，致松花江形成了一条长达 80 千米的污染带，造成多人死亡、受伤的严重后果。

[③]　该案系广西金河矿业股份有限公司、河池市金城江区鸿泉立德粉材料厂违法排污，导致广西龙江河发生了严重的镉污染，造成 133 万尾鱼苗和 40 吨成鱼死亡的严重后果。

等经济上的损失，还要面临市场信誉下降、丧失上市资格等更为严重的后果，甚至会造成企业破产。在当前我国各地经济版图中，民营企业占据较高比重，成为我国创业就业的主要领域、税收收入的主要来源之一，更是推动我国经济发展不可或缺的力量。如果刑法惩治不区分类型，对一些为正常经营而偶发违法行为的企业一律追诉，将对我国经济发展、民众就业和税收创造等方面带来不利影响，并且也不能良性推动企业犯罪治理，实现企业经营发展与依法规范的平衡。因此，检察机关在实践中进行的企业合规不起诉探索，对原本在刑法上已经构成犯罪的企业实行通过企业合规建设来换取宽大处理机会，旨在"放过企业"，从而避免企业被定罪量刑，防止"办了案子、垮了厂子"，既在司法层面上对我国民营企业进行了特殊保护，又实现了对企业犯罪的源头治理。

（三）我国企业国际竞争受挫

伴随法律全球化的发展，美国的"长臂管辖权"在全球范围内不断扩张和延伸。在"长臂管辖"之下，无论企业的国籍是不是美国，也不论企业的犯罪行为地是不是美国，只要企业的犯罪行为对美国国内造成影响，美国就可以主张管辖权。这就导致中国企业在海外经营中面临的刑事风险急剧提高，中国企业在海外频频遭受刑事指控的现象就是例证。如从 2017年开始，中兴公司先后两次被美国以违反美国出口限制法的规定、未惩罚参与违规行为的员工以及虚假承诺等缘由共罚款近 20 亿美元，其管理层几乎被全部更换并接受美国合规官长达 10 年的监督。该事件的发生，直接导致中兴公司的业务和股价大幅度缩水，严重影响企业的正常运行。可以说"中兴事件"为正在积极出海的中国企业敲响了警钟，企业合规已经成为中国企业在海外开拓业务绕不开的考虑因素。特别是中美贸易摩擦以来，为了全面维护本国企业的合法权益，提升中国企业在国际市场上的核心竞争力，必须要求企业建立合规制度。企业合规不起诉制度正是我国检察机关从事后惩罚的固有模式转向构建事前预防机制，通过对涉案企业实行刑事激励方式来鼓励国内企业进行合规建设。

二、企业合规不起诉制度的运行困境

自最高人民检察院开启企业合规不起诉制度试点后，陆续公布了相关案例样本，结合这些指导性案例以及各试点检察院公布的相关文件，可以对我国企业合规不起诉制度的一般操作流程作出初步总结（见图2）。

在企业合规不起诉制度的启动阶段，检察机关既可以主动审查也可以依申请审查涉案企业是否符合企业合规不起诉制度的适用标准。在检察机关初步审查通过后，就可以商请本地区的第三方机制管委会①启动第三方监督评估机制。第三方机制管委会根据涉案企业类型和案件具体情况，在专业人员名录库中抽取一定数量的人员组成第三方组织并进行公示。

随后，第三方组织会根据涉案企业的具体情况，对合规计划及期限承诺提出具体要求，待涉案企业制定合规计划后，第三方组织对其提出修改意见和建议，并确定合规考察期限。在涉案企业合规考察期结束后，第三方组织会对涉案企业的合规计划完成情况进行考核，制作考察报告，并报送第三方机制管委会和负责本案的检察院。

最后，检察机关根据涉案企业合规计划的完成情况对涉案企业作出起诉、不起诉、不批捕或者变更强制措施的决定。除起诉决定外，检察机关拟作出其他决定的可以召开听证会进行听证。在听证会结束后，检察机关会参考听证结果，再作出最后决定。

在这种运行中仍存在以下四个方面的困境：一是在单位犯罪中，企业责任与个人责任分离的问题；二是企业合规不起诉制度在适用对象上产生的困惑；三是企业合规不起诉制度中第三方监督机制的选任、中立性保障和费用问题；四是企业合规计划的评估标准构建问题。

（一）企业责任与个人责任难以分离

在我国传统单位犯罪理论和单位追责方式的影响下，我国单位犯罪中

---

① 实践中，地区性第三方机制管委会通常由本地区的检察院、财政局、国资委和工商联等单位组成。

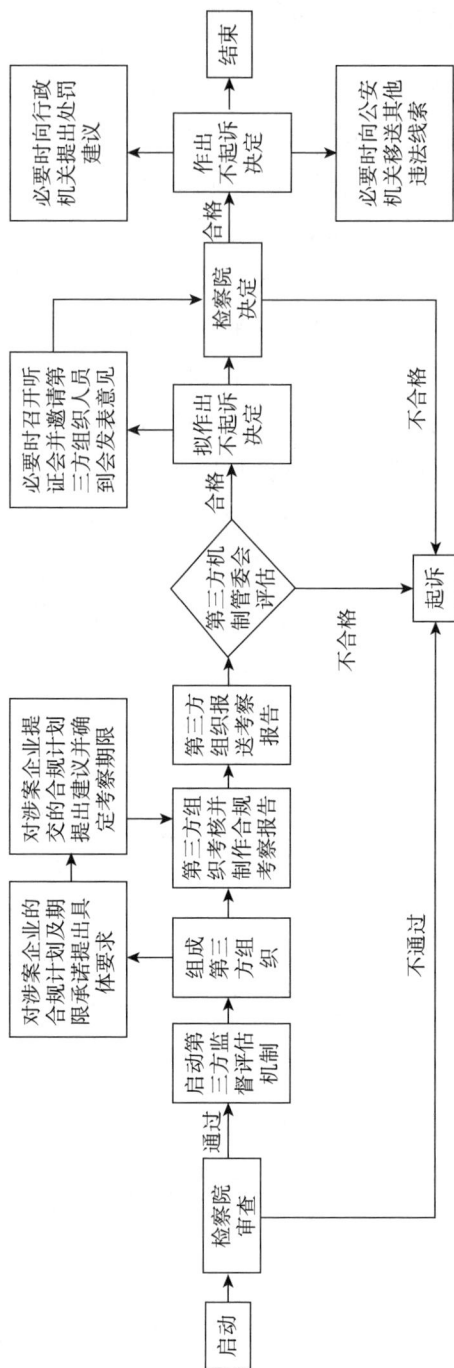

图 2 企业合规不起诉制度的一般操作流程

的企业责任与个人责任难以分离，影响企业合规不起诉制度的实施。

第一，受传统单位犯罪理论的影响，检察机关在构建合规不起诉制度时会遇到两个难题。一是传统单位犯罪理论认为，所有的单位犯罪都需要由自然人来实施。[1]单位作为一种法律拟制的人格体没有独立的意志和独立的行为能力，只能依靠其内部的主管人员或者其他关联人员来代为行事。因此，在传统单位犯罪理论视野下，单位犯罪中单位责任和个人责任是难以被明确划分的。如果检察机关基于鼓励企业进行合规建设而不对单位进行追责，却只追究直接责任人员的刑事责任，那么直接责任人员在承担自身的刑事责任之外，还代替单位承担了本应当由单位承担的刑事责任，这显然是不公平的。二是在程序上，检察机关因企业合规不起诉制度对涉案企业作出不起诉决定的"合规出罪"[2]，在轻微的单位犯罪案件中很容易实现，因为检察机关可以依法同时对企业和直接责任人员都作出相对不起诉的决定。但是在重大单位犯罪案件中，特别是直接责任人员有可能被判处三年有期徒刑以上时，检察机关就无法对直接责任人员作出相对不起诉的决定。在这种情况下，如果检察机关再单独对单位作出不起诉决定就会出现问题。因为按照传统单位犯罪理论，检察机关追究直接责任人员刑事责任的前提条件是单位构成犯罪，而当检察机关对单位作出不起诉决定后，单位就不构成犯罪了，那么检察机关追究直接责任人员的刑事责任就失去了依据，产生了明显的矛盾。

第二，从我国单位犯罪的追责方式来看，双罚制与企业合规不起诉制度的目的产生矛盾。《刑法》第30条规定了单位负刑事责任的范围：公司、企业、事业单位、机关、团体实施的危害社会的行为，如果法律规定为单位犯罪的，则单位应当负刑事责任。同时刑法对单位犯罪还规定了两种追责方式，分别为双罚制和单罚制，我国绝大多数的单位犯罪采用的是双罚制的追责方式。

[1]　李本灿：《单位刑事责任论的反思与重构》，载《环球法律评论》2020年第4期。

[2]　陈瑞华：《企业合规出罪的三种模式》，载《比较法研究》2021年第3期。

双罚制即在单位犯罪中同时追究单位责任和直接责任人员的责任，既对单位作出有罪判决并处以罚金刑，又追究直接责任人员的刑事责任。在我国单位犯罪中，直接责任人员包括两类：第一类是"直接负责的主管人员"，是指在单位犯罪中起到授意、纵容、批准、决定和指挥等作用的单位成员，一般来说是一个公司的总经理、董事长等单位实际控制人。第二类是"其他的直接责任人员"，是指在单位犯罪的具体实施过程中起到较大作用的人员，既包括企业的经营管理人员，也包括单位的雇员。虽然单位的经营管理人员和雇员没有在单位中担任领导职务，但是这些人员直接参与实施犯罪行为，因此也要追究其刑事责任。单罚制与双罚制不同，单罚制只追究直接责任人员的刑事责任，不追究单位的刑事责任。

刑法中对单位犯罪适用单罚制的罪名共有 10 个[①]，而我国刑法中规定为单位犯罪的罪名有 160 多个，可以说双罚制是我国单位犯罪追责的主流方式。双罚制的追责方式会带来企业与个人都要承担刑事责任的后果，这就与企业合规不起诉制度"放过企业"的目的产生矛盾。

（二）企业合规不起诉制度的适用案件类型局限

从我国企业合规不起诉制度的适用对象来看，最高检出台的相关规范性文件对该问题的规定是较为笼统的。从各地试点检察院实践来看，检察机关在试点工作中适用的企业犯罪类型几乎都是可能被判处三年有期徒刑以下的轻微刑事案件。例如，上海市金山区检察院发布的《试行企业合规工作办法》，明确将企业合规不起诉制度的适用范围限定在可能被判处三年有期徒刑以下的刑事案件。作出这种范围限定的原因在于：一方面，检察机关在构建企业合规不起诉制度的初期，出于稳妥推进企业合规改革的考虑，将试点案件限定为轻微的企业刑事案件会大大降低试点的风险。另一方面，在现行刑法下，检察机关如果对重大企业犯罪案件作出不起诉决定，将会突破我国相对不起诉制度的适用范围。但是，随着企业合规不起

---

① 我国单位犯罪采用单罚制的罪名有：重大劳动安全事故罪；工程重大安全事故罪；教育设施重大安全事故罪；消防责任事故罪；违规披露、不披露重要信息罪；妨害清算罪；虚假破产罪；雇用童工从事危重劳动罪；私分国有资产罪和私分罚没财物罪。

诉制度在我国的深入推进，一些重大企业犯罪也势必会进入我国企业合规不起诉制度的视野。因此，企业合规不起诉制度在重大企业犯罪案件中的适用是一个亟须探讨的问题。

（三）企业合规不起诉制度的第三方监督机制不健全

2021 年 6 月 3 日，由最高人民检察院牵头，会同司法部、财政部等部委联合制定发布了《关于建立涉案企业合规第三方监督评估机制的指导意见（试行）》（以下简称《意见》），探索建立"各方参与、客观中立、强化监督"的第三方监督评估机制，这标志着涉案企业合规第三方监督评估机制的构建已经成为我国企业合规改革试点工作的核心内容。但在实际运行中，第三方监督评估机制主要存在如下问题①：

1. 第三方监管人的选任过于局限

从实践来看，主要体现为：一方面，人员选择范围狭窄。我国试点检察院通常将律师、会计师和税务师等选任为企业合规的第三方监管人，例如深圳市南山区检察院就聘用了南山区审计局、税务局中的工作人员以及深圳大学合规研究院、律师事务所、会计师事务所和税务师事务所等机构为第三方监管人。但是，司法实践中的涉案企业是多元的，如互联网企业和生态企业就具有极强的专业性，当这些企业涉案并需要进行合规建设时，其构建的合规计划也就极具专业性，因此仅凭律师和会计师等人是难以应对的。另一方面，人员选择地域范围狭窄。实践中，第三方机制管委会在组建第三方机制专业人员名录时，通常将人员选任的范围限定在涉案企业所在地区，使得第三方监管人来源局限。

2. 第三方监管人中立性难以保障

从理论上看，第三方监管人无论是对检察机关还是涉案企业而言都具有中立性，其最大的任务就是客观中立地监督涉案企业完成合规建设，但是从企业合规不起诉制度的实践来看，第三方监管人的中立性难以保障，主要原因在于：一是第三方监管人的权利来源于检察机关的授予。以我国深圳

---

①　龙婧婧、黄炎楠：《涉案企业合规第三方监督评估机制的实践与发展路径》，载《民主与法制时报》2022 年 3 月 24 日。

市南山区检察院为例，第三方监管人由南山区检察院直接聘任，代表南山区检察院监督涉案企业进行合规建设。在检察院聘用模式下，这极大增加了检察机关干涉第三方监管人监督工作的可能性。二是第三方监管人与涉案企业之间还存在合作关系。事实上，第三方监管人不仅是合规计划的监督者，还是企业合规质量的服务者。第三方监管人在监督涉案企业进行合规建设时，需要与企业一起确保合规计划的有效性，帮助涉案企业发现和预防企业经营模式和管理模式中存在的法律风险。这种合作关系也可能影响第三方监管人的中立性。

3. 第三方监管人的费用过高

企业合规不起诉制度的初衷是以企业合规建设为条件放过涉案企业，使企业能够继续经营以产生更大的社会效益。如果涉案企业在企业合规不起诉中为了"出罪"而付出了高额的合规成本，使企业的后续经营无以为继，这便违背了制度初衷，而这种担忧在美国合规监管人制度的实践中已经成为现实。在美国，企业为聘请监管人所支出的费用是十分高昂的，合规监管人的报酬由其直接与涉案企业协商，通常以3000万美元为起点。由于涉案企业必须接受司法部选择的合规监管人，因此，涉案企业与监管人就薪资谈判方面处于劣势，也正因如此，合规监管人也几乎没有动力来降低监管费用。我国实行企业合规制度也是出于对中小微民营企业的特殊保护，然而大多数中小微民营企业的生产经营成本有限，其往往无力将更多的外部资金投入到企业合规制度的建设与监督中。因此，过高的第三方监督评估成本与企业合规不起诉制度的初衷产生了矛盾。

（四）企业合规建设的评估标准不明确

当下，我国还未有一套企业合规整改和验收的客观评价标准，如何构建企业合规的"专项合规标准"，如何实现企业合规的"去罪化"目标，已经成为影响企业合规不起诉制度的瓶颈问题。[1]实践中，由于合规考察

---

① 陈瑞华：《企业合规不起诉改革的八大争议问题》，载《中国法律评论》2021年第4期。

期限的限制，检察机关一般不是要求涉案企业在短时间内建立一套涵盖所有风险防控的企业合规计划，而往往是要求涉案企业针对特定的违法行为来制定专项的合规计划。在检察机关验收或者以听证会的形式来验收企业合规计划的执行情况时，就需要遵循专项合规的标准。例如，如果一个企业是因为贿赂行为而涉罪，那么该企业就要针对贿赂问题来制定合规计划，验收企业合规完成情况时就要采用反贿赂合规标准；如果一个企业是因为环境污染行为而涉罪，企业的合规计划就要针对性解决环境污染的问题，验收企业合规完成情况时就采要用环境保护合规标准。尤其对一些专业性极强的互联网犯罪、大数据犯罪和高科技犯罪，这些犯罪就需要针对性更强的专项合规验收标准。然而，目前试点实践中，各犯罪类型的专项合规验收标准还是空白。

同时，目前检察机关对涉案企业的合规计划的审查都是形式审查，主要审查企业合规计划是否符合"流程化标准"[①]，这种通行的"流程化标准"主要是为大型企业制定合规计划而设定的参考标准，并不一定适用于所有类型的企业。因此，有的涉案企业制定的合规计划看起来很"有效"，既包含合规培训、风险识别、内部举报，又包含内部调查、合规奖励、合规审计等制度，但实质上只是满足了"流程化标准"。当企业的合规计划只注重程序化标准，就会忽视合规计划的实质性目标，合规计划中就会缺乏一套符合企业自身的预防企业再犯此罪的长效性机制，也就无法实现企业"去罪化"的目标。由此，合规计划"去罪化"目标的实现是企业合规评估验收亟须考量的重要方面。

三、企业合规不起诉制度的完善路径

企业合规不起诉制度生成于实践，为民营企业营造更好发展环境提供了重要制度支持。针对当前运行中存在的问题，企业合规不起诉制度也必将在实践中不断完善发展，注重从企业合规不起诉制度的适用前提、适用

---

① "流程化标准"是指通行有效合规计划标准所要求的合规宪章、合规政策体系、合规组织体系，以及包括预防体系、识别体系、应对体系在内的三大合规流程。

对象、第三方监督评估机制以及企业合规评估标准等方面着力。

（一）构建企业责任与个人责任相分离理论

要走出传统单位犯罪理论对我国构建企业合规不起诉制度带来的困境，就需要构建一种单位责任与个人责任相分离的理论，即单位犯罪案件中的单位责任与个人责任具有完全的独立性，认定单位具有独立人格，能够通过独立行为体现独立意志；个人责任的承担不需要以追究单位的刑事责任为前提。此理论建构是企业合规不起诉制度的适用前提，具有现实性和可行性。

1. 企业追责的"水波效应"迫切需要企业责任与个人责任的相分离

"水波效应"是指在计算机编程中，人们对程序中的某一处修改会影响到另外一处，而被影响的另外一处又会再影响到下一处，造成一石激起千层浪的连带影响局面。企业犯罪受惩处后影响的人员和覆盖面很广泛，比如企业的员工、投资人、企业的客户和第三方合作伙伴等，因此检察机关应保持一种审慎的态度，尽量避免因追究企业的刑事责任而造成"水波效应"，对大量无辜第三人的利益造成损失。司法实践中，检察机关也深刻认识到对企业追究刑事责任最终惩罚的并不仅是真正实施危害行为的少数直接责任人员，而且影响了大量的无辜第三人，甚至损害了国家利益和社会利益。但是，直接责任人员的违法行为毕竟造成了危害后果，如果不对其进行惩罚，那么就无法发挥刑法的报应、惩戒和威慑功能。因此，将单位责任与个人责任相分离就显得十分有必要了。

2. 企业独立意志满足企业合规不起诉制度的初衷要求

企业具有独立的法律人格，能够通过其独立行为来体现其独立意志。企业的独立行为包含两个方面：一方面是生产、投资、审计等集体行为；另一方面是制定章程、发布规范、防控风险等抽象行为。无论是具体行为还是抽象行为，只有通过公司的法定决策机制作出的行为，才能认定为企业行为。换句话说，在企业合规方面，当企业通过法定决策机制作出了合规计划并进行有效落实后，就能体现企业拒绝进行违法活动的意志。此时，如果单位员工仍然实施了犯罪行为，那么就可以将员工行为认定为违背了单位意志，单位对此不承担责任。认定企业独立意志实际上将单位犯罪中单位刑事责任与个人刑事责任作了区分，便于检察机关对企业应予承担的刑事责任以定罪或量刑上的激励措施来鼓励企业进行合规建设从而"放过企业"，同时也便于司法机关对个人需要承担的刑事责任作出相应的惩处从而"严惩个人"。因此，企业独立意志恰好满足企业合规不起诉制度的初衷。

3. 个人独立责任的实践为企业合规不起诉制度构建提供了前提基础

单位犯罪中的个人独立责任在立法和实践中已有体现。一是我国刑法在单位犯罪中设置了"单罚制"，本身就意味着单位责任和个人责任的分离，对个人独立责任的肯定。单罚制主要适用于以下三种情形：个人以单位的名义实施犯罪，但并不是为了单位利益，而是为了自己谋取个人利益，如私分国有资产罪；刑法仅仅将行为主体表述为单位，实际是个人犯罪，如工程重大安全事故罪，违规披露、不披露重要信息罪。二是《全国法院审理金融犯罪案件工作座谈会纪要》规定，如果一起金融犯罪案件应当被认定为单位犯罪，即使这个单位没有被起诉，法院也应当依照法律规定追究直接责任人员的刑事责任，根据该规定，当检察机关在单位金融犯罪中不起诉单位仅起诉直接责任人员的时候，法院仍可以对直接责任人员定罪处罚，这一规定也体现了单位责任和个人责任的分离。三是根据最高人民法院《关于适用〈中华人民共和国刑事诉讼法〉的解释》（2021）的规定，人民法院在审判期间，如果被告单位被撤销或者注销，那么人民法院对单位犯罪中直接责任人员及其他相关责任人员的控告应当继续审理。这也体现了我国司法机关在单位犯罪中独立追究独立个人刑事责任的司法理念。四是我国刑法设立了"拒不履行信息网络安全管理义务罪"，即如果单位没有建立合规体系，那么当单位的内部人员或者是第三方合作伙伴通过单位管理的信息网络来实施犯罪行为，产生了危害结果，单位就有可能构成拒不履行信息网络安全管理义务罪，单位的内部员工可能会构成侵犯公民个人信息罪等特定的犯罪。在此罪中也体现了单位责任与个人责任的分离。

可见，构建单位责任和个人责任分离的理论不仅必要而且可行，在实践中逐步得到了认可，并将成为企业合规不起诉制度的正当性依据。

（二）适当扩大企业合规不起诉制度的案件适用范围

鉴于当前各试点检察机关对企业合规不起诉制度集中适用于轻微犯罪的现状，笔者认为，这种适用案件类型的局限性不利于企业合规不起诉制度价值的发挥，可以适当将重大企业犯罪纳入该制度的适用范围。主要理由如下：

1. 合规不起诉不是对企业所犯轻罪的简单原谅

在企业合规不起诉制度下，当涉案企业圆满完成合规计划，检察机关就会放弃对涉案企业的起诉。但是，这种结果并不意味着企业合规不起诉是对企业所犯轻罪的简单原谅。如果检察机关对涉案企业作出不起诉决定的目的仅仅在于对其所犯轻罪的原谅，那么企业合规不起诉制度与普通的相对不起诉制度就没有什么实质上的区别。所谓企业合规不起诉制度，就是要强调"合规"和"不起诉"之间存在的密切关系。企业合规不起诉制度是检察机关通过"不起诉"的刑事激励政策来鼓励涉案企业进行合规建设。换句话说，激励涉案企业进行合规建设才是我国企业合规不起诉制度设计的初衷。

2. 合规不起诉并不会造成对企业重罪的放纵

从企业合规不起诉制度的"出罪化"效果来看，涉案企业能通过制定并实施合规计划来换取刑法上"无罪"的结果。当企业合规不起诉制度适用于重大企业犯罪时，可能有的学者就会认为"合规出罪化"的处理模式是对企业所犯重罪的不当放纵，具有损害司法公正的嫌疑。但是，是否放纵企业所犯重罪并不是简单地通过是否起诉来判断的，对企业犯罪而言更是如此。事实上，涉案企业想要通过企业合规来换取刑法上不起诉的结果，通常也要付出巨大代价。这些代价主要包括巨额的罚款、企业的领导层被更换、接受合规监督官的全程监督、加大合规的投入成本、改进并落实合规计划。例如，汇丰银行曾经因洗钱案支付了 12.56 亿美元的罚金，并与美国司法部签署了为期 5 年的暂缓起诉协议。① 西门子公司因系列贿

---

① 招商局集团有限公司编：《"一带一路"和境外投资法律手册（美国分册）》，法律出版社 2017 年版。

赂事件，向美国司法部支付罚金 4.5 亿美元、向德国政府支付罚金 3.95 亿欧元。^①可见，很难说企业合规不起诉制度是对企业所犯重罪的不当放纵。

3. 域外企业合规不起诉制度的适用并无犯罪轻重的限制

一方面，从域外实践来看，欧美国家的刑事合规制度大多是针对特定的犯罪类型设置的，但并没有对企业所犯轻罪或重罪的限制。一般来说，美国的暂缓起诉或不起诉协议主要适用于经济类犯罪，包括证券、商品或者其他欺诈类的犯罪。英国没有设立不起诉协议制度，英国的暂缓起诉协议制度同样适用于企业经济犯罪，如（海外）贿赂、洗钱、欺诈和腐败犯罪，法国的《萨宾第二法案》也是适用于反腐败犯罪案件。另一方面，域外的司法实践也表明企业合规不起诉制度能够被适用于重罪。美国司法部欺诈部门在 2019 年发布的审查报告中就有重罪的案例，如根据美国《模范刑法典》的规定，证券欺诈犯罪的法定刑等级属于二级重罪，但美国司法部的欺诈部门却与涉嫌证券欺诈的 Hydro Extrusion USA, LLC 达成了不起诉协议。

（三）完善企业合规的第三方监督机制

企业合规的第三方监督评估机制是企业合规不起诉制度的核心，第三方监督评估的结果直接关涉检察机关对涉案企业能否作出不起诉决定。对此，完善企业合规的第三方监督机制需要从三方面着力：一是完善第三方监管人的选任机制；二是着重保障第三方监管人的中立性；三是明确第三方监管人的收费标准和分担方式。

1. 完善第三方监管人的选任机制

从实践来看，企业犯罪类型和企业的经营范围是复杂和多元的，不同企业在经营过程中的风险和企业合规建设的重点也不同。因此，在第三方监管人的选任中应做到：一是拓宽第三方监管人的选任范围。从美国独立监管人的实践来看，美国独立监管人的选任更加市场化，设立在弗吉尼亚

---

① 李玉华：《以合规为核心的企业认罪认罚从宽制度》，载《浙江工商大学学报》2021 年第 1 期。

州的"公司独立监管人国际协会"为涉案企业提供了很多可供选择的候选人库。我国可以参考设立省级候选人库的做法，由各省司法厅和省检察院联合建立符合条件的第三方监管人名录，并会同各行业协会建立由不同行业专业人士组成的合规专业监管人名录，该名录范围可以放宽至省级甚至是地区级，比如建立长三角地区企业合规第三方监管人候选人名录等。在这种成规模、有体系的第三方监管人名录下，我国企业合规建立第三方监管人的试点工作可以进一步探索异地监管模式，进一步保障第三方监管人的独立性。二是第三方监管人的资质应符合个案要求，即应当根据企业的犯罪类型和企业的经营范围来挑选具备特定专业资质要求的监管人。例如在互联网企业中，第三方监管人中应当包含互联网行业的专业人士，其凭借行业经验能够更为准确地把握互联网企业合规建设的重点和发现企业潜在风险，能够更好地在企业犯罪治理中达到"靶向治疗"的效果。

2. 着重保障第三方监管人的中立性

美国司法部发布的多份备忘录不断强调监管人的独立性和中立性，对监管人的准入资质设立了较高门槛，确保监管候选人与涉案企业之间不具有现实的或者潜在的利益冲突；对监管人准入程序设立了严格且烦琐的流程。具体来看，首先企业要在签订合规协议后提名监管候选人；其次检察官会同本部门的主管对候选人进行初选；常设委员会在收到《监管人推荐备忘录》后，投票选择是否接受推荐的人选；最后再经司法部部长助理审阅和司法部副部长办公室的批准，由企业通知候选人。我国在加强保障第三方监督评估组织的中立性时，可以借鉴美国做法，严格第三方监督评估组织人员资质要求，排除与涉案公司的雇员、管理人员、董事和控股股东存在利益关系的人选；严格第三方监督评估组织人员选任程序，充分发挥第三方监督评估机制管理委员会的联席会议机制作用，可集体研究决定，进一步细化《意见》第 17 条第 3 款规定，增加"涉案企业必须承诺至少在监督评估管理期限结束后一年内不得与第三方监督评估组织人员产生雇佣或者其他关联关系"。

3. 明确第三方监管人的收费标准和分担方式

为了合理控制企业合规监管成本，司法局和物价局可以联合出台相关收费管理办法，建立一套合规监管的收费标准，同时还应兼顾因不同企业发展规模和经营范围差异而出现的差异性收费标准。总的来说，司法机关要保证第三方监管的成本计算在大体上做到有章可循。此外，在中小微企业的合规监管中，出于对中小微企业的特殊保护以及企业责任担当原则，建议由检察机关或第三方监督评估机制委员会帮助企业承担部分合规监管费用。当然，国家财政也并非无条件承担合规监管费用，检察机关或第三方监督评估机制委员会应当对中小微企业的资产情况、经营情况和规模大小等方面进行考察，在合规整改费用超过企业能够承担的范围时，国家可以和涉案企业共同承担因第三方监督评估而产生的费用。

（四）明确企业合规评估标准

企业合规评估标准是第三方监督评估的根本依据。一套专业的标准对于衡量企业合规计划和落实情况，确保企业"去罪化"目标的实现具有至关重要的意义。因此，必须从企业合规标准的制定和目标出发，构建完善的企业合规标准，并以此评估获得检察机关的不起诉决定。

1. 制定企业合规的省级标准

涉案企业合规计划的评估标准应当由省级检察机关与省级行政机关合作制定，必要时需要邀请专业机构的技术人员和行业协会的代表来参与指导、合力制定，要在全省范围内形成统一评估标准。但是，省级评估标准在具体使用中并非机械适用、照搬照套，市县级的机关组织可以根据具体企业所在辖区地域上的特殊性、企业业务范围、企业违法类型的不同做出变通适用或特色适用。

2. 制定企业常犯罪名的专项合规评估标准

从我国企业犯罪的实践来看，当下应重点针对破坏市场经济秩序类犯罪，走私犯类罪，妨害公司、企业的管理秩序类犯罪，破坏金融管理秩序类犯罪，金融类犯罪，税收类犯罪，侵犯知识产权类犯罪，扰乱市场秩序类犯罪，环境类犯罪来制定企业合规的专项评估标准。同时，随着经济社会不断发展和企业犯罪新类型的出现，企业合规专项评估标准也应及时跟进，同步修改并不断完善。

3. 突出合规计划的"去罪化"目标

当下涉案企业建立合规计划大多是一种危机应对模式,但是从危机应对中找到企业犯罪根源,帮助企业建立一种"去罪化"的企业经营模式和管理模式才是企业合规不起诉制度的宗旨所在。因此,在企业合规改造和标准制定中应注重突出合规计划的"去罪化"目标。一是开展企业合规的风险评估。通过对合规风险的评估和商业模式的诊断,厘清企业带有"犯罪基因"的经营模式和管理模式,从中找到制度上的漏洞和隐患,发现企业的"原罪"。二是帮助企业完成商业模式改造。在制定和落实企业合规计划时,要在经营管理、人事管理、考核奖惩机制的各个流程之中消除企业"原罪"的隐患和漏洞,真正实现涉案企业的"去罪化"目标①。

---

① 谢安平、刘琦:《协商性司法下的企业刑事诉讼新规制——以中小微企业适用合规不起诉为视角》,载《中国检察官》2022 年第 5 期。

企业合规改革的实践探索和规范运行

王　毅　张怡铭[*]

摘　要： 企业合规是近年来一场意义深远的司法改革，从合规意识的萌芽到行政领域、检察领域推进的一系列工作，实现了合规的本土化发展。本文以杭州地区正在探索推进的企业合规工作为例，梳理出实践中遇到的适用范围、监督评估、监管费用、行刑衔接等方面的问题，拟从启动条件、合规考察和成果运用三方面探索改革路径，最后从规范权力运行角度提出发展方向和改革展望。

关键词： 企业合规；第三方监督评估机制；合规考察；行刑衔接

2020年以来，最高人民检察院部署启动企业合规不起诉制度改革，这项改革是近年来一场意义深远的司法改革，也是一次伟大的司法理念革新。[①] 检察机关通过不起诉或从宽量刑的刑事激励，督促涉罪企业作出合规承诺并积极整改落实，促进企业合规守法经营，减少和预防企业犯罪，从而助推企业健康发展、行稳致远，营造法治化营商环境。本文以杭州检察机关探索推进的企业合规案件为例，梳理检察机关开展企业合规工作中遇到的问题，探索解决路径，为做好"六稳"工作、落实"六保"任务，促进经济高质量发展、建设共同富裕示范区贡献检察力量。

---

　　[*]　王毅，浙江省杭州市人民检察院第三检察部副主任；张怡铭，浙江省杭州市人民检察院检察官助理。
　　[①]　陈瑞华：《企业合规不起诉改革的八大争议问题》，载《中国法律评论》2021年第4期。

一、企业合规改革之本土化发展

（一）我国企业合规意识的萌芽

企业合规不起诉制度于 1974 年起源于美国，后被英国、法国、澳大利亚、德国等国家借鉴并进行本土化改造。[①] 进入 21 世纪以来，我国企业"走出去"遇到的法律壁垒和中美全方位贸易争端背景下企业层面的斗法，催生了我国企业"合规"意识的萌芽，比较具有代表性的有以下三个案例。

第一个案例是抖音海外版 TikTok 因合规问题遭遇美国禁令。2020 年 8 月，美国政府以确保美国信息和通信技术安全为由，要求字节跳动公司必须在 90 天内剥离 TikTok 美国业务。这一以"信息和数据安全合规"为由的行政禁令虽然暂未有定论，但围绕信息和数据安全合规引发的企业合规风险，以及给我国企业在域外发展带来的挑战却引人深思。

第二个案例是中兴通讯在美国因合规问题达成暂缓起诉协议。2016 年 3 月，美国商务部以中兴通讯涉嫌违反美国对伊朗的出口管制政策而对中兴通讯施行出口限制。经过多轮谈判，2018 年 6 月，美国商务部要求中兴通讯更换整个董事会和高级领导层，并进行为期 10 年的合规监管，以实时监控中兴通讯是否符合美国出口管制法律。

第三个案例是雀巢（中国）企业合规抗辩案件。在雀巢（中国）公司员工侵犯公民个人信息案中，法院采纳了雀巢（中国）公司以建立企业合规管理体系、员工个人违法行为并不代表单位意志的抗辩事由，切割了员工个人责任与单位责任，认定单位不构成犯罪。[②]

（二）行政监管语境下的企业合规

一方面，在经济全球化背景下，我国企业因违规频频被国外制裁；另

[①] 刘少军：《企业合规不起诉制度本土化的可能及限度》，载《法学杂志》2021 年第 1 期。

[②] 参见甘肃省兰州市中级人民法院（2017）甘 01 刑终 89 号刑事裁定书。

一方面，合规对于企业守法经营、行稳致远具有重要意义。在外部和内部原因的作用下，我国一些行政机关和行业协会作出了相关部署和规定，强力推动企业合规。如 2017 年，原国家质量监督检验检疫总局和国家标准化管理委员会制定发布了 GB/T35770—2017《合规管理体系指南》；2018年，国家发改委、外交部、商务部、中国人民银行、国资委、国家外汇管理局、全国工商业联合会联合发布了《境外企业经营合规管理指引》，中国国际贸易促进委员会发起成立了全国企业合规委员会；2019 年，国家外汇管理局发布了《银行外汇业务合规与审慎经营评估办法》。①

（三）检察语境下的企业刑事合规

刑事合规作为企业合规的关键部分，简言之，是指针对涉罪企业，国家通过刑事政策上的正向激励和责任归咎，推动企业建立合规体系，识别、预防和消除刑事风险，优化企业治理模式。②

2020 年 3 月，最高人民检察院启动企业合规不起诉制度改革，确定上海浦东等 6 个基层检察院为第一轮试点单位。第一轮试点改革形成了合规不起诉的两种模式：一种是检察建议模式，针对犯罪情节轻微的单位犯罪案件，检察机关责令涉案企业在认罪认罚的基础上采取补救措施，最终作出不起诉决定，并提出建立合规体系的检察建议，督促企业进行合规整改。另一种是附条件不起诉模式，检察机关在涉案企业认罪认罚，积极采取补救挽损措施的前提下，结合企业提交的合规整改方案，设置六个月到一年的合规考察期，监督、指导、帮助企业进行合规建设，期限届满后针对合规整改情况考察验收，对于考察合格的企业作出不起诉决定或者起诉后提出从宽处罚量刑建议。③

在总结改革试点经验的基础上，2021 年 3 月，最高检下发《关于开展

① 朱孝清：《企业合规中的若干疑难问题》，载《法治研究》2021 年第 5 期。
② 林楠等：《以检察履职助力构建企业合规制度》，载《检察日报》2021 年 3 月1 日。
③ 陈瑞华：《企业合规不起诉改革的八大争议问题》，载《中国法律评论》2021年第 4 期。

企业合规改革试点工作的方案》，正式启动第二轮企业合规改革试点工作。北京、辽宁、浙江等 10 个省级检察院共选取确定 27 个市级院和 165 个基层院作为试点院开展改革工作。相较于第一轮试点，第二轮改革将案件类型扩展为企业经济活动涉及的各种经济犯罪、职务犯罪，并将部分重大单位犯罪案件纳入试点范围。2022 年 4 月，最高人民检察院部署在全国检察机关全面推开涉案企业合规改革试点工作，各地检察机关坚持能用尽用，合规案件的数量逐步增加，合规案件的类型也不断丰富。

二、企业合规改革制度之实践展开

（一）杭州地区企业合规工作概况

1. 案件数量

自 2020 年底开展企业合规试点改革工作以来，截至 2021 年，杭州地区共计有 12 件合规案件探索推进。其中，2020 年开展 1 件，已通过 6 个月的合规考察后宣布不起诉；2021 年开展 11 件，其中 5 件已完成合规考察，分别作出起诉从轻或不起诉的决定。其他案件均在预设的方案下考察推进中。

2. 罪名分布

12 件合规案件罪名种类多样，分布广泛，不局限于涉税犯罪领域，还向知识产权领域、网络犯罪、环境领域等拓展，详见图 1。其中，涉税类犯罪有 5 件，分别涉及虚开增值税专用发票罪 4 件、虚开发票罪 1 件，占所有案件近半，反映了涉税犯罪仍然是企业犯罪的第一大罪名，呈现高发、多发特点；妨害对公司、企业的管理秩序犯罪 2 件，罪名均为对非国家工作人员行贿罪，通过自身合规整改促进企业内部人员廉洁守法；侵犯知识产权犯罪有 1 件，涉及罪名为假冒注册商标罪，对此类企业开展合规工作，既是对原产地地理标识知识产权的保护，也有利于激发企业创新活力，实现健康可持续发展；扰乱市场秩序犯罪及生产、销售伪劣商品犯罪各 1 件，涉及罪名为非法经营罪、销售伪劣产品罪，通过刑事合规倒逼企业守法经营；网络犯罪领域 1 件，涉及罪名为帮助信息网络犯罪活动罪，划定了互联网企业正当业务行为的边界；破坏环境资源保护犯罪1件，涉及罪名为污染环境罪，拓宽了适用的罪名，丰富了案件类型。

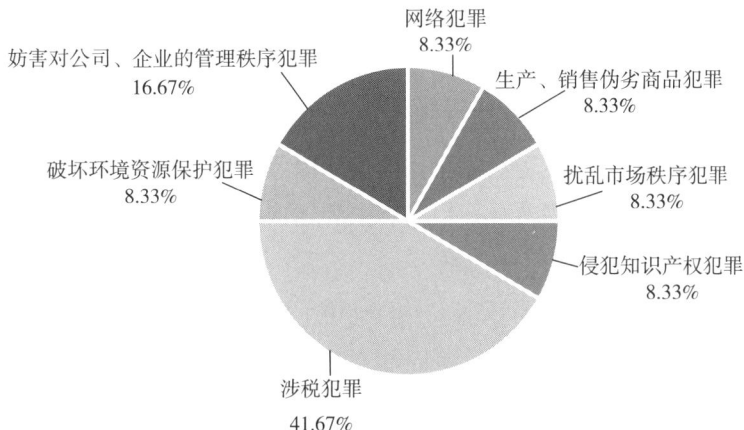

妨害对公司、企业的管理秩序犯罪
16.67%

网络犯罪
8.33%

生产、销售伪劣商品犯罪
8.33%

扰乱市场秩序犯罪
8.33%

破坏环境资源保护犯罪
8.33%

侵犯知识产权犯罪
8.33%

涉税犯罪
41.67%

图1　2020—2021年企业合规案件罪名分布

3. 刑期分布

12件合规案件中，有3件法定刑在"三年以上十年以下有期徒刑"，有9件法定刑在"三年以下有期徒刑"。之所以作此区分，是因为我国刑事诉讼法对于情节轻微不起诉的适用条件有限制，即"可能判处三年以下有期徒刑"才属于"犯罪情节轻微"。而法定刑在"三年以上有期徒刑"的案件不属于"犯罪情节轻微"，在现行法律框架内不能作出不起诉处理。

（二）企业合规实践中遇到的问题

1. 适用条件

首先，在适用对象上，对哪些企业可以开展刑事合规工作。实践中，形成较为统一的意见是，"依法设立，具备法人资格，从事正常生产经营活动的市场主体"才能成为刑事合规的对象，而对于"为进行违法犯罪活动而设立，或者设立后以实施犯罪为主要活动的"市场主体，不能适用刑事合规。例如，非法吸收公众存款案件中设立的公司，主要实施非法募集资金的犯罪活动；虚开增值税专用发票案件中的空壳公司，主要为了虚开发票而设立，并无实际生产经营，都不属于刑事合规的适用对象。

其次，企业涉罪后应符合哪些条件才能对其适用刑事合规。涉罪企业应自愿认罪认罚，并要缴纳罚款、赔偿损失、修复生态、恢复原状等，本质上需要消除企业涉罪行为对社会的负面影响，才能使免除或降低刑事责任有正当化依据。其中，对于是否需要征得被害人同意，是实践中困扰的问题。例如，在某区检察院办理的一起侵犯商业秘密案件中，犯罪嫌疑人从被害单位离职后创立了一家公司，使用原业务上获取的商业秘密研发同类产品并出售牟利，犯罪嫌疑单位有强烈的刑事合规意愿，但被害单位强烈反对，认为此举相当于为犯罪企业进行司法背书，进一步侵害本公司的市场份额。在本案中，不仅仅是法律评价问题，更多的是案件社会效果、有序市场竞争的平衡问题，考验着司法者的智慧和办案水平。

2. 第三方监督评估机制建立

2021 年 6 月 3 日，最高检与全国工商联、中国贸促会以及司法部、财政部等多部委联合印发了《关于建立涉案企业合规第三方监督评估机制的指导意见（试行）》（以下简称《指导意见》），规定由上述机关共同组建国家层面的涉案企业合规第三方监督评估机制管委会，负责研究制定第三方合规监管政策文件、合规监管人选任标准以及涉企犯罪合规考察标准，全国工商联负责承担管委会的日常工作，国务院国有资产监督管理委员会、财政部负责承担管委会中涉及国有企业的日常工作。[①]

在合规工作推进过程中，如何贯彻落实《指导意见》，存在诸多争议。首先，关于机构组成。各地区要组建本地区第三方机制专业人员名录库，而名录库人员由律师事务所、会计师事务所等中介机构担任，还是由律师、会计师等专业人员以个人身份担任存在争议。其次，关于机制运行。检察机关可以商请本地区第三方机制管委会启动第三方机制，第三方机制管委会将从专业人员名录库中随机抽取人员组成第三方组织，抽取几人、分属何种领域以及由何人担任负责人均未明确；第三方组织成员是否需要

———————

① 参见最高人民检察院《关于建立涉案企业合规第三方监督评估机制的指导意见（试行）》。

业务回避，是否存在利益冲突，如何审查尚无具体规定。①

3. 监管费用

企业合规分为两个方面：一是检察机关与第三方监督评估机制管委会所做的工作，包括选任第三方组织、考察企业合规建设、出具评估报告等，由此支出的费用称为"合规监管费用"；二是企业为了减免刑事处罚，自身进行的合规建设而支出的费用称为"合规建设费用"。其中，合规建设费用由企业负担，争议不大，但是合规监管费用由谁来承担存在分歧。

一种观点认为，可以由企业支付，作为"合规考察费用"中的一部分。先由企业将"合规考察费用"打入统一设立的银行账户，再由司法行政机关或第三方管委会将部分款项支付给第三方组织人员。但这样做，看似从形式上杜绝了企业直接支付给第三方考察组织，但实质上仍由企业负担，影响第三方组织的独立性和中立性，很容易导致监管人违背职业伦理、与企业发生利益勾连。另一种观点认为，应当由检察机关支付。检察机关作为委托主体，需要负担合规监管费用。但是监管费用的收取标准如何划定，费用来源于何处，如何对第三方组织施加激励确保监管考察不流于形式，需要在实践中不断摸索。

4. 合规考察评估

当前，合规考察评估缺乏客观的标准，已经成为制约合规改革深入推进的关键问题。不少地区对于合规考察存在一定误区。误区一：建立了"纸面上的合规计划"，而非"有效的合规计划"。虽然在形式上较为完备，但实质上企业并未实施。误区二：建立了"大而全的合规计划"，而非"专项合规计划"。某些企业建立了标准化、流程化和格式化的合规计划，看似对潜在的所有刑事风险都加以了预防，但并未针对涉案罪名加以详细规定，未能就已爆发的刑事风险点进行特别预防，追求"大而全"反而使合规流于形式。误区三：对于刑事合规的目的理解有误。在一定程度

---

① 《以企业合规做实对民营企业的依法"平等"保护：企业合规第三方监督评估机制管理委员会正式成立》，载 https://mp.weixin.qq.com/s/obxHGh2AC6eu6MVBjeUiig，2021 年 10 月 13 日访问。

上，检察机关督促企业进行的合规整改，主要解决的是预防企业再次犯罪的问题；而行政监管部门的日常合规监管，所要解决的才是企业依法依规经营的问题。①实践中需要办案人员根据《涉案企业合规建设、评估和审查办法（试行）》的相关规定，把握好专项合规与全面合规的关系，建立有针对性的、有效的合规考察评估体系，实现涉案企业的真合规。

5. 合规考察期限与审查起诉期限冲突

合规考察期限一般为六个月至一年，结合考察前期准备工作和考察结束后听证及后续处理结果的形成，一项完整合规考察工作所需时间，往往会超过法律规定的审查起诉期限（采取逮捕措施的，"两退三延"最长为六个半月），这是实践中的一个难题。有些地区尝试先起诉并提出从宽建议，再做合规工作，虽然可以有效解决审查起诉期限届满而合规考察期未满的问题，但往往也降低了企业进行合规的动力和效果。

6. 刑事合规与行政处罚衔接

由于我国企业犯罪大部分是行政犯，只有达到一定标准的行政违法行为才会被移送司法机关进行刑事处罚。当企业完成了刑事合规考察后，在刑事责任上予以免除，却还要面临行政处罚，此时在二者衔接上出现较多问题。其一，刑事处罚与行政罚款出现"倒挂"。如某一案件中，涉案企业虽然免除了刑事处罚，但面临800万元的行政罚款，企业负责人表示还不如接受刑事处罚，判处的罚金会低于罚款。即使不受刑事处罚而只交行政罚款，企业也无法正常经营下去，从而出现企业不愿意接受合规考察的现象。其二，减免行政处罚于法无据。企业合规并非减轻或免除行政处罚的法定依据，即使检察机关向行政机关提出从宽处罚的检察建议，行政机关也处于两难的选择。其三，行政程序衔接不畅。依据法律规定，情节达到一定标准的案件需要移送司法机关，在司法机关作出不起诉决定后，再回转到行政程序中，由于缺少细化规定，行政机关不知该对此案适用哪一类处罚。

---

① 陈瑞华：《企业合规不起诉改革的八大争议问题》，载《中国法律评论》2021年第4期。

三、企业合规改革之路径探索

自最高检启动企业合规试点改革以来，各级检察机关积极响应。浙江省先后出台了《关于开展企业经济犯罪刑事合规法律监督试点工作的意见》《关于全面推进企业经济犯罪刑事合规工作的实施意见》等一系列实施细则。笔者认为，在认真贯彻落实上级院决策部署的基础上，各地检察机关仍应结合本地经济发展和法治环境的实际情况，探索企业合规改革之路。

（一）启动条件

1. 适用范围

针对"案件事实清楚，证据确实充分，法律适用无争议，涉案企业自愿适用认罪认罚从宽制度，及时修复受损法益或取得被害单位（人）谅解，能够积极建立有效刑事合规计划"的案件，可以纳入企业合规的审查范围。首先，案件在定罪量刑方面不存在争议，因为无论是合规不起诉还是起诉后从宽处罚，都建立在案件本身证据、定性无异议的前提下。如果案件本身存在证据瑕疵，或者面临罪与非罪风险，则不适宜开展企业合规工作。其次，涉案企业须自愿认罪认罚，"认罪"体现在认可检察机关认定的事实和证据，"认罚"体现在自愿接受刑事处罚。

2. 资格评估

并非针对所有企业都可以开展合规工作，需要从保护必要性、挽救可能性、社会关系修复、社会责任履行四个方面对涉案企业和人员开展社会评价考核。首先，"保护必要性"重点评估企业是否从事正常生产、经营活动，以产值、税收、资产、荣誉、慈善等为正面指标，排除空壳公司、为犯罪活动设立的公司或成立后主要从事犯罪活动的公司。其次，"挽救可能性"重点审查企业通过合规建设能否消除犯罪基因，重新走上合法经营之路，也要将企业有无前科、是否失信、是否为老赖等作为负面指标。再次，"社会关系修复"考察企业有无积极消除行为造成的损害，如有无补缴税款、办理营业执照、赔偿被害人损失、取得被害人谅解等。最后，

"社会责任履行"考察企业解决的就业、对社会所作贡献、公益事业捐助等方面。检察机关承办人需要通过实地走访、调查核实等方式，全面评估企业是否符合开展合规条件。

3. 案件类型

《指导意见》第 3 条规定，市场主体在生产经营活动中涉及的经济犯罪、职务犯罪等案件，既包括单位犯罪，也包括公司、企业实际控制人、经营管理人员、关键技术人员等实施的与生产经营活动密切相关的犯罪案件。由此可见，罪名范围已经有了较大扩充，只要和企业生产经营活动相关即可。但需要排除几个例外情形，对严重危害国家政治、经济和金融安全，严重影响社会稳定，严重损害民生民利的案件不得开展。[①]

（二）合规考察

1. 启动第三方监督评估机制

基层检察院经审查认为涉案企业符合第三方监督评估机制适用条件的，应报请市级检察院商请本地区第三方管委会启动第三方机制。笔者认为，由市级层面组建第三方管委会，并审核启动第三方机制较为适宜。因为基层检察院力量相对薄弱，无论是组建专业人员名录，还是考察中的利益关联都存在一定风险，由市级层面统一把关和调配更有利于工作开展。如果是在本市区域内有一定影响力的大企业，可以报省院交由异地市级第三方机制选任考察人员。

2. 选任第三方监督评估组织

根据《指导意见》第 10 条规定，第三方机制管委会应当根据案件具体情况以及涉案企业类型，从专业人员名录库中分类随机抽取人员组成第三方组织，并向社会公示。

首先，专业人员名录库（以下简称"名录库"）的建立应当遵循以下原则：其一，成员应由个人担任，而不能由机构担任。律师事务所、会计

---

① 何德辉：《企业合规，为了宽容还是为了规制》，载微信公众号"浙江检察"，2021 年 10 月 13 日访问。

师事务所、税务师事务所、研究机构等专业机构不适宜以单位身份纳入名录库，因为某律师事务所可能因为具有某知名合规律师而受到认可，但并不代表该律所其他律师同样具有合规监管的能力和经验。因此，机构纳入名录库既无法保证人员专业性，又可能出现权利寻租的空间以及责任归属不清的问题。其二，应将行政机关的专业人员纳入名录库。一方面，行政机关对于建立合规体系所要求的特定领域专业知识更具专业性。另一方面，合规考察与行政机关的管理职责相吻合。对企业的合规体系建立、经营状况的监督本身就是行政机关日常监管的一部分，有利于更好实现行政管理目的。此外，让行政机关全程参与进来，有利于刑事合规不起诉后与行政处罚、行政合规的衔接，能够得到行政机关对于合规成果的认可。

其次，选任第三方监督评估组织（以下简称"第三方组织"）应当遵循以下原则：其一，根据案件情况及企业类型，从名录库中分类随机抽取。例如，某民营企业涉嫌虚开增值税专用发票罪，应当从名录库中选取税务机关人员、会计师、律师、税务师等人员。其二，第三方组织人员一般在3—5人，指定其中行政机关人员为负责人，向社会公示。由行政机关人员作为负责人，既保证了合规监管的专业性，又杜绝了中介机构作为负责人可能涉及的利益勾连，兼具专业性和中立性。其三，第三方组织人员名单报办理该案的检察机关备案，检察机关享有建议调整权。其四，第三方组织人员的回避。第三方组织是律师、会计师、税务师等中介组织人员的，在履职期间不得违反规定接受可能有利益关联的业务，在履职结束后一年以内不得接受涉案企业、个人或其他有利益关系的单位、人员的业务。

3.开展监督评估工作

合规计划的制定和验收标准的确立是企业合规工作中的最难点，也是司法实践需要重点攻克的内容。

首先，要针对涉罪风险制定专项合规计划。所谓专项合规计划，是指针对特定的合规风险，确立的专门性的合规管理体系。例如，针对涉税犯罪的企业，要制定税收合规计划；针对侵犯商业秘密犯罪的企业，要制定知识产权保护合规计划；针对污染环境的企业，要制定环保合规计划等。

合规计划需要根据特定领域的刑事法律规范，参考相关领域的行政法律法规，并根据特定企业的性质、经营情况、特定风险点、相关制度隐患和漏洞等，通过吸收行政监管部门的监管经验加以制定。[①]

其次，考察方法的选择，针对不同企业类型有所区分。对合规整改周期在六个月以上的规上企业，可采取定期实地考察、临时走访抽查和派驻监管员驻企监管相结合的方式；对合规整改周期在六个月以下的小微企业，以定期实地考察、临时抽查为主要方式。对于规上企业，因考察期较长，规章制度较为完善，可以通过派驻监管方式进行综合评估研判；而对于小微企业，本身经营规模较小，考察期限较短，派驻监管的方式缺乏一定必要性，可通过实地走访和临时抽查的方法进行有效评估。如杭州市滨江区检察院联合区工商联出台了《滨江区涉案中小微企业合规第三方监督评估指引（试行）》，明确了小微企业的适用范围，简化了考察流程，使小微企业的合规考察更顺畅、高效。

最后，验收标准的确立，完成"去犯罪化"改造。合规整改的实质就是要帮助企业进行"去犯罪化"改造，消除带有违法犯罪基因的经营模式。因此，合规验收也需要遵循上述思路，先开展合规风险评估，"诊断"出企业经营管理模式中的漏洞和隐患，发现企业的"原罪"；再帮助企业完成商业模式改造，将合规方案落地，嵌入经营管理、人事管理、考核奖惩等各个流程。例如，如果要对一个涉嫌帮助信息网络犯罪活动罪的数据企业实现"去犯罪化"改造，就必须建立合规尽职调查制度。在发展任何客户和商业合作伙伴时都要对其进行合规尽职调查，出具尽职调查报告，对第三方合作伙伴进行合规管理，必要时建立退出机制，及时有效地完成责任切割。否则，数据企业的商业模式中就始终带有犯罪隐患，一旦客户或者合作伙伴利用网络平台实施非法经营等犯罪行为，企业就可能构成犯罪。

---

① 陈瑞华：《企业合规不起诉改革的八大争议问题》，载《中国法律评论》2021年第4期。

（三）成果运用

1. 变更强制措施

根据《指导意见》第 14 条的规定，检察机关应当将第三方组织合规考察书面报告、涉案企业合规计划、定期书面报告等合规材料作为是否变更强制措施的重要参考。变更强制措施是羁押必要性审查的一种处理结果，尤其对于民营企业负责人涉嫌的经营类犯罪，更要及时评估嫌疑人的羁押必要性。当涉案企业承诺合规并通过合规考察以后，可以认为该企业已消除了犯罪基因，再犯可能性大为降低，此时将企业负责人采取非羁押措施，使其投身企业经营管理，也不会继续走上违法犯罪的老路。

2. 作出不起诉决定

对于企业实现预定合规建设目标，相关涉案人员依法可不予起诉的案件，经公开听证程序后，对企业和涉案人员予以不起诉处理。根据我国刑事诉讼法规定，只有对于犯罪嫌疑人可能判处三年有期徒刑以下刑罚的轻微刑事案件才能适用不起诉。在企业合规工作的推进中，应当在法律框架内试点改革，对于犯罪嫌疑人可能判处三年以上有期徒刑案件，不能直接予以不起诉，但可以在起诉时提出从宽处罚量刑建议。待附条件不起诉的立法建议被采纳后，对于判处三年以上有期徒刑的重大企业犯罪，也可通过合规建设完成对企业和企业负责人的责任切割，对企业进行附条件不起诉，但严惩责任人，更好地发挥刑事合规的激励作用。

3. 提出从宽量刑建议

对企业实现预定合规建设目标，相关单位和人员依法应提起公诉的案件，可在认罪认罚从宽基础上，提出进一步从宽处罚的量刑建议，从宽幅度根据个案情况灵活掌握。在现行法律框架下，对于判处三年以上有期徒刑案件只能通过提出从宽量刑建议的方式实现合规激励。实践中存在的问题是，个别案件利用审查起诉期限进行合规考察，但期限届满仍未完成合规考察，此时需要及时作出起诉决定，但不能就此提出从宽量刑建议，可以先行起诉，待合规考察结果合格后，再向法院提出进一步从宽量刑建议。

4. 提出从轻、减免行政处罚的建议

对涉案企业刑事司法程序终结后，需予以行政处罚的案件，检察机关应将合规考察报告副本移送相应行政机关，并以检察建议或其他适当方式，建议行政机关对涉案企业减轻或免除处罚，行政机关对企业合规情况和检察机关建议评估后，原则上应对涉案企业减轻或免除处罚。2021年9月6日，最高人民检察院《关于推进行政执法与刑事司法衔接工作的规定》出台，其中第8条至第11条详细规定，检察机关决定不起诉的案件，可以向行政机关提出行政处罚的检察意见，行政机关应当予以回复处理结果。在同日发布的行刑衔接工作典型案例中，上海某电子科技有限公司、某信息技术有限公司涉嫌虚开增值税专用发票罪一案中，检察机关注重刑事司法与行政执法反向衔接，在拟作出不起诉决定时，同步对行政处罚必要性予以审查，及时提出检察意见，移送行政执法机关处理，避免"不刑不罚"。[1]

四、企业合规改革之规范运行

治理和预防企业犯罪是国家治理体系和治理能力现代化的重要内容，企业合规是预防和治理企业犯罪的最佳方式。[2]目前，最高检推动的企业合规改革已进入"深水区"，要想克服不断涌现的困惑、矛盾和冲突，就必须厘清未来的改革方向，规范权力运行，找到一条适合中国国情又具有开拓性的改革道路。

（一）坚持全面构建涉企案件治理新模式的改革定位

一是将企业合规工作视为检察机关拓展履职空间服务经济社会发展的重要途径，将法律监督的触角延伸到更深层次的社会经济生活领域。二是将企业合规视为创新司法治理体系的重要模式，坚持"惩""治"并重、

---

① 参见人民检察院行刑衔接工作典型案例之四"上海某电子科技有限公司、某信息技术有限公司涉嫌虚开增值税专用发票案"。
② 李勇：《企业附条件不起诉的立法建议》，载《中国刑事法杂志》2021年第2期。

以"治"为主的方针开展合规工作，深化对企业犯罪的诉源治理。三是将企业合规视为有效助力企业"司法康复"的重要举措，让"带病企业"通过合规建设重获新生、行稳致远。

（二）坚持本土化转化的改革方向

要想使企业合规这个"舶来品"深植于我国司法体系，需要做好几项制度的融合。一是做好与认罪认罚从宽制度的融合，依托认罪认罚实现合规从宽。二是做好与不起诉制度的融合，试点改革期间应在法律框架下开展合规工作，为日后附条件不起诉立法积累实践经验。三是做好与检察建议制度的融合，进一步丰富检察建议的内涵和空间。四是做好与行政合规、行政处罚的融合，将行政机关引入合规考察工作，确保企业合规成果在刑事和行政领域得到同步显现。

（三）坚持系统性探索的改革举措

一是进一步完善第三方监督评估机制、合规考察及验收标准、行刑衔接机制的三大难题，确保合规工作在现行法律框架下平稳开展。二是在工作中打造好实践成果、理论成果和制度成果。在个案中积累实践经验，形成理论化总结，建立起工作运行机制，形成可复制、可推广的制度成果。三是防止功利化风险，避免为"脱罪"而改革；防止"盆景化"风险，避免突出个案，忽视对工作的整体谋划和部署；防止形式化风险，避免务虚不务实，重形不重质。四是推进，建立智库，借力"外脑"；要注重工作方式方法，及时将合规工作向地方党委、政府进行汇报、沟通，主动融入地方工作大局，坚持在地方党委的领导下，在地方政府的支持下，在相关部门的协同下开展工作。①

---

① 胡东林、赵宝琦：《推进企业合规工作应重点把握三个维度》，载《检察日报》2021 年 5 月 19 日。

企业合规不起诉制度的
实践检视与路径探索

吴晶晶[*]

摘　要： 从当前检察机关在改革中探索的合规不批捕、合规不起诉、合规宽缓量刑建议等多种激励方式的激励效果和社会反响来看，企业合规的核心构造仍然是合规不起诉制度。但企业合规不起诉制度在适用范围、不起诉方式的选择、合规有效性标准评价、第三方合规监管、检察机关不起诉权规范等方面仍面临诸多争议问题。未来立法可以建立企业合规不起诉制度体系，并着重从制度优化、程序供给与权力规范等方面入手，以合理设定适用对象的范围、建立层次性的合规有效性标准、建立常态化的监督回访机制、强化检察机关主导地位、设置不起诉裁量标准与建立检察权运行的监督制约机制等具体方式，探索合规不起诉制度的路径选择。

关键词： 企业合规；不起诉；实践检视；制度构建

一、问题的提出

作为一种新型公司治理方式，企业合规是以避免合规风险为导向，由企业建立的一套针对违法犯罪行为进行事先防范、事中监控和事后补救的内部监控机制。^①建立合规体系被认为是预防和治理企业犯罪的有效方式。

然而，我国目前的立法并没有明确企业建立合规体系是司法机关作出

---

* 吴晶晶，浙江省台州市黄岩区人民检察院第二检察部主任。

① 陈瑞华：《企业合规基本理论》（第二版），法律出版社 2021 年版。

从宽处理和适用不起诉的法定事由，无论是刑法还是刑事诉讼法，都没有在实体处理和程序设计上对企业合规确立相应的激励机制。但对于企业来说，只有建设合规体系所获得的利益大于企业所投入的成本，才有动力进行合规建设，因此这一制度要切实发挥作用就需要有来自刑事司法层面的激励机制。

在这一背景下，最高人民检察院积极探索对进行合规体系建设的涉案企业合规不起诉的改革试点工作，运用外部监督倒逼企业进行合规体系建设的改革尝试。2020 年初以来，最高检创新开展涉案企业合规改革试点，先后启动两轮企业合规改革试点工作。企业合规改革的制度构造在经历两轮地方试点之后逐步清晰，结合已有改革成果，最高检等单位出台了《关于建立涉案企业合规第三方监督评估机制的指导意见（试行）》（以下简称《指导意见》）。

在立法未确立合规激励机制的情况下，理论界对于企业合规不起诉的研究也相当活跃且具有积极意义。有学者建议借鉴西方国家的暂缓起诉协议制度，结合我国的附条件不起诉制度进行相应设计，从而满足对合规企业不起诉的需要[1]；有学者主张将企业合规引入认罪认罚从宽制度当中，由检察机关对认罪认罚的涉罪企业提出从宽处理的量刑建议[2]；有学者认为要真正实现企业合规附条件不起诉的制度设计原意，就需要对单位犯罪制度进行改革，区分单位和员工间的严格责任，明确合规可以作为企业进行无罪抗辩的缘由，并将企业建设合规体系作为法定量刑情节[3]。在制度构建方面，越来越多的刑法学者主张借鉴未成年人附条件不起诉制度，即检察机关对涉罪企业设立一定的考察期限，对涉罪企业进行监督考察，将企业在规定的考察期内能否建立有效合规体系作为是否对其不起诉的依据。[4]

---

[1]　杨帆：《企业合规中附条件不起诉立法研究》，载《中国刑事法杂志》2020 年第 3 期。

[2]　李勇：《检察视角下中国刑事合规之构建》，载《国家检察官学院学报》2020 年第 4 期。

[3]　时延安：《合规计划实施与单位的刑事归责》，载《法学杂志》2019 年第 9 期。

[4]　欧阳本祺：《我国建立企业犯罪附条件不起诉制度的探讨》，载《中国刑事法杂志》2020 年第 3 期。

随着合规不起诉改革的蓬勃兴起，尤其是试点地区和案件范围的不断拓宽，相关制度和理论储备不足的问题相继凸显。如合规不起诉制度的适用范围、适用对象，合规的有效性标准、第三方机制监管与检察机关主导责任的具体落实等诸多问题，都有待理论阐释与实践检验。

结合检察机关的实践探索和学术界的讨论，接下来要做的就是思考如何进行企业合规不起诉制度的建构和完善。总体来说既要符合现行检察制度的要求，使之契合检察机关参与社会治理的职能，同时也要结合企业合规案件自身的特点，更重要的是与已有的刑事诉讼框架相适应。

鉴于以上分析，本文将从我国实际情况出发，对企业合规不起诉的司法实践进行反思，并从该制度体系建构层面出发，探讨制度改革的未来发展。

二、企业合规不起诉制度的实践检视

企业合规不起诉制度在经过两年多的改革实践后，已形成了一些相对成熟的模式。但不可否认，企业合规不起诉制度在适用范围、不起诉运行方式的选择、合规有效性标准评价、第三方机构合规监管、检察机关不起诉裁量权规范等方面仍面临诸多争议。

（一）合规不起诉的适用范围问题

关于企业合规不起诉制度适用范围的争议，主要集中在两个方面：

其一，中小微企业是否适用企业合规不起诉制度。从已有的实践来看，企业合规体系的建立往往需要花费巨大的成本，不可避免地会给企业经营带来负面影响。在域外，适用刑事合规计划的国家通常对适用范围作出限定，即一般只有财力雄厚的大中型企业才有资本通过事先或者事后的刑事合规计划获得从宽处罚机会，而数量众多的小微型企业恐怕很难获得这样的机会。[①]因此，出于合规成本与能力等因素的考虑，一些学者认为，

---

① 赵恒：《涉罪企业认罪认罚从宽制度研究》，载《法学》2020 年第 4 期。

企业合规的相关刑事豁免或减免制度体系应限于大型企业。[①]

但这也带来该制度适用范围过窄的问题。根据调查数据显示，中国企业类商事主体超过 4100 万家，但其中 99% 以上的企业均是经营规模在 5000 万元以下的中小企业，还有 8000 多万家个体工商户。[②] 可见，中小微企业数量占据市场经济企业数量的绝大多数。司法实践中，大量的涉企案件都是中小微企业为获取更高额的经营利润和争取更多市场份额获取市场地位，因非良性竞争产生相应的风险并诱发违法犯罪。而一旦被追究刑事责任，往往连带对其主要负责人采取羁押性强制措施或最终定罪量刑，这可能导致企业的停产、倒闭。因此，对中小微企业推行合规制度建设，既有现实基础也有实践需要。

其二，重大单位犯罪案件是否适用企业合规不起诉制度。目前较为统一的认识是，在法律明确授权以前，合规不起诉的适用范围应当限制在直接负责的主管人员或其他直接责任人员可能判处三年有期徒刑以下刑罚的轻微犯罪案件。从司法实践来看，适用合规不起诉的条件之一是"直接负责的主管人员和其他直接责任人员可能被判处三年有期徒刑以下刑罚"，而不能适用合规不起诉的情形包括"依法应当判处十年以上有期徒刑及以上刑罚，且不具备立功、自首、从犯等法定减轻情节"，由此可见，适用范围集中在轻罪案件，但这种现状也引发了一些检察人员的困惑，"既然企业本身犯罪情节轻微，符合相对不起诉的条件，又何必大费周章、耗时耗力搞合规呢？刑事激励不足，造成了不少企业合规热情不高、合规动力不足的局面"。[③]

[①]　陈瑞华：《企业合规不起诉改革的八大争议问题》，载《中国法律评论》2021年第 4 期；李奋飞：《论企业合规检察建议》，载《中国刑事法杂志》2021 年第 1 期。

[②]　《工信部部长肖亚庆：我国现有 4000 多万企业中 95% 以上是中小企业》，载中华网，http://www.china.com.cn/lianghui/news/2021-03/08/content_77287627.shtml，2021 年 12 月 20 日访问。

[③]　邱春艳：《从讲政治的高度共同推进企业合规工作——最高检调研组赴江苏张家港调研企业合规改革试点》，载《检察日报》2021 年 5 月 17 日，第 1 版。

（二）合规不起诉的运行方式问题

企业合规不起诉制度作为一种推动企业合规的刑事激励措施，旨在以不起诉方式促进企业建立和完善合规管理体系。但究竟是以现有的相对不起诉制度为依托，还是拓宽附条件不起诉范围，目前看来各有利弊。与突破相对不起诉的适用范围相比，附条件不起诉是建立合规体系的更优方式，有必要通过拓宽附条件不起诉的范围增强改革的普适性。而在法律制度尚未变化时，刑事合规改革的推进以相对不起诉方式似乎更符合现实要求。采用相对不起诉主要优点在于不存在突破法律规定的风险，这也成为合规不起诉中较为常见的做法。例如，在最高检公布的企业合规改革试点典型案例中，检察机关多选择以相对不起诉方式了结案件。但相对不起诉的缺点是显而易见的，检察机关适用相对不起诉的范围限于情节轻微的刑事案件，由此合规不起诉的适用难免具有一定的局限性。

（三）合规有效性标准的问题

在企业合规不起诉制度中，评估企业合规整改后符合有效性标准，是检察机关依法作出不起诉决定的关键依据之一。但难点在于如何评价有效性的标准，即检察机关如何确定涉罪企业推行的合规计划得到有效实施并达成预期目标。[1]在企业犯罪案件发生后，以"事后补救"为特征的企业合规计划在无法获得有效验证的情况下，难免存在"纸面合规"之嫌。而实践中也存在利用合规整改来掩饰故意违法行为，纸面上的合规体系甚至可能成为掩盖公司犯罪或违规的工具。况且，各种企业所处的行业领域有别、组织规模不同，如何制定科学、合理的合规整改有效性认定标准，显得尤为复杂。对于这一问题，学界大多提出借鉴美英等国家的合规计划有效性认定标准的主张。[2]但国外合规计划有效性的认定标准未必符合中

---

[1] 杨宇冠：《企业合规案件撤回起诉和监管问题研究》，载《甘肃社会科学》2021年第5期。

[2] 陈瑞华：《有效合规计划的基本标准——美国司法部〈公司合规计划评价〉简介》，载《中国律师》2019年第9期。

国国情。《指导意见》第11条对涉案企业合规计划评估进行了原则性的规定——涉案企业提交的合规计划主要围绕与企业涉嫌犯罪有密切联系的企业内部治理结构、规章制度、人员管理等方面存在的问题制定刑事合规计划和组织体系。由此可见，有效性评价的具体标准也应当围绕上述几个方面展开。目前主流的方式是采用"最低标准"，即从合规计划的制定、风险评估体系、审计会计的内部控制、培训沟通、举报和报告机制、违规后的惩戒和补救措施等，按照事前、事中和事后进行全流程的监控，但具体标准仍有待进一步明确。

（四）第三方机构合规监管的问题

第三方监管机制的建立，是应对企业合规体系多元化挑战与补足检力资源的重要举措。在全国检察机关办理的2382件合规案件中，适用第三方监督评估机制的案件共1584件，占比达66%，可见第三方监管模式已经成为检察机关推进企业合规建设的基本选择。但关于第三方监管机制还面临诸多问题，涉及第三方监管人的构成、资质要求、工作职责、如何保证合规第三方监管的公正性等，需要在实践中进一步完善解决。

根据《指导意见》的规定，作为涉罪企业合规不起诉制度中的重要参与主体，第三方监管人的职责是在设定的考察期内对涉罪企业合规建设、制度整改和执行情况进行监督和评估。《指导意见》还细化了对第三方机制管委会和第三方组织和成员的选任、监督、管理职责，建立了第三方组织的选任程序和责任追究制度，以防范企业合规整改中的形式主义和腐败风险，从而建立起第三方参与企业合规整改的整体性框架。但随之而来的是，第三方机制在企业合规考察中的作用问题。从运行机理看，第三方机制监管模式中，是由第三方机制管委会负责选任第三方组织后，由其进行具体的计划筹备、进驻企业调查、监督和考察，检察机关则不参与具体的评估活动，主要通过审查合规计划、定期报告和考察报告等进行审查，必要时展开调查核实。这样一来，可以避免检察机关与涉罪企业之间出现权力寻租、利益交换等风险，在一定程度上形成对检察权运行的监督与制约。但第三方机制管委会由多部门组成，对于第三方组织建立后，如何组织、管理和协调人员的问题都有待解决。毕竟，第三方组织往往由律师、会计师等市场经营主体中的人员组成，在企业合规考察期内与涉罪企业联系较为紧密。在检察机关主导下，第三方机制管委会应如何发挥有效的监管作用，避免因多层机构的关系叠加与重合，影响检察机关对企业合规信息获取的真实性、全面性，以及如何发挥好、协调好检察机关作用与第三方监管机构之间的配合关系，将是未来第三方机制的重要议题。

（五）检察机关不起诉裁量权的规范问题

在涉企合规案件中，从企业的合规意愿、合规协议的签订到合规计划的制定实施与评估监督，再到强制措施的适用与是否起诉，检察机关都具有较大的裁量空间。由此，有学者对检察机关自由裁量权过大表示担忧。[1]不起诉裁量权虽是中国检察机关固有的权力，但不起诉类型和范围都受到法律的明确限定。针对检察机关不当的消极追诉行为，国家通过公诉转自诉以及申诉等方式设置了相应的救济途径，相应的司法责任追究制也对不起诉裁量建立了"防火线"。从实践的运行情况看，各级检察机关不起诉适用率是较低的，尤其是基层检察机关对酌定不起诉适用尤为谨慎。为防止实践中"入罪即诉""一诉了之"的情况，2018年最高检发布的《明确规范办理民营企业案件执法司法标准》规定了对企业不起诉把握的标准。在企业合规的制度探索中，不起诉权的适用既不能完全放开，也不能完全不适用，对不起诉权的适用应当建立在敢用善用的基础之上。[2]

三、企业合规不起诉制度的路径探索

作为一种司法康复机制，企业合规不起诉无疑能够挽救"带病企业"，给企业一个整改自救、重新出发的机会。以检察机关主导推动该项制度，能够在刑事司法领域对保护企业健康持续发展形成正向激励。针对实践中

---

[1] 刘少军：《企业合规不起诉制度本土化的可能性及限度》，载《法学杂志》2021年第1期。

[2] 陈卫东：《检察机关适用不起诉权的问题与对策研究》，载《中国刑事法杂志》2019年第4期。

存在的问题，笔者认为，应当从该制度体系建构层面出发，探讨制度改革的有效路径。

（一）总体设计：建立企业合规不起诉制度

目前，企业合规不起诉制度没有明确的立法，只是将合规整改作为检察机关作出不起诉决定的重要参考。从长远考虑，应探索建立独立的企业合规不起诉制度，明确规定企业合规的适用条件、考察期限、整改程序、不起诉决定的适用等内容。同时，以合作性司法理念为理论基础，建立合规不起诉、认罪认罚从宽、检察建议等多层次和多维度的企业合规处置体系，区分不同的罪名和情节，针对企业犯罪的具体情况确定处置方式，依法选择适用，从而深入推进企业合规与认罪认罚从宽制度的融合发展。这一方案不仅是不起诉类型的新发展，更是将企业合规纳入认罪认罚从宽制度和宽缓化刑事处罚体系的整体思路，为企业合规开拓更为广泛的刑法适用空间。

（二）制度优化：健全合规不起诉的配套制度

1. 扩大附条件不起诉的适用范围

想要真正发挥合规不起诉改革的激励效果，将合规不起诉的范围扩大到重大单位犯罪案件势在必行。但相对不起诉适用的基本理念聚焦于解决轻微的企业犯罪问题，这不仅限制了企业合规不起诉制度的改革进程，而且对涉案企业的保护力度也相对有限。鉴于此，应拓宽附条件不起诉的主体适用和刑罚适用范围，将犯罪主体扩大至成年人以及企业，并把可能判处的刑罚提高到三年有期徒刑以下刑罚，特别是对走合规之路的涉案企业，适用的可能判处刑罚的范围还应进一步放宽，将直接负责的主管人员和其他责任人员可能被判处七年有期徒刑以下刑罚相对应的企业犯罪，列入适用附条件不起诉的范围。[1] 实践中，上海、江苏、深圳等多地试点机关已经开始探索将国有企业、上市公司、拟上市公司等大型企业涉嫌的

---

[1]　朱孝清:《论能动检察》，载《人民检察》2022 年第 13 期。

重大单位犯罪案件纳入合规考察对象，并在多个案例中作出不起诉决定。如，上海 J 公司、朱某某在未获得商标权利人许可的情况下，组织公司员工生产、销售假冒注册商标的商品，涉案金额达 560 万余元，最终经过合规整改程序获得不起诉处理。[①]

2. 建立中小微企业的简化合规制度

在大型企业中，企业合规本应属其组织体系和结构的组成部分，对其实施较为全面的合规整改，聘请专业的第三方监管机构跟进、监督和评估，具有可行性。但对于中小微企业，全面合规意味着过高的经营成本。当建立企业合规的成本超过企业正常经营的负荷，那么不起诉的保护作用难以实现应有效能。要实现企业合规的本土化，首先应考虑合规的大众面向，合规的全面推广才能真正做到优化营商环境。随着企业合规的多元发展，也应适当为中小微企业提供企业合规的机会。因此，中小微企业的合规无须大而全，而是具有针对性和现实可行性，可以根据涉及的罪名和情节严重程度，确定刑事合规计划的具体内容。

当前，一些检察机关积极探索适用于中小微企业的简化合规工作机制值得借鉴。例如，浙江省检察机关提出对满足合规条件的案件要做到依法"能用尽用"，积极探索对中小微企业的简式合规工作，为建立中国特色企业合规司法制度提供浙江经验、浙江方案。临海等检察机关出台《关于建立涉案中小微企业简式合规第三方监督评估工作机制的实施办法（试行）》及其配套机制，对中小微企业适用更简化的合规流程，如缩短合规考察期，建立 1—3 个月不等相对较短的合规考察期，制定更为简化的专项企业合规计划等。

3. 建立层次性的企业合规有效性标准

企业合规计划的有效性判断，绝不单是一份看似规范而无可挑剔的书面文件，其根本标准是有效预防再犯，因此合规整改有效性审查应当注重对合规整改的全过程审查。笔者认为，针对不同的案件类型、罪行轻重、

---

① 孙风娟：《最高检发布第二批企业合规典型案例》，载《检察日报》2021 年 12 月 6 日，第 1 版。

企业规模和经验漏洞，构建层次性的合规标准和评估合规有效性的原则。对于规模较大的涉案企业，合规评价标准可以从合规计划的制定、实施效果到持续性跟进等三个方面进行评估。计划制定的内容包括：（1）风险识别；（2）规章制度；（3）审计与会计审核；（4）日常培训与沟通；（5）举报与报告；等等。实施包括：（1）高层决策；（2）组织机构；（3）问责与奖惩等。持续跟进包括持续改进的能力和企业合规文化等。对于中小微企业，合规的评价标准应具有针对性，围绕涉及的罪名、情节对重点风险领域制定合规工作计划，通过完善生产经营监管流程，集中加强风险点的自我检查，参与相关的企业合规、合法经营的法律培训等，实现精准化、高效的合规治理整改。同时，缩减第三方机制考察规模，以降低合规成本。

4.建立常态化的监督回访机制

从目前的情况看，建立长时间的企业合规考察周期的可能性较小。这就意味着，在完成企业合规的评估考察工作、检察机关作出不起诉决定后，企业恢复正常运转，合规计划的执行实施和改进由企业自我管理。但合规运营对以营利为目的的企业而言始终是一项负担。因此，要确保企业合规制度建设的长期有效，还需要公权力机关外部监督的支持。除了相关行政主管部门的日常检查外，检察机关可以设立"随机＋定向"的监督回访机制，联合行政部门对已经完成合规整改的企业进行监督回访，尤其是针对涉罪领域进行风险排查，如发现合规整改落实不到位，或者未及时修正合规计划的，可以向企业制发检察建议，推进企业开展合规建设，对企业的合规情况进行常态化的监管，在更广泛领域发挥检察机关在提高社会治理效能方面的作用。

（三）程序供给：完善合规不起诉的办案程序

合规不起诉作为一种对已经构成犯罪的企业进行程序出罪的制度，以审前程序转处的方式得到对应当被起诉的犯罪企业"出罪"处理的结果，检察机关开展合规不起诉工作要高度关注程序正义。

1.启动程序

启动程序主要分为两种情况，一种情况是检察机关主动启动程序。检察机关在审查起诉过程中，认为涉案企业的社会危害性较小、自愿认罪认罚、自愿接受行政处罚和赔偿且具备合规建设条件，而向涉案企业提出合规整改的检察建议，主动决定启动企业合规不起诉。另一种情况是涉案企业自愿向检察机关提出合规整改建设意愿，检察机关综合案件整体情况进行考量，特别注意案件是否符合证据标准和社会公共利益标准，有足够的证据证明对该企业合规不起诉符合社会公共利益的需求，审查认为其具备条件而启动合规不起诉程序。

2. 实施程序

检察机关应当告知企业合规不起诉的意义及企业的权利义务，听取企业的合规意愿，对于自愿进行合规整改的企业，要求其在规定的期限内制作并提供合规计划书，着重审查其中的企业合规承诺、合规体系建设方案、赔偿责任落实、合规整改验收时间等内容。认为具有合规可行性和必要性的，检察机关应当作出同意企业合规建设的决定，同时确定合规考察期。根据检察一体化性质，合规程序和内容需上报上级检察机关备案，上级检察机关可以对合规整改提出修改完善意见。在合规考察期内，涉案企业没有或不配合履行合规建设义务的，检察机关应当终止合规不起诉程序，向法院提起公诉；涉案企业履行完毕合规整改，且在考察期满后评估结果合格的，检察机关作出不起诉决定。

3. 监督考察程序

企业合规制度有效运行的核心环节是合规监督考察。建立第三方监管机制的根本目的在于协助企业开展合规建设，促进企业合规经营，从而减少和预防犯罪，实现国家治理体系和治理能力的现代化，因此应当逐步完善并落实好该制度。

一要严格把关资质。在启动合规监督考察时，第三方监管委员会应当对第三方监督评估组织（以下简称第三方组织）的人员组成、机构的资质进行审核把关，检察机关在第三方专业人员的确认上应当加强监督作用。除了审查专业能力外，还要保证监管考察的客观公正性，与企业有利害关系的人员应及时排除在外。可以借助大数据对第三方专业人员进行资质审核，并对第三方专业人员的公示情况进行监督，接到异议及时向第三方监管委员会反映。

二要设置程序保障。一方面，保障企业的控告权利。在对企业进行合规时，检察机关应向涉案企业送达权利义务告知书，告知涉案企业、人员，如第三方组织的人员有违法或者不当行为的，可以向检察机关控告、举报。另一方面，加强对第三方组织的监督和指导。如签订保证书等，第三方监管人保证自己在履职过程中遵守保密要求、公正客观执法、不得干扰企业正常经营等，否则将承担相应后果。同时，合规监管委员会对第三方监管人进行必要的培训和指导，明确职权清单，对第三方组织工作开展情况进行跟踪抽查。第三方组织需定期提供监督考察报告，第三方监管委员会开展日常监督检查等。

三要突出实质审查。合规考察书面报告作为检察机关做出处理判断的重要参考，检察机关应当加强实质性审查判断。除了审查第三方组织人员、机构的资质外，还应看过程是否规范、方法是否科学、结论是否科学合理等，类似鉴定意见的审查判断。这对办案人员提出了更高的司法要求，检察官可以借助外脑对考察报告进行审查，向专家、学者进行咨询，听取意见。必要时通过公开审查的方式进行组织专家会诊，增强合规考察评估的透明度和公信力。

（四）权力制约：规范检察主导责任的运行

认罪认罚从宽制度充分凸显了检察机关在审前程序中权能拓展的空间与潜能，将企业合规纳入公诉领域，也释放出中国诉讼模式现代化转型的重要信号。[①] 如何认识检察机关的主导地位和作用，是合规不起诉制度改革的关键问题，也关系着这项制度的发展方向，在具体落实中可以从以下几方面着手：

1. 强化检察机关在第三方监管中的主导责任

在第三方机制监管中，应围绕以检察机关为主导展开。第三方监管

---

① 周新:《论认罪认罚案件量刑建议精准化改革》，载《政治与法律》2021 年第 1 期。

委员会通过选任第三方专业人员形成通力合作的"监管—实施"的合规整改格局。检察机关不能因为有专业力量介入，便直接将合规考察任务交给第三方专业人员处理，作为监督审查部门，检察机关应全面、统筹考察进度，及时掌握、调查、督促合规计划进展，避免"纸面合规""形式合规""虚假合规"的现象发生。

2. 区分企业"社会危险性"和个人"人身危险性"

实践中，有将减少羁押作为企业合规的激励手段之一的倾向性，但这一做法容易产生混淆"人身危险性"与"社会危险性"的风险，企业的社会危险性大小和企业合规建设有关，但是和企业员工的人身危险性往往没有直接关联。因此，应严格按照被追诉人的"人身危险性"作为强制措施具体适用的判断依据，避免超出法律规范的范畴，陷入以"合规协议"换取"不捕不押"的窠臼。

3. 完善不起诉裁量权的监督制约机制

在企业治理领域，尽管最高检通过制定各项政策鼓励各地检察机关用足、用好不起诉权，但实践中检察机关适用不起诉时仍相当慎重且存在标准不一的情况。目前检察机关作出不起诉决定的最主要依据是第三方组织出具的评估报告。但仅依赖合规报告的书面审查，恐怕不能完全确保检察机关不起诉决定的科学性。未来，检察机关可以设置一套针对合规考察的评价标准体系，以不起诉法定条件为基础，从起诉牵涉的经济影响、企业合规整改的难度、预期效果等方面具体设计科学的指标、要素，对是否起诉进行综合研判，从而明确不起诉裁量的标准，消除检察机关作不起诉决定的顾虑。作为"企业版"的认罪认罚从宽制度，在公私合作与协商的同时，还应注意避免出现权力的滥用。其中，检察听证制度可以发挥重要作用。通过公开听证，让各方对涉案企业的不起诉决定和合规考察情况有清晰的了解。此外，在不涉及公司秘密的情况下，通过网络等媒介公开企业合规的进展和结果，让公众能够对企业合规进行监督，确保企业合规建设监督工作和评价的公开性、权威性和公信力。

涉罪台资企业合规的本土化实践路径探寻

——以嘉善县台资企业合规治理理念为展开

孙高强　许　雅　王　杰*

摘　要： 台资企业在大陆投资发展不断扩大和深化，产业特色鲜明。嘉善县是长三角地区台商投资最集聚的县域之一，台资企业主要集中于制造业领域，产业结构、大陆与台湾地区法律制度差异决定台资企业所涉刑事犯罪具有独立成因与背景。对台资企业开展企业合规是惠台政策落地、法律平等适用、统一战线开展的共同需要。实践中需要处理合规模式的选择、涉案企业对认罪认罚从宽制度的信任、合规激励对象及激励程度的把握问题。在合规路径本土化设计的理念层面，可将组织体刑事责任论作为单位犯罪归责根据，运用罪责自负原理灵活处理单位与个人；实践层面，可在合规监管中引入对台职能部门强化联络，同时为异地合规协作制定预案。

关键词： 台资企业合规；合规激励；制度移植与本土化；组织体刑事责任论

一、问题的提出：嘉善县台资企业犯罪现象的归纳与分析

（一）台资企业刑事犯罪现象的归纳

台商在大陆的投资可追溯到 30 多年前。其间，台湾地区与大陆的经贸交流从无到有、从少到多、从间接到直接、从单向到双向，不断扩大和

---

* 孙高强，浙江省嘉善县人民检察院第二检察部主任；许雅，浙江省嘉善县人民检察院检察官助理；王杰，嘉善涉台检察理论研究基地工作室成员。

深化，形成了全方位、宽领域、多层次的格局。近 30 年间，台资企业在大陆投资总金额超过 1900 亿美元，投资件数达 44000 余件，同时台资企业经营领域向先进制造业和现代服务业，向技术密集型产业和知识密集型产业转变，投资模式向持续的规模化投资转变，产业运营模式也从 OEM 向 ODM 和 OBM 转变。[①] 台资企业产业特色鲜明，初期为传统制造业；自 2000 年以来逐渐形成以电子产品制造业为核心，金属制造业、精密器械制造业为辅助的产业格局。浙江省嘉善县是长三角地区台商投资最集聚的县域之一，自 1987 年至今已累计吸引了 500 多家台资企业来嘉善投资兴业，实际利用台资超 34 亿美元，现存活跃台资企业 330 家，其中规上台资企业 87 家。嘉善县台资企业主要集中于精密机械、装备制造和电子信息等制造业领域。

台资企业的产业结构决定该群体涉罪时的主要罪名分布。自 2021 年以来，嘉善县人民检察院共受理涉台资企业刑事案件 18 件（犯罪嫌疑人 31 人，5 件为单位犯罪）[②]，其中 4 件涉嫌污染环境罪（犯罪嫌疑人计 13 人，均为单位犯罪），2 件涉嫌商业贿赂犯罪（犯罪嫌疑人计 4 人，1 件为单位犯罪）。污染环境罪与台资企业目前的业务类型相关，犯罪方式均为重点排污企业篡改、伪造自动监测数据或者干扰自动监测设施，排放化学需氧量、氨氮、二氧化硫、氮氧化物等污染物，以 A 公司涉嫌污染环境罪为典型[③]；而商业贿赂类型犯罪则表现为对非国家工作人员行贿以获取利益[④]，体

---

① 李应博：《中国大陆台资企业空间分布演化特征、因素与政策含义》，载《中国软科学》2021 年增刊。

② 本文所讨论的台资企业犯罪行为与单位生产、经营活动相关，故具有台资企业背景自然人所涉嫌的与企业生产经营无关的个人犯罪，如危险驾驶罪等，不在本文探讨范围。

③ 例如，A 公司系台资独资企业，是嘉兴市重点排污单位。自 2021 年 9 月中旬开始，因公司污水监测化学需氧量（COD）数值频繁超标，在公司污水处理负责人要求下，污水处理工在公司污水处理设备旁安装自来水软管，在化学需氧量数值临界时通过自来水软管向污水池中添加清水进行稀释，干扰监测设施、篡改监测数据。2022 年初，环保部门执法检查时发现 A 公司上述干扰监测设备、篡改监测数据行为，于是本案案发。该案为全国首例台资企业合规案件。

④ 例如，B 公司系台资合资公司，在公司经营过程中，为从业务往来公司处谋取不正当利益，经 B 公司讨论决定，于 2017 年至 2020 年期间持续给予业务往来公司相关部门领导、工作人员购物卡、加油卡、烟酒等财物，共计价值人民币 23 万余元。

现出企业追逐利润与获得竞争优势的犯罪目的，反映了目前对台资企业培育的营商环境仍有进一步改进之处。此外，虚开增值税专用发票罪也是台资企业涉嫌的常见犯罪。

（二）台资企业刑事犯罪原因的分析

如上所述，台资企业刑事犯罪所涉罪名具有独立成因与背景：污染环境的犯罪行为是加工制造业类企业特别是电子信息产品制造业难以回避的"原罪"，商业贿赂犯罪体现了企业或个人对于人情或者关系的青睐，反映了人情社会与法治社会之间的价值矛盾。台资企业的犯罪原因大致可以归入法律技术以及现实利益两个层面。

1. 法律技术层面，大陆与台湾地区法律制度存在客观的差异。相应差异一方面导致台资企业对于大陆法律规则的不适应，另一方面导致台资企业在特定领域中可能产生违法性认识错误以及违法性认识不足。以环境犯罪的法律对比为例，尽管大陆有《水污染防治法》《固体废物污染环境防治法》等部门法律，而刑事相关条款集中于刑法之中。[①] 刑法既是司法者的裁判规范，也是行为人的行为规范，而台湾地区所谓"刑法典"中未规定环境犯罪，而是在经济、行政等"非刑事法律规范"中分散规定环境犯罪，如"海洋污染防治法"第 36 条规定"公司场所非经中央主管机关许可，不得向自然保留区、生态保育区排放废（污）水，违者处负责人三年以下有期徒刑、拘役或科或并科新台币三十万元以上一百五十万元以下罚金"[②]。因此，如台资企业对大陆环保相关部门法重视有余，而对刑法重视程度不足时，特别是对立案追诉标准以及司法解释的重视程度不足之际，台资企业易产生违法性认识错误或者违法性认识不足，情有可原。同样

---

① 例如，《水污染防治法》第 101 条规定，"违反本法规定，构成犯罪的，依法追究刑事责任"；《固体废物污染环境防治法》第 123 条规定，"违反本法规定，构成违反治安管理行为的，由公安机关依法给予治安管理处罚；构成犯罪的，依法追究刑事责任；造成人身、财产损害的，依法承担民事责任"。上述部门法相关规定不是刑法渊源。

② 林龙：《两岸陆源海洋污染防治立法比较与借鉴》，载《理论观察》2018 年第 1 期。

的问题存在于台资企业对于商业贿赂的认识中。大陆和台湾地区在法律传统、法律渊源等方面存在的差异，致使商业贿赂犯罪的刑事立法呈现不同的特点。① 大陆刑法关于商业贿赂主体包括公司、企业和其他单位的工作人员，台湾地区所谓"刑法典"贿赂犯罪的主体仅限于公务员和仲裁人，商业贿赂犯罪未全部予以列明，而是在所谓的"破产法""银行法""证券交易法"等中。大陆和台湾地区对于具体个罪的覆盖面不同，如果台资企业家以台湾地区的规定为认识起点，则其对大陆刑法所调整罪名的认识必然存在不足，对大陆法律了解不充分导致对行为社会危害性和违法性认识错误以及违法性认知的不足。

2. 现实利益层面，需要关注企业逐利心理以及现实需求是诱发税务类犯罪以及污染环境罪的重要原因。税收抵免的不协同加剧了税务犯罪难以根治的局面。有关数据显示，台商对大陆地区的投资金额已经占据其对外投资总额的 62%。但因税制差异，双重征税、逃避税收等问题逐渐成为台资企业在大陆触犯税务犯罪的重要因素。② 大陆地区在《个人所得税法》《企业所得税法》中规定了来源地税收与居民税收的征税标准。台湾地区所谓的"所得税法"规定了综合所得税及营利事业所得税的征税标准。两地均对个人及企业所得进行征税，因此，台资企业在大陆地区的投资不可避免地面临双重征税。大陆地区为了吸引台资企业投资置业，制定并颁布了大量税收优惠措施，除了降低企业所得税税率等措施外，在《企业所得税法》第 23 条与第 24 条、《个人所得税法》第 7 条均规定了限额抵免。台湾地区制定的"台湾地区与大陆地区人民关系条例"第 24 条、第 25 条③ 亦规

---

① 高铭暄、陈璐：《海峡两岸商业贿赂犯罪比较研究》，载《人民检察》2010 年第 21 期。

② 崔晓静：《中国大陆与台湾地区税收征管合作问题研究》，载《浙江工商大学学报》2020 年第 2 期。

③ 台湾地区制定的"台湾地区与大陆地区人民关系条例"第 24 条规定："台湾地区人民、法人、团体或其他机构有大陆地区来源所得者，应并同台湾地区来源所得课征所得税。但其在大陆地区已缴纳之税额，准自应缴纳税额中抵扣。前项扣抵之数额，不得超过因另计其大陆地区所得，而依其适用税率计算增加之应纳税额。"第 25 条规定："大陆地区人民、法人、团体或其他机构有台湾地区来源所得者，其应纳税额分别就源扣缴，并由扣缴义务人于给付时，按规定之扣缴率扣缴，免办理结算申报。"

定了限额抵免。然而，由于税务协作机制的原因，大陆与台湾地区税务信息不畅通，抵免程序复杂，造成在实际运行过程中税收抵免的益处难以具化。此外，在我国对于增值税专用发票的犯罪治理中，企业对合法进项发票的缺乏一直都是税务类犯罪频发的重要原因，缺乏合法的进项发票意味着难以合法冲抵其经营成本，环保义务的承担也意味着企业成本负担的扩大。对台资企业的犯罪预防，不能忽视企业天生的逐利刚需。

由此可见，台资企业涉罪具有自身独特的原因与背景。另外，台资企业在大陆的总体数量相较于其他民营企业而言仍属于"少数"存在。因此，在企业合规改革试点背景下，台资企业是否可以开展企业合规，现行企业合规路径设计是否适合于台资企业开展合规等问题值得探讨。

二、问题的深化：台资企业合规必要性及现实困境

（一）台资企业合规必要性：惠台政策、法律平等以及统一战线的共同需要

1. 对台资企业定制企业合规，是惠台政策在刑事检察框架内落地的重要路径

台资企业具有双重身份：其一，台资企业资本来源或者企业经营者来自台湾，是我国境内外经贸交流的重要主体；其二，台资企业虽是台胞所投资、创办或经营管理，同样也是嘉善县本地的实业单位。经过长达35年的本地经营，台资企业群体是嘉善县经济增长的重要组成部分，本地劳动力的重要流向，也是嘉善县主要的利税群体。为促进台胞平等投资、就业，国务院台湾事务办公室、国家发展和改革委员会等部门分别于2018年、2019年发布并实施《关于促进两岸经济文化交流合作的若干措施》《关于进一步促进两岸经济文化交流合作的若干措施》，在此基础上，浙江省出台76条惠台实施意见。上述规范的共性在于强调完善对台企、台胞的同等待遇与支持、优惠，并未规定刑事场景中是否应当贯彻惠台政策，遑论如何贯彻惠台政策的支持、优惠精神。法律面前人人平等是刑法适用的重要原则，在新冠疫情期间，最高人民检察院基于社会治理的现实需要，

制定并执行《关于充分发挥检察职能服务保障"六稳""六保"的意见》，保障民营企业复产复工、正常经营，发挥检察职能保障、优化营商环境，台企作为民营经济的一部分，也应当享受刑事司法政策之下、刑事制度框架之内的惠泽。

2. 对台资企业梳理、议论合规开展时可能存在的问题，也是完善、优化在刑事检察领域开展统一战线工作的实践需要

统一战线是中国共产党凝聚人心、汇聚力量的重要法宝。根据《中国共产党统一战线工作条例》的要求，对台统一战线工作的主要任务是贯彻执行党中央对台工作的大政方针，坚持"一个中国"原则，广泛团结海内外台湾同胞。目前企业合规虽然面向所有符合具体资格的企业，台资企业也不例外，但是基于台资企业与台湾的密切联系，对台资企业涉刑案件的办理过程也是统一战线的实践场景。对台资企业作出一个优秀的合规案例，获取台资企业对于大陆营商环境的认可，是完善、优化刑事检察领域统一战线工作的实践需要。时下嘉善县台资企业犯罪总数较小，所涉罪名较为集中，对涉案企业具有妥善治理的可行性，可以小心、细致、谨慎、精细地开展对适格企业的合规整改工作，将相应工作经验总结成为人民检察院办理台资企业合规的重要经验，并与其他职能部门互动与反馈。目前嘉善县人民检察院对辖区内 A 公司涉嫌污染环境罪一案层报浙江省人民检察院批准开展合规整改工作，嘉兴市人民检察院商请市第三方管委会启动第三方机制对该公司开展合规监督考察。该案中，企业污染环境的行为方式颇具典型性，借由该案所积累的合规经验可以作为类似案件的办理参考，可以促进以案带治的作用，也是刑事检察条线统一战线工作内容的深化与丰富。

（二）台资企业合规的现实困境

1. 关于合规模式的选择难题

该问题的核心是目前企业合规虽主推第三方机制作为合规程序，其他既有的合规经验是否必然淘汰？自最高人民检察院推动企业合规改革试点之后，第三方机制是企业合规领域日益受到重视的办案机制。2021 年 6 月，最高人民检察院等九部委制发《关于建立涉案企业合规第三方监督评估机

制的指导意见（试行）》，2021年10月浙江省23家单位会签《关于建立涉案企业合规第三方监督评估工作机制的意见（试行）》。在第三方机制指导意见出台之前，各地因地制宜探索自己的合规整改与验收模式，例如江苏省张家港市人民检察院采取情节轻微相对不起诉模式，上海市金山区人民检察院采取繁简分流的合规监管模式，南京市建邺区人民检察院区分大型企业和小微企业分别采取双听证模式和"相对不起诉＋检察建议＋公益诉讼模式"①。最高人民检察院关于第三方机制指导意见以及《企业合规问题研究指导工作组会议纪要》的四次会议纪要虽然重点关注第三方监督评估机制，但没有将对第三方机制的提倡等同于清理掉其他企业合规模式。

从业务程序开展的角度而言，第三方机制有利于合规工作的标准化，但是回归企业合规初衷，适配企业本身的合规整改以及验收方式才是最为合适的合规方式。换言之，合规整改模式以及验收方式不应当为企业增加诉累。现行的第三方机制，无论是九部委的规定还是浙江省的规定，均存在不区分企业规模、企业类型、企业合规能力的问题；而且在所设置的规定中，开展企业合规不以单位犯罪为前提，只需满足公司、企业等市场主体在生产经营活动中涉及的经济犯罪、职务犯罪等案件——"与生产经营活动密切相关"是其关键词。将所有企业一视同仁地作为第三方机制可能适用的对象，实则体现合规模式的灵活性不足。嘉善县现存规上台资企业87家，小微企业243家，规上企业与小微企业在经营规模以及合规实力上存在现实差别。在目前情况下，将合规模式及整改路径作为涉案企业合规整改的意思自治，在第三方监督评估机制为主的情况下，尊重涉案企业或者个人的意定合规方式，或许更为适宜，可以作为嘉善县人民检察院体系化整合企业合规经验时的考虑内容。

2. 合规监管缺乏对口职能部门

我国企业合规自试点以来，主要采用第三方监管模式，在该模式下台资企业合规监管缺乏对口职能部门。第三方监管模式中，行政机关角色尤

---

① 朱伟悦：《企业环境犯罪治理合规建设研究——以生态环境保护检察实践为视角》，载《犯罪研究》2022年第2期。

为重要。从西方国家成熟的体系来看，对合规管理体系具有推动作用的机构主要有两大类：一是检察机关，二是行政机关。前者主要在审查起诉环节，通过对建立合规计划的企业给予宽大刑事处理的方式，推动企业合规制度的建立和完善。后者则是在行政监管环节，推动企业建立有效的合规计划。我国企业合规试点以来亦是如何设计。最高人民检察院联合了 8 家行政机关出台企业合规第三方评估机制指导意见，浙江省检察院、嘉兴市检察院均联合 20 多家行政机关相继建立第三方评估机制，从以上机制可见，行政机关作为行政监管主体在企业合规中不可或缺。

但从目前机制来看，无论是最高检抑或省市检察机关都没有纳入适合监管台资企业的行政机关或部门机构。如前所述，台资企业有其独特的犯罪现象和犯罪成因，在企业合规过程中，需要有对台法律、政策及事务熟知的相关职能部门进行监管和评估。工商联作为企业合规重要的参与者，虽擅于与民营企业沟通和交流，但并非系台资企业对口的部门机构，并不能专业化指导台资企业建立有效的合规整改计划，而其他行政机关更是关联甚远。因此，在现行设计下，台资企业合规监管缺乏对口的职能部门。

3. 关于台资企业涉案主体对于认罪认罚从宽制度的信任问题

台资企业投资人、负责人或者高管对于认罪认罚从宽制度存在抗拒心理。尽管认罪认罚从宽制度属于协商性司法产物，在 2018 年刑事诉讼法修正中制度化，但台资企业投资人、负责人以及高管基于相关规定的差异，对认罪认罚从宽制度存在误解。其一，认罪认罚强调自愿性和真实性，而第三方机制开展的前提是涉案企业或者自然人认罪认罚，企业与自然人为追求企业合规的激励效果，可能会视认罪认罚为"必要代价"，而违背本意地认罪认罚并不是认罪认罚从宽制度所追求的法律效果。其二，错误地理解认罪认罚从宽与刑事责任承担之间的关系。嘉善县人民检察院在实践中发现部分台资企业涉案责任人员存在一旦认罪认罚就会面临刑事处罚的错误认识。该问题系认罪认罚从宽制度运行的共性问题，其本质是认罪认罚从宽制度实践落地之中并未得到有效释明，特别是在一般公诉案件办理中，认罪认罚具结一直存在效率与效果不能兼得的矛盾。[①] 对于认罪认罚从宽制度以及企业合规激励的释法说理，既需要人民检察院依职权开展工作时进行必要的解释说明，也需要辩护律师、值班律师对涉案企业和自然人提供有效法律帮助，才能确保涉案企业及个人对企业合规的选择系出于真实与自愿。

4.合规激励对象范围以及合规激励程度的范围难以定量把握

就前者而言，争议问题落于合规整改之后如何处理责任人。第一种观点认为应当遵循域外企业合规放过企业、严惩责任人的通常做法，第二种观点认为我国企业合规之下应当既放过企业也放过责任人。上述两种观点均属于片面深刻，如上所述，市场之中企业各有不同，嘉善县台资企业在小微及规上均有分布，目前县域内台资企业大多数是独资企业，企业投资者就是直接负责经营管理的人员，如果固守"放过企业、严惩责任人"的域外合规经验，将导致台资小微企业、独资企业管理出现中空的局面，对企业所开展的合规并不能在实质意义上挽救企业，反而加速企业灭亡。

就后者而言，该问题发轫于最高人民检察院企业合规推行激励态度的转变，即从一开始的合规不起诉转向现在的合规从宽。最高人民检察院《企业合规问题研究指导工作组会议纪要》第一次纪要与第二次纪要均强调合规开展应当与认罪认罚相结合。关于企业合规与认罪认罚从宽之间的关系，有观点认为不宜参照认罪认罚从宽制度作为企业合规不起诉的路径选择[②]，也有观点认为合规不起诉应当依托于认罪认罚制度[③]。应当说，承认企业合规与认罪认罚制度之间的依存关系，更加符合目前企业合规的开展方向，而且认罪认罚的法律效果是从宽处理，也有助于破除涉案企业及自然人对于合规整改通过即不起诉的迷信。无论是不起诉、建议适用缓刑、

① 王帅琳、王杰：《证据开示表：破解值班律师见证效率与效果难题》，载《检察日报》2020年3月8日，第3版。
② 刘少军：《企业合规不起诉制度本土化的可能及限度》，载《法学杂志》2021年第1期。
③ 杨帆：《企业合规中附条件不起诉立法研究》，载《中国刑事法杂志》2020年第3期。

建议免予刑事处罚还是其他从宽量刑建议，均以人民检察院以事实为依据、以法律为准绳，以自由裁量的方式作出，目前的量刑规范化文件中，罪名基准刑与量刑增减幅度的影响因素中并无企业合规的刑事激励，人民检察院基于企业合规所作出的量刑建议有别于通常刑事检察案件内依据量刑规范化文件所作出的量刑建议。

三、实践的路径：台资企业合规本土化治理路径探索

（一）形而上论：企业合规制度移植与本土化的理念整合

第一，合法性是本土化必须坚持的前提。应当明确企业合规的"舶来品"性质，境外经验的镜鉴应服务于制度的本土化。"合规发源于美国，国外一般将其称为企业合规。企业合规，是指涉案企业在符合一定的合规要求后可以获得从宽处理的一种司法制度。"[①] 在美国合规实践中，企业向检方提交合规计划，检企协商、签署暂缓起诉协议（DPA）或者不起诉协议（NPA），并按协议执行。我国系实定法国家，由于法律尚未规定涉企业犯罪的附条件不起诉制度，也没有规定暂缓起诉制度，在法律没有修改之前，合规试点以及业务中的灵活创新应当限定于既有的法律制度框架。最高人民检察院《企业合规问题研究指导工作组会议纪要》（第一次会议）指出"对于企业犯罪附条件不起诉制度（暂缓起诉），现阶段可以做理论层面研究，不应在司法实践中推行，尤其不得突破现行法律规定"，亦明确企业合规试点工作中的合法性要求属于重中之重。

第二，应当将组织体刑事责任论作为单位犯罪归责基础的理论根据，运用罪责自负的责任主义原理，灵活、适正决定涉案单位与责任人的最终处理。一方面，企业合规是刑事领域企业治理改革的大胆尝试；另一方面，企业合规激荡理论界对单位犯罪归责基础的反思。《刑法》第 30 条、第 31 条单位犯罪刑事责任范围以及处罚原则的规定存在极大的解释空间。

---

① 卢勤忠:《企业刑事合规实践探索的适用问题研析》，载《中州学刊》2022 年第 3 期。

英国法中单位犯罪的归责原则有"替代责任原则""同一视原则"与"预防失职模式"，美国法中单位犯罪的归责原则有"上级责任原则""同一视原则"[①]；目前，组织体刑事责任论是有力学说[②]。

　　笔者赞同将组织体刑事责任论作为单位犯罪归责基础的理论根据。组织体刑事责任论认为单位是具有独立性的实体，"单位之所以要对作为其组成人员的自然人的违法行为担责，是因为单位成员在单位业务活动中的违法行为，与单位自身的制度、措施、精神文化等具有千丝万缕的联系。"[③] 而且，单位与成员作为独立的责任主体，是否具有刑事责任，也是将其各自行为比照犯罪构成，根据责任自负的原理进行个别判断。《刑法》第 30 条、第 31 条虽然将单位、直接负责的主管人员和其他直接责任人员并列规定，并不意味着对单位与责任人员的处置必须同步进行，将单位与责任人员并案处理，只是便于司法进程展开的惯常之举。当前，嘉善县台资企业中虽有晋亿实业、台升国际、富士康科技等一批台湾知名企业，但中小微企业数量更多，而且企业涉案的责任人员多是创始人或者核心技术人员，对于企业以及涉案责任人员的处理关乎办案的社会效果。只要坚持责任主义原理，对企业以及涉案人员的刑事责任以及处理进行个别化判断，企业与责任人员在诉讼过程中的分离就有理论根据，就能根据办案的现实情况，为考察期限较长的企业合规留出办案空间，也可以通过分案处理的方式对即便开展企业合规也不可能不起诉的责任人提起诉讼。

　　（二）形而下论：嘉善县台资企业合规治理的具体路径

　　第一，工作方式上，应当将专项合规作为台资企业合规的主要模式。嘉善县台资企业的犯罪主要集中于环境污染、涉税犯罪、商业贿赂，而这

---

　　① 李翔：《企业刑事合规的反思与合理路径的构建——基于我国单位犯罪原理的分析》，载《犯罪研究》2021 年第 5 期。

　　② 黎宏：《组织体刑事责任论及其应用》，载《法学研究》2020 年第 2 期；孙国祥：《涉案企业合规改革与刑法修正》，载《中国刑法杂志》2022 年第 3 期；张静雅：《二元分离模式下单位刑事责任之重构》，载《国家检察官学院学报》2022 年第 4 期。

　　③ 黎宏：《组织体刑事责任论及其应用》，载《法学研究》2020 年第 2 期。

三类犯罪属于生产经营所伴生的负面效应，或造成水、土壤、空气等环境资源的破坏，或造成国家税款的流失，或破坏营商环境。三类犯罪的滋生原因完全不同，且特征鲜明。对于台资企业上述案件的企业合规工作，应当根据不同的类别，围绕犯罪原因、企业内部治理漏洞进行专项整治。

第二，办案尺度上，需要妥善处理合规激励与罪刑法定、严格执法之间的隐形冲突。企业合规目前是检察系统主推的犯罪治理实验，尚未形成法律制度。针对台资企业所涉刑事案件复杂敏感、政策性强、社会关注度高的特点，在保障台资企业合法诉讼权益的前提下，为台企台胞提供充分、平等的司法保障。保障台资企业待遇，促进台资企业健康有序地发展，对台资企业的合规激励可以积极运用认罪认罚从宽制度、相对不起诉等措施依法开展，对于需要作出不起诉决定、免予刑事处罚量刑建议等重大处理结果的，需要充分论证决策理由。

第三，技术层面上，可以通过引入人民政府台湾事务办公室、台商协会等对台职能部门或者自治组织，强化台资企业合规前后的联络与沟通，同时对台资企业合规第三方机制监管人来源进行优化，保持检察机关法律监督职能的持续性，在办理本地案件时为异地合规制定工作预案。

一是引入人民政府台湾事务办公室、台商协会等对台职能部门或行业组织，强化台资企业合规开展前后的联络与沟通。台资企业是特殊的社群，由于地缘原因，该群体内部的人情联系相对较强。人民检察院是法律监督机关，行政机关以及侦查机关与台企之间的联系均是基于案件而产生，未必深入了解台资企业真实的生态圈，适当引入人民政府台湾事务办公室等对台职能部门居间沟通，尤为重要。人民政府台湾事务办公室的主要职责即组织指导、管理、协调对台工作，其中包含对台资企业的政策指导及服务工作。人民政府台湾事务办公室是台资企业和国家机关之间的桥梁。此外，台商协会发挥维护会员权益、提供情感归属，促进大陆与台湾地区的交流，推动和平发展、融合发展。相较于人民政府台湾事务办公室，台商协会更能体现企业的自治属性，在商会与政府及相关部门保持有效互动的情况下，增强沟通的说服力。

二是对台资企业合规第三方机制监管人来源进行优化。保障台资企业合规第三方监管人的专业性，可以将对台资企业的合规监管单列，根据所涉犯罪类别单独制定第三方监管人名单，而相应的适格监管人来源既可以向嘉兴市外拓展，例如温州市人民检察院面向全国选任独立监管人，对于台企合规所需要的独立监管人，拓宽其来源，可向嘉善县域外甚至是嘉兴市域外选任合规监管人。此外，也可提高政府各职能部门公职律师担任监管人的比例，公职律师来自业务主管部门，具有较强的履职能力，在工作开展中也能够得到单位支持和业务指导。

三是保持检察机关法律监督职能的持续性。台资企业的投资者绝大部分是台胞台商，在投资的同时亦是企业的经营者、管理者，领导集权现象严重，内部缺少相应的监管体系。因此，对台资企业在企业合规工作开展后，由负责办理合规业务的检察官仔细审查合规计划书中关于企业管理问题的自查情况与自纠方案，整改中指派检察官或检察官办案团队进入企业继续监督，在办结后进行飞行监查，并将监查结果反映主管部门。在未涉嫌犯罪的台资企业中开展检察普法宣讲工作，就台资企业容易触犯的刑事风险，以座谈会、法治讲堂等方式宣传、普法，提升涉案企业及员工的法治意识，加强企业及其员工对法律知识的学习。

四是在办理本地案件时为异地合规制定工作预案。台资企业的犯罪行为未来可能具有跨域性。对此，嘉善县人民检察院应当对台资企业合规业务作本院主办以及本院协办并轨考虑。最高人民检察院第二批企业合规典型案例中"上海J公司、朱某某假冒注册商标案"即针对涉案企业注册地、生产经营地和犯罪地相分离的情况，依托长三角区域检察一体化协作平台，联合探索涉案企业合规异地协作工作机制，合力破解异地社会调查、监督考察、行刑衔接等难题。该案中的支持文件为沪浙苏皖四地检察院联合制定的《长三角区域检察协作工作办法》，其效力仅限于长三角三省一市。上下级检察机关之间的关系是领导与被领导的关系，为保证异地人民检察院办理刑事案件时本地人民检察院介入合法、妥善地协助，应当扩大人民检察院在企业合规案件办理中的区域协作。基层院也应当为异地合规的协办制定工作预案。

最好的社会政策是最好的刑事政策，目前嘉善县台资企业的犯罪治理属于预防阶段，企业虽有犯案情况出现，但是尚属治小、治早环节。通过企业合规，通过刑事案件的办理发现问题的症结、积累办案经验，将刑事领域的合规经验转化为行业治理经验，使刑事领域与其他社会领域进行良性的互动，才能实现合规作为社会治理新形式的最大价值。

审判阶段企业合规实践问题探究

张永强　范传琪　艾　杰[*]

摘　要： 企业合规不起诉是目前检察机关开展企业合规的主流，也是研究的热点。但对于审判阶段企业合规，理论界研究较少，司法实践也不多。尽管审判阶段企业合规符合最高人民检察院的相关规定，但在实际操作中还存在较多的困惑和争议。本文以本院在办理审判阶段企业合规中遇到的具体问题为基础开展研究，以求解决实践中的问题。

关键词： 审判阶段企业合规；程序衔接；证据收集；企业合规结果运用

一、审判阶段企业合规的概念和特征

关于审判阶段的企业合规，目前没有专门的定义，甚至没有专业的概念。审判阶段企业合规是相对于审查起诉阶段开展合规不起诉而言的。一般来讲，凡在审判阶段开展企业合规或企业合规成果由庭审确认并适用于量刑的，均可视为审判阶段企业合规。检察机关企业合规改革目前还在逐步探索阶段，本院作为试点地区的基层检察院，在这项改革初期即开展审判阶段的企业合规，显然属于先行先试，尚需正确把握其本质特征。

（一）审判阶段的企业合规与企业合规不批捕不起诉具有同质性

一是目标上的一致性。《最高人民检察院关于开展企业合规改革试点工作方案》（以下简称《工作方案》）在主要目标中指出，检察机关开展企

---
　*　张永强，湖北省谷城县人民检察院检察长；范传琪，湖北省谷城县人民检察院副检察长；艾杰，湖北省谷城县人民检察院检察官。

业合规改革试点，旨在发挥检察职能，加大对民营经济平等保护……既给涉案企业以深刻警醒和教育，防范今后可能再发生违法犯罪，也给相关行业企业合规经营提供样板和借鉴，为服务"六稳""六保"，促进市场主体健康发展，营造良好法治化营商环境，推动形成新发展格局，促进经济社会高质量发展，助推国家治理体系和治理能力现代化提供新的检察产品，贡献更大检察力量。因此，从目标价值看，检察机关无论是在审查起诉阶段还是在审判阶段开展企业合规没有本质区别，只是所处诉讼阶段不同。①

二是作用机理的同一性。涉案企业的刑事合规效力体现在刑事法的威慑效应和强制效力在企业合规的发展中发挥作用。作为司法机关来说，通过对其从轻处罚的激励措施，倒逼企业向立法、执法、守法环节发展，最终达到挽救企业的目的。对于涉案企业来说，其在刑事法的威慑性和强制性之下，为避企业刑事风险实施企业合规行为，则是企业本身健康、持续发展之所需。正是由于这种激励机制的作用，才使检察机关和涉罪企业共同产生合规动力，只要能起到对涉罪企业从轻处罚、挽救并规范企业行为的目的，并不会因为诉讼阶段的不同而影响激励机制在企业合规中发挥作用。

三是法律上的同源性。从最高人民检察院在《工作方案》"基本内涵"中的表述可以看出，企业合规既可以作为不批准逮捕、不起诉所附条件，也可以作为"根据认罪认罚从宽制度提出轻缓量刑建议"所附条件。而提出轻缓量刑建议当然是指向审判阶段的企业合规。同时，从最高检公布的第一批典型案例看，在审判阶段开展企业合规也是有例可循的。

（二）与合规不批捕不起诉相比，审判阶段企业合规更具复杂性

审判阶段开展企业合规时的复杂性主要表现在：一是需要把握审判阶段企业合规条件。从企业合规的目标价值和激励机制要求看，企业合规是

---

① 陈瑞华：《企业合规的基本问题》，载《中国法律评论》2020 年第 1 期。

以追求对企业的从轻处理，以减小企业刑事风险为前提。《工作方案》中所列的不批准逮捕、不起诉和提出轻缓量刑建议均属对企业的轻缓处理。实践中，同为可能作轻缓处理的刑事案件，在什么情况下作出合规不批捕、不起诉，在什么情况下开展审判阶段企业合规，需要检察机关审慎把握。二是需要与审判机关的形成共识。涉案企业合规改革是检察机关顺应新时代要求而提出的一项改革措施，无论是合规不批捕还是合规不起诉，都在检察机关的权限范围内开展。企业合规一旦进入审判阶段，由于缺乏相关的法律规定，检察机关必然面临与审判机关协调问题。三是需要整合企业合规证据。企业合规作为一种从轻从缓的新型证据，如何让此证据具备真实性、关联性、合法性，对于检察机关来说，是一个新的课题。四是需要解决法律适用问题。如本案例中，两名犯罪嫌疑人涉及两个罪名，一般情况下，可能判处三年以上有期徒刑。检察机关如何既确保企业合规激励机制发挥作用，又在量刑建议中不突破法律底线，是一个考验检察智慧的挑战。

（三）审判阶段企业合规的刑法学意义

一是补全了检察机关企业合规的适用范围。从司法实践看，检察机关普遍开展的是合规不批捕、不起诉。但从检察机关开展企业合规的目的看，无论是在侦查环节给予企业更早改过自新的机会，还是在审判阶段给予企业更多改过自新的机会都是检察机关开展企业合规改革的应有之义。二是有利于更好地检验检察机关开展企业合规的合法性。从司法的统一性来讲，企业合规只有经历了人民法院的审判，并体现到判决结果上，才能真正实现法律在司法机关的统一实施，企业合规改革才能更具合法性和生命力。三是有利于为企业合规立法提供更多、更全面的司法实践。习近平总书记强调，"凡属重大改革都要于法有据"。因此，企业合规改革只有更多、更全面的工作实践，包括审判阶段的司法实践，才能推动立法的科学化。

二、审判阶段的企业合规的程序衔接问题

在办理 DT 物流公司企业合规过程中[①]，谷城县检察院曾对审判阶段企业合规如何衔接引发了争议，有人认为，检察机关应在检察环节开展企业合规，完毕提起公诉。也有人认为，审判阶段的企业合规应当在审判阶段开展。还有人认为，审查起诉阶段和审理阶段启动合规程序均无不可，关键是要看合规条件是否成熟。笔者赞同第三种意见，理由如下：

（一）检察机关在审判阶段开展企业合规理应与人民法院达成共识

在当前企业合规改革期间，如果检察机关不能在企业合规程序、合规证据认定、合规成果运用等方面与审判机关形成共识，审判阶段企业合规将难以进行，企业合规成果就难以体现在判决结果上。由于企业合规改革是基于优化法治化营商环境等方面的正向选择，这与审判机关的价值追求并无二致。故在审判阶段开展企业合规，与审判机关的沟通是必需的，也是可行的。如在 DT 物流公司企业合规案中，谷城县检察院经过与法院沟通后，很快就工作衔接等方面达成了共识，形成了相关的会议纪要，才使该案的企业合规得以顺利开展。

---

① 2013 年，湖北省交通运输厅开始实施投资项目资金补助方案，老河口市 DT 物流有限公司（以下简称 DT 物流公司）以物流园项目参加申报。虽然该公司信用等级与园区占地面积 80 亩均符合申报标准，但为确保获得审批，该公司法定代理人肖某授意公司员工陈某通过电子印章合成等方式，伪造园区占地面积 150 亩的"环境影响报告表的批复、建设用地预审意见的函、湖北银行资信证明书"等单位公文或证明文件资料，并将前述虚假、伪造资料交由某投资咨询有限公司编入 2014 年的申报材料中，并以此虚假申报材料报审。后经老河口市物流局、襄阳市物流局推荐上报，先后参加 2014 年、2015 年省交通运输厅组织的专家评审并通过审核，分别获得当年省交通物流发展竞争性分配资金 500 万元、300 万元。案发后，该公司退还了全部赃款。2020 年 6 月 2 日，该案经襄阳市公安局指定由谷城县公安局办理。2020 年 12 月 21 日，谷城县人民检察院以伪造国家机关公文、证件、印章罪和伪造企事业单位印章罪将肖某、陈某起诉至谷城县人民法院。2021 年底，襄阳市检察机关启动企业合规试点改革后，该案经湖北省人民检察院审批，进入企业合规程序。目前，该案合规考察正在进行，法院已裁定中止审理，待企业合规程序结束后再启动审判程序，开庭审理。

（二）企业合规"宜早不宜晚"，不应拘泥于诉讼环节，一旦条件成熟即可启动程序

从司法经济角度看，为缩短办案周期，司法机关在办理企业合规案件时，应尽可能地提早合规启动时间。同时，为减少对涉案企业正常生产经营活动不利影响的考虑，企业合规程序启动在刑事诉讼中"宜早不宜晚"，甚至可以将合规程序前置，纳入"特殊程序通道"。[①]因此，检察机关在办理涉罪企业案件时，如发现其具备合规基础条件的，尽可能地先做与合规相关的工作。决定启动合规程序的时间点不应拘泥于哪个环节，而取决于条件是否成熟。

（三）对于企业合规的程序衔接问题，检察机关可通过"检察建议"的形式向审判机关提出，完成程序对接

由于企业合规本质上包括了检察机关参与社会治理、预防和减少犯罪、保障法律统一正确实施等目的，符合《人民检察院检察建议工作规定》第2条的规定，是可以发出相应检察建议的。在具体程序上，为能充分地向审判机关传达涉罪企业合规的意图，检察机关在移交案件时，应同时附送该企业已开展企业合规或拟开展合规的检察建议书，既向人民法院告知案件已进入合规程序或即将进入合规程序，又请求人民法院采取对应措施，延期审理或中止审理。

三、审判阶段企业合规证据收集整理问题

开展合规不起诉，全面掌握企业合规的第一手资料，可以作为企业是否完成所附条件（完成合规整改情况）的依据，是作出起诉或不起诉等处理决定的重要参考。[②]但在审判阶段的企业合规，检察机关需要将掌握的第一手资料形成刑事诉讼意义上的证据，才能确保被审判机关采纳。

[①]　陈瑞华：《刑事诉讼的合规激励模式》，载《中国法学》2020年第6期。
[②]　最高人民检察院《关于建立涉案企业合规第三方监督评估机制的指导意见（试行）》（高检发〔2021〕6号）第14条第1款。

（一）企业合规必要性方面的证据

涉案企业是否开展司法意义上的合规，需要司法机关的确认。检察机关在主导企业合规工作时，同样需要合理的理由、合法的程序。如最高人民检察院和湖北省人民检察院均在相关文件中列出了不适用第三方机制的多种情形，说明检察机关开展涉案企业合规并非恣意而为。检察机关在开展企业合规工作时，必须有证据证明其主导开展企业合规的正当性、合法性。此类证据包括：（1）合规申请书，用以证明企业的合规意愿；（2）企业的经营状况、社会贡献度、发展预期、防止再犯罪可能性等方面的证据，以及检察机关的研判报告等，用以证明其通过合规整改可以有效防止再犯罪；（3）上级检察机关的审批文件，用以证明开展刑事合规的合法性。此类证据应当在企业合规启动前着手收集。

（二）第三方评估监督机制中的证据

最高人民检察院在合规文件中要求，检察机关在办理涉企犯罪案件过程中应形成三种主要证据。由此可以总结出检察机关在收集第三方评估监督机制中的证据时的大致方向。（1）实质性证据，包括合规考察书面报告、涉案企业合规计划、定期书面报告"三个文件"。它可以直接证明企业在合规中的整改效果。（2）程序性证据，包括检察机关商请本地区第三方机制管委会启动第三方机制的文件、随机抽取的第三方组织组成人员名单、异议处理相关材料、第三方组织对企业合规可行性和有效性的审查意见、第三方组织检查评估的资料等。它可以证明企业合规的合法性、关联性。（3）必要的旁证，如企业合规开展的普及度、企业对合规工作配合度、执行合规整改的力度、企业文化开展的程度等重要环节，可以通过照片、视听资料等形式，作为对主要证据的辅助证据，以证实实质性证据的真实性。

（三）检察机关开展企业合规方面的证据

检察机关收集此类证据应着重从以下几方面着手：（1）企业合规方面

的权利告知书;(2)征询单位和个人意见材料;(3)意见建议书[①];(4)企业的控告、申诉、申请、要求及查证材料[②];(5)犯罪嫌疑人认罪认罚和退赃材料;(6)量刑建议等。

四、企业合规结果在审判阶段的运用

企业合规结果只有体现在审判结果上才能发挥激励作用。当前有观点认为企业合规是企业认罪态度的表现,可以据此作为酌定情节从轻处罚。也有观点认为企业合规改革期间可以探索适当地突破法律界限,作为独立的从轻减轻情节。笔者认为,将企业合规作为独立的从轻减轻情节,突破法律规定,显然不易被人民法院的采纳。而仅作为酌定情节从轻处罚,力度过小,激励作用偏弱,不利于合规改革的推进。那么,如何既不突破法律规定而又达到合规的激励效果,实践中还需要充分地发挥检察智慧。

（一）充分应用轻缓的刑事司法政策,促进涉嫌轻罪的企业或"四类人员"认罪认罚并完成合规整改

当前,随着中央"严重暴力犯罪持续下降,新型危害经济社会管理秩序犯罪大幅上升"的判断,我国刑事司法政策逐步向轻缓化发展。继宽严相济刑事政策以来,认罪认罚从宽制度的出台,特别是检察机关试行企业合规改革,更是提出了有条件地对企业实行轻缓刑事处罚。因此,检察机关对于罪行较轻的涉罪企业或"四类人员",则应做好释法说理和教育挽救工作,促使其认罪认罚并积极推动完成企业合规整改,则检察机关可以提出缓刑或免除处罚的量刑建议。

---

① 最高人民检察院《关于建立涉案企业合规第三方监督评估机制的指导意见（试行）》（高检发〔2021〕6号）第14条第2款,第16条第1、2、3款。

② 最高人民检察院《关于建立涉案企业合规第三方监督评估机制的指导意见（试行）》（高检发〔2021〕6号）第16条第4款。

（二）对于有减轻、免除处罚情节的，检察机关可以结合合规结果提出较大幅度的减轻处罚量刑建议

在我国刑法总则中，涉及企业犯罪又具有减轻、免除处罚的情节的，主要有：犯罪预备、中止、未遂、从犯、被胁迫、自首等；而在刑法分则中，拒不支付劳动报酬罪、对非国家工作人员行贿罪、行贿罪、介绍贿赂罪等罪名中也有相应的减轻或免除处罚的情节。这些情节之所以可以减轻、免除处罚，主要还是其犯罪主观上恶意不大，客观上且有具体的认罪悔罪表现。如果该企业"四类人员"在涉嫌犯罪后能够积极主动地开展企业合规，其合规成果就可以充分地加持到其减轻情节之中。如在本案例中，肖某和陈某涉嫌犯有两罪，数罪并罚后，量刑应在三年有期徒刑以上，但由于其具有自首情节，检察机关结合企业合规结果，提出了对其二人免除处罚的量刑建议。

（三）可以尝试对积极推动企业合规的涉罪"四类人员"认定为有重大立功表现，予以减轻或免除处罚

《刑法》第68条规定，"犯罪分子……有重大立功表现的，可以减轻或者免除处罚"。最高人民法院《关于处理自首和立功具体应用法律若干问题的解释》第5条规定，"犯罪分子……具有其他有利于国家和社会的突出表现的，应当认定为有立功表现"。那么，涉罪的企业主要管理人员能否通过企业合规被司法机关认定为有重大立功表现？笔者认为是可以商榷的。在我国的司法解释和司法实践中，认定"其他有利于国家和社会的突出表现的"情形，尚未有统一的标准。如果企业主要管理人员在涉嫌犯罪后能够积极主动地推动企业合规，相当于为企业脱去犯罪因子，保证了企业可持续发展，达到了企业合规的目的。在当前合规改革的特殊背景下未尝不能认定为重大功表现，予以减轻或免除处罚。当然，如果最高检、最高法能够直接作出司法解释，或通过立法将企业合规作为法定减轻、免除处罚情节，将能更好地保证企业合规激励机制发挥作用。

论企业"简式"合规体系之构建

钟瑞友[*]

摘　要：不同于"范式"合规，针对涉案小微企业的"简式"合规操作便捷、针对性强，是动力因、形势因、法律因、治理因所共同作用之结果，在当下民营经济发达、小微企业量大面广的情势下极具价值。目前，"简式"合规存在合规动力欠缺、适格案源匮乏、案件类型单一、事前审查不足、配套仍需细化等诸多问题，有必要构建完备的理念体系与实践体系。在理念体系上，应树牢抓实一体发展、精品办案、高效监督、司法康复、多维融合、数字赋能这六个关键点；在实践体系上，从原则、流程、保障等维度系统形塑与建构"简式"合规体系。与此同时，关注"简式"合规的有效性与社会评价等因素，真正让"简式"合规成为小微企业行稳致远的核心动力。

关键词：小微企业；"简式"合规；司法康复；诉源治理；行刑衔接

自我国探索开展涉案企业合规改革试点以来，涉案企业合规建设、评估、审查等实施机制体系已逐步形成。浙江是民营经济大省，数量众多的小微企业，解决了大量就业、民生问题，是民营经济的"细胞"，维系着"大肌体"的运转，是浙江迈向共同富裕的重要支撑。[①] 对此，加快完善企业合规改革，尤其是针对涉案小微企业的"简式"合规，持续激发市场主

---

　　*　钟瑞友，浙江省金华市人民检察院检察长。
　　①　据《2021年浙江省小微企业成长指数报告》统计显示，截至2021年底，浙江在册企业313.79万户，其中小微企业在册数量达282.61万户，占比90.06%。2021年浙江小微企业成长指数持续走强，"个转企、小升规、规改股、股上市"市场主体转型升级链条加速运转，全年实现"小升规"企业共7796家，同比增长184.63%。

体活力，是检察机关践行依法能动履职要求、促进营商环境优化的应然选择。①从实质层面来看，开展涉案小微企业"简式"合规，有利于发挥办案的"乘数效应"，对于促进国家治理体系和治理能力现代化，推进平安中国、法治中国建设，具有重要意义。②

一、问题的提出："简式"合规的逻辑机理和现实需求

（一）什么是"简式"合规

"合规"意为遵守法规，是指企业在经营管理活动中，要遵守法律法规、商业行为守则、企业伦理规范以及企业自身所制定的规章制度。③企业合规是一种以合规风险防控为导向的公司治理体系。④谢鹏程教授认为，企业合规是企业及其员工的经营管理行为要符合国家法律、行政法规、国际条约、行业准则、商业道德以及企业内部的管理制度。⑤在此之下，又生成了"范式"合规与"简式"合规两种模式。

不难理解的是，"范式"合规意为规范程式之下的合规，是严格遵从于最高检联合多部门发布的《涉案企业合规建设、评估和审查办法（试行）》《关于建立涉案企业合规第三方监督评估机制的指导意见（试行）》等文件精神开展的企业合规。"简式"合规则是"范式"合规的简化版，是一种基于诉讼效率以及便宜主义原则，采取的相对简化的企业合规模式。笔者认为，"简式"合规的内在核心逻辑在于，其是习近平法治思想引领下的一项制度创新，是"坚持中国特色社会主义法治道路""坚持推进国家治理体系和治理能力现代化""坚持依法治国、依法执政、依法行

① 浙江省J市商贸经济发达，市场主体总量位居全省第二，J市检察机关先行先试，于2020年9月在全国率先推出《企业合规流程及文书指引》，对"范式＋简式"合规作了初步探索，为企业合规工作提供"闭环式"实操指引。
② 朱孝清：《论能动检察》，载《人民检察》2022年第13期。
③ 陈瑞华：《企业合规制度的三个维度——比较法视野下的分析》，载《比较法研究》2019年第3期。
④ 陈瑞华：《论企业合规的基本价值》，载《法学论坛》2021年第6期。
⑤ 关仕新、陈章、张宁：《以检察履职助力构建企业合规制度》，载《检察日报》2021年3月1日，第3版。

政共同推进"等法治要求在企业发展维系与企业犯罪治理领域的实践体现，切实让企业合规有了中国特色、适应中国土壤。

（二）"简式"合规之"简"

"简式"合规有利于解决合规成本问题，其"简"之特性主要体现在：（1）合规计划书的制定。不再要求企业必须出具合规计划，而是由检察机关在前期调查基础上，针对企业涉案的经营管理漏洞制发检察建议，同时商请第三方机制管委会随机抽选人员组成第三方组织，确定考察期限，开展监督考察，企业在整改完成后，第三方组织出具合规报告。[①]针对涉案小微企业违规风险点，可以《法律监督意见书》形式开展专项合规。（2）第三方组织的构成。"简式"合规可以组成一人的第三方组织，极大节省时间、人力成本。（3）适用案件的范围。主要针对小微型企业、合规问题清晰、监督评估专业性要求不高的案件。（4）合规期限的设置。弹性设置合规期限，考察期限一般为六个月以下，可视情延长动态调整。（5）涉案企业的帮教。更加凸显"服务"特性，检察机关可成立专门法律服务队伍，"上门"开展合规指导帮扶。（6）合规资源的整合。"简式"合规可充分发挥行业协会作用，推动同类问题的涉案小微企业"抱团"合规。

（三）"简式"合规的现实需求分析

我国对企业犯罪惩治的刑事法网相对严密，但并没有有效遏制企业犯罪的高发态势[②]，唯有不放下每一家小微企业、每一个小微经济单元，"六稳""六保"语境下方能稳企惠企。

1. 动力因：小微企业总体成长处于"上升期"

根据《2021年浙江省小微企业成长指数报告》，系统分析调研全省280多万家小微企业显示，2021年浙江小微企业成长指数为142.42点，同

---

　　① 上海市金山区人民检察院、上海市浦东新区人民检察院联合课题组：《涉案企业合规第三方监督评估机制的程序优化》，载《中国检察官》2022年第7期。
　　② 杨帆：《企业合规中附条件不起诉立法研究》，载《中国刑事法杂志》2020年第3期。

比增长 6.32%。从全省八大产业小微企业成长指数来看，除金融产业有所下降，其余产业发展状况良好，成长指数均呈持续上升趋势。其中，高端装备制造业、数字经济分列小微企业成长指数第二、三位，资产总额、营业收入、利税总额以及小微企业总数持续增加。①

2. 形势因：小微企业发展环境处于"复杂期"

由于国际国内大环境的不断变化，小微企业发展中遇到的不确定性加大，2021 年小微企业核心竞争力指数同比下降 3.43%。其中，与企业固定成本支出增多、外向型企业减产等因素不无关系。如新冠疫情期间外贸企业订单履约困难，面临支付违约金压力，外商进口产品的积极性亦受到一定影响，转而选择与他国出口方进行合作，这也导致我国国际货物贸易在一定程度上相应受阻、难免受到冲击。②

3. 法律因：小微企业极易涉入法律"风险期"

一方面，易成为侵害方。较为典型的即是"山寨"其他企业产品带来知识产权侵权、哄抬物价涉嫌非法经营、利用国家税收政策虚开发票骗取出口退税类犯罪，以及环境保护领域、安全生产方面法律风险。另一方面，易成为受害方。较为典型的是小微企业遭遇诈骗（如近些年频频发生的"假外商"针对市场主体的跨国骗货问题）、企业内部员工侵财类犯罪、被其他经营者反向恶意刷单等法律风险。

4. 治理因：小微企业需要帮扶渡过"涅槃期"

从国际视野来看，域外开展合规的国家并没有提供小微企业进行合规的经验。③事实上，个别小微企业倒闭不会带来明显的"水波效应"，而一旦涉案小微企业和问题在数量上积累成势，对经济产生的负面影响不容小觑。作为一种具有简易性、预防性的法律规则，"简式"合规无疑推动了涉案小微企业犯罪的规制视角由事后规制转向事前预防。或言之，更聚焦

---

① 《浙江发布〈2021 年全省市场主体发展情况分析〉：2021 年全省共有各类市场主体 868.47 万户，同比增长 8.12%》，载"杭州日报"微信公众号，https://baijiahao.baidu.com/s?id=1724072145528874841&wfr=spider&for=p，2022 年 8 月 5 日访问。

② 贺薇鑫：《新冠肺炎疫情对中国国际货物贸易合同违约责任的影响》，载《现代商贸工业》2020 年第 13 期。

③ 李玉华：《企业合规不起诉制度的适用对象》，载《法学论坛》2021 年第 6 期。

于通过激励而非威慑的规制策略，引导企业进行自我管理和犯罪预防。①通过坚持"惩""治"并重、以"治"为主，将风险矛盾化解在源头。

二、实践困境：小微企业"简式"合规面临的问题

构建"简式"合规体系，离不开实践的印证。为摸清涉案小微企业"简式"合规面临的实际困难，J市检察机关安排专人统计全市涉小微企业犯罪案件情况，摸清开展"简式"合规案件底数，以问题导向系统研判，发现仍存在以下几点问题。

（一）合规动力欠缺

小微企业开展"简式"合规，其动力存在三方面困境：（1）企业合规经营意识不足。小微企业负责人往往更看重一时的经济利益，未深切认识到企业合规的正面价值。（2）企业合规专业人才欠缺。有些小微企业虽有一定合规意识，但规范经营方面专业知识不足、人才不足，亦无法像大型企业那样设立合规部或是合规专员专门开展合规建设。（3）企业成本无力承担合规经费。对于大型企业高薪聘用合规团队开展合规建设的做法，对于小微企业而言，难以承担高额合规费用。此外，针对涉案小微企业合规监管，依赖行政部门配合支持，但部分行政部门尚缺乏主动参与的内生动力。

（二）适格案源匮乏

开展涉案小微企业合规，案源数量与小微企业存量之间不成比例。在企业员工涉嫌职务侵占、诈骗类案件中，小微企业作为受害者，多数企业主张严厉打击犯罪嫌疑人。截至目前，J市检察机关共办理合规案件16件，多针对中小微企业，但合规数量仍然偏少。究其原因：一方面，部门间存在冷热不均、信息不畅情况。前期合规工作主要由经济犯罪检察部门负责，但不少涉企案件系由其他刑事检察部门办理，未能归口到经济犯罪

---

① 万方：《合规计划作为预防性法律规则的规制逻辑与实践进路》，载《政法论坛》2021年第6期。

检察部门通盘掌握，存在案源流失的情况。另一方面，未能提前发现，导致合规考察时间不足。个别涉小微企业案件审查起诉期限届满了，甚至是起诉到法院了才意识到可以开展合规工作。在侦查阶段即通过提前介入或与侦查机关沟通来尽早发现案源的情况较少，未能充分利用侦查阶段的时间来审查是否具备合规条件。

（三）案件类型单一

从 J 市检察机关已办、在办涉案小微企业"简式"合规案件来看，涉案罪名仍集中在虚开增值税专用发票、生产销售伪劣产品、串通招投标等，主要原因有：（1）受单位犯罪、量刑档次等影响，符合合规条件的案件罪名相对集中；（2）思维较为局限，部分罪名尚未纳入合规审查的视野中。事实上，关于重罪能否纳入企业合规问题，目前学术界争议较大，普遍的担忧在于重罪不诉所引发的罪刑法定原则之危机。

（四）事前审查不足

从实践看，涉案小微企业"简式"合规案件的事先审查仍存在几个问题：（1）因案件上报时多数为受理不久，对案情及犯罪嫌疑人的具体行为及作用了解不够，尤其是对量刑情节的了解不够深入，易出现对刑期的误判；（2）对涉案小微企业生产经营状况、未来发展前景等了解不够深入，导致合规方案针对性不强；（3）对其他可能影响合规效果的因素了解不够全面，如案件相关人员的态度、政府或行业主管部门的意见等。

（五）配套仍需细化

相关配套机制不足之处表现在：（1）激励机制的立法完善。实体法方面，企业合规成为单位犯罪的抗辩事由和法定从轻量刑情节，需要于法有据。小微企业往往存在企业主和企业融为一体的情况，"简式"合规后能否同时对企业及经营者从轻处罚存在争议。（2）工作体系的完善问题。虽然已对企业"简式"合规工作做了有益尝试，但总体经验仍较为欠缺，合规审查、合规监管、合规评价等亟须建立一套既能普遍适用又有个案特色的标准体系。（3）第三方组织工作的保障问题。第三方组织运行的经费保障，目前各地有不同做法，J市的保障经费来源尚未明确，"义务劳动"模式难以长久持续。同时，管委会办公室负责选任第三方组织，但对于第三方组织的日常监管缺乏依据和手段。（4）行刑衔接问题。如何做好行政执法与刑事司法的衔接，发挥"简式"合规的最大价值，避免小微企业经营中违法犯罪仅付出极低的违法成本，亦是不容回避的问题。

三、理念体系：需抓实"六个关键点"

为有效应对小微企业"简式"合规中面临的现实问题，应发挥理念的串联作用，形塑和建构"简式"合规之理念体系。笔者认为，应抓实一体发展、精品办案、高效监督、司法康复、多维融合、数字赋能这"六个关键点"，不断推进涉案小微企业"简式"合规工作行稳致远。①

（一）加强统筹协调，抓实"一体发展"之关键

对内，整合区域力量强"内功"。跳出"企业合规是经济犯罪检察部门工作"的惯性思维，建立涉案企业合规"一本账"，检察长带头办理企业合规案件。例如，J市检察院在各区县创新设立检察涉企案件治理办公室，形成强大履职内力。对外，突出联动协作借"外力"。胸怀"国之大者"，主动融入地方工作大局，及时将企业合规工作向党委和政府汇报沟通，在职能部门的协同下开展工作，并注重引入专家学者力量，共同参与涉案小微企业"简式"合规工作的设计与推进，实现司法和行政在制度、政策、手段上的有机融合。

（二）拓展合规案源，抓实"精品办案"之关键

遵从于"拓案源—精办案—护企业"的逻辑进路。（1）拓展案源。毋宁涉案企业规模如何"小微"，只要其认罪认罚、能够正常生产经营、承诺建议或者完善企业合规制度、具备启动第三方机制的基本条件并自愿适

---

① 钟瑞友：《完善企业合规需抓实"六个关键点"》，载"法治浙江"微信公众号，https://mp.weixin.qq.com/s/3widclhep A53bHCVQTQOeg，2022 年 8 月 13 日。

用的，均可开展"简式"合规。（2）精品办案。树立精品化办案意识，将每个小微企业"简式"合规案件作为精品案件、典型案例来办理，真正做到"办理一起案件、辅助一些企业、规范一个行业"。（3）特色护企。在合规形式上，要遵从实际、因企而异，可针对行业性、普遍性违规风险点以检察建议、检察专报形式延伸开展"类案合规"，助企焕发生机活力。

（三）坚持从严把关，抓实"高效监督"之关键

一方面，加强"简式"合规案件启动前审核。重点加强内部、层级审核把关，确保案件层报审批前，充分厘清基本犯罪事实、涉案当事人所起所用、是否具备从重或从轻的量刑情节、认罪悔罪态度、开展合规的意愿和能力、第三方监管组织及考察期限的设置、是否有不宜开展合规的案外因素等要点。另一方面，优化第三方监管评估机制。发挥第三方监管在评估涉案小微企业"简式"合规改革中的作用，检察机关对第三方专业人员名单予以审核，确保监督评估的专业性；落实巡回检查、第三方组织组成人员回避、涉案小微企业合法权益保障等制度性要求，避免"虚假整改""合规腐败"。

（四）推进诉源治理，抓实"司法康复"之关键

需重点把握：（1）秉持客观公正立场，充分运用不批捕、不起诉等案件处理权能、羁押必要性审查以及社会治理类检察建议等职能，为企业"简式"合规治理提供精准有效的检察助力；（2）发挥合规听证功用，合规考察期满，及时组织召开听证会，邀请涉案小微企业、第三方监管组织代表、听证员等共同参与，研判企业是否达到合规要求，最大化释放司法善意；（3）能动做深"司法康复"。用好检察"工具箱"，就案件"背后"的问题，提出行业治理或社会治理意见。

（五）构建合规生态，抓实"多维融合"之关键

一方面，理论与实践共融。在企业"简式"合规办案实践基础上，加强相关理论课题研究，推动办案成果向理论成果、制度成果转化，并结合区域之间的"同"与"异"，探索更多可借鉴、可复制的经验，形成企

业"简式"合规工作样板。另一方面，肌体与部分共融。企业合规是一个"大肌体"，需讲求规范性、完整性、体系性，建立"刑事合规、行政合规、主动合规"三位一体的合规工作体系。对于合规中小微企业面临的实际境况，要分类施策，避免"一刀切"。

（六）聚焦数字化改革，抓实"数字赋能"之关键

深刻践行检察大数据战略，依托数字化改革手段，向科技要生产力，为开展企业"简式"合规增添动能。就此而言，J市检察机关探索研发"企业合规一件事"多跨应用场景，打造企业合规应用平台，建立涉企案件数据研判中心、企业合规案件流转中心、法律服务中心和社会治理中心，将企业行政监管数据、日常生产经营数据、第三方监管数据等导入平台，构建涉案企业合规事项"数据池"，集成提供涉企法律服务，实现企业"简式"合规案件的线上闭环流转和全流程重塑。

四、实践体系："简式"合规的系统形塑

（一）适用原则、范围、阶段之要求

从原则上看，涉案小微企业"简式"合规工作应遵循打击犯罪与服务经济相结合、平等保护与宽严相济相结合、程序规范与便捷高效相结合的"三结合"原则。

从范围上看，涉案小微企业"简式"合规适用于小微企业在生产经营活动中涉及的经济犯罪、职务犯罪等案件，既包括企业实施的单位犯罪，也包括企业实际控制人、经营管理人员、关键技术人员等实施的与生产经营活动密切相关的犯罪。

从阶段上看，涉案小微企业"简式"合规并不限于检察阶段，可通过提前介入向前延伸至立案侦查阶段，亦可拓展至法庭审判阶段。

（二）"简式"合规流程

1.合规程序

检察机关依职权筛选或涉案小微企业申请启动企业"简式"合规程序。

程序主要包括五个方面:(1)案件确定与资格评估;(2)权利义务告知、合规承诺;(3)出具《涉案小微企业合规法律监督意见书》;(4)合规计划、整改与第三方监管;(5)公开听证与合规激励。

2. 合规可行性评估

检察机关对涉案小微企业"简式"合规可行性建设开展评估,评估因素包括但不限于以下内容:(1)犯罪事实、涉嫌罪名以及认罪态度;(2)涉案小微企业、犯罪嫌疑人的前科劣迹情况;(3)涉案小微企业接受合规审查的意愿、合规整改的可行性;(4)涉案小微企业的经营现状、社会贡献等。涉案小微企业涉嫌犯罪事实严重危害国家政治、经济和金融安全,严重影响社会稳定,严重损害民生民利的,原则上不得通过资格评估,不得启动合规审查。

3. 权利义务告知

对通过资格评估的涉案小微企业,检察机关应告知合规审查期间的权利义务及法律后果,书面听取涉案小微企业及被害方意见。

4. 承诺书签订

涉案小微企业应出具承诺书,包括但不限于以下内容:(1)如实供述犯罪事实,自愿认罪;(2)配合刑事诉讼顺利进行,杜绝干扰证人作证等妨害司法行为;(3)自愿接受合规监管;(4)积极整改,愿意赔偿被害方损失,消除犯罪影响,修复受损法益;(5)合规审查期间不再犯罪。

5. 企业合规法律监督意见书

检察机关可以针对违规风险点出具专项企业合规法律监督意见书,包括但不限于以下内容:(1)涉案小微企业基本情况及犯罪事实;(2)开展合规审查资格评估情况;(3)涉案小微企业合规违规风险、建设目标、整改对策等;(4)第三方监管工作安排、法律后果等。

6. 合规考察

根据涉案小微企业的违规案由,可由第三方机制管委会指派一至三名专业人员担任合规监管员进行考察监管。涉案小微企业根据违规风险点出具专项合规计划,主要围绕与企业涉嫌犯罪相关的问题原因分析、自行惩处措施、可行性整改举措、合规制度、人员管理规范及合规组织体系的构建等。合规监管员对涉案小微企业合规计划的可行性、有效性与全面性进行审查，提出修改完善的意见建议，并根据案件具体情况和涉案企业承诺履行的期限，确定合规考察期限。涉案小微企业的合规考察期限一般为六个月以下，经涉案企业申请或检察机关决定可视情延长。合规监管员围绕违法犯罪事项开展专项合规监管，定期或者不定期对合规整改情况进行检查和评估，提出整改意见，及时反馈检察机关。

7. 实体处理

考察期限满，检察机关对第三方监管结论进行审查，经公开听证等程序作出决定或建议。对于涉案小微企业存在未有效整改、合规期间继续犯罪等情形的，不得从宽处理。涉案小微企业合规建设经评估合格的，根据不同的刑事诉讼阶段，在以下程序、实体方面可从宽处理：（1）决定或建议对涉案人员采取非羁押强制措施；（2）决定或建议对涉案企业慎用或解除查封、扣押、冻结等措施；（3）符合不起诉条件的，决定不起诉；（4）建议适用缓刑、降低罚金数额等从宽量刑建议；（5）其他在办案期限、办案程序等方面从宽。

（三）"简式"合规保障

可从以下几方面建立涉案小微企业"简式"合规工作保障体系：（1）建立合规指导帮扶机制。加强与司法局、律师协会的联合协作，建立由律师、法律工作者组成的合规指导员队伍，为涉案小微企业"简式"合规提供咨询指导、计划构建等专业法律帮助。（2）建立涉案小微企业"简式"合规审查监管机制。组建涉案企业合规第三方监督评估队伍，引入工商联、市场监管、税务、经信、商务、银行、环保、法院、公安、审计等部门专业力量，为小微企业"简式"合规审查提供有力监管。（3）建立涉案小微企业"简式"合规培育机制。引导企业合规促进会等行业协会提供编写"简式"合规指南、组织合规培训等帮助。（4）进一步提升涉案小微企业主动合规意识。组建"助企法律服务团""涉企普法讲师团"等队伍，加强理念引导和宣传教育，以法治思维开展"沉浸式"合规服务。（5）加强涉案小微企业"简式"合规经费支持。探索"企业支付＋财政支出"的

"简式"合规费用支付方式，如企业可视情出资聘请合规团队或支付合规指导员费用，由财政进行适当补助。

（四）行刑衔接要求

加强"简式"合规工作中的行刑衔接，是确保合规有效性的重要环节：（1）强化行刑衔接机制建设，建立检察引导下的行刑联合办案小组制度、行政处罚暂缓的司法提前介入机制、合规不起诉衔接机制、企业合规跟踪督促机制等；（2）融合行政人员、行业协会等专业力量，建立和完善涉案小微企业"简式"合规有效性评价标准及体系，并针对涉案专项合规情况，制定不同领域的行业"简式"合规指引和标准；（3）坚持数字赋能，联合搭建涉案小微企业"简式"合规线上模块，打造小微企业"在线指导、动态整改、同步反馈、即时评价、回溯可视"的云合规路径。

（五）注意事项

1. "简式"合规的有效性

有学者担心，涉案企业究竟能否在刑事诉讼中建立有效合规计划，以及有效合规计划究竟能够在预防再犯方面发挥多大的实际效果，目前看来也不无疑问。[①]事实上，企业"简式"合规需要考虑企业自身的合规意愿、社会贡献度、犯罪社会危害性等要素，避免"为合规而合规"而走形式合规。检察机关在适用企业"简式"合规作出不起诉等决定时，需考虑两个方面：（1）停止性，涉案企业必须停止违法行为；（2）到位性，合规整改必须严格按照计划精准性地实施。[②]在出现"简式"合规考察动机不纯、认罪态度较差、整改不到位等情况下，应予以负面评价。

2. "简式"合规的社会评价

重点是要避免"法外开恩"之嫌。最高人民检察院多次强调，检察

[①]　刘艳红：《企业合规不起诉改革的刑法教义学根基》，载《中国刑事法杂志》2022 年第 1 期。

[②]　郑静雅、张迎滨：《企业犯罪预防视野下刑事合规有效性探析》，载《检察工作》2022 年第 1 期。

机关办理涉案企业合规案件，任何时候都要严格依法，绝不能搞"法外开恩"。①尤其是针对小微企业的"简式"合规，为企业减负的同时给予了企业司法红利，容易成为社会关注的对象。笔者认为，首先要做好事后跟踪监督，定期走访跟踪，督促企业将制度落实到位，防止"一宽了之""纸面合规"；其次要将合规建设成效真正落实到企业生产经营成果上，促进小微企业焕发生机；最后要立足办案，找准案件背后反映的行业监管漏洞和社会治理问题，促进个案的"简式"合规转化为行业合规，推动系统治理、诉源治理。

3. "简式"合规的程序终止

需要注意的是，企业"简式"合规中检察机关可充分运用"三查"融合手段，开展调查核实。检察机关一旦发现涉嫌犯罪小微企业、人员在合规考察期限内具有下列情形之一的，应当立即终止合规考察并依法提起公诉：（1）存在重大漏罪；（2）在考察期内实施新的犯罪；（3）在考察期内因同类事由受到行政处罚；（4）自愿认罪认罚后又反悔的；（5）无正当理由，未有效履行企业合规计划的；（6）有实施财产转移、销毁证据、串供等干扰诉讼正常进行行为的；（7）其他需要撤销企业合规监督考察决定情形的。

4. "简式"合规的体系夯实

"简式"合规目的是帮助小微企业构建合规体系，所以作出最终处理决定后，检察机关应持续深化跟踪监督，给予帮扶支持。无论是"合规高成本论""合规无用论"，还是"合规激励不公平论"，都只是看到了问题的一个侧面，而忽略或否定了企业合规的真正价值。②就企业"简式"合规而言，其最大价值在于让小微企业有了一套完备的合规体系，从而在市场竞争中增加核心竞争力。如J市检察机关办理的楼某、陈某生产销售伪劣产品案，涉案企业建立了合规体系，在合规过程中将专利产品"果树杀菌用高压喷雾"申请注册了"沃盛叁零"商标，并提倡"零化学农药残留、零化肥伤害、零污染排放"三零种植模式，让公司重新焕发生机。

---

① 孙风娟：《保护企业合法权益 促进企业合规守法经营》，载《检察日报》2021年12月16日，第1版。

② 陈瑞华：《论企业合规的基本价值》，载《法学论坛》2021年第6期。

企业合规应用检察建议问题探析

赵静东　王晓伟[*]

摘　要：检察建议在价值追求上能贴合企业合规工作，并以其灵活性发挥着因企制宜和繁简分流作用。基层检察院在办理涉中小型企业合规案件中应当重视检察建议的作用，切实解决检察建议的程序启动、刚性不足、专业不高、监督不力的问题，切实发挥检察建议在合规工作中的作用。

关键词：企业合规；检察建议；因企制宜；行刑衔接；繁简分流

一、检察机关推动合规检察建议工作的背景

2018 年 4 月，"中兴事件"的发生成为国内外热议的焦点，以此次事件为时间节点，企业合规渐成法律实务界、理论界和社会大众关注的焦点。加之滴滴数据安全事件、内蒙古自治区锡林郭勒盟"2·23"矿难、甘肃白银马拉松事故等重大事件频发，以及事件背后所反映的涉案企业在运营管理上的重大过错和社会责任的严重缺失，凸显企业合规在社会治理层面的现实意义。《刑法修正案（十一）》出台，对知识产权、金融秩序、药品安全、商业秘密保护等领域条文的重大修改，更体现了转型社会背景下，贯彻积极的刑法立法观[①]，是对企业在中国社会治理背景下在刑事风险

---

　　* 赵静东，上海市浦东新区人民检察院第六检察部副主任；王晓伟，上海市浦东新区人民检察院检察官助理。

　　① 周光权：《刑事立法进展与司法展望——〈刑法修正案（十一）〉总置评》，载《法学》2021 年第 1 期。

管控和社会责任承担上的新要求。在既有发展模式发生变化的当下，如何强化对企业违法犯罪行为的有效规制，检察机关推动企业合规工作无疑是切合实际的解决路径。

2020年3月，最高人民检察院在上海浦东新区、金山，江苏张家港，山东郯城，广东深圳南山、宝安等6家基层检察院开展企业合规改革第一期试点工作。2021年6月3日，最高人民检察院、司法部、财政部、生态环生态环境部、国资委、税务总局、市场监管总局、全国工商联、中国贸促会联合下发了《关于建立涉案企业合规第三方监督评估机制的指导意见（试行）》（以下简称《指导意见》），《指导意见》的出台标志着检察机关推进企业合规工作进入全新的阶段，文件通过对企业合规第三方监督评估机制适用范围、运行架构、运行流程进行规定，搭建起检察机关主导企业合规工作的范式，为未来检察机关推动企业合规工作指明了发展方向。

值得注意的是，《指导意见》第14条对于检察建议在企业合规中的适用范围予以明确，即在涉案企业具有"在预防违法犯罪方面制度不健全、不落实，管理不完善，存在违法犯罪隐患，需要及时消除"的情况下，检察机关可以结合合规材料提出检察建议。结合第一批试点工作经验来看，各地检察机关在推进企业合规试点工作的过程中均不同程度地适用检察建议，如上海市金山区检察院在办理两起重型特殊结构货车交通肇事案件中，发现车辆所属企业存在安全员配置、车辆挂靠、安全防控等方面的风险，遂制发检察建议，引导企业合规整改[1]；又如宁波市北仑区检察院在办理某公司、徐某某虚开发票案中，考察涉案企业合规风险，制发检察建议督促企业依法依规进行整改[2]；等等。从试点情况上看，检察机关推动企业合规工作选择运用检察建议上存在共性，对此陈瑞华教授指出检察机关推进企业合规存在两种模式，即"检察建议模式"和"附条件不起诉

---

[1]《检察建议助力企业合规经营》，载"上海检察"微信公众号，https://mp.weixin.qq.com/s/1z31YlICLZtPvFN5AZMMhg，2021年3月25日。

[2]《宁波北仑：为涉案企业制发合规检察建议书》，载"中国检察官"微信公众号，https://mp.weixin.qq.com/s/FZvrruKWSUcP8YA2ZvNVPQ，2021年8月8日。

模式"。①但存在的问题是，根据《指导意见》第 11 条规定，合规计划起到的是"弥补企业制度建设和监督管理漏洞"的作用，结合前述《指导意见》第 14 条规定，检察建议和合规计划在功能上存在重叠部分。

可以说，《指导意见》虽然明确了检察建议和合规计划在合规工作中的适用范围，但并未明确检察建议在程序中的定位，当然从各地试点经验情况来看，很多时候检察建议实际上替代了合规计划，因此在需要第三方组织考察合规计划的模式中，检察建议的作用自然不够明显。但是，正如李奋飞教授所指出的检察建议作为企业合规检察建议也具有制发时间、对象较为灵活的独特优势。②各地基层检察院在试点过程中选择检察建议，而检察建议在合规工作中有着怎样独特的价值和功用，与传统的检察建议工作相比合规工作中的检察建议有什么区别，以及检察建议在整个合规程序中的具体定位，等等，皆是检察机关开展企业合规工作中需要明确的问题。

二、检察建议在企业合规工作中的实践价值

《指导意见》搭建了检察机关开展企业合规工作的基本范式。笔者认为，检察建议对这种基本范式有着重要的补充意义，其实践价值能够有效保证检察机关开展企业合规工作的周延性。

（一）从目的上看，检察建议能够贴合企业合规工作的价值追求

根据 2019 年 2 月 26 日最高人民检察院公布的《人民检察院检察建议工作规定》第 11 条，"涉案单位在预防违法犯罪方面制度不健全、不落实，管理不完善，存在违法犯罪隐患，需要及时消除的"，检察机关可以制发社会治理检察建议。从相关工作的沿革来看，在反贪反渎转隶以前，社会治理检察建议曾在职务犯罪领域发挥重要作用。监察体制改革后，检察机关从服务保障营商环境大局出发，也积极在经济犯罪领域运用社会治

---

① 陈瑞华：《企业合规基本理论》，法律出版社 2021 年版，第 315 页。
② 李奋飞：《论企业合规检察建议》，载《中国刑事法杂志》2021 年第 1 期。

理检察建议参与金融、税务、知识产权等领域的社会治理。而《指导意见》第 3 条规定适用范围为"经济犯罪、职务犯罪"等案件，因此社会治理检察建议和企业合规有着天然的接点。

从效果上看，社会治理检察建议和企业合规两者均关注于预防企业犯罪、节约司法成本、追求社会效果等综合功用的实现，应当说，企业合规中的检察建议模式和社会治理检察建议一脉相承，这也是企业合规工作具有中国特色的地方。事实上，检察机关开展合规计划防止产生"水波效应"根本目标在于保护公共利益，防止企业再犯，因此检察建议和企业合规有着相同的价值追求。在"四大检察"全面协调发展的当下，合规工作不能单纯局限于刑事追诉领域，客观上检察建议作为跨业务条线领域的工作能够成为企业合规工作的有效补充，特别是对于涉企业的个人犯罪问题，运用检察建议也能起到破解合规计划适用上的疑难。

（二）从对象上看，检察建议以其灵活性能够实现因企制宜

合规计划中所有规则的制定实际上都是结合企业自身以及行业实际状况，将国家的相关法律法规内部化的一个过程。[①]从这一意义上来说，企业合规工作是一个需要因企制宜的工作，因企业性质、企业规模、所属行业的不同，企业所面临的合规风险必然迥然不同。与传统意义上，合规计划关注于"大而不倒"的企业，我国在企业结构上有着特殊之处，存在大量中小型企业，而这些企业通常存在企业与企业家个人在人格上的高度混同、企业内部层级少、企业运营管理结构简单等问题，同时上述类型企业也往往存在较高的合规风险，也因此造成我国企业合规工作上有着不同于国外的需求。

如果说大型企业的合规问题是如何通过合规计划的"正畸"实现企业可持续发展，那么中小型企业面对的是如何"生存"的问题。中小型企业的抗风险能力普遍较弱，一旦进入刑事程序，企业自身经营状况已然摇摇欲坠，此时开展成本高昂的合规计划是否能实现初衷是明显存疑的。因此

---

① 李本灿：《企业犯罪预防中的合规计划研究》，南京大学 2015 年博士学位论文。

检察机关在企业合规中引入检察建议，能以其灵活性补充第三方机制，既能通过检察建议制发向前延伸工作，实现合规启动的及时性，又能以简化的"合规计划"模式为企业"量体裁衣"，可以说，第三方机制和检察建议模式下的合规工作，两者共同发展能够很好地实现企业合规工作的因企制宜。

（三）从效益上看，检察建议在企业合规工作中的运用有助于合规工作的繁简分流

在域外，采纳刑事合规计划的国家通常都不会在所有涉案企业中推行合规计划，而是作出专门的范围限定。例如法国《萨宾第二法案》建立强制合规制度，要求同时符合以下两个法定条件的企业履行建立合规制度的义务：一是用工人数达到 500 人以上，或者隶属于总部设在法国且用工人数达到 500 人的公司集团；二是有关营业收入超过 1 亿欧元。[①] 如前文所述，不同类型的企业在面对合规风险时，其对合规计划常常有着不同的需求，大型企业往往着眼于以整改促自身规范发展，中小型企业则更希望通过合规从烦琐的刑事诉讼程序中解脱。从司法机关角度，推动企业合规工作同样必须面对如何"重其所重、轻其所轻"的问题，这通常不仅仅是成本的问题，往往还涉及如何在有限的资源下，扩大合规工作的覆盖面，实现平等对待的问题。

以具有司法协商性质的认罪认罚程序为例，在法院审判程序的选择上亦设置了速裁程序、简易程序和普通程序的区别。随着企业合规工作开展的深入，立法在适用范围上将逐渐走向完善，而检察机关也必然要面对繁简分流的问题，而此前试点合规工作的检察机关多为基层检察院现状或将改变，基层检察院依托检察建议对于组织规模较小、权利结构单一的企业所涉案情相对简单、危害性较小的案件，以相对不起诉模式开展合规工作无疑是合适的简化模式。

---

① 陈卫东：《从实体到程序：刑事合规与企业"非罪化"治理》，载《中国刑事法杂志》2021 年第 2 期。

三、在企业合规工作中运用检察建议所面临的问题

基于检察建议和合规工作价值上的贴合、因企制宜的灵活性和在繁简分流上的实用价值，检察建议模式下的合规工作，能有效适用于基层检察机关在开展合规工作中所常见的涉企业犯罪，特别是在涉案企业结构简单、涉案事实清楚、情节轻微、相关负责人主观恶性较小的情况下，检察建议与相对不起诉制度结合能有良好的效果。并且在如前所述上海市金山区人民检察院办理的企业合规案件中，交通肇事罪并非《指导意见》第3条规定的适用犯罪范围，虽然检察建议在相关管理企业的合规工作上可发挥较好的作用，然而在企业合规工作中运用检察建议仍然有以下问题需要解决。

（一）程序启动的问题

从试点情况来看，合规工作中适用检察建议一般有两种模式，即以检察机关作出起诉决定或者不起诉决定为时间节点，在前或者在后制发检察建议。对于后一种做法，存在问题的是，检察机关一旦提起公诉或者作出不起诉决定，企业落实检察建议所提出合规方案如何反映在检察官的裁量活动中。刑罚正当化根据是报应的正当性与预防目的的合理性的结合。[1] 企业落实检察建议以此降低对其预防的必要性，检察机关对此进行考察并作出宽缓的处理，应当是检察建议在合规工作中作用的体现，如涉企业犯罪本身具备符合适用相对不起诉制度的条件，检察机关就应当直接适用《刑事诉讼法》第177条第2款的规定。对于上述问题，学者指出，后一种模式难以激活检察裁量权中所蕴藏的激励因子，无法为企业建立和完善合规计划提供内在动力。[2] 同时，值得注意的是，基层检察院在面对涉中小型企业犯罪案件时，一方面中小型企业的抗风险能力较弱，刑事案件的启动对企业运营通常产生极大影响甚至直接造成企业经营的停摆；另

---

[1] 李勇：《检察视角下中国刑事合规之构建》，载《国家检察官学院学报》2020年第4期。

[2] 李奋飞：《论企业合规检察建议》，载《中国刑事法杂志》2021年第1期。

一方面存在检察机关介入刑事案件程序较为滞后的问题，合规工作如果开展太晚或者周期过长，中小型企业往往难以支撑，则企业合规的目的难以实现。

（二）检察建议的刚性问题

在合规工作中，检察建议本身的刚性问题，笔者认为包含程序上的刚性和实质作用上的刚性。前者表现为在整个合规工作流程过程中，检察建议基于其程序中所处的定位所产生的刚性。如前所述，合规工作中的检察建议与社会治理检察建议一脉相承，因此其在具有社会治理检察建议的灵活性特点的同时，不可避免地必须解决社会治理检察建议因其非程序化特质所产生的运行刚性问题。如再审检察建议、纠正违法检察建议有抗诉和纠正违法意见书等刚性手段为背书，而公益诉讼检察建议则通过内嵌入办案程序，以诉前检察建议的模式形成其刚性。当前，检察建议并未在企业合规中形成类似程序上的刚性，实践中也没有发现涉案企业因未落实检察建议进行合规被酌情从重或被提起公诉的情况，而这种检察建议刚性程度与其作用定位不符的情况也是需要解决的问题。

检察建议在企业合规中实质作用上的刚性，表现为检察机关所制发的检察建议能否有效激励企业落实开展合规。我国采取行政处罚与刑罚二元并立的制裁模式，而近年来刑法修订呈现积极立法的态势，《刑法修正案（十一）》更表现出刑法对前置民法、行政法、知识产权法等法律法规的衔接，特别是在经济犯罪领域"行政违法入刑"的趋势明显。刑罚预防功能的纳入以及立法者对行政违法行为犯罪化的处置趋向，都在很大程度上加剧了刑罚和行政处罚的交叉重叠。[①] 然而，相较 2021 年修订后行政处罚法规定多种处罚种类[②]，包括财产处罚、限制经营甚至有相当于对单位判

---

① 赵宏:《行刑交叉案件的实体法问题》，载《国家检察官学院学报》2021 年第 4 期。

② 《行政处罚法》第 9 条规定:"行政处罚的种类:（一）警告、通报批评；（二）罚款、没收违法所得、没收非法财物；（三）暂扣许可证件、降低资质等级、吊销许可证件；（四）限制开展生产经营活动、责令停产停业、责令关闭、限制从业；（五）行政拘留；（六）法律、行政法规规定的其他行政处罚。"

处"死刑"的行政处罚措施，行政机关在处罚的方式、力度上均有较大选择余地，而刑法在对单位犯罪适用刑罚上的罚金处罚模式相较则显得手段单一、威慑力不足，司法机关开展企业合规工作存在激励欠缺的问题。同时，在行政前置的情况下，在公安机关、行政机关作出实际处理后，检察机关再推进企业合规工作实质上的激励作用能有多少同样存在疑问。应当看到，实务方面近年来注意到行刑衔接不畅所带来的问题，国务院于2020年8月修订《行政执法机关移送涉嫌犯罪案件的规定》，明确提出行政执法机关移送涉嫌犯罪案件，应当接受人民检察院依法实施的监督。然而制度上的完善，在实体的运作上如何和企业合规构建衔接，发挥检察建议效用还需厘清。

（三）检察建议内容的专业性问题

检察机关在开展社会治理检察建议工作过程中，检察官善于基于自身专业发现案件所反映症结，但同样囿于专业所限，在检察建议触及专业领域的问题时，检察官通常难以提出专业、有针对性的解决方案，导致部分检察建议客观上存在说理性不强、缺乏实际操作性的问题，这类检察建议即使得到被建议单位书面回复，实际上也可能只是得到形式化的落实。而上述社会治理检察建议工作中所碰到的问题在合规工作中则显得更加尖锐，一方面，在社会产业精细化划分的当下，同样规模的企业往往因所处行业、地域等因素的不同而有着天差地别，检察官并非公司治理的专业人才，同样也不可能解决企业运营的专业领域问题；另一方面，检察建议执法的目的要切实促成企业合规风险化解，不同于单位犯罪直接适用认罪认罚不起诉案件，检察建议模式下的企业合规中，企业只有通过落实检察建议才能降低再犯风险，并检察官才能以此作为裁量的基础，并认定企业达到宽缓处理乃至"出罪"的条件，这个意义上就必须避免检察建议过于形式化。

（四）对检察建议模式下合规工作的监督问题

无论是"检察建议相对不起诉"模式下的合规，还是"附条件不起诉"模式下的合规，检察机关启动企业合规都要回馈社会对其监督。但在企业合规起步阶段，合规标准亟待厘清，"公共利益"作为检察机关开展的基准又是模糊不清的宏观概念，因此检察机关开展企业合规工作需要引入外部监督。如果对检察机关开展企业合规工作缺乏监督，特别是涉及对企业或企业负责人的"出罪"，一方面存在权力滥用的可能，另一方面容易引发公众对于检察机关开展企业合规的公正性的质疑，影响制度的生命力。应该说，《指导意见》所构建的超脱于检察机关第三方机制管委会、第三方组织和第三方监督评估机制，避免了检察机关对企业开展合规工作的过度介入，解决了外部对检察机关开展企业合规工作的疑虑。但同时《指导意见》也充分反映了检察建议模式下，检察机关集制发、督促和裁量于一体，外部监督措施对检察机关难以产生影响的问题。

四、以检察建议推进企业合规可行路径分析

相较于运用在大型企业涉及影响范围大、损害公共利益、造成行业形象损毁的犯罪，笔者认为，检察建议模式更适合运用于对象为业务比较简单的中小型企业、犯罪复杂程度低、影响面不广且不适合直接适用认罪认罚相对不起诉的案件，检察建议模式相对于完整的合规计划和漫长合规考察，可以有效避免过度加重中小型企业的负担，更能因企制宜，促企业弥补损失、优化经营、强化管理和化解。因此在探讨前述问题的基础上，以检察建议推进企业合规可采取如下路径。

（一）完善行刑衔接运行机制，推进检察建议执法前置

企业合规案件涉及的经济犯罪、职务犯罪多案发于行政执法领域，涉案的中小型企业在移送检察机关后再开展企业合规工作往往已经滞后。检察机关依托案件线索双向移送机制，推动构建侦检衔接、行检衔接机制，一方面，公安机关、行政执法机关办理涉企业违法案件可能需要移送刑事处理的，要及时将案件线索移送检察机关，公安机关、行政机关也可以告知涉案企业相关企业合规工作的情况，促使企业主动向检察机关申请介入开展企业合规工作。另一方面，检察机关可采取派驻或依托电子信息系统

的方式，加强与公安机关、行政执法机关的信息衔接，检察机关通过畅通衔接可在提起前介入阶段和审查批捕阶段启动企业合规工作开展对企业的调查工作，并以此推进检察建议执法的前置。检察机关在考察企业落实检察建议的基础上作出裁量，如向行政机关提出检察意见、提出宽缓化的量刑建议或作出不起诉决定。

（二）推进检察建议在企业合规中的程序化和激励实质化

在企业合规案件的办理中，检察建议的制发时间固然有其灵活性的一面，可以根据具体情况在审查逮捕或者审查起诉阶段进行制发，但考虑到强化检察建议的刚性，检察机关在制发检察建议的程序上，可以参考诉前检察建议模式，将检察建议内嵌入企业合规案件办理程序中，将落实检察建议的考察期作为作出起诉决定或者不起诉决定的前置阶段，能够从运行程序上增强检察建议的刚性，将检察建议作用聚焦于督促、强制企业开展合规，而这种模式在第一批试点工作中，也为浙江省岱山县人民检察院、广东省深圳市龙华区人民检察院采用，即"不起诉前督促合规"模式，两家试点单位将审查起诉期限作为合规承诺考验期，也印证了这种模式的实践价值。① 而为有效激励被建议企业，确保企业能够有效开展合规整改工作，检察机关可以尝试推动构建和公安机关、行政机关的协作机制，即经检察机关考察符合开展企业合规的条件且制发检察建议的情况下，对涉案企业暂缓进行行政处罚，以此将检察建议与暂缓行政处罚进行衔接，促进企业积极地配合追求检察建议的落实。

（三）构建检察建议三方论证机制

为保证检察建议制发的专业性，实践中有不同做法，上海市浦东新区检察机关在探索公益诉讼"等"外领域过程中，为确保诉前检察建议的专业性和可行性，采用了积极借用"外脑"的做法，主要采取邀请领域专家

---

① 李勇：《企业附条件不起诉的立法建议》，载《中国刑事法杂志》2021年第2期。

或者聘请具备专业知识的"特邀检察官助理"参与制发检察建议的过程，因此对于企业合规的检察建议的制发，可以参照该做法，主动引入专业领域人才。同时，由于企业合规本质仍然落脚于企业的自我整改，通常的企业合规模式中，企业本身亦承担了提交合规计划的责任，因此在检察建议模式中，企业本身应当参与检察建议论证的过程，针对检察机关提出的问题，提出可行的做法或者主动申请专家。对于邀请专家论证，无论是检察机关依职权邀请还是企业申请，相应成本均应由企业自行承担。同时，考虑通常会涉及行政处罚事项，因此，在检察建议论证过程中，应当邀请公安机关、行政执法机关参与并提供意见。围绕检察建议内容的形成，建议构建检察机关、企业（必要时含专家）和行政执法机关参与的三方论证机制。

（四）打造检察建议模式下的合规工作监督体系

推进对企业合规工作中的检察建议的监督，可以尝试依托现有人民监督员制度，通过制度明确人民监督员参与程序、参与方式、监督评估流程和发表意见效果等，构建检察建议模式下的合规工作监督体系。具体做法上，检察机关在考察评估企业落实检察建议情况后，认为企业已实现合规、再犯风险不大，符合进行宽缓化处理或者不起诉条件的，在作出决定前可邀请人民监督员采取听证、实地考察等形式对检察建议落实成效进行第三方评估，必要时邀请专家和公安机关、行政执法机关参与评估。在评估后，检察机关对应企业作出起诉和不起诉决定，并将处理结果报上级检察院备案，上级检察院可以会同第三方组织对案件情况进行抽查，必要时到企业进行实地考察。同时，在案件公开上，可以采取检察建议文书公开方式接受社会大众的监督。对于涉案企业曾经接受过企业合规的情况，建议予以留档记录，对企业接受宽缓化或不起诉处理后再次犯罪的，应坚决排除适用企业合规，并酌情从重处罚。

涉案企业合规考察验收有效性问题探究

——以 L 市检察院办理对非国家工作人员行贿案为例

简乐伟　曾林芸*

摘　要：涉案企业合规改革对于企业的良性发展有着重要作用，在合规考察模式中，验收工作是检验合规整改效果的关键环节，其有效性影响着检察机关作出决定，但是目前对于验收工作的有效性仍存在缺乏较为明确、具体的验收标准，验收环节中相关主体职责不明确以及验收后维持合规整改效果期限具有不确定性等问题，基于此，提高企业合规验收有效性不仅应当制定具有可操作的验收标准，也要明确验收的主体职责以及定期回访，由此保障验收的有效性，使得涉案企业合规的效果最大化，进而优化营商环境。

关键词：企业合规；验收；有效性

为促使刑事涉案企业依法合规经营，全面贯彻落实宽严相济刑事政策，同时警示其他企业守法经营，企业合规改革应运而生。① 涉案企业合规检察改革工作，是指在办理企业犯罪案件时，探索依法适时适用非羁押强制措施，督促涉案企业作出合规承诺并整改落实，综合考虑犯罪事实、犯罪情节、合规计划完成情况等因素，对涉嫌犯罪的企业、犯罪嫌疑人依

---

　　* 简乐伟，湖北省老河口市人民检察院检察长、三级高级检察官，法学博士，兼任中国法学会董必武法学思想（中国特色社会主义法治理论）研究会理事；曾林芸，湖北省老河口市人民检察院检察官助理。

　　① 邱春艳：《企业合规改革，第三方监管如何落实》，载《检察日报》2021 年 12 月 17 日，第 1 版。

法从轻、减轻处罚，对符合条件的依法不起诉或不判处实刑的宽缓刑事处罚制度。

当前针对涉案企业合规改革有两种模式：一种是检察建议模式；另一种则为合规考察模式，该模式又称为"第三方监管"模式。合规考察模式是指检察机关在涉案企业认罪认罚，积极采取补缴税款、缴纳罚款、赔偿被害人损失、恢复原状等补救挽损措施的前提下，结合涉案企业提交的合规整改方案，经过审核和评估，设置六个月到一年的合规监管考察期，并在考察期内设置监督、指导、帮助涉案企业推进合规管理体系建设的合规监管人，在合规考察期届满之前，对涉案企业的合规整改情况进行考核验收，对于按照要求完成制度整改、建立合规管理体系的企业作出合规不起诉决定。[①] 本文所探讨的验收则为该模式中的程序之一，虽然目前涉案企业合规改革取得了阶段性成效，但同时也面临着一些争议，合规验收的有效性问题则为其中之一。

一、涉案企业合规整改考察验收程序相关概述

（一）验收程序对于涉案企业合规改革的意义

企业合规执行效果如何，是涉及检察机关对涉案企业和涉案犯罪嫌疑人如何处理的关键性证据。[②] 在企业合规的"第三方监管"模式中，当企业已就合规计划所涉及的内容进行全面落实、准备进行合规考察验收时，如何确保考察验收工作的有效性、防止"纸面验收"，成为检验"第三方监管"模式工作质效的关键"指标"。

验收评估是检验合规成果的重中之重。涉案企业合规改革试点工作要求办理案件的检察机关，针对企业涉嫌的具体犯罪，督促涉案企业作出合规承诺并积极整改落实，促进企业合规经营，预防和减少企业违法犯罪，

[①] 陈瑞华：《企业合规不起诉改革的八大争议问题》，载《中国法律评论》2021年第4期。

[②] 吴玮：《论企业合规刑事化试点中的检察监督》，载《政法论丛》2022年第1期。

实现检察办案最佳的政治效果、法律效果和社会效果。检察机关对涉罪的企业验收合格后，不仅能够挽救涉案企业，防止因为办理案件而导致企业生产经营出现问题导致的"案件办了，企业垮了"，更为重要的是能够警示和带动相关企业甚至整个行业的守法经营，起到"办理一案，带动一片"的效果，有利于整体营商环境的法治化建设。

（二）L市检察院案件办理概况

L市检察院办理的对非国家工作人员行贿案采用第三方监管的模式开展企业合规，目前该案已办理完毕，正处于行刑衔接阶段。验收阶段，L市检察院同三名监管人到涉案企业通过深入全面检查，采用座谈、合规验收考察等形式展开验收工作。

该案的涉案企业与办案检察院所在地跨越两省，在启动阶段，L市检察院办案人员到涉案企业实地调查走访，全面了解企业规模、带动就业、创造税收、社会贡献等情况，并通过当地区政府、工信局等渠道了解该企业相关情况。考察期间，L市检察院结合本地区涉案企业合规试点工作开展情况及该案件办案实际，邀请了市工商联、司法局、财政局、市场监督管理局及第三方监管律师、会计师、反商业贿赂方面教授共参涉案企业合规第三方监管人座谈会视频会。经向上级院涉案企业合规第三方监管委员会提交合规考察验收的请示，组成涉案企业合规考察验收小组，指定小组成员为第三方监管人以外的检察官、律师以及行政主管部门业务骨干，该验收小组深入涉案企业实地进行了验收，验收结果为合格，目前已对该企业及相关责任人作出不起诉决定。

二、当前企业合规考察验收工作存在的有效性问题

（一）缺乏较为明确、具体的验收标准

对涉案企业合规整改情况经过第三方监管人考察后，如何能够确认企业是否全面地落实了合规计划、形成了有效的合规管理体系、第三方监管人是否实施了有效的合规考察，均须由合规考察验收小组开展合规考察

验收，基于此才能作出是否提起公诉的决定，此时即需要有一定明确具体的验收标准作为指引，指导考察验收小组能够结合标准，针对客观开展情况来考察验收。缺乏具体明确的验收标准可能会导致考察验收缺乏一定的"基础支撑"，一定程度上增强了考察验收的"主观性"、弱化了"客观性"，那么此时对于验收的中立性则难以保障，影响甚至导致最终考察验收结果形成偏差，使得验收产生"形式化""表面化"等问题。2021年6月，最高人民检察院联合多部委组建企业合规第三方监督评估机制管委会，其重要职责之一就是研究制定涉企犯罪的合规考察标准。[①] 可以看出，缺乏明确的合规整改和合规验收的标准，已经成为制约合规不起诉改革的一个"瓶颈"问题。缺乏客观可操作的标准，既不利于规范合规考察过程的检察裁量权，也会给后续与行政机关的衔接带来不利影响。[②]

虽然 L 市检察院及上级检察机关出台了一系列相关文件，但只在《X市政法机关开展涉案企业合规检察改革办案工作规范（试行）》第22条对考察验收作了相关规定，该条规定"企业合规考察验收是指第三方监管模式下，第三方监管人考察完成后，办理案件的人民检察院应当提请监管委员会成立合规考察验收小组，在十日内对企业合规整改情况进行检查验收，并出具书面验收报告。合规考察验收小组由检察官、行政主管部门业务骨干、相关行业领域业务专家组成"。该规定较为粗略，仅仅简单说明了考察验收的时间和验收小组的组成，对具体的验收标准没有进行规定。由于缺乏相应的可操作性具体规定，L 市检察院在一定程度上只能根据第三方监管人提供的考察报告内容进行探索和验收，这种企业的合规验收方式是否有效可行还有待考量。

（二）验收环节中相关工作主体职责不明确

对涉案企业合规承诺、整改进行客观、公正、有效的监督评估，是

---

① 陈瑞华：《企业合规不起诉改革的八大争议问题》，载《中国法律评论》2021年第4期。
② 李奋飞：《涉案企业合规刑行衔接的初步研究》，载《政法论坛》2022年第1期。

改革试点中的关键环节和核心内容。对验收情况的定性，对于保证其真实性、全面性与客观性，以及相关的责任追究都至关重要。在对涉案企业开展合规考察验收时，考察验收小组成员不仅包括检察机关，还有行政机关及相关行业领域业务专家，他们共同履行对企业合规建设的监管责任。但在此阶段，没有明确规定和说明检察机关与行政机关以及其他相关专业人员的配合、工作职责分工问题，在合规考察验收工作中检察机关同其他行政机关如何发挥好各自的优势、做好协同配合等，需要进一步予以明确。验收环节中相关工作主体职责等如若不加以明确，则可能导致多主体的职责存在交叉，重复评价验收相关工作，降低验收效率，也可能出现所有责任主体统一进行验收，既不能体现"专业人做专业事"的职能，同时也会导致各主体之间相互影响，缺乏判断的独立性，影响验收质效。

L 市检察院企业合规验收小组的组成成员为检察官、律师以及市场监管局相关负责人共四人，该验收小组通过对考察报告和前期的相关情况进行了解，继前往涉案企业进行验收考察。在对该案件的验收过程中，该验收小组四人虽有分工，但较为粗略，对专业的问题并无专业的人员进行验收，例如该企业的涉嫌犯罪主要出现在销售环节，然而对于财务方面的验收并无专业人员进行。

（三）验收后维持合规整改效果的期限具有不确定性

涉案企业合规改革有利于保护各类市场主体的合法权益，是优化法治化营商环境的有力方式，也是维护企业与社会和谐稳定的重要举措。企业合规整改效果的维持能够检验该企业是否"真整改""真合规"，企业如若按照合规计划严格落实，那么合规的效果将持续下去，不仅能够防止再次出现相同或者类似的违法犯罪行为，同时还能够更好地推进该企业经济、社会效益，树立良好的企业形象，推动企业发展。

企业在落实好合规计划并在考察验收合格后，对于维持好验收时的整改落实效果、形成常态化的企业内部合规风险防控管理机制等情况，目前还缺乏一定的制度支撑。涉案企业是否会存在合规整改结束后对内部经营管理有所松懈、导致出现再次涉嫌违法犯罪的情况，这种风险并非不存在。如何防止考察验收效果的维持果断，使得涉案企业合规圆满完成"由山顶到山脚"的蜕变，同样成为检察机关思考的问题。

三、提高企业合规验收有效性的路径探索

（一）制定可操作的验收标准

1. 客观与主观相结合

合规整改的验收应尽可能实现标准化，确保中立性，客观情况不仅要结合企业的规模、企业内部的具体治理结构、所涉及罪名及罪行轻重等情况，也要结合整改资金投入、建章立制情况等形成相对较为具体的验收标准。在对企业的验收过程中，不仅要通过客观的标准进行评估，更要充分发挥主观能动性，判断企业是否进行了真实的合规，将主观和客观标准相结合，使得验收更加科学化，也更能充分发挥检察裁量权。例如，针对涉税犯罪案件，需要制定税收合规整改标准；针对商业贿赂犯罪案件，需要制定反商业贿赂合规整改标准；针对侵犯商业秘密犯罪案件，需要制定知识产权保护合规整改标准；对于污染环境罪犯罪案件，需要制定环保合规整改标准；等等。[①] 在对企业"厚爱"的同时做实"严管"。

L市检察院在验收过程中制定的标准以考察报告为基础，根据企业整改采取的实际措施，采用百分制的方式，从"公司合规管理体系建设""合规整改执行""合规整改实际效果"三个大方向进行验收打分，同时在每一部分再细化相应的验收考评内容和标准，例如在"公司合规管理体系建设"中，标准又细分为公司合规管理组织机构建设、公司合规制度建设、公司风险管控机制建设以及合规文化培养机制建设，同时结合企业在合规中是否投入一定的整改费用进行打分，80分以上为合规整改验收合格；60—80分为可再整改；60分以下为合规整改不合格，同时在验收过程中结合座谈，通过座谈的方式反映合规整改的情况，充分发挥验收小组的主观能动性。

---

① 李奋飞：《涉案企业合规刑行衔接的初步研究》，载《政法论坛》2022年第1期。

2. 实质与形式相结合

涉案企业合规的整改验收不仅要验收企业是否针对问题制定了相关的制度，更要看制度是否执行与贯彻落实，如果仅仅采取签订类似于《廉洁承诺书》相关协议或者只制定规章制度，不去贯彻落实执行，对于企业来说都是治标不治本，对于突出的重点，例如在生产经营出现问题的环节，那么对于生产经营的这个环节则要重点验收。具体来说，至少可以从以下方面考虑：其一，具体调查合规项目是否采取适当有效的方式来实施、审查和修订。其二，确定企业是否投入了足够的资金以及提供了足够的人员来审计、记录、分析和利用企业合规的结果。其三，调查涉案企业是否建立了常态化的法律风险识别、预警、防范和处置机制及其运行情况，保障运行的措施等；应确定企业员工是否充分了解合规程序，并确信公司对合规程序的承诺。其四，调查涉案企业是否开展查纠整改工作，包括在企业范围内全体员工自查自纠、企业监管部门组织排查、对企业犯罪行为的专项整治等[①]；形式上的验收是实质上验收的表现形式，虽然涉案企业合规的整改验收以实质性验收为主，但是形式上也必不可少，需要印证材料来与之相配合才能更加体现验收的完整性。

L市检察院在对该企业进行合规验收时，对合规项目采用的方式是否执行予以验收，针对该企业在生产经营中出现的问题，在该环节是否投入人力、物力形成常规化管理则为验收的重点，同时无论是对公司合规的机制建设还是对合规管理组织机构运作、合规整改的培训和宣传、合规整改、合规风险管控等的验收，都需要有相关的印证材料，比如会议记录、纪要、台账以及凭证等，如无证明材料，会予以扣分，影响验收分数。

3. 静态与动态相结合

静态与动态相结合，是指验收小组进行验收之际，不但要采纳书面审查的静态形式，还应采用现场调查等动态形式。[②]书面审查主要验收的是

---

① 涂龙科、刘东：《美国企业合规计划的要素与启示》，载《中国检察官》2021年第16期。

② 周振杰：《合规计划有效性评估的核心问题》，载《国家检察官学院学报》2022年第1期。

内容形式上的材料，如是否在合规的过程中留痕存档，而现场调查则主要是实际操作上的验收，验收重点领域、重点环节与重点人员的合规是否已落实到生产经营之中去。

L市检察院在验收过程中首先听取该企业的合规整改情况汇报，对前期工作开展情况进行了整体的了解，书面审查包括资产负债表在内的相关材料，同时通过座谈的方式与涉案人员、销售部门人员进行谈话，对涉案人员从认罪悔罪态度、是否认可处理结果等方面进行多方位了解，对销售部门人员参与合规整改的情况、是否参与培训以及是否形成规范的守法经营理念等方面进行座谈，除此之外，验收小组还在企业负责人的带领下，对企业进行实地的走访调查，对业务情况、经营规模、车间生产情况进行了调查，将静态的书面审查、听取汇报与动态的走访相结合。

（二）明确主体职责，形成工作合力

1. 检察机关主导

在涉案企业合规改革试点工作中，检察机关担负着监督者、主导者的角色，要充分发挥发起、引导、联络的作用，以"监管者"的角色督促和引导企业构建合规计划，在考察过程中，检察机关需要协调第三方监管机构的工作，保证第三方组织在监管审查的过程中，不受媒体、社会舆论、公权力机关等外界因素干扰，与企业自身、第三方组织、相关行政机关等形成合力，共建多方合作体系；在合规考察验收阶段，检察机关应同合规考察验收小组中的行政主管部门、相关业务专家等做好协同配合，明确各自在考察验收中的工作职责，发挥各自的工作优势，如检察官可统领全局、从预防犯罪等方面开展考察，行政主管部门业务骨干可根据企业内部情况及涉及罪名、暴露的问题等，从行政监管等领域开展工作，相关业务专家则可从更加专业的领域提供智力支撑，从而形成"专业人干专业事"的工作合力。

L市检察院在办理此次企业合规案件中，在考察环节和验收环节，无论是通过搭建智慧平台还是多方联动多次前往涉案企业实地考察，通过与第三方监管人员以及其他验收小组成员的积极沟通交流，推动企业合规的整改有序进行。

2. 行政部门配合

涉案企业合规所涉及的经济社会关系复杂、利益多元，刑事、民事、行政法律关系交织，必须严格落实习近平总书记对政法工作提出的"更加注重系统思维、法治观念、强基导向"重要指示精神，加强相关职能的沟通协作、衔接配合，综合运用经济手段、行政手段、刑事手段促进企业依法依规经营发展，预防企业犯罪，推进诉源治理，形成部门协同、上下联动、齐抓共管的运行机制。[1]我国企业合规的关键要素在于检察机关主导下的多方参与、协同共治[2]，涉案企业合规需要遵从系统性原则，多部门配合，检察机关在审核企业合规制度整改效果的过程中，无论是考察环节、验收环节还是后续的行刑衔接环节，都离不开行政部门的配合，行政部门的配合给整个企业合规增加了专业性。构建一个有序、充满活力的市场环境，引导、监督、保障企业的健康发展，离不开检察机关以及其他机关的共同参与、协作配合，由此才能形成合力，共同推动企业合规建设。

各部门单位加入涉案企业合规改革为验收提供了有益的思路和方向，各单位之间既相互独立同时又互相监督，有利于保障验收的中立性。行政机关的加入为行刑衔接提供了有力的支撑，在检察机关作出不起诉决定后，并不意味着涉案企业没有任何处罚措施，行政机关根据验收情况进行后期的监管，对于验收情况较差或分数较低的企业，加强监管，既能够有效规制企业，也能够给企业一次重生的机会。涉案企业合规改革中，合适的监督主体与监督方式可以提高企业合规的规范性和有效性。L市检察院验收小组在验收过程中，统筹考虑以高效率全方位验收，以检察官为主导，其他相关单位责任人以及专业人士配合，为验收小组的工作奠定了良好的基础，在过程中相互配合的同时相互监督，推动验收客观公正进行。

---

[1]　徐化成：《涉案企业合规不起诉检察建议模式探析》，载《检察日报》2021年11月23日，第7版。

[2]　谭世贵、陆怡坤：《刑事激励视角下的企业合规问题研究》，载《海南大学学报（人文社会科学版）》2022年第2期。

（三）定期回访，形成合规闭环

1. 定期开展合规巡查

为确保验收效果得以长期动态化维持、形成常态化机制，检察机关、相关行政监管部门以及第三方监管人员可以采取定期回访的方式，进行持续跟踪管理，促进企业内控机制持续发挥作用，带动行业自律，加固企业合规的整改效果；同时积极开展行业治理，梳理常见的刑事风险点，推动行业自律。通过形成一种常态化工作跟踪机制，让企业的合规整改能够形成动态化的调整完善机制，从而最大限度避免"一验了之"。

积极开展企业回访。要结合个案情况制定合规考察评估指引，定期对合规案件进行回访、评估，及时监督纠正发现的问题，确保企业持续健康发展。积极开展舆论引导。湖北黄石一家民营企业涉嫌虚开增值税专用发票罪，案发后主动补缴税款。检察机关在办案中对企业启动合规监管，促令企业合规整改，健全财税管理等制度，经第三方组织评估予以充分肯定，依法作出不起诉决定。该企业不仅没有垮掉，还在当地扩大投资超亿元，促进当地 130 多人就业。[①] 这就说明企业整改效果的维持能够进一步推动企业的发展，开展合规巡查在一定程度上就是帮助企业更长久地维持整改效果，形成稳定的机制。定期开展合规巡查在一定层面上可以加大监督力度，推动企业良性稳定发展，企业合规整改形成相应的机制并持续良性运行，即使企业中有自然人再犯罪，也能够将企业与个人割裂开来，最大限度地减少对企业的损害，更好地保护市场主体。

2. 建立异地协作监管机制

囿于审限时间与合规整改时间的矛盾，作出不起诉决定后检察机关的后续跟进回访考察就显得十分必要了。[②] 实地验收是对涉案企业合规整改成效最直观的考察方式，办案地检察机关可结合企业提交的合规计划、定

---

① 陈江波：《企业合规改革的五个环节》，载《检察日报》2021 年 8 月 17 日，第 7 版。

② 谈倩、王宗秀、孙宋龙：《检察机关办理企业合规案件的程序构建》，载《人民检察》2021 年第 17 期。

期报告及第三方组织考察报告赴异地对涉案企业合规情况进行实地核查考察验收环节，由办案地检察机关实地验收为妥，但是办案地检察机关与涉案企业不属于同一区域，那么合规整改监管难度将加大，因此需要建立异地协作监管机制。

办案地检察机关在涉案企业改革启动时与协作地检察机关取得联系，建立沟通机制，进行跟踪监督，在开展企业合规改革过程中参与联合考察、联合督办以及共同验收。在回访中发现企业仍存在合规风险或者管理漏洞的，可以及时与协作地检察机关取得联系，可以向企业或者有关主管部门提出意见，督促企业及时整改，消除违法犯罪隐患。①

---

① 逢政：《探索异地涉案企业合规跨区域协作机制》，载《检察日报》2021 年 10 月 25 日，第 3 版。

第三部分

涉案企业合规监管与行刑衔接

论企业合规监管人的二元定位

——合规指导者与合规考察者

沈 磊[*]

摘 要： 如今合规监管人被广泛应用于企业合规改革中。实践中的合规监管人具有合规指导者与合规考察者的二元定位，前者是指合规监管人为企业合规整改提供指导，后者是指合规监管人对企业合规整改进行考察。合规指导者定位的基本特征包括指导方式的宏观性、指导机制的协作性和指导效力的强制性，围绕这三大特征实践中分别有三大问题值得探讨。合规考察者定位的基本特征包括考察地位的独立性、考察方式的判断性和考察结果的参考性，围绕这三大特征实践中也分别有三大问题值得探讨。

关键词： 合规监管人；二元定位；合规指导者；合规考察者

我国自开展企业合规改革至今，第三方监督评估组织被应用于多数涉企合规案件中。作为第三方组织成员的合规监管人，在合规考察启动时对企业合规计划制定情况进行指导，在合规考察期间对企业合规计划履行情况进行检查，在合规考察期满后对企业合规计划完成情况进行评估，并将考察结果制作成合规考察书面报告，作为检察机关是否作出不起诉等决定的重要参考。在合规监管人制度两年多的实践探索中，最高检等部门发布的数份规范性文件都对合规监管人的履职进行了指导，最高检发布的三批企业合规典型案例大多也对合规监管人的履职作出了示范。但在实践中，

---

* 沈磊，北京大学法学院硕士研究生。

合规监管人的定位在不同的案例中仍各有差异。在理论上，合规监管人的定位在不同的论述里也各有侧重。因此，合规监管人的定位不但在实践中尚未走向定型，而且在理论上尚未达成共识。基于上述认识，本文拟从企业合规改革的实践出发，对合规监管人的定位问题在理论上进行深入的研究。

一、合规监管人的二元定位

合规监管人具有合规指导者与合规考察者的二元定位。合规监管人的合规指导者定位，是指合规监管人帮助涉案企业查明管控漏洞，对涉案企业制定合规计划进行督促和提供建议，对涉案企业执行合规计划进行监督和提出意见，以确保涉案企业建立有效的合规体系。合规监管人的合规考察者定位，是指合规监管人在合规考察期内对合规计划的执行情况进行检查，在合规考察期届满后对合规计划的完成情况进行考核，从而为检察机关是否作出不起诉等决定提供重要参考。结合履职对象、履职内容和履职目标这三个标准，我们可以概括出合规指导者与合规考察者这两种定位的核心区别：作为合规指导者的合规监管人，履职对象为涉案企业，履职内容是对合规整改提供指导帮助，履职目标在于帮助涉案企业建立有效的合规体系；作为合规考察者的合规监管人，履职对象为检察机关，履职内容是对合规整改进行评估考核，履职目标在于为检察机关是否提起公诉提供参考。

一方面，合规监管人是合规指导者。概括来讲，合规监管人对涉案企业的指导机制可以分为两个层次，一是指导企业制定合规计划，二是监督企业执行合规计划。在合规计划的制定环节，合规监管人要先指导企业进行内部调查，从而查明企业产生合规问题的原因。一般来说，合规监管人既可以督促企业自行开展内部调查，也需要通过自行调查来形成独立的判断。在此基础上，合规监管人应当要求企业在一定的期限内提交合规计划。实践中对合规计划的制定情况，有的合规监管人主要是在事后审查把关，而有的合规监管人则在事前就提供指导。在上述过程中办案检察院的参与程度因案而异，但合规计划的内容则应当经过办案检察院审定。在合规计划的执行环节，合规监管人一般来说负责监督企业按照合规计划落实合规整改，有时也会在合规计划的框架内提出具体的整改建议，有的案件中办案检察院会参与到这一过程当中。此外，合规监管人可能对企业执行合规计划过程中的偏差进行纠正，还可能根据实际情况向检察机关申请延长或缩短考察期。

另一方面，合规监管人是合规考察者。合规监管人对涉案企业的考察主要包括两种：一是合规考察期内的阶段性考察，二是合规考察期届满后的最终性考察。合规监管人考察企业合规整改的依据是其指导企业制定的合规计划，有的合规监管人还会给企业制定更明确的合规考察标准。[1] 在合规考察期内，合规监管人一般会定期或者不定期对企业合规计划履行情况进行检查和评估，检查的方式既可以是合规监管人自行调查，也可以是涉案企业提交报告，有的合规监管人会将考察结果通报办案检察院。有的案件中办案检察院会对企业整改情况进行检查，还有的检察院专门组建了巡回检查小组。[2] 除此之外，合规监管人如果发现了企业的漏罪和新罪或者执行合规计划时的偏差，则应当向办案检察院报告。在合规考察期届满后，合规监管人应当对企业的合规计划完成情况进行全面检查、评估和考核，并制作合规考察书面报告。合规考察报告应报送管委会和检察院，并接受管委会和检察院的审查。合规监管人的考察报告是检察院是否作出不起诉等决定的重要参考。

二、合规指导者定位的基本特征

（一）指导方式的宏观性

指导方式的宏观性，是指合规监管人在宏观上指导涉案企业开展合规

---

[1]　吴巍：《涉案企业合规考察实务案例分享之三：建立有中国特色的独立监管人制度》，载陈瑞华、李玉华主编：《企业合规改革的理论与实践》，北京大学出版社 2022 年版，第 287 页。

[2]　参见最高检发布的第二批企业合规典型案例之案例三，载最高人民检察院网，2021 年 12 月 15 日，https://www.spp.gov.cn/spp/xwfbh/wsfbt/202112/t20211215_538815.shtml#2。

调查、制定合规计划、实施合规整改等，并不经常参与合规整改等事项的具体工作。根据有关规范性文件，合规监管人可以不必亲自开展全面的合规调查，而可以要求企业提交自查报告并对该报告进行审查；不用替企业制定合规计划，而是要求企业提交合规计划，再对该计划进行审查并提供指导意见；可以无须参与合规计划的执行，只需对企业执行合规计划的偏差和错误进行纠正。以 A 公司涉嫌非法经营罪这一典型案例为例，合规监管人在企业初步自查的基础上，分析企业的违法原因，识别企业的管控漏洞；针对管控漏洞进一步要求企业对同类违法行为开展自查，根据企业的自查报告确定验收标准，要求企业根据验收标准提交合规整改计划；督导企业聘请律师进行内部调查和评估合规风险，并由此关停了违规业务；督导企业设立了合规委员会，建立了合规管理制度。[①] 在本案中，合规监管人对涉案企业进行宏观上的督导，而具体的合规调查和整改等工作是由企业及其聘请的合规顾问完成的。与中国相比，美国的合规监管人承担职责的范围虽然在个案中不尽相同，但总体上履行着更为微观具体的职责。例如，在西门子公司案件中，合规监管人威格尔在四年的监管期里，审阅了成千上万的文件，与超过 1500 人谈话，多次列席公司管理层会议，走访了 20 个国家，在先后给公司的三份报告里共提出了 100 多条建议。[②] 我国合规监管人的指导方式之所以具有宏观性，可能是因为：第一，我国的合规考察程序主要适用于中小微企业，而不像美国那样主要适用于大型企业，因此合规监管人的工作没有那么复杂；第二，我国的合规考察期一般只有 2 个月到 1 年，远远短于美国 1 年到 4 年的考察期[③]，在如此短的时间内合规监管人难以开展具体细致的工作；第三，我国合规监管人的监管费

---

① 吴巍:《涉案企业合规考察实务案例分享之二：合规自查应成为涉案企业的"必选动作"（上）》，载陈瑞华、李玉华主编:《企业合规改革的理论与实践》，北京大学出版社 2022 年版，第 277—279 页。

② [美] 布兰登·L. 加勒特:《美国检察官办理涉企案件的启示》，刘俊杰、王亦泽等译，法律出版社 2021 年版，第 222—225 页。

③ Vikramaditya Khanna & Timothy L. Dickinson, *The Corporate Monitor: The New Corporate Czar*, 105 Michigan Law Review 1713, p.1723 (2007).

用往往比较低[①]，而美国的合规监管人则由企业对其支付高昂的监管费用，因此我国合规监管人的报酬不足以成为其开展微观具体工作的对价。

（二）指导机制的协作性

指导机制的协作性，是指合规监管人指导涉案企业开展工作，既需要涉案企业的工作成果为其提供参考材料，又需要涉案企业的具体行动将其意见落实到位。[②]涉案企业的协作，不仅表现为企业在行动上对合规监管人的要求的配合，还意味着企业在观念上对合规监管人的介入的接纳，否则企业就缺乏足够的内在驱动力去实施彻底有效的合规整改。[③]这种协作性体现在有关规范性文件中：首先，在合规调查中，若合规监管人督促企业开展合规自查，则需要以自查报告为基础发现问题；若合规监管人自行对企业开展合规调查，则需要企业对其调查工作予以配合。其次，合规计划一般是由涉案企业制定、由合规监管人审查，因此企业必须确保合规计划具备起码的可行性、有效性和全面性，否则合规整改就无从开展。最后，合规监管人在企业执行合规计划出现明显偏差时才提出纠正意见，因此合规计划的执行必须依赖企业的自觉落实。在上文所列举的 A 公司的案例中，涉案企业开展两轮合规自查、自行制定合规整改计划、聘请律师诊断业务风险、建立合规管理制度等，都体现了其对合规监管人指导工作的配合协作。合规监管人的指导工作之所以需要涉案企业的协作，不仅因为合规监管人难以开展具体细致的工作，而且因为涉案企业对自身的情况最为了解、对整改的落实最为便利。在域外，涉案企业的协作在企业合规程序中也占据着举足轻重的地位。比如，根据美国 2003 年的《汤普森备忘录》，"公司的合作"成为决定对企业是否任用合规监管人的核心因素。又

---

① 有的地方合规监管人的案均考察费用低至 1 万元人民币。参见李本灿：《刑事合规的基础理论》，北京大学出版社 2022 年版，第 300 页。

② 江苏省张家港市人民检察院课题组：《企业合规第三方监管机制实践问题研究》，载《师大法学》2020 年第 2 辑。

③ Caelah E. Nelson, Corporate Compliance Monitors Are Not Superheroes with Unrestrained Power: A Call for Increased Oversight and Ethical Reform, 27 The Georgetown Journal of Legal Ethics 723, 741–745 (2014).

如，美国、英国、法国、世界银行等国家或机构均有关于企业合规自查的要求。[①] 域外的经验表明，从国家的外部监管转向企业的内部控制，正是企业合规制度的应有之义和大势所趋。[②]

（三）指导效力的强制性

指导效力的强制性，是指合规监管人提供的并非仅供涉案企业参考的咨询意见，而是一般应当遵照执行的指导意见。这种强制性主要体现在以下方面：首先，合规监管人可以通过阅卷、访谈、抽查等方式对企业开展调查，对此涉案企业应当予以配合，不得隐瞒真相和虚构事实；其次，合规监管人可以要求企业提交合规计划，并且有权对该合规计划提出修改完善的建议，对此涉案企业往往要严格遵照执行；最后，合规监管人发现企业执行合规计划存在明显偏差或错误的，可以对企业进行指导和提出纠正意见，对此涉案企业一般应当听从。在上文所列举的 A 公司的案例中，对合规监管人提出的开展合规自查、制定合规计划、关停违规业务、建立合规制度等要求，涉案企业均毫无异议、不打折扣地遵照执行。在企业合规实践中，合规顾问与合规监管人一样，都对涉案企业提供建议。所谓合规顾问，是在合规不起诉程序中企业自行聘请的、为企业提供合规服务的专业人员的概括性称谓，实践中往往由刑事辩护律师、公司法务人员和特定领域专家等组成合规顾问团队。[③] 合规顾问的建议对企业不具有强制力，而合规监管人的指导对企业往往具有强制力，在这一点上合规顾问与合规监管人形成了显著的差别。合规监管人对涉案企业的指导之所以具有强制

---

① 《涉案企业合规考察实务案例分享之二：合规自查应成为涉案企业的"必选动作"（下）》，载陈瑞华、李玉华主编：《企业合规改革的理论与实践》，北京大学出版社 2022 年版，第 368 页。

② 梁涛：《美国企业合规制度的构建：国家监管、强制性自我监管与刑事激励》，载《政治与法律》2022 年第 7 期。

③ 吴巍：《涉案企业合规考察实务案例分享之二：合规自查应成为涉案企业的"必选动作"》，载陈瑞华、李玉华主编：《企业合规改革的理论与实践》，北京大学出版社 2022 年版，第 279 页；最高检发布的第二批企业合规典型案例之案例一和案例三，载最高人民检察院网，2021 年 12 月 15 日，https://www.spp.gov.cn/spp/xwfbh/wsfbt/202112/t20211215_538815.shtml#2。

性，主要出于以下原因：首先，合规监管人对涉案企业合规整改的介入得到了相关规范性文件的确认和第三方机制管委会的授权；其次，合规监管人的评估报告是检察机关是否提起公诉的重要参考，涉案企业为了达到合规监管人的评估标准就不得不听从其指导意见；最后，作为法律和其他相关领域的专业人士，合规监管人的专业性成为其指导意见的强制力的正当性基础。

三、合规指导者定位的实践问题

（一）如何在合规监管人的宏观指导下确保合规整改的有效性

对于如何确保合规整改的有效性的问题，有学者认为，合规监管人除了要督促企业制定合规计划和履行合规承诺，还要推动企业将合规管理与其他管理体系融合、确保企业建立常态化的风险预防机制、指导企业在绩效考核中引入合规管理要素、督促企业开展合规文化建设等。[①] 本文认为，这些履职建议为合规监管人指导大型企业实施合规整改提供了具体细致的操作指南，但这种事必躬亲的指导方式与当前制度框架下的宏观指导存在一定程度的不兼容性。[②] 合规监管人要通过宏观的指导确保合规整改的有效性，其指导内容就无法面面俱到而应当有所侧重。为了给合规整改指明方向，合规监管人对涉案企业的指导应当主要集中在以下两个关键节点上：其一，查明合规问题发生的深层制度原因。制度原因的查明，并非重述违法犯罪行为，也非归咎于法律意识淡薄，而是鞭辟入里地发掘出公司治理层面的管控漏洞，如商业模式的违法、生产管理的失范、财务管理的漏洞、合同审查的不力、尽职调查的疏漏、治理结构的失衡等。[③] 为此，

---

① 陈瑞华:《合规监管人的角色定位——以有效刑事合规整改为视角的分析》，载《比较法研究》2022 年第 3 期。

② 另外，如果合规监管人对涉案企业的整改提供事无巨细的指导，那么合规监管人考察的内容则变成了自己的工作成果，这将导致其考察合规整改职能的错乱，产生"既当运动员又当裁判员"的悖论。

③ 刘艳红:《涉案企业合规建设的有效性标准研究——以刑事涉案企业合规的犯罪预防为视角》，载《东方法学》2022 年第 4 期。

涉案企业既要开展充分的合规自查，又要配合合规监管人的调查。其二，制定以针对性整改为主的合规计划。目前，针对性整改与体系化整改是两种竞争性的整改思路①，本文认为，在当前短期整改的制度框架下，合规计划应侧重于针对性整改。合规监管人一般应当督导企业围绕修复制度问题和预防违法犯罪制定专项合规计划，其内容包括修复管控漏洞，制定合规章程，设立合规组织，建立风险的预防、识别和应对机制并培养合规文化等。②对上述两个关键问题，合规监管人应当在事前重点提示、在事中保持参与、在事后审查把关。③至于合规计划的充分履行，作为实现合规计划的有效性的重要环节，固然离不开合规监管人对涉案企业的监督，却主要取决于涉案企业的身体力行而非合规监管人的亲力亲为。最后要指出的是，合规监管人指导方式的宏观性虽然是现实存在的，但并不意味着就是必然合理的。对规模较大或涉罪较重的企业，合规监管人的指导方式则要尽可能微观具体一些。对合规监管期过短和合规监管费过低等制约深入指导的因素，各级检察院乃至改革决策者要予以重视和进行突破。

（二）如何通过协作式的指导机制推动涉案企业落实合规整改

合规整改的落实，主要取决于涉案企业在合规监管人指导下的实际行动。作为涉案企业的外部指导者，合规监管人虽然难以在合规整改中事必躬亲，但是可以通过外在监督和内在激励加强指导机制的协作性，推动企业在其指导下将合规整改落实到位。一方面，合规监管人可以通过外在监督促使涉案企业在行动上配合其指导。目前的规范性文件④和指导性案例⑤

---

① 陈瑞华：《企业有效合规整改的基本思路》，载《政法论坛》2022年第1期。

② 专项合规计划的示例，参见最高人民检察院涉案企业研究指导组编：《涉案企业合规办案手册》，中国检察出版社2022年版，第160—363页。

③ 有的案件中合规监管人指导企业所制定的是框架性的合规计划，在后续整改活动中合规监管人还要指导企业进一步完善合规计划。

④ 《关于建立涉案企业合规第三方监督评估机制的指导意见（试行）》第12条、第17条；《〈关于建立涉案企业合规第三方监督评估机制的指导意见（试行）〉实施细则》第31条。

⑤ 最高检发布的第二批企业合规典型案例之案例一和案例二，载最高人民检察院网，2021年12月15日，https://www.spp.gov.cn/spp/xwfbh/wsfbt/202112/t20211215_538815.shtml#2。

均对此有所涉及，但存在规范不明晰和操作不统一等问题。本文认为，外在监督对企业的合规整改的作用有两个：其一，督促企业将全部工作任务分摊到不同的阶段，并让各阶段的工作成果达到更高的完成度；其二，及时发现企业执行合规计划时的偏差和错误，并提出纠正意见以促使合规整改回到正轨。[①] 前者要求合规监管人对企业的阶段性工作进展进行周期性检查，即为企业确定其在调查制度问题、制定合规计划、修复管控漏洞、建立合规制度等不同阶段的工作任务，并按阶段开展工作检查或接收企业报告；后者要求合规监管人对企业的日常性整改活动进行随机性检查，即结合企业违法犯罪的严重程度、治理结构的复杂程度、前期工作的完成程度等因素确定检查的时机，通过抽查来监督企业的合规制度与合规文化的建设。另一方面，合规监管人可以通过内在激励促使涉案企业在观念上接纳其指导。对于如何激发涉案企业的合作意愿，我国法律界并没有给予应有的关注。事实上，正如美国学者指出的，若合规监管人可以任意披露其与企业沟通的内容，企业就会对监管人产生对抗情绪而消解合作意愿，只满足于纸面的合规计划而不建立长效的合规体系。[②] 我国合规监管人向检察机关提供的考察报告可能对涉案企业产生不利的影响，这是制约涉案企业合作态度的核心因素。鉴于此，合规监管人向检察机关报告的内容和程序应当受到规范。报告的内容应当限于涉案企业对合规计划的履行情况与达到较高证明标准的漏罪和新罪；[③] 对不相关的经营信息和商业秘密的报告或泄露应当被禁止，对证据不够确切的漏罪和新罪应当侧重于整改而不是报告。[④] 合规监管人向检察机关报告的内容应当对涉案企业公开[⑤]，并且报

[①]　最高检发布的第三批涉案企业合规典型案例之案例三，载最高人民检察院网，https://www.spp.gov.cn/spp/xwfbh/wsfbt/202208/t20220810_570413.shtml#1，2022 年 8 月 10 日。

[②]　Veronica Root, The Monitor–"client" Relationship, 100 Virginia Law Review 523, 550–555 (2014).

[③]　《关于建立涉案企业合规第三方监督评估机制的指导意见（试行）》第 12 条。

[④]　庄燕君、王鼎：《律师角色的重构：合规不起诉中第三方监管机制探索》，载陈瑞华、李玉华主编：《企业合规改革的理论与实践》，北京大学出版社 2022 年版，第 370—371 页。

[⑤]　在美国，合规监管人的阶段性报告同时出具给政府部门和涉案企业。

告的内容若不利于涉案企业则应以企业不落实其指导意见为前提。

（三）如何防止合规指导的强制力产生不利于涉案企业的后果

当前，对合规监管人的职权，法律界大多致力于它的优化配置，而鲜少着眼于它的规范行使。事实上，企业合规的风险规避与企业经营的逐利目标之间存在天然的冲突性；美国的实践经验表明，合规监管人的职权如果不受规范，合规指导的强制力就可能干扰企业正常的生产经营。[①] 因此，合规监管人要具备起码的企业管理知识和谦抑的权力行使观念。合规监管人在宏观的指导范围上要做到有的放矢，应围绕实施合规整改对企业进行指导而对超出该范围的企业事务无权干涉；在微观的指导事项上要坚持比例原则，在能实现某一整改目的时应选择对企业正常生产经营冲击更小的整改方案。此外，还可以从以下三个方面规范合规监管人的职权：首先，在任命合规监管人时，应当根据个案的具体情况对其职权进行合理的配置。不同于我国在规范性文件中规定合规监管人职权的做法，美国在个案中由涉案企业和政府部门签订的和解协议对合规监管人的职权范围作出大致规定，这一因案制宜的做法值得我国参考。我国在对涉案企业委任合规监管人时，第三方机制管委会或办案检察院可以根据该企业的涉罪情况，对合规监管人的监管事项和行权方式作出书面说明。其次，在涉案企业对合规监管人的指导持有不同意见时，应当保障其异议权。目前，涉案企业在认为合规监管人行为不当或涉嫌违法犯罪时拥有异议权[②]，不过该异议权的行使条件仍有待扩充。由于遵从合规监管人的指导并非实现有效合规整改的唯一途径，因此，若涉案企业持有不同意见，合规监管人应认真考虑，若认为该意见更合理则应采纳；若合规监管人不予采纳，涉

[①] Jennifer O'Hare, The Use of the Corporate Monitor in SEC Enforcement Actions, 1 Brooklyn Journal of Corporate, Financial & Commercial Law 89, 102–106 (2006).

[②] 《关于建立涉案企业合规第三方监督评估机制的指导意见（试行）》第18条。

案企业应有权向办案检察院提出异议，由检察院对该争议作出裁决。①最后，第三方机制管委会和办案检察院应当对合规监管人权利的行使进行监督。管委会和检察院不仅可以听取涉案企业的反映、异议和受理涉案企业的申诉、控告，还可以对合规监管人提交的阶段性报告进行审阅和对合规监管人的履职情况开展现场抽查。②若发现合规监管人的行为确实损害了企业的合法利益，管委会和检察院可以提出纠正意见；若情节严重，检察院可以不采信合规监管人的评估报告，管委会可以取消其作为合规监管人的资质。③

四、合规考察者定位的基本特征

（一）考察地位的独立性

考察地位的独立性，是指合规监管人在履职期间和前后不得与涉案企业存在妨害其独立行使考察职能的利益关系，而能对企业的合规整改情况进行客观中立的评估，从而给检察机关是否作出不起诉决定提供真实有效的参考。这种独立性体现在《关于建立涉案企业合规第三方监督评估机制的指导意见（试行）》的规范中：合规监管人应当履行"客观中立"的义务；合规监管人"在履行第三方监督评估职责期间不得违反规定接受可能有利益关系的业务；在履行第三方监督评估职责结束后一年以内……不得接受涉案企业、个人或者其他有利益关系的单位、人员的业务"。④在美国，合规监管人的独立性也备受重视。根据美国司法部《Morford Memo》第2条，合规监管人应独立于涉案企业，而不能成为企业的雇员。⑤美国实践

---

①　美国司法部的《Morford Memo》载明，如果企业选择不予采纳监管人的合规整改建议，涉案企业和合规监管人均可向政府报告，由政府根据监管人的建议和企业不采纳的理由来进行权衡。See Morford Memo, p.6.

②　《关于建立涉案企业合规第三方监督评估机制的指导意见（试行）》第9条；最高检发布的第二批企业合规典型案例之案例一，载最高人民检察院网，2021年12月15日，https://www.spp.gov.cn/spp/xwfbh/wsfbt/202112/t20211215_538815.shtml#2。

③　《关于建立涉案企业合规第三方监督评估机制的指导意见（试行）》第8条。

④　《关于建立涉案企业合规第三方监督评估机制的指导意见（试行）》第17条。

⑤　See Morford Memo, p.4.

中政府与涉案企业签订的和解协议往往规定，合规监管人相对于企业要具备充分的独立性，以确保其客观公正地将协议所载明的职责执行到位。[1]美国学者指出了合规监管人丧失独立性后会出现的"监管人去监管化"（Monitor Capture）风险——如果合规监管人完全站在企业利益的角度考虑问题，那么将会导致其对企业进行监管时有所松懈。[2]我国合规监管人的独立性是其区别于合规顾问的最显著的特征。上文所介绍的合规顾问的职责可能包括帮助涉案企业申请启动合规考察程序[3]、帮助涉案企业开展合规自查[4]、配合合规监管人实施合规整改[5]、帮助涉案企业进行阶段性评估[6]、出席验收听证会并为涉案企业发言等。可见，合规顾问向涉案企业履职，对涉案企业承担忠实义务。与合规顾问不同的是，合规监管人的履职对象具有双重性，合规监管人不仅为涉案企业提供指导，还为检察机关提供评估。因此，为了确保其能以客观中立的立场对合规整改情况进行评估，合规监管人相对于涉案企业要具有一定的独立性。

（二）考察方式的判断性

考察方式的判断性，是指合规监管人为评估涉案企业对合规计划的执行和完成情况，需要查明企业实际采取的合规整改措施，并将其与企业在合规计划中的承诺进行比对，根据合规整改的有效性标准得出企业的整改是否达标的结论。合规监管人考察方式的判断性，从考察过程上看，表

---

[1] Deferred Prosecution Agreement attachment D para. 10(d), United States *v.* Total, S.A., No. 1: 13–CR–239 (E.D. Va. May 29, 2013), available at http://www.justice.gov/criminal/fraud/fcpa/cases/totalsa/2013–05–29–total–dpa–filed.pdf.

[2] Veronica Root, The Monitor–"client" Relationship, 100 Virginia Law Review 579 (2014).

[3] 《〈关于建立涉案企业合规第三方监督评估机制的指导意见（试行）〉实施细则》第 20 条。

[4] 吴巍:《涉案企业合规考察实务案例分享之二：合规自查应成为涉案企业的"必选动作"》，载陈瑞华、李玉华主编:《企业合规改革的理论与实践》，北京大学出版社 2022 年版，第 279 页。

[5] 最高检发布的第二批企业合规典型案例之案例三，载最高人民检察院网，2021年 12 月 15 日，https://www.spp.gov.cn/spp/xwfbh/wsfbt/202112/t20211215_538815.shtml#2。

[6] 最高检发布的第二批企业合规典型案例之案例一，载最高人民检察院网，https://www.spp.gov.cn/spp/xwfbh/wsfbt/202112/t20211215_538815.shtml#2，2021 年 12 月 15 日。

现为对企业实际采取的整改措施的认识活动；从考察结果上看，表现为对整改措施是否实现有效合规的评估结论。在合规考察期内，表现为对合规计划的履行情况的阶段性评估；在合规考察期届满后，表现为对合规计划的完成情况的最终性评估。合规考察程序中合规监管人的评估报告，就其性质而言，类似于刑事诉讼程序中鉴定人的鉴定意见。这主要体现在以下两个方面：其一，合规监管人的评估报告是一种专业判断。鉴定意见的形成，高度依赖鉴定人对刑事案件中特定问题的专业知识；而评估报告的形成，也高度依赖合规监管人对法律、财务、公司治理等问题的专业知识。其二，合规监管人的评估报告还是一种事实判断。鉴定人只对事实问题进行认定，而不对法律问题进行审理；而合规监管人只就合规整改是否实现有效合规这一事实问题有评估权，而不就是否对企业作出不起诉决定等法律问题有决定权。合规监管人考察方式的判断性，是其合规考察权区别于其合规指导权的核心特征。合规指导权的运行机制是，先由合规监管人提出某些工作要求，再由涉案企业将这些要求执行到位；合规考察权的运行机制是，先调查出涉案企业落实的整改措施，再评估这些措施是否实现有效合规。可见，合规指导权以对合规整改施加影响为目的，它的行使方式具有管理性；合规考察权以对合规整改作出评估为目的，它的行使方式具有判断性。

（三）考察结果的参考性

考察结果的参考性，是指合规监管人对涉案企业履行合规计划情况的考察结果，是检察机关办理案件的重要参考依据。合规监管人的"考察结果"，主要是指合规监管人在考察期届满后对涉案企业的合规计划完成情况作出的考察报告，除此之外还包括在考察期内对涉案企业的合规计划履行情况的阶段性报告。阶段性报告又分为两种：一是合规监管人在考察期内作出的阶段性评估报告；[①] 二是由涉案企业向合规监管人定期提交并由合

---

① 这是从各地方探索应用合规监管人阶段开始一些地方采用的做法。参见陈瑞华：《企业合规不起诉制度研究》，载《中国刑事法杂志》2021 年第 1 期。

规监管人向办案检察院抄送的阶段性报告。[①] 检察机关"办理案件"的情形，主要是指作出起诉或者不起诉决定，此外还包括作出批准或者不批准逮捕、是否变更强制措施等决定，提出量刑建议或者检察建议、检察意见等。[②] 合规监管人的考察结果之所以具有参考性，是出于如下的运作机理：合规监管人通过对涉案企业合规计划履行情况的评估活动形成对事实问题的判断，并由其在企业合规领域的专门知识、独立于涉案企业的考察地位和对涉案企业情况的深度掌握等优势来保障该事实判断的专业性、客观性和全面性；在这一事实判断的基础上，检察机关通过行使检察权对是否作出不起诉决定等问题形成有法律效力的判断，并由涉案企业合规考察程序中起诉便宜主义的公诉权行使方式和宽严相济刑事政策等因素来保障该法律判断的合法性和合理性。在企业合规改革实践中，合规监管人对涉案企业的考察结果往往就预示着办案检察院对涉企案件的处理结果。迄今为止，绝大多数案件中合规监管人的评估结论都为合格，办案检察院均据此作出了不起诉决定；个别案件中合规监管人的评估结论为不合格，办案检察院则据此依法提起公诉。[③]

五、合规考察者定位的实践问题

（一）如何通过保障合规监管人的独立性实现客观公正的考察

为了确保合规监管人能对合规整改情况进行客观公正的评估，相关文件创设了独立考察的履职规范 [④] 并明确了违反规范的惩戒措施 [⑤]。然而，要

[①] 这种报告虽然不是由合规监管人直接制作，但是经过合规监管人把关，就此而言可以视为合规监管人委托涉案企业制作的"考察报告"。参见《关于建立涉案企业合规第三方监督评估机制的指导意见（试行）》第 12 条。

[②] 《关于建立涉案企业合规第三方监督评估机制的指导意见（试行）》第 14 条。

[③] 湖北随州检察机关办理的某矿业公司及其负责人非法占有农田案件，第三方组织对涉案企业给出的合规考察结果为"不合格"，检察机关据此依法提起公诉。参见最高人民检察院涉案企业合规指导组编：《涉案企业合规办案手册》，中国检察出版社 2022 年版，第 394 页。

[④] 《关于建立涉案企业合规第三方监督评估机制的指导意见（试行）》第 17 条。

[⑤] 《关于建立涉案企业合规第三方监督评估机制的指导意见（试行）》第 8 条。

在制度上保障合规监管人独立的考察地位，就不能只依赖于事后的制裁，而更要多着力于事前的预防，亦即找出独立考察的干扰因素并基于此构建相应的防范机制。本文认为，合规监管人的独立性可能受到以下因素的干扰：其一，履职前利益关系。合规监管人在涉案企业进入合规考察程序前就与涉案企业或其人员存在利益关系。其二，财物型利益输送。合规监管人在履职过程中或履职结束后索取或收受涉案企业或其人员的财物。其三，业务型利益输送。合规监管人在履职过程中或履职结束后接受与涉案企业存在利益关系的业务。其四，监管人"去监管化"。合规监管人在履职期间频繁接触涉案企业，与其关系过于亲密而在考察时有所包庇。明乎此，本文认为，对合规监管人独立性的保障可以从以下几个方面着手：第一，建立随机选任机制。第三方机制管委会应当事先在名录库中对全体人员按专业领域归类，并根据企业的涉罪情况在符合条件的人员中随机抽取合规监管人。[①] 在委任监管人之前，管委会或检察院还应审查其是否与涉案企业存在利益关系，并通过公示名单来接受社会监督。第二，建立重点审查机制。在合规监管人履职过程中和履职结束后，第三方机制管委会和办案检察院对其独立性的审查应当重点围绕涉案企业与合规监管人之间是否存在直接或间接的经济往来和业务关系，如果存在这样的往来或关系则表明合规监管人的独立性可能会受到影响。第三，建立常态沟通机制。为了避免合规监管人厚此薄彼，第三方机制管委会和办案检察院要在考察期内与合规监管人经常保持联系。管委会和检察院可以通过审查其提交的阶段报告和抽查其开展的考察工作，了解其工作的进展、肯定其工作的成效和指出其工作的不足。[②] 第四，建立职业声誉机制。在美国，涉案企业有权向政府推荐合规监管人的人选，并向合规监管人支付高额的监管费用，

[①] 《关于建立涉案企业合规第三方监督评估机制的指导意见（试行）》第10条规定："第三方机制管委会应当根据案件具体情况以及涉案企业类型，从专业人员名录库中分类随机抽取人员组成第三方组织，并向社会公示。"

[②] Christine Parker, Regulator-Required Corporate Compliance Program Audits, 25 Law & Policy 221, 237(2003); Christie Ford & David Hess, Can Corporate Monitorships Improve Corporate Compliance?, 34 Journal of Corporation Law 679, 734 (2009).

在此情况下，合规监管人的独立性主要通过其职业声誉来维系。[①] 鉴于此，我国第三方机制管委会可以在第三方机制名录库中建立合规监管人的职业声誉评价体系。

（二）如何在考察企业合规计划履行情况时形成更准确的判断

当前，针对合规整改的评估标准，法律界大致形成了合规制度说[②]与合规文化说[③]两种对立的观点。[④]本文认为，前者提出的按要素进行审查的做法更有实操性，后者倡导的将合规融入企业的理念更有实质性，因此对合规计划履行情况的评估应兼采二者之长。[⑤] 合规制度，是指企业在修复漏洞的基础上，按照合规计划制定合规章程、设立合规组织，并建立包括风险调查、合规培训、合规审计、合规举报、危机挽救、合规奖惩等在内的风险的预防、识别和应对机制。合规文化，是指企业高层对合规经营给予高度重视、保障制度建设并树立良好榜样，在高层推动下企业内部形成赞赏合规行为与鄙弃违规行为的风气，在激浊扬清的氛围中员工养成依法依规办事的态度和习惯。[⑥] 合规监管人要在企业的配合下，通过文件审查、飞行检查、问卷访谈、模拟测试等方式，查明其合规制度与合规文化的建

① Christie Ford & David Hess, Can Corporate Monitorships Improve Corporate Compliance?, 34 Journal of Corporation Law 679, 710 (2009).

② 这种观点主张，合规整改有效性的标准是涉案企业按照合规计划的要素建成了合规制度。参见刘艳红：《涉案企业合规建设的有效性标准研究——以刑事涉案企业合规的犯罪预防为视角》，载《东方法学》2022年第4期。

③ 这种观点主张，合规整改有效性的标准是涉案企业形成了合规文化。参见李勇：《涉罪企业合规有效性标准研究——以A公司串通投标案为例》，载《政法论坛》2022年第1期；张远煌、秦开炎：《合规文化：企业有效合规之实质标准》，载《江西社会科学》2022年第5期。

④ 西方学者也进行了类似于合规制度和合规文化的二元区分。David Hess, A Business Ethics Perspective on Sarbanes-Oxley and the Organizational Sentencing Guidelines, 105 Michigan Law Review 1781, 1791-1794 (2007).

⑤ 《中小企业合规评价标准》第六章为"机构设置和职责配置"，第七章为"合规风险识别"，第八章为"合规风险应对和持续改进"，第九章为"合规文化建设"。可见，该标准将合规制度与合规文化同时考虑在内。

⑥ 学术界对合规文化的定义包含了一定的合规制度的内涵，本文将合规制度从中剥离了出来。

设情况。文件审查是通过查阅企业的规章制度、交易记录、尽调报告、培训档案、审计资料、举报记录、应急记录、奖惩记录等文件,掌握其合规制度建设情况。通过文件审查,合规监管人获取的信息具有全面性,但是存在被虚假文件误导的风险。飞行检查是在事先不通知企业的情况下,通过参观生产作业、走访办公场所、列席内部会议等方式,对其合规制度和合规文化的建设情况进行现场抽查。作为一种现场检查和突击检查,飞行检查有助于确保获取的合规整改情况的真实性。问卷访谈是通过对企业的高管和员工发放问卷或开展访谈,调查企业成员是否具有合规观念,进而评估企业是否形成合规文化。为防止调查对象隐瞒真实想法,合规监管人应避免采用价值判断式的选择题[①],而要尽量采用情境创设式的问答题。模拟测试是通过拨打举报电话、开展"钓鱼执法"等方式模拟真实事件,测试出企业的合规制度运行状况与合规文化建设水准。[②] 这种调查方式具有随机性、动态性和仿真性,因而最容易查明企业合规建设的真实情况。通过上述调查活动,合规监管人可以作出如下判断:若企业建成了合规制度,它往往能消极地避免合规风险,其整改达到了合格的水平;在此基础上,若企业形成了合规文化,它就更能积极地依法依规经营,其整改达到了优秀的水平。

（三）如何让合规监管人的考察结果在更大范围内具有参考性

合规监管人考察的涉企案件,不仅会经过检察机关的办理,还可能经过其他机关的办理;不仅关乎涉案企业的合规整改,还能启发同行企业的

---

① 例如,实践中有的问卷被设计成如下:"如果你和你身边的同事知道某经理通过串通报价而中标,超额完成当季度业绩,他及其所带领的团队获得丰厚奖金,你会怎么做? 选项设计:A. 羡慕;B. 祝贺;C. 让他们请客;D. 鄙视;E. 举报。"面对这种选择题,就算问卷填写者没有合规观念,也容易隐瞒内心真实想法而选出得分更高的答案。参见李勇:《涉罪企业合规有效性标准研究——以 A 公司串通投标案为例》,载《政法论坛》2022 年第 1 期。

② 〔美〕布兰登·L. 加勒特:《美国检察官办理涉企案件的启示》,刘俊杰、王亦泽等译,法律出版社 2021 年版,第 222—225 页;李勇:《涉罪企业合规有效性标准研究——以 A 公司串通投标案为例》,载《政法论坛》2022 年第 1 期。

合规治理。因此，合规监管人的考察结果，不仅对检察机关办理涉企案件具有参考性，而且在更大范围内对企业合规具有参考性。一方面，合规监管人的考察结果，可以对其他机关办理同一案件发挥参考作用。[①] 其他机关包括行政部门、公安机关、人民法院等。首先，有的涉案企业经过合规考察，虽然可以免受刑事程序的追诉，却依然要面临行政机关的处理。在不少改革实践中，考察报告既可以作为从宽处罚的依据而对行政机关办案发挥作用[②]，也可以作为检察建议的基础而对行政机关办案产生影响[③]。其次，有的涉企案件在公安机关立案后久拖不决，而一旦检察机关对涉案企业作出了不起诉决定，这些"挂案"就理应被公安机关撤销立案。对这样的涉案企业，检察机关可以根据合规考察结果向公安机关发出撤销立案的检察建议。[④] 最后，实践中极个别涉案企业不落实合规计划，合规监管人将其合规整改评为不合格，检察机关对涉案企业依法提起公诉。合规监管人的考察报告，可以作为检察院量刑建议的依据或者案件量刑情节的材料，对法院审理案件形成参考作用。另一方面，合规监管人的考察结果，可以对检察机关推动行业合规发挥参考作用。在各地的改革实践中，涌现出了不少通过个案经验推动行业合规的例子。根据最高检发布的三批企业合规典型案例，[⑤] 本文总结出检察机关推动的行业合规的主要步骤：第一，包括行政监管人员、行业协会成员在内的人员被委任为涉案企业的合规监管人，对合规整改进行考察并出具考察报告。第二，检察机关通过参考合规监管人的考察结果，总结出本地区同行企业常见的合规管控漏洞与合规

[①] 李作：《论合规考察书面报告的性质、效力及适用程序》，载《中国刑事法杂志》2022年第4期。

[②] 参见上海市人民代表大会常务委员会《关于加强新时代检察机关法律监督工作的决定》第9条，载上海人大网，2022年5月25日，http://www.shrd.gov.cn/n8347/n8467/u1ai246654.html。

[③] 浙江省等《关于建立涉案企业合规第三方监督评估工作机制的意见（试行）》，载中国检察官网，2021年10月28日，http://www.zgjcgw.com/html/news/2021/1028/8411.html。

[④] 最高检发布的第二批企业合规典型案例之案例二，载最高人民检察院网，2021年12月15日，https://www.spp.gov.cn/spp/xwfbh/wsfbt/202112/t20211215_538815.shtml#2。

[⑤] 检察机关通过个案经验推动行业合规的例子有：第一批典型案例中的案例四；第二批典型案例中的案例一、案例二、案例三、案例五；第三批典型案例中的案例一。

治理方案。第三，检察机关向行政主管部门发出对特定行业实施整顿的检察建议，行政部门据此对行业问题开展整改。第四，检察机关协同行政部门和行业协会，对同行企业发布合规风险提示、合规建设指引，对同行企业成员和行业管理人员开展合规培训。由此可见，合规监管人的考察结果，作为检察机关推动同行企业合规治理的基础，在行业合规中发挥着至关重要的作用。

涉案企业合规监管宽缓处置的行刑联动

戚墨翟　叶丽芳　黄亦舒*

摘　要：行政合规监管在企业合规中扮演着重要的角色，有效的企业合规离不开行政机关的参与。然而在企业合规改革中行政机关的参与往往不足，严格的处罚使得企业合规遭遇诸多困境。导致这种弊病的既有行政机关本身参与意愿不足，也有刚性立法文本所设定的局限。然而即便是在刚性的立法文本中，也存在柔性的企业合规宽缓处置可能性，这在2021年修改的行政处罚法的行政处罚的轻罚情节和"首违不罚"中得以体现。在企业合规实践颇多的涉税领域，通过文本间的解释也能使得滞纳金的宽缓处置得以可能。然而，真正要让行政机关全面接受并参与企业合规，还离不开更为明确的立法文本以及与检察机关之间的通力合作。

关键词：企业合规；行政监管；立法文本；行刑衔接；宽缓处置

一、进入合规监管视域的宽缓处置：合规激励的具体形态

（一）背景敞视

2020年6月3日，最高人民检察院会同司法部、财政部等行政监管部门发布了《关于建立涉案企业合规第三方监督评估机制的指导意见（试行）》。该文件的发布，首次使得行政监管与企业合规管理产生联系。行政机关开始将合规纳入行政监管体系，对于违法企业在监督的同时，以各种

---

*　戚墨翟，中国人民大学法学院本科生；叶丽芳，浙江省温州市人民检察院检察官；黄亦舒，浙江省温州市人民检察院检察官。

方式激励其合规。"我国已经初步形成了六种行政监管合规制度，也就是发布合规指引、推行行政指导、实施强制合规、确立预防性监管机制、推动宽大处罚机制、试行行政和解制度。"① 在这六种机制之中，宽大处罚机制与行政和解制度是最能体现在国家治理现代化的观念之下的协商性执法和契约行政理念。

宽缓处置是企业合规改革中的一项重要的合规激励举措。"目前公认的合规激励机制莫过于行政监管部门的行政激励机制与刑事执法部门的刑事激励机制。"② 有学者进一步细分为"强制性措施""程序分流""合规计划"三个方面。③ 这主要针对的是刑事执法激励而言，但是对于行政领域的合规激励，无论是理论界还是实务界，都没有引起重视。即便是在2021年修订后的行政处罚法，也没有将合规作为抗辩或减轻事由。虽然在2021年行政处罚法中已有合规从宽的踪影，但是实践中几乎被忽略。

（二）问题的提出

"企业合规本质上是中国特色'行刑'衔接机制的核心组成部分，行政监管是企业合规的基础和前提。行政执法机关是专业化和技术化的，而公安司法机关是'通才'。"④ 然而实践中的情形往往是检察机关更为积极，但是行政机关的参与不足。究竟是何种因素羁绊着行政机关，使得行政机关在对企业进行宽缓处置的时候有所顾虑？这些顾虑是否是现实的？如果是，应当如何化解？只有当行政机关充分参与到企业合规中来，企业合规才能是完整的。企业合规的改革应当进一步打通行刑之间的壁垒，从行刑

---

① 陈瑞华：《企业合规基本理论》（第三版），法律出版社2022年版，第181页。

② 陈瑞华：《企业合规出罪的三种模式》，载《比较法研究》2021年第3期。

③ 除此之外，理论界对于企业合规中的激励模式分为两类，分别是实体激励和程序激励。实体激励指的是对于事前已经建立好合规的企业在违法行为发生时行政监管部门予以免责或者从轻减轻行政处罚。程序激励主要指的是在违法行为发生时企业尚未建立合规，通过承诺建立接受合规考察来换取宽大处理的行政处理制度。此二者的核心都是合规与处罚的代换，根本目的是激励企业合规。

④ 张泽涛：《论企业合规中的行政监管》，载《法律科学（西北政法大学学报）》2022年第3期。

衔接，到行刑联动，构建完整的合规机制。

二、双轨制视角下行政机关参与的困境

早期很多学者将企业合规等同于刑事合规，这种误解反映了人们对于企业合规更关心的领域在于刑事。但是随着逐步发展，企业合规已经开始成为关乎国计民生的重要议题，不仅是刑事处罚领域，行政处罚领域也更为重要。对于一些尚不构成刑事犯罪但是足以受到行政处罚的企业，如果唯有进入刑事领域才能受到合规的优惠，没有进入刑事领域反而处罚更重。除此之外，就算在刑事合规领域，行政机关如果不能作为第三方的监管角色参加，将会使得监管效果大打折扣。

行政处罚分为资格罚、财产罚，对于企业来说，取消资格或者吊销执照等资格罚相当于判处企业死刑。从单位犯罪的角度而言，剥夺资格的行政处罚比起对企业判处罚金、对企业人员判处刑罚的刑事处罚有过之而无不及，故从企业合规的初衷而言，如果企业经合规建设考察评估合格，应从刑事与行政两方面同时考量，将合规作为从宽处理的依据，尽可能免除资格罚，减轻财产罚，以真正达到激励企业整改、挽救企业生存的目的。

行刑联动的困难，究其原因，一是行政机关对企业合规的社会治理意义尚未充分理解；二是行刑联动之中赋予行政机关的动力不足；三是从立法文本上相应的行政法没有与刑法形成良好的衔接互动。

三、动力的缺位：柔性的检察建议与刚性的立法文本

导致行刑衔接不畅的源头，是我国对刑事犯罪和行政违法采取的"双轨执法体制"。这不同于美国司法部经常会同其他政府监管部门与涉案企业达成所谓的"一揽子和解协议"。我国的检察机关只能通过检察建议或者意见的方式对行政机关提出柔性的建议。但是检察机关和行政机关两者之间并没有相互隶属的关系，这会导致检察建议或意见通常流于形式。

在企业合规的实践中，各地纷纷以出台文件的方式明确行刑联动的机制和规则。比如，浙江省出台的《关于建立涉案企业合规第三方监督评估工作机制的意见（试行）》（以下简称《第三方机制意见》）第18条明确了

合规成果在行政处罚中的运用。其中规定，对于刑事程序终结后需给予涉案企业行政处罚的案件，人民检察院应将合规考察报告副本移送相应行政机关，并视情况以检察建议或其他适当方式，建议行政机关对涉案企业减轻或免除处罚，行政机关对企业合规情况和检察机关建议进行评估后，原则上应对涉案企业减轻或免除处罚。这项规定本质上是让行政机关与检察机关就企业合规的效力在行政处罚与刑事处理两方面进行互认，是对检察机关与行政机关联动的最直接的阐释，但是该规定同时也暴露了行刑衔接的低效困境。

检察建议或者意见几乎是在现行法律文本框架之下检察机关能够对行政机关在合规领域有所行为的唯一方式。但是，检察机关的建议缺乏实际的约束力。《第三方机制意见》第 18 条的规定采用了行政机关的评估以及"原则上应当"的表述，实际上赋予了行政机关相当的裁量空间。学理上认为，"检察建议或检察意见尽管可被看作是一种职权行为，但并未获得立法的'刚性赋权'，如果行政执法机关无正当理由不予接受，检察机关往往也没有后续的制约手段"。① 从实践中来看，检察建议缺乏约束力也有检察机关自身的原因。检察机关制发的检察建议或意见既没有明确对行政机关说明将合规考察作为宽缓处置的因素，也没能明确行政机关应当如何裁量、考量哪些因素。实践中发出的检察意见文本通常只有"本院特建议你局综合企业合规情况对某有限公司减轻处罚"的表述。除此之外，检察机关在法律依据的援引方面仅仅援引《第三方机制意见》中相关规定，并没有涉及《行政处罚法》等行政机关切实依照的法律文本。《第三方机制意见》的效力又不及行政机关执法所依照的法律，自然难以被行政机关所理会。

综上种种，检察建议在合规领域收效甚微，虽然检察机关通常会在文末附上"请将处理结果以书面形式于一个月内函复本院"，但是实践中行政机关真正予以回复的寥寥无几。有学者认为，检察建议如果不能被行政

---

① 李奋飞：《涉案企业合规刑行衔接的初步研究》，载《政法论坛》2022 年第 1 期。

机关所接受可能还会有适得其反的效果："假如行政执法机关不能够对涉案企业合规改革的精神'心领神会'、积极配合，甚至本身就对企业合规的罪责减免功能心存疑虑，不但未给予合规考察'出罪'的涉案企业从轻、减轻处罚，反而又对其作出了诸如取消特许经营资格、责令关闭、吊销营业执照等（相比定罪后判处罚金）严厉的行政处罚，将导致企业合规的激励效果大打折扣甚至毁于一旦，检察机关以企业合规保护民营经济的愿望也会落空。"[1]

四、刚性立法文本中所蕴含的合规因素——以涉税领域为例

行政机关依照行政法规范行事本身是依法律行政的行政法基本原则要求，是不可动摇的基础，任何要求行政机关超越行政法授权的范畴行事的命令都是不合法的。但是行政法律文本的内部则是存在语言的张力空间的，任何语义都是以"内涵—外延"而言的格局中心辐射的。而行政本身又是一项需要管理瞬息万变的社会的技术性工作，在相对稳定的行政法律文本之中解释出吻合时代精神的法律适用则是更为妥当的选择。因此，如何在刚性的立法文本中探寻合规的解释空间是当前亟待解决的任务。然而，行政法规范领域过于庞杂和专业化，无法在一文中包罗万象，本文拟择涉税领域对这一命题进行初探。

（一）程序激励：事后配合的轻罚不罚选择

行政处罚法是宽缓处置的教义学文本核心，2021 年的修订也为宽缓处置带来了新的契机。支持行政监管中宽缓处置的学者也对这一条文中所蕴含的潜在合规因素表达了赞许："暂且不论《行政处罚法》的实施效果如何，仅就该法的立法原意来看，上述针对相对人的宽大处理措施，包含着'合规激励'的因素。"[2]

《行政处罚法》第 32 条对涉嫌行政违法的相对人确立了若干从轻减

---

[1] 李奋飞：《涉案企业合规刑行衔接的初步研究》，载《政法论坛》2022 年第 1 期。
[2] 陈瑞华：《企业合规基本理论》（第三版），法律出版社 2022 年版，第 200 页。

轻或者免除处罚的情节:(1)主动消除或者减轻违法行为危害后果的……
(3)主动供述行政机关尚未掌握的违法行为的;(4)配合行政机关查处违
法行为有立功表现的。比照《温州市涉案企业合规第三方监督评估组织运
行规则》中企业合规的启动条件,案件事实清楚,证据确实充分,法律适
用无争议;涉案企业能够正常经营,及时弥补损失或取得谅解;涉案企业
适用认罪认罚从宽;认为涉案企业具备启动第三方机制的基本条件。如果
符合企业刑事合规启动条件的"及时弥补损失或取得谅解",就应当符合
《行政处罚法》第32条第1项的"主动消除或者减轻违法行为危害后果
的",而且后续的合规机制本身就是企业弥补自身漏洞并"消除危害后果"
的整体行为,即便在刑事合规的启动阶段"及时弥补损失或取得谅解"未
能被成功认定为"主动消除或者减轻违法行为危害后果的",在后续的合
规整改过程以及验收过程本身就是一种可以符合"主动消除或者减轻违法
行为危害后果的"的举措。

2016年国家税务总局发布的《税务行政处罚裁量权行使规则》第15
条规定,当事人有下列情形之一的,应当依法从轻或者减轻行政处罚:
(1)主动消除或者减轻违法行为危害后果的……(3)配合税务机关查处
违法行为有立功表现的;(4)其他依法应当从轻或者减轻行政处罚的。本
条几乎与《行政处罚法》第32条如出一辙,是对行政处罚法的具体化。
无论是企业合规启动之初的条件,还是合规整改之后的实际效果,都能够
符合行政处罚以及税务领域相关的从轻减轻条款,而这些条款所对应的应
然性是"应当",更进一步强化了宽缓处置的必要性。

除了减轻从轻情节,对于较为轻微的违法作出类似于"不起诉"的
"不罚"更能进一步体现宽缓处置。《行政处罚法》第33条规定,违法行
为轻微并及时改正,没有造成危害后果的,不予行政处罚。初次违法且危
害后果轻微并及时改正的,可以不予行政处罚。当事人有证据足以证明没
有主观过错的,不予行政处罚。法律、行政法规另有规定的,从其规定。
对当事人的违法行为依法不予行政处罚的,行政机关应当对当事人进行
教育。如果企业作为初犯的,可以符合《行政处罚法》第33条中规定的
"首违不罚",这样的企业初次违法通常先前经营状况良好,有合规的必要

性，且第 3 款"行政机关应当对当事人进行教育"则是更为直接地佐证了合规必要性，因为企业合规本身也是一种对于企业而言的"教育"。

税务领域对于"首违不罚"的回应最早在 2018 年国家税务总局浙江省税务局《关于进一步促进民营经济高质量发展的实施意见》第四部分"进一步保障民营企业合法权益"之第十四开展包容性执法中指出，推行"首违不罚"，对违法行为轻微并及时纠正，没有造成危害后果的，不予行政处罚。对民营企业等纳税人无主观恶意、有主动消除或者减轻违法行为危害后果等情形的，依法从轻或者减轻行政处罚。2020 年 8 月 1 日，《长江三角洲区域税务轻微违法行为"首违不罚"清单》列举了 18 种税收领域的违法行为，其中 16 种的不罚条件为"在税务机关发现前主动改正或者在税务机关责令限期改正期限内改正"，后者与合规的宽缓处置类似，真正让宽缓处置融入合规，作为合规的刑事激励措施，而非剥离性的。2021 年 4 月 1 日，全国《税务行政处罚"首违不罚"事项清单》列举了 10 种情形，对清单中列举的税务违法行为实施"首违不罚"。其中对于"首违不罚"的启动情形限定在"危害后果轻微"以及"在税务机关发现前主动改正或者在税务机关责令限期改正的期限内改正"，前者类似于现阶段作相对不起诉的刑事合规的启动条件，后者则是合规激励的因子。"首违不罚"制度体现了税务机关惩教结合、包容审慎的监管理念，这一理念和企业合规制度设计的根本宗旨是相吻合的。

（二）实体激励：事前合规的主观过错认定

除去作为事后挽救性质的程序激励，合规作为实体激励的样态出现在行政监管领域也不容忽视。从比较法上来看，不仅刑事实体法将合规作为企业减免刑事责任的因素，行政法规也将有效合规计划规定为企业从轻甚至免除行政制裁的因素。无论企业是事先就建立了有效合规计划，还是在事后进行了有效合规整改，都可能被行政机关宽缓处理，诸如英国 2010 年《反贿赂法》第 7—（2）条、意大利 2001 年 6 月 8 日颁布的第 231 号法令第 6 条等。在我国现有的法律中，并没有直接将事前合规规定为行政免责或者减轻的事由。但是这一思路可以在"主观过错"这一处罚要件中找到踪影。

《税收征收管理法》第 63 条对于偷税的定义中，并没有关于纳税人是否存在主观故意的论述，税务机关对于纳税人偷税的定性往往成为征纳双方争议的焦点。如在北京中油国门案中，原顺义区国家税务局将北京中油国门油料销售有限公司利用没有真实交易虚开的增值税发票抵扣税款的行为定义为偷税，并作出了相应的税务行政处罚。北京中油国门油料销售有限公司不服，提起行政诉讼。在一审中，法院未审查当事人的主观状态，并将主观故意的举证责任分配给当事人，认定其行为构成偷税。在二审中，经北京市高级人民法院认为，根据《税收征收管理法》第 63 条第 1 款，当事人的主观方面系认定偷税行为的必要构成要件，以偷税为由对当事人进行处罚应对主观方面进行认定，并且需要区分"主观过错"在民事法律关系与行政法律关系中的具体内涵。

不过，2021 年修订的《行政处罚法》第 33 条第 2 款规定："当事人有证据足以证明没有主观过错的，不予行政处罚。法律、行政法规另有规定的，从其规定。"对行政违法行为予以行政处罚，原则上以当事人存在主观过错为要件。这是一种过错推定，但是赋予了行政相对人以抗辩机会。企业作为行政相对人，如果其在行政处罚所针对的范畴内已经拥有了完备的合规建设，那么应当可以作为企业不存在主观过错的事由。企业法人以其内部的章程、决策、文件等为其合法有效的法人的意思表示，这些意思表示共同构建了企业内部运行的模式。当这些意思表示已能充分证明企业已经尽到了合理的注意义务，那么就不应当认定企业存在主观上的过错，可以免予处罚。2021 年修订的行政处罚法规定的过错推定原则要求行政相对人承担无过错的证明责任，企业通过证明自身已经充分建立好合规机制，对于一个已经有良好合规程序设计的企业而言举证难度并不高，而只有通过过错推定的方法才能更好督促企业真实地在事前建立合规。在企业人员分工高度复杂化、规模扩大化的今天，对企业违法适用严格责任已经不再合乎时宜。[①]"责任主义的核心含义之一就是根据法人主观过错的大小决定行政激励与刑事激励的幅度。"[②] 这样的案件在刑事领域已经存在，在2016 年雀巢案中，雀巢公司正是证明了公司内部对于员工已经做好了相当程度的培训与合规准备，因此最终得以免除责任。[③]

（三）从行政处罚到行政强制：滞纳金的教义学和实践的二重出路

涉税领域的行政管理方面最令当事人望而生畏的是滞纳金。许多合规案件中，行政机关因不愿意放弃滞纳金而打击当事人的合规意愿。对于当事人而言，弥补税额可以接受，但是高额累加的滞纳金则远远超过本应当缴纳的税额，使得企业在缴纳完巨额滞纳金之后直接面临破产，无力合规。然而，滞纳金本身属于一种行政强制而非行政处罚，因此行政处罚的优惠条件面对高额滞纳金无力回天。然而是否滞纳金的宽缓毫无法律依据？并非如此，无论是在教义学文本还是实践中都有相应的支持。

在温州地区的实践中，这是一项颇具争议的问题。但是根据《温州市涉税案件企业合规不起诉行刑衔接工作指引》征求意见稿，如果企业适用第三方监督评估机制（企业合规），并因特殊困难不能按期缴纳税款的，可以向税务机关预缴"税款保证金"并申请延期缴纳税款，自缴纳之日起不加收滞纳金及相应罚款，延期最长不得超过 3 个月。此外，加处罚款或者滞纳金的数额不得超出税款。这一条中规定的"滞纳金不得超过税款"是宽缓处置的核心，也是行政机关参与企业合规的重要途径。从教义学与实践的角度而言，这一规定并没有超出法律保留的范畴，也得到了实践案

---

① ［日］田口守一：《企业犯罪与制裁制度的方式》，张小宁译，载李本灿等编译：《合规与刑法——全球视野的考察》，中国政法大学出版社 2018 年版，第 251 页。

② 张泽涛：《论企业合规中的行政监管》，载《法律科学（西北政法大学学报）》2022 年第 3 期。

③ 陈瑞华：《合规无罪抗辩第一案》，载《中国律师》2020 年第 5 期。"真正将公司责任与员工责任切割开来的，恰恰是公司是否具有实施犯罪行为的'主观意志'问题。正是雀巢公司内部已经建立的合规管理体系，既排除了公司存在'放任结果发生'的问题，也否定了公司存在'疏忽大意'或'过于自信'的过失问题，因此成为该公司不承担刑事责任的直接依据。"

例的支持。

从教义学的角度，《行政强制法》对"滞纳金"有明确的上限规定。根据《行政强制法》第 45 条的规定，行政机关依法作出金钱给付义务的行政决定，当事人逾期不履行的，行政机关可以依法加处罚款或者滞纳金。加处罚款或者滞纳金的标准应当告知当事人。加处罚款或者滞纳金的数额不得超出金钱给付义务的数额。然而，根据《税收征收管理法》第 52 条的规定，因税务机关的责任，致使纳税人、扣缴义务人未缴或者少缴税款的，税务机关在三年内可以要求纳税人、扣缴义务人补缴税款，但是不得加收滞纳金。因纳税人、扣缴义务人计算错误等失误，未缴或者少缴税款的，税务机关在三年内可以追征税款、滞纳金；有特殊情况的，追征期可以延长到五年。基于此，税法上对滞纳金的加收，没有明确的上限规定。如果出现滞纳的时间越长，计算的滞纳金完全会出现超过欠缴税款的本金的现象。

两法均为全国人大制定的法律，其内容似乎有所冲突，但实际上通过梳理二者之间的逻辑关系可以明确其适用规则。

从法律文本效力层级的角度，行政强制法是一部规范所有行政机关行政强制行为的法律，是核心的行政法。虽然在学理上认为征税是一种行政征收[1]，但是滞纳金毫无疑问属于行政强制[2]。税收征收管理法与行政强制法既是特别法与一般法的关系，也是新法与旧法的关系。《立法法》第 92 条规定，同一机关制定的法律、行政法规、地方性法规、自治条例和单行条例、规章，特别规定与一般规定不一致的，适用特别规定；新的规定与旧的规定不一致的，适用新的规定。若仅从特别法优于一般法来理解行政强制法与税收征收管理法的关系，并以此为依据确认滞纳金只能适用税收征收管理法是不全面的，这也必将导致与新法（行政强制法）优于旧法（税收征收管理法）的适用原则相冲突。

---

[1]　姜明安：《行政法与行政诉讼法》（第七版），北京大学出版社 2018 年版，第 262 页。

[2]　姜明安：《行政法与行政诉讼法》（第七版），北京大学出版社 2018 年版，第 285 页。

从立法技术的角度，行政强制法在立法技术上已充分考虑了特别法与一般法、新法与旧法的法律适用问题，其诸多条款规定了"法律或行政法规另有规定的除外"，这既衔接了一般法与特别法的关系，又兼顾了新法与旧法的关系。行政强制法相关条款中有"除外"规定的，应运用特别法与一般法的适用原则，没有"除外"规定的，应按新法与旧法适用原则处理。《行政强制法》第45条规定滞纳金不能超出金钱给付义务的数额，没有"除外"规定，行政强制法应优先适用。

从法律条款效力的角度。《行政强制法》第45条规定，加处罚款或者滞纳金不得超出金钱给付义务的数额，是法律强制性规定，行政执法部门不能违反；《税收征收管理法》第32条只规定了从滞纳税款之日起，按日加收滞纳税款5‰的滞纳金，并没有相应金额限制性规定。新法作出了规定，旧法没有相应规定，应按新法规定执行。

从目的解释的角度，行政强制法确立了合法、适当、教育与强制相结合的原则，充分体现了我国依法行政的人本理念，规定滞纳金不能超出本金，也正是行政强制法人本理念的具体体现。在企业合规中，对于滞纳金的宽缓也是一种对于企业而言的"教育与强制相结合"。

在实践领域，滞纳金不得超过税款本金已有大量的司法案例支持。比如，广东省广州市中级人民法院行政判决书（2013）穗中法行初字第21号，关于税收强制执行决定是否违反行政强制法的强制性规定的问题。行政强制法自2012年1月1日起施行，被上诉人于2012年11月29日作出被诉税收强制执行决定应符合该法的规定。被诉税收强制执行决定从原告的存款账户中扣缴税款2214.86元和滞纳金3763.04元，加处滞纳金的数额超出了金钱给付义务的数额，明显违反上述法律的强制性规定，亦应予以撤销。又如，辽宁省辽阳市中级人民法院行政裁定书（2020）辽10行终64号表述，税费滞纳金从每笔税费款滞纳之日起据实计算，按日加收滞纳税费款5‰的滞纳金，至实际缴纳税费款之日止。依据《行政强制法》第45条规定，加收的滞纳金以税费本金1倍为限。再如，济南市中级人民法院某破产债权确认纠纷二审民事判决书（2019）鲁01民终4926号，加收滞纳金系纳税人未在法律规定期限内完税的一种处罚举措，系行政强制执行的一种方式，一审法院对此认定并无不当。《行政强制法》第45 条第 2 款规定，"加处罚款或者滞纳金的数额不得超出金钱给付义务的数额"。建材公司管理人认定的滞纳金数额，符合法律规定。对于槐荫税务局要求建材公司管理人确认超出本金的税款滞纳金，不符合法律规定，不应支持。

综上所述，综合教义学和实践两个方面，在税务领域行政机关若欲参与企业合规，对相应作出合规承诺和合规整改的企业予以宽缓处置便有法律依据和实践依据，再以"行政法没有规定"作为托词将不合适。从更深层次来看，行政法本身就包含合规的因素，并非偶然发现，而是企业合规本身的理念就是不与行政法规范相违背的。然而，本文所作的论述仅仅停留在税务领域的行政机关的参与，就庞大的行政法总体而言，还有很多领域的合规宽缓处置的方案值得进一步研究。

五、进一步展望

企业合规根本价值在于让企业合法运行。企业是国民经济的"细胞"，国民经济则关乎整个国家的命运。因此，企业合规本质上是整个社会的事务而非检察机关的"一枝独秀"。行政机关作为最广泛的社会管理者承担着庞大的社会职能，也是经常与企业接触的单位，其举措对企业意义重大。虽然起初的企业合规是检察机关主导，这是基于将企业合规的形式激励作为企业合规本身的核心内容的考量，是考虑到域外实践中刑事激励的实际效果和案例统计的结果。然而在当今分工日益复杂的社会，企业合规必然涉及多方面的领域，很多与行政相关。在这些领域中，检察机关既没有实际权力，又不具有专业能力，企业纵使有强烈的合规意愿也无济于事。行政机关更多地参与是企业合规改革发展的必然，也是企业合规作为一项有利于全社会经济发展的事务的必然要求。将来的改革方向应当是"多维分工"，形成"多元参与"的局面。对于普通的行政风险而言应当由行政机关处理操作，对于涉及的刑事风险则是检察机关进行控制。在二维合规管理下，社会主义市场经济中的企业才能实现共同的全覆盖合规，服务于社会主义法治建设和经济发展。除了行政机关的参与，还应当充分发挥行业自治组织、社会团体等多元主体的参与，在事前建立好合规机制，让合规从"宽缓处置"逐渐演变为"预防机制"，把违法犯罪风险真正扼杀在摇篮里。

目前促进行政机关参与最好的方式应当是通过各地政府颁发有关的法规，来配合检察机关的工作，毕竟检察机关在合规领域有着更为丰富的经验。充分激励行政系统内部的合规参与积极性，设立相关的考核标准以及开展宣传工作。然而行政机关涉及的领域过于广泛，可以选择部分领域优先展开实践，并将经验推广到其他行政领域。诸如目前正在进行的证券监管和反垄断领域的行政合规实践，都可以为后续的其他领域积累经验。等待实践进一步成熟，应当在法律的层面进行立法，在行政法中明确相关的法律依据，从而使得行政机关真正将合规融入其规范体系中。在行刑衔接的领域，应当有专门的立法进行协调，而不是依靠弱约束力的检察建议。行政机关和检察机关应当充分通力合作，制定相关的沟通规则，确立统一的标准，建立具体有效的对话平台，出台对双方都有约束力的文件，让两机关在合规方面得以真正合作而非相互制约，将这一改革朝着更深更广的方向推进。

企业合规"飞行监管"的完善路径

临沂市人民检察院企业合规改革试点课题组[*]

摘　要：随着企业合规改革不断向纵深发展，进一步发挥检察职能，营造安商惠企的法治化营商环境，已发展为检察机关的一项重要职能。本文从"飞行监管"来源探索及路径完善入手，对如何保障第三方监督评估的客观性和有效性进行研究，力求以制度规范促进第三方监督评估客观、公平、公正，避免"纸面合规"，保障企业合规相关工作规范、有序进行。

关键词：企业合规；飞行监管；完善路径

一、"飞行监管"的来源与界定

企业合规制度发轫于美国，1991 年，美国联邦量刑委员会颁布《联邦组织量刑指南》，正式引入"企业合规"概念。经过较长时间的发展，国外企业合规制度相对充实和健全，实际效果也值得肯定。^① 2020 年以来，我国检察机关以刑事司法激励为切入点推进涉案企业合规改革试点工作，并在实践探索基础上创设了具有中国特色的第三方监督评估机制。要确保企业合规改革真正落到实处，专业化、实质化的第三方监督评估最为关键。如何有效开展"飞行监管"，由第三方机制管委会牵头成立的巡回检查小组在事先不告知的情况下，采取定期不定期的检查方式对涉案企业是

---

　　* 课题组成员：袁堂军，山东省临沂市人民检察院法律政策研究室主任；许晴，山东省临沂市人民检察院检察官助理；王晓光，山东省兰陵县人民检察院副检察长；王慧，山东省兰陵县人民检察院检察官。
　　① 高铭暄、孙道萃：《刑事合规的立法考察与中国应对》，载《潇湘法学评论》2021 年第 1 期。

否全面履行合规计划、第三方组织是否有效履职进行监督，并对违反上述情形的企业、第三方组织及其组成人员提出处理意见或建议，是第三方监督评估工作中应当研究的重要课题。

（一）"飞行监管"的来源探索

"飞行监管"最早可追溯到"飞行检查"，"飞行检查"（Unannounced Inspection）是跟踪检查的一种形式，指事先不通知被检查部门实施的现场检查，具有秘密性、迅速性、突击性和检查项目内容不确定性等特点。飞行检查最早应用于实践是在体育竞赛中，指的是在非比赛期间进行的不事先通知的突击性兴奋剂抽查。[①]1991 年，国际奥委会特别通过一项议案，率先在其医学委员会下成立赛外检查委员会。作为一种有效的监管手段，"飞行检查"这种形式很快被推广到人身安全、食品安全、节能、环境保护等多个领域。

2006 年，中国国家食品药品监管局发布《药品 GMP 飞行检查暂行规定》，建立药品行业飞行检查制度，即由药品监督管理部门针对药品生产、经营等环节开展的不预先告知的突击检查或者暗访调查。[②]"飞行检查"不仅能够了解医药企业药品生产经营的真实状况，克服药品 GMP、GSP 认证、日常检查、跟踪检查存在的形式主义、地方保护主义等问题，而且对药品 GMP、GSP 认证等检查也起到了监督促进作用，有力推动了 GMP、GSP 的落实，促进了医药产业良性循环。因此，该项检查方式日渐得到重视，其监管效果也得到了广泛认可。[③]

2021 年 6 月 23 日，最高人民检察院等 9 部委联合印发《关于建立涉案企业合规第三方监督评估机制的指导意见（试行）》（以下简称《指导意

---

① 乌君科：《强力推进飞行检查工作思路探讨》，载《中国食品药品监管》2018 年第 5 期。

② 国家食品药品监督管理总局：《药品医疗器械飞行检查办法》，2015 年 6 月 29 日印发。

③ 万仁甫、熊瑾、万子康：《医药企业加强合规管理的思考》，载"赛尼尔法务管理"公众号。

见》），对涉案企业合规第三方监督评估机制总体原则和要求、相关机构组成与职责等作出了规定，明确了适用企业合规第三方监督评估机制的范围、可以作为试点案件的积极情形和消极情形等。《指导意见》基本确立了我国企业合规的刑法激励机制，即以有效运行的企业合规机制为依据作出不批捕、不起诉、变更强制措施及从轻量刑建议的决定，规定由对企业管理经验比较丰富的工商联牵头管委会工作，使得检察机关作出司法决定更加独立，也解决了检察资源有限的问题。《指导意见》同时规定了巡回检查制度，第 8 条、第 9 条明确规定，第三方机制管委会应当组建巡回检查小组，对选任组成的第三方组织及其成员开展日常监督和巡回检查，对相关组织和人员在第三方监督评估相关工作中的履职情况开展不预先告知的现场抽查和跟踪监督。[①] 按照该规定，巡回检查小组直接对企业合规第三方监管机制的管理委员会负责，可随时对第三方组织进行抽查。这一规定明确了巡回检查小组的组建和工作开展程序，为实行"飞行监管"提供可能，保证第三方组织在充分发挥职能作用的同时也接受相应监管，进一步实现监督考察结果的公正性和有效性。

（二）"飞行监管"的含义

2021 年下半年，湖北省随州市检察院制定《湖北省随州市企业合规飞行监管办法》（以下简称《飞行监管办法》），对企业合规"飞行监管"进行了规定，即由企业合规第三方监管机制委员会组建企业合规飞行监管团队，对企业合规建设情况及第三方监管团队工作情况实行监管，保证企业合规建设和第三方监管工作依法规范有序进行，保障企业合法权益，提升企业合规建设质量，确保合规办案取得实效。该办法对飞行监管的内容规定比较全面，除企业合规建设准备、审查、考察、决定和治理五个环节工作开展情况外，对第三方监管团队的组建是否符合规定以及第三方监管团队对企业提交的企业合规计划是否进行实质性审核、把关等均有规定。

---

① 最高检等九部门《关于建立涉案企业合规第三方监督评估机制的指导意见（试行）》，2021 年 6 月 3 日印发。

2021 年 12 月 8 日，最高人民检察院印发第二批涉案企业合规典型案例，其中山东沂南县 Y 公司、姚某明等人串通投标案中，沂水县人民检察院首次将"飞行监管"引入异地办案，并出台《沂水县企业合规改革试点巡回检查小组工作方案》。最高人民检察院第四检察厅负责人在答记者问时就"巡回检查小组""飞行监管"的具体含义进行了解释，即"为确保企业合规建设和第三方组织公正规范履职，切实防止和避免诸如'虚假整改'合规腐败等问题，《指导意见》第九条对巡回检查制度作出明确规定。在山东沂南县 Y 公司、姚某明等人串通投标案中，第三方机制管委会选取 6 名熟悉企业经营和法律知识的人大代表、政协委员、人民监督员组成巡回检查小组，探索建立'飞行监管'机制。巡回检查小组和办案检察官通过不预先告知的方式，深入两个企业进行实地座谈，现场抽查涉案企业近期中标的招标项目，对第三方组织履职情况以及企业合规整改情况进行'飞行监管'"。即"飞行监管"是由第三方监督评估机制管委会牵头组建的巡回检查小组在预先不告知的情况下，采取定期或不定期的检查方式对相关组织和人员在第三方机制相关工作中的履职情况以及企业合规整改情况进行现场抽查和跟踪监督的制度。"飞行监管"旨在对第三方组织是否有效履职、涉案企业是否全面履行合规计划进行监督检查，并对违反上述情形的企业和第三方组织提出处理意见或者建议，以确保第三方监督评估活动取得预期效果。

（三）"飞行监管"的优势

与其他监督检查方式相比，"飞行监管"具有明显优势。一是相对独立客观。第三方监督评估制度设立的初衷是监管和制约，应当保持绝对中立，在防止企业"虚假整改"的同时，要着重避免第三方监管过程中滋生"合规腐败"问题。"飞行监管"制度的引入，将监管独立于对第三方组织的履职活动之外，通过持中监督使第三方监管保持客观、中立成为可能。二是侧重问题导向。企业合规是一种全新的预防、打击企业犯罪模式，其目的主要是通过对涉罪企业的特殊预防实现一般预防。在特殊预防过程中，合规计划的制定和整改是重点环节。"飞行监管"作为一种检查手段，以问题为导向，在介入第三方监督评估环节中进一步规范监督评估秩序，具有较强的针对性。三是方式机动灵活。"飞行监管"之所以称"飞行"，其主要特点即监管方式机动灵活，而非呆板僵化。为实施"飞行监管"组成的巡回检查小组采取定期或不定期的方式对合规整改和监督评估工作进行检查，在体现专业性的同时也能够实现这种监督行为对企业合规建设的实效性，有效避免企业合规计划及其有效性监管的"双重纸面"现象出现。[①]

二、"飞行监管"的功能定位

（一）"飞行监管"的内涵和外延

涉案企业合规计划有效性的具体审查方法分为以下几种：一是第三方组织及其成员对企业开展的常规审查；二是第三方机制管委会组建的巡回检查小组对第三方组织及其成员开展巡回检查，即常规意义上的"飞行监管"；三是检察机关作为主导责任的履行方，对涉案企业进行日常监督和巡回检查；四是检察机关作为第三方监管的委托方，参与巡回检查小组对第三方组织的"飞行监管"。[②]本文所述"飞行监管"，系上述四种情况的有机结合，虽然是由第三方组织对第三方机制开展情况进行督导检查，但实际从第三方组织的成立到履职都离不开检察机关的参与。

（二）检察机关责任的体现

《指导意见》第16条第1项规定，负责办理案件的检察机关应当对第三方组织组成人员名单进行备案审查，发现组成人员存在明显不适当情形的，及时向第三方机制管委会提出意见建议；第18条第1款规定，涉案企业或其人员在第三方机制运行期间，认为第三方组织或其组成人员存

[①] 李勇：《涉罪企业合规有效性标准研究——以 A 公司串通投标案为例》，载《政法论坛》2022 年第 1 期。

[②] 李勇：《涉罪企业合规有效性标准研究——以 A 公司串通投标案为例》，载《政法论坛》2022 年第 1 期。

在行为不当或者涉嫌违法犯罪的，可以向负责办理案件的检察机关提出申诉、控告，规定检察机关要对第三方组织运行过程中的违法违规行为进行监督，受理申诉、控告，及时作出监督处理。由此可见，在办理企业合规案件中，检察机关的职责主要体现在四个方面：一是严把第三方监督评估机制的启动关，审查是否符合企业合规试点及第三方监督评估机制的适用条件；二是严把第三方监督评估组织人员的选任关，如果发现明显不当的，必须向第三方机制管委会提出意见建议，作出调整；三是严把合规计划有效性审查关，对涉案企业合规计划执行、第三方监督评估组织合规考察书面报告等提出审查意见；四是引导第三方机制管委会建立合规有效性监管评估的标准、方法，防止"纸面合规"和"纸面监管"。

（三）"飞行监管"与第三方监督评估机制的关系

第三方监督评估本质上是检察机关委托第三方机构或人员对涉案企业相关行为进行监管。检察机关是委托方，第三方机构或者人员是受托方，检察机关应当履行作为委托方的责任。检察机关是有效性标准运用的主体，第三方机构或者人员本质上是客观中立基础上协助检察机关、受检察机关委托履行监管责任。检察机关对第三方监督评估组织的组成人员名单、涉案企业合规计划、评估考察报告等负有审查责任，必要时应当开展实地调查核实工作。概言之，检察机关"飞行监管"与第三方监督评估均具有行动的灵活性、检查的突然性、事中检查与事后检查相结合的多样性，以及监管内容重叠的关联性等特点。但二者亦存在明显区别：一是从监管范围看，"飞行监管"范围远大于第三方监督评估，二者是监督与被监督的关系；二是从确保合规有效性层面看，"飞行监管"与第三方监督评估是相互配合和相互制约的关系。

三、"飞行监管"模式的问题和不足

（一）"飞行监管"力量不足

目前，随着企业合规改革在全国范围内全面推开，各地也相继成立第三方专业人员名录库，满足监督评估日常需要。与之对应的是，实施"飞行监管"的专门巡回检查队伍目前尚未建立，选取巡回检查小组人员的随意性较大，实践中多为人大代表、政协委员等，缺少能够提供专业意见的相关行业人员。

（二）"飞行监管"定位不准确

通过企业合规程序介入企业生产经营活动，本质上属于公权力对私权领域的适度干预，故应有其合理边界。这要求检察官秉持客观公正立场，第三方组织履职应在坚持"相对性"原则的前提下开展适度监督。而有些巡回检查小组在此过程中对于是应当对企业履行合规计划，还是对第三方组织履职情况进行检查往往含混不清，针对性不强。①

（三）"飞行监管"组织相对松散

实践中，负责"飞行监管"的巡回检查小组一般都为临时组建，没有牵头人，多系检察机关根据案件进展情况委托成立，工作随意性强、连续性不明显，对第三方组织及其成员的监督评估以及企业整改活动没有持续追踪，后期跟进监督较少。

（四）"飞行监管"效力不明确

目前"飞行监管"的结果如何运用缺乏明确规定，对在巡回检查过程发现的问题应当如何处置，如何充分发挥出"飞行监管"应有作用，均尚未有明确规定，"飞行监管"尚处于立法的空白地带。

四、"飞行监管"模式的程序构建及完善路径

结合上文所述内容，笔者认为，要构建检察机关主导下的"飞行监管"新模式，主要应从以下几方面入手：

---

① 戚永福：《企业合规第三方监督评估机制探讨》，载《检察风云》2021年第20期。

（一）组建相对固定的"飞行监管"团队

根据《指导意见》，巡回检查小组成员可由第三方机制管委会会同检察院、工商联、司法局联合推荐选聘人大代表、政协委员、人民监督员以及律师、会计、审计等相关领域的专家学者担任，也可根据实际情况，邀请应急管理、安全生产监督管理、环保、金融、自然资源和国土规划等部门中具有专门知识的人参加。在巡回检查小组开展"飞行监管"时，案件涉及的相关行政主管部门和办案检察机关可以派员参加。我们可以借鉴第三方机制专业人员名录库的方式建立相对固定的"飞行监管"团队，从人大代表、政协委员、人民监督员、退休法官、检察官以及律师、会计师、审计师、税务师等人员中确定相对稳定的人员，团队数量可以少于本地区专业人员名录库人数，笔者认为以 1/3 到 1/2 之间为宜。"飞行监管"团队应当配备一定比例的专业人员，突出监管专业性。对"飞行监管"团队人员可组织必要的专业培训，进一步提升履职针对性。此外，由于检察机关对第三方监管人员的履职也具有监督作用，根据实际情况，可将部分检察官列为"飞行监管"人员，一旦接到涉及案件的申诉、控告或者申请，可向第三方机制管委会提请启动"飞行监管"模式，从另一层面保障监管的刚性。

（二）设置顺畅有序的运行程序

实践中，"飞行监管"的启动程序分为依职权和依申请两种类型。根据《指导意见》第 18 条第 1 款规定，负责办理案件的检察机关受理并办理对第三方组织以及人员的申诉、控告，为检察机关依职权启动"飞行监管"提供了依据。《涉案企业合规建设、评估和审查办法（试行）》第 16 条规定，第三方机制管委会和人民检察院收到第三方组织报送的合规考察书面报告后，应当及时进行审查，重点审查，评估方案是否恰当；评估材料是否全面，以及第三方组织人民的履职行为是否公正等，这一规定为第三方机制管委会和检察机关依申请启动提供了依据。具体流程为，合规案件进入第三方监督评估程序后，第三方机制管委会或检察机关根据申请或委托，从"飞行监管"团队中随机抽取 3—7 人成立巡回检查小组，对第三方组织及其人员履职情况、企业合规建设开展情况进行"飞行监管"。巡回检查小组对涉案企业合规建设及第三方组织工作开展情况进行全面监督，包括第三方组织组建是否符合试点文件规定、是否按照合规考察工作流程履行考察程序、是否对企业合规计划进行实质性审查、涉案企业合规计划及整改报告是否合理有效、合规风险防范报告机制是否具备预防效应等，同时还应当对第三方组织出具的合规考察报告进行实质性审查。

（三）建立科学有效的工作机制

由于设立"飞行监管"制度的根本目的是要保证第三方监督评估工作的客观公正，为实现该效果，务必要科学研判、计划完备、监督精准。完善的"飞行监管"机制必须具备以下条件：其一，建立可靠有效的信息收集分析系统，对要进行"飞行监管"的案件有针对性地梳理在监督评估工作中容易出现的问题，坚持问题导向，提高监管工作的靶向性。其二，提高监管工作的周密性和计划性，明确开展"飞行监管"思路和流程，研判、制定详细工作预案，同时做好相关保密工作，将突击性与针对性有机结合。根据相关规定，"飞行监管"可采取定期检查和不定期抽查等方式进行。巡回检查小组直接对第三方机制管委会负责，可对试点地区所有企业合规案件进行检查，也可以有针对性地对某领域或多领域犯罪的案件进行专项抽查，不同案件也可由同一"飞行监管"小组成员交叉进行。"飞行监管"可在第三方监管机制启动后、检察机关作出处理决定前任意环节开展，即事中监管，也可以在第三方监管考察报告出具后、检察机关作出处理决定前开展，即事后监管。具体到监管方式，巡回检查小组可通过查阅案卷、调阅企业合规计划、报告、整改台账等资料、实地查看、征询意见等方式进行，工作过程应当制作工作记录，相关工作情况可列入第三方机制管委会对第三方人员的年度考核参考依据。巡回检查小组还应及时制作工作报告，包括基本情况、发现的问题、处理意见和措施以及下一步意见建议等，参与人员应当签字按手印，对监督内容的真实性负责。"飞行监管"工作开展情况可以向社会公开，接受监督。

（四）实现结果运用的有效性

"飞行监管"工作开展之前，相关人员即应当根据事前掌握的信息确定该次监管活动的主要目的。试点阶段应当保证对合规考察的每一个企业进行至少一次"飞行监管"，对犯罪事实较为复杂，合规难度大，经一次"飞行监管"未达到预期效果的，应当再次进行监管，督促整改提升，确保实现企业合规目标。对"飞行监管"中发现的问题，巡回检查小组进行调查核实后，应当根据情况作出处理。对第三方组织人员不适格或者应当回避而未回避的、未对企业合规计划进行实质性的审核或合规计划不符合相关规定的、未按照合规考察工作流程进行考察的、出具的合规考察报告质量差或者存在弄虚作假情况，企业合规建设整改不符合要求的，应当立即向第三方机制管委会报告，由第三方机制管委会提出处理意见。对第三方组织成员实施违反社会公德、职业伦理的行为，严重损害第三方形象或公信力的，及时向第三方机制管委会、有关主管机关、协会等提出惩戒建议；对第三方监督评估组织人员涉嫌违纪违法的，及时向纪检监察机关、公安机关移交线索，并将其列入第三方机制专业人员名录库黑名单。

涉案企业合规第三方监督
评估机制实践研究

赵运锋　邵　旻[*]

摘　要：在企业合规建设过程中，第三方监督评估机制的作用毋庸置疑，不仅是企业合规计划的重要推动者，也是刑事司法程序的重要参与者。根据相关文件，第三方机制的规定和适用还存在诸多问题，具体如第三方机制的启动要素、人员结构、规范运行、监督机制等，需要对前述问题进行针对性分析，并对具体问题构建合理的应对举措。

关键词：企业合规；第三方组织；监督机制；异地协作

为了推进企业合规的稳步推进，最高人民检察院等部委出台《关于建立涉案企业合规第三方监督评估机制的指导意见（试行）》《〈关于建立涉案企业合规第三方监督评估机制的指导意见（试行）〉实施细则》《涉案企业合规建设、评估和审查办法（试行）》《涉案企业合规第三方监督评估机制专业人员选任管理办法》等。上述办法均涉及第三方监督评估机制问题，即从方案设计到后期评估，都离不开第三方机制。不过，理论上关于第三方机制的作用还存在不同看法，有关第三方机制的问题也不断出现，因此，如何看待第三方机制在企业刑事合规中的作用，如何合理应对该机制存在的问题，以及第三方机制如何发展完善，需要从理论层面给予认真思考和深入分析。

---

* 赵运锋，上海政法学院教务处处长、教授；邵旻，上海市杨浦区人民检察院第六检察部主任。

一、第三方监督评估机制启动必要性分析

根据《关于建立涉案企业合规第三方监督评估机制的指导意见（试行）》（以下简称《指导意见》），第三方组织启动需要符合相应条件，但实践上对这些条件还缺乏充分关注，理论上对其也未给予深化研究，导致对第三方组织启动必要性认识存在不足，并致使第三方组织的具体运行存在不当之处，即现有制度在合规监管启动必要性方面不够明确。

（一）第三方监督评估机制启动路径

《指导意见》第4条规定，对于同时符合下列条件的涉企犯罪案件，试点地区人民检察院可以根据案件情况适用本指导意见：（1）涉案企业、个人认罪认罚；（2）涉案企业能够正常生产经营，承诺建立或者完善企业合规制度，具备启动第三方机制的基本条件；（3）涉案企业自愿适用第三方机制。

《指导意见》第10条进一步规定，人民检察院在办理涉企犯罪案件时，应当注意审查是否符合企业合规试点以及第三方机制的适用条件，并及时征询涉案企业、个人的意见。涉案企业、个人及其辩护人、诉讼代理人或者其他相关单位、人员提出适用企业合规试点以及第三方机制申请的，人民检察院应当依法受理并进行审查。具体而言，第三方机制启动包括两种情形：一种情形是人民检察院根据情况主动提出，并征询和尊重企业、个人的意见，以决定是否启动企业合规第三方机制；另一种情形是涉案企业、个人或者其他关联主体主动申请适用合规计划和第三方机制的，由检察院审查决定是否需要适用。需要指出的是，涉案企业在进行合规计划设计和实施过程中，应根据情况考虑第三方机制组建问题。"对涉案企业的持续监督只应在必要时进行，第三方监管人是一种额外的保证措施以确保涉案企业遵守合规计划条款并防止未来的不当行为。"[①] 也即，虽然《〈关于建立涉案企业合规第三方监督评估机制的指导意见（试行）〉实

---

① 李本灿等：《论企业合规第三方监管人启用机制》，载《江西社会科学》2022年第7期。

施细则》(以下简称《实施细则》)第 28 条明确规定,包括小微型涉案企业都需要适用第三方监督评估机制,只是提供的合规计划内容会有不同要求。不过,对于小微型涉案企业,企业合规计划是否需要启动第三方机制,应该根据案件情况进行判断,启动第三方机制是简化程序或者是限制适用。也有学者指出,对于涉嫌犯罪的中小微企业,检察机关应更多地通过"酌定不起诉 + 合规检察建议"的方式,即使对中小微企业适用合规考察,要求其构建高标准的刑事合规计划也不现实,但"标准应当具备预防机制、识别机制和反应机制及其中的部分核心要素,对核心要素的具体要求可以视情况降低"。[①] 对此,可以借鉴美国关于第三方监管的做法,根据案件情况进行判断,对涉案企业是否需要启动第三方监管评估机制。"在美国司法实践中,大部分适用 DPA 或者 NPA 的企业案件并不采用第三方监管制度,只有对那些违规情况达到一定严重程度、企业规模与其内部合规制度明显不匹配的情况,才会考虑适用。"[②]

（二）第三方机制启动条件考察

《指导意见》为企业合规提供了有效指导,为第三方机制启动奠定了制度基础。"域外国家大都建立了明确的必要性原则,并非所有案件都应当约定适用合规监管人。只有在有限的、必要的情况下,才应当适用合规监管人。"[③] 不过,第三方机制的启动条件还需要明确,如企业规模、案件性质、危害程度、刑罚适用与因果关系等。

1. 企业规模层面

《指导意见》并未对企业规模给出具体意见,在司法实践中,办案检察院需要根据具体案情进行判断,以确定企业规模对第三方监督评估机制适用的影响。从企业合规的适用对象来看,当下主要是以中小微企业为重点,以后会逐渐推广全大中型企业。正如有学者指出的:"大型企业涉嫌的

---

① 李玉华:《有效刑事合规的基本标准》,载《中国刑事法杂志》2021 年第 1 期。
② 王一川:《美国第三方合规监管制度简要述评》,载 http://www.huiyelaw.com/news-2493.html,2021 年 10 月 18 日。
③ 李奋飞:《论企业合规考察的适用条件》,载《政法论坛》2021 年第 6 期。

重大犯罪案件一旦符合公共利益条件，也可以被纳入监督评估范围。"[1]

根据 2011 年工业和信息化部等发布的《中小企业划型标准规定》，基于企业规模程度上的差异，我国划分小型企业的标准主要有三个维度：生产能力、装机容量，或设备数量划分和固定资产原值。具体为：在生产能力方面，钢铁企业年生产能力在 10 万吨以下的为小型企业；在装机容量或设备数量方面，棉纺织厂纱锭在 5 万以下的为小型企业；在固定资产原值方面，固定资产原值在 800 万元以下的为小型企业。2021 年，由工业和信息化部牵头对《中小企业划型标准规定》进行了修订，在中型和小型企业的基础上增加了微型企业标准。按照新标准，农、林、牧、渔业营业收入 50 万元以下的为微型企业；工业从业人员 20 人以下或营业收入 300 万元以下的为微型企业；软件和信息技术服务业从业人员 10 人以下或营业收入 50 万元以下的为微型企业；房地产业营业收入 100 万元以下或资产总额 2000 万元以下的为微型企业。

企业合规计划实施和第三方机制运行需要资源投入，具体包括费用支付、人力成本和办案期限等各种要素。由此，在企业建立合规方案时，第三方机制管委会就要充分考虑涉案企业规模，并确定如何启动第三方机制，以达到资源投入与办案效果之间的平衡。总的来看，大中型企业往往具有雄厚的经济实力，足以应对因第三方机制适用而需要的资源诉求。与之相对，小微型企业往往经济能力较弱，在合规计划实施过程中，往往缺乏足够的资源投入，以应对第三方机制的启动和运行。由此，如果小微型企业也依规适用第三方机制，就会产生两种不利后果：第一，因为企业规模太小，不能有效支持第三方机制运行中的资源投入，会削弱企业合规计划的有效实施和评价，也会降低企业合规方案的实施效果，并最终影响司法主体激励举措的选择；第二，第三方机制的资源配置有限，如果将过多资源投入到小微型涉案企业，在大中型涉案企业合规考察中就会出现资源不足的情形，会影响到第三方机制的运行效率和适用效果，这不利于对大

---

[1] 姜昕：《涉案企业合规第三方监督评估机制有效运行的要点及把握》，载《人民检察》2022 年第 9 期。

中型涉案企业合规计划的审查、评估和判断，并最终影响第三方机制资源的合理投入和法律效果。由此，一般情况下，小微企业根据检察机关的检察建议开展合规建设工作，完善企业的内部控制制度，规范自己的工作业务。也即，在该合规建设过程中，可以考虑不引入第三方机制，由办案检察院承担监管职责即可。

2. 行为定性和刑罚适用层面

涉案企业合规建设如何引入第三方机制，需要考察犯罪行为的刑法属性和可能适用的刑罚。[①] 鉴于罪名和刑罚是犯罪行为危害性的反映，既能体现对社会造成的消极影响，也会影响到企业合规方案建设的具体判断。

第一，企业犯罪罪名的司法认定。根据《指导意见》第 3 条规定，第三方机制适用于公司、企业等市场主体在生产经营活动中涉及的经济犯罪、职务犯罪等案件。在实践中，企业行为如果构成经济犯罪或职务犯罪，可以适用第三方机制。如果企业的危害行为与危害结果之间的因果关系清晰，不存在因果关系中断、其他因素介入、因果关系提前实现等复杂情形，危害行为在犯罪构造上就容易得出合理判断，在罪名的司法认定上就会相对简单。对此类企业刑事案件，为了节约司法资源和提高案件效率，在合规第三方机制的引入和运行上可以进行程序简化。

第二，企业犯罪的刑罚适用判断。在司法实践中，涉案企业可能构成的罪名应该是明确的，根据客观危害性和主观恶性，如果对企业和直接责任人需要适用重刑，在企业合规建设过程中应当引入第三方机制。不过，如果符合轻微罪的犯罪构成，对直接责任人需要适用轻刑，比如，一

---

① 我国检察机关推进的企业合规改革试点，基本上将相关责任人可能被判处三年有期徒刑以下刑罚的轻微企业犯罪案件作为合规考察的适用对象。在个别地方检察机关制定的规范性文件中，虽然合规考察可以适用于相关责任人依法应当被判处三年以上十年以下有期徒刑的较为严重的企业犯罪，但需要具有"自首情节或者在共同犯罪中系从犯，或者直接负责的主管人员、其他直接责任人员具有立功表现的"等条件试点地方的检察机关，之所以将合规考察的适用对象限定为相关责任人可能判处三年有期徒刑以下的案件，主要是基于合规考察之后需要通过裁量不起诉对企业"出罪"，而现行的裁量不起诉正是以"犯罪情节轻微"为基础条件的，而"犯罪情节轻微"在司法实践中通常又被认为是可能判处的宣告刑在三年有期徒刑以下。

年以下有期徒刑、拘役、管制，财产刑等，则可以引入简化的第三方机制。换言之，轻微罪案件的社会危害性往往较小，社会影响不大，犯罪情节简单、轻微，且危害性较小，如果需要对企业适用合规考察和第三方监督评估机制，则在第三方监督评估机制的适用上，应进行简化程序或限制适用。

二、第三方监督评估机制组成合理性考察

第三方组织是第三方监督评估机制管委会选任，需要重视该独立主体的人员结构合理性与人员来源多元性，这既有利于涉案企业合规建设的顺利进行，也有利于第三方组织人员组成的作用发挥。

（一）人员结构组成应合理化

在实践中，涉案企业如果具有合规建设的意愿，且符合适用第三方机制的要求，办案检察机关就需要商请第三方机制管委会，应根据涉嫌罪名、复杂程度、企业规模、经营范围、主营业务等要素，遴选专业人员组成第三方组织，并根据法律规定进行公示。不过，专业人员遴选的随机抽取方式，并不能合理满足企业合规建设的需要。

从司法实践看，专业人员遴选有一定要求和规定，基本符合我国涉案企业合规建设、监督和评估的需要。不过，通过考察具体案例可知，专业人员遴选还存在需要改进的地方，比如，如何体现第三方组织成员的个性化和专业化。正如有的学者所言："随机机制可以很好地体现公平性，我国选任程序的优势就在于可以用最简洁的方式公平地选出监管人。美国选任程序更注重选出'最适合'的监管者，该程序虽然复杂，但因为实践中每家企业的情况各不相同，'个性化定制'的监管人可以让企业获得更加专业可靠的服务。"[①] 由此，如何优化我国专业人员选任的随机机制，具体可从两个维度展开：

---

① 王一川：《美国第三方合规监管制度简要述评》，载 http://www.huiyelaw.com/news-2493.html，2021 年 10 月 18 日。

第一，第三方组织人员结构的合理化。第三方机制管委会在遴选专业人员时，应该以企业涉嫌罪名为基础，并对行业经验、专业知识、道德品行、工作业绩等做统筹考虑，做好专业人员的选任工作。换言之，第三方组织的人员结构需要合理，才能有效行使相应的权利和义务，并有效完成企业合规建设的监督、审查和评估工作。从第三方组织的人员结构来看，一般由理论专家、行业专家、职业律师、注册会计师等人员组成。其中，理论专家应该对涉嫌罪名有一定研究，比如知识产权犯罪、经济犯罪、职务犯罪等行为类型；行业专家应该来源于具体的行政管理机构，比如安全生产、环境管理、金融机构、质量监管等行政部门，需对企业涉嫌犯罪的业务范围较为熟悉；执业律师等中介服务人员应该办理过企业涉嫌罪名的类似案件，对司法流程和罪名内容需要较为了解。

第二，第三方组织人员遴选的合理化。第三方机制管委会在遴选专业人员时，基本是在所属区域的专业人员名录库之中进行选择。需要指出的是，虽然市级和区级都有第三方机制专业人员名录库，但是，其在专业人员与专业领域的覆盖上毕竟有限，即当下的专业人员名录库专家名单并不能充分满足司法实践的需要。因此，第三方机制管委会在遴选专业人员时，除了需要立足于本区域的专业人员名录库，还应该将关注视野投注到名录库之外，以努力达到第三方组织人员搭配的合理性。基于此，第三方组织人员来源的多元化，就显得非常有必要和迫切了。

（二）专业人员来源需多元化

从司法实践看，第三方机制管委会如果只从名录库中遴选专业人员，会由于名录库人员来源结构单一，有时候并不能遴选到合适的专业人员，从而会影响到第三方监督评估机制的运行，并对企业合规方案建设、考察和评估等内容具有负面影响。

《实施细则》第21条规定，第三方组织人员有两种遴选方式：一种是根据第1款规定，从专业人员名录库中分类随机抽取；另一种是根据第2款规定，采取商请有关人员参加第三方组织。据此，《实施细则》规定了两种专业人员的选任方式，为第三方组织的选任和组成提供了路径选择。不过，需要指出的是，《实施细则》给出的专业人员选任方式，不但没有充分利用现有不同层级的专业人员名录库资源，还缺乏市场机制下的专业人才聘任模式，因此并不利于企业合规第三方组织的组成，也不利于第三方监督评估机制的启动和运行。具体来看，可以从以下两个方面进行应对：

第一，充分整合各级专业人员名录库资源。从当下看，各地专业人员名录库都包括市级和区级两个层面，即有市级层面和区级层面的专业人员名录库。"目前全省主要有两种模式，即独立设立名录库和共用市级检察院名录库，初步建立了名录库成员进入、培训、监管、退出等制度，有效保障监督评估机制正常运行。"① 需要指出的是，无论是市级层面的名录库还是区级的名录库，乃至同级别的其他专业人员名录库，只要是各级第三方机制管委会基于规定和遴选需要而建立的，相互之间可以资源共享与互相支持。由此，如果不能从本区域专业人员名录库中遴选出合适的专业人员，第三方机制管委会可以从其他区域或者上级专业人员名录库中进行遴选，直至选择到适合需要的专业人员。对此，也有学者指出，《指导意见》出台后，各地均在积极组建本地名录库，但名录库应该是可共享的，同一区域内上下级、同级管委会之间可以共享。②

第二，合理借助市场层面的合规事务机构。第三方机制管委会如果经过努力，依然不能从各级名录库中遴选出合适的专业人员，则需从市场层面上进行遴选和聘任。其实，有的地方已经开始做类似的探索，比如，2021年福建省晋江市检察院和盈科律师事务所合作成立晋江市合规事务所，以全力配合晋江市检察院企业合规试点改革工作，努力在刑事合规领域提供务实有效的法律产品和工作方案。③ 虽然有人对该试点改革模式持

---

① 姜昕:《涉案企业合规第三方监督评估机制有效运行的要点及把握》，载《人民检察》2022年第9期。
② 陈超然等:《企业合规第三方专业人员名录库的适用机制》，载《中国检察官》2021年第23期。
③《晋江市检察院成立企业合规事务所》，载"福建检察"政务号，2021年6月4日。

怀疑和反对态度，但是其积极意义不容忽视。

一定程度上，合规事务所是专业人员名录库的有效补充，对企业合规改革的稳步发展和保驾护航具有积极意义。质言之，当前应当对市场导向的合规事务探索给予充分理解和支持，其既可以对专业人员名录库的作用发挥提供多元化选择，也可以为企业合规改革发展提供新的思路。基于此，基于市场导向成立的合规事务所，在专业结构上会更加合理，在专业运行上也会更加规范。因此，如果专业人员名录库不能提供合理选择，第三方机制管委会可以从合规事务所寻求支持，以有效组建涉案企业合规的第三方组织。

三、第三方监督评估机制运行常态性探究

在实践中，第三方组织需要对企业合规建设给予充分指导，并予以监督和评估，以确保企业合规方案的合理性，以及合规建设的合法性与合规计划实施的有效性，并积极履行企业合规建设中的权利和义务。

（一）第三方组织应积极履行职责

根据《指导意见》，第三方组织在合规建设的不同阶段承担着不同的职责和功能，主要包括：企业合规方案的可行性审查、企业合规方案的实施情况监督，以及企业合规方案的完成效果评估等内容。

在合规建设中，第三方组织承担的职责是全面且贯穿始终的，从合规方案的可行性审查，到合规方案实施的过程监督，再到合规方案的有效性评估，都需要专业人员全程参与。"第三方监管人的设立旨在帮助涉罪企业开展合规管理，监控、保障合规计划切实履行到位，督促企业按期完成合规任务。"[1] 首先，审查企业合规方案的可行性。根据《实施细则》，对于涉案企业合规方案的可行性、全面性和有效性，第三方组织需要给予专业指导，以确保合规方案的可行性与合理性。由此，专业人员不但需要专

---

① 谈倩等：《我国企业合规第三方监管实证探析》，载《中国检察官》2021 年第6 期。

业知识、经验和技能，还需要积极考察企业的犯罪成因、进行违法风险评估，并提出合理的风险应对措施。"合规监管人的职责并非限于监督，也包括为被监督企业提供服务，与企业一道确保合规计划的有效性，发现与预防未来可能的不法行为。甚至有人认为，独立监管人是涉案企业有罪答辩的组成部分。"① 具言之，专业知识积累、合规建构技能和认真负责态度是第三方组织必备要素；否则，就不能对企业的合规方案提出专业意见，也不能对企业合规方案的可行性、全面性和有效性提出可行建议。其次，监督合规方案运行的规范性。合规方案是企业合规运行的基础，是否根据合规方案进行合规经营、规范管理与合法运行，是企业合规建设与规范管理的基础，也是对涉案企业进行司法奖励的基础。根据《实施细则》，企业合规方案运行的监督职责被赋予第三方组织。也即，企业是否按照合规方案进行管理和运行，需要第三方组织进行考察监督，具体措施包括员工谈话、现场调查、邮件访谈、材料核查等，对企业合规的实际运行进行全方位考察。最后，评估合规方案运行的有效性。企业合规方案的具体适用是否符合既定目标，是否达到了预防犯罪目的，是否实现了风险防范的诉求，第三方组织需要在企业合规考察期结束之后进行评估和报告。根据2022年最高人民检察院等九部委发布的《涉案企业合规建设、评估和审查办法（试行）》，第三方组织需要制定合理的合规计划评估方案，并根据该评估方案对涉案企业合规计划的有效性进行评估。据此，第三方组织需要根据具体要求，在评估方案中设计合理、完备、科学的考察要素，并据此对企业的合规方案的有效性作出符合客观实际的评估结果。

（二）第三方组织应遵纪守法

在对企业合规方案进行考察、监督和评估过程中，第三方组织具有独立性、客观性和公正性，并需将上述属性体现在涉案企业合规监督当中，

---

① F. Joseph Warin, Michael S. Diamant & Veronica S. Root, Somebody's Watching Me: FCPA Monitorships and How They Can Work Better, 13 University of Pennsylvania Journal of Business Law 321, 329–333(2011).

以做到企业合规建设参与的合法性与公正性。

第三方组织是由第三方机制管委会遴选产生的，需对企业合规建设情况进行监督和评估。由此，涉案企业的关联各方之间的关系需要厘清，具体包括涉案企业、办案检察院、第三方组织和第三方机制管委会，并对第三方组织的权利义务关系进行合理界定。首先，第三方组织由第三方机制管委会产生，并对其负责。根据《实施细则》，基于办案检察院的商情和案件性质，第三方机制管委会遴选专业人员，并对其履职情况进行监督和考察。由此，第三方组织应该积极履行职责，并及时向第三方机制管委会报告合规方案实施情况。其次，第三方组织是独立主体，办案检察院应该根据要求配合其工作。在履职过程中，第三方组织对涉案企业合规情况进行考察评估时，需要检察院配合才方便开展工作。因此，第三方组织有权请求检察主体进行工作配合。作为法律监督机关，人民检察院对第三方组织有法律监督义务，并有权对其履职行为进行监督和规范。需要指出的是，第三方组织是独立主体，履职行为受法律保护，即第三方组织的履职行为独立、公开和公正，第三方组织有权对非法干预提出异议和拒绝。最后，第三方组织对企业合规进行考察监督，与企业之间会产生利益关系。专业人员与涉案企业是否有利益关系，在遴选过程中应该关注并极力避免。在履职过程中，第三方组织需要和涉案企业进行沟通和交流，并需要涉案企业积极配合，在此过程中，专业人员和涉案企业之间会产生利益输送现象，会影响专业人员履职的公正性和独立性。对此，应该给予足够警惕，对来自涉案企业的不法利益和不当请求应坚决拒绝，并需要将类似行为作为涉案企业合规有效性的考察要素。当然，对于严重阻碍专业人员正当履职的行为，第三方组织既可以依照规定向办案检察院和第三方机制管委会汇报，也可以对合规建设的有效性做出否定性评价。

（三）第三方组织应尽保密义务

在参与企业合规建设、监督和评估过程中，第三方组织会对涉嫌罪名和案件信息有一定了解，并对涉案企业的经营活动、交易数据、业务流程、企业风险等要素相对熟悉。"监管人的调查权，以及监督报告内容的广泛性，可能包括产权的、财务的、机要的和竞争性的商业信息，处置协议一般会对监督报告保持高度保密。"[1] 对此，第三方组织需要做好保密工作，不能将履职期间获得的案件信息和企业情况泄露出去。

深圳市宝安区司法局发布的《关于企业刑事合规独立监控人选任及管理规定（试行）》第 14 条明确规定，独立监控人在工作过程中负有保密义务，不得泄露对监控过程中知悉的国家秘密、商业秘密、个人隐私和未成年人犯罪信息，以及其他依照法律法规和有关规定不应当公开的案件信息。对此，我们认为，需要借鉴前述规定中的合理内容，并根据实践需要对信息保密问题提出针对性措施，具体可从以下两个层面展开：首先，需要对案件信息保密。就案件信息而言，因为案件还处于侦查阶段或者移送审查起诉阶段，根据刑事诉讼法与刑法的规定，在该阶段，与案件相关的刑事证据、侦查手段及案涉案人员等内容需要保密。第三方组织在参与涉案企业建设过程中，因为需要对案件信息有所了解，对此，办案检察院如何做好案件信息的保密工作，如何做好既能配合第三方组织的工作，又能限于仅透露必要的信息，需要检察机关严格把关。就第三方组织而言，掌握的案件信息是为了更好地参与涉案企业的合规建设工作，应该保持高度敏感和执业操守，不能随意泄露获悉的案件信息给其他人或机构，否则，就需要承担相应的法律责任。其次，需要保护企业的商业机密。第三方组织全面参与涉案企业合规方案的设计、实施和评估等活动，对企业的商业秘密、重大投资、高层人员变动、运行机制、内部风险及经营状况等都有深度了解。上述信息对于企业非常重要，第三方组织应该给予充分的重视和警惕，不能将履职过程中获悉的企业信息随意或过失泄露给他人。"这种公开、透明的要求与企业信息保密之间会产生冲突与矛盾，因为包括监督报告在内的合规计划与审计材料不仅会泄露企业商业秘密，而且可能用

---

① Joseph Warin, Michael S. Diamant & Veronica S. Root, Somebody's Watching Me: FCPA Monitorships and How They Can Work Better, University of Pennsylvania Journal of Business Law 321, 353 –354 (2011).

于刑事侦查以及针对企业的民事诉讼。"[①]

从司法实践看，无论是案件信息的保密性还是企业信息的保密性，尚未引起第三方机制管委会、办案检察院和第三方组织的充分重视，也未采取切实有效的措施进行应对。对此，美国学术界提出了应对思路，比如，不能将独立监管人视为不受约束能力的超级英雄，必须加强监督和道德约束，具体方法包括在公司和监管程序之间再度引入中立的第三方，并设计有关监督的道德规则，以确保双方之间的公平。[②] 美国学者的观点无疑是合理的，且值得借鉴。因此，除了需要强化对第三方组织进行职业操守和法律意识的考察之外，还应制定有关的道德准则和规范，对第三方组织进行保密培训，并需签署保密协议，以充分保证第三方组织对相关信息保密的重视和关注，并确保涉案企业合规案件在规范化与动态化之中得以合法处理。

四、第三方监督评估机制监督规范性构建

第三方组织需要按照要求履行权利和义务，但不能依靠第三方组织的道德操守和法律观念，第三方机制管委会和办案检察院应相互配合，对企业合规进行充分监督，并努力做到监督的规范性、过程性与有效性。正如有的学者所言，在合规监管过程中，执法机构与第三方监督机构、执法机构之间，基于不同的视角，必须协同推进并形成合力，这样才能避免监督考察流于形式，也才能最大限度地降低或避免权力滥用风险，最终保障企业合规监管的有效性。[③]

[①] Ronald J. Allen and Cynthia M. Hazelwood, Preserving the Confidentiality of Internal Corporate Investigations, 12 Journal of Corporation Law 355, 357 (1987).

[②] Caelah E. Nelsona, Corporate Compliance Monitors Are Not Superheroes With Unrestrained Power: A Call For Increased Oversight And Ethical Reform, 27 Georgetown Journal of Legal Ethics 724, 745(2014).

[③] 马明亮:《论企业合规监管制度——以独立监管人为视角》，载《中国刑事法杂志》2021 年第 1 期。

（一）第三方机制管委会的监督检查

第三方机制管委会是第三方组织的产生机构，对第三方组织的运行负有监督责任，以保证其合法运行，并需对第三方组织出具的评估报告进行考察。总的来看，第三方机制管委会对第三方组织的监督是过程性的，是涉案企业合规建设工作的规范性要求。

从司法实践看，第三方机制管委会组建第三方组织后，需要对其履职情况进行过程监督，防止第三方组织在规范外运行，并需认真考察评估报告是否真实反映了合规建设与实际效果。根据《指导意见》，第三方机制管委会的监督和考察主要体现为以下方面的内容：第一，对遴选的专业人员进行公示，接受社会监督。如果社会主体对拟选任的第三方组织成员有异议，或者提出回避的，第三方机制管委会应该进行调查核实和解释，并根据情况进行调整，以确保选任的专业人员符合规定和要求。第二，对第三方组织的运行进行监督，防止其违法运行。在企业合规建设过程中，第三方组织应该按照法律规定和要求，积极参与企业合规建设，主动监督企业合规方案的合理实施，并根据涉案企业合规建设情况出具评估报告。对此，第三方机制管委会需要监督第三方组织的履职行为，比如，采取随机抽查、定期检查，或者巡回检查模式，考察第三方组织是否履行合规建设义务，以有效促进第三方组织积极参与到企业合规建设中。第三，对第三方组织提交的评估报告进行考察，判断评估报告的有效性。第三方组织对企业合规建设情况作出考察评估后，需将评估报告提交到办案检察院和第三方机制管委会，第三方机制管委会需对合规评估报告进行考察，并确认评估报告的合理性、客观性和有效性。

（二）办案检察院的监督

在第三方组织履职过程中，作为监督机构和办案机关，办案检察院不但要配合其做好涉案企业的合规建设工作，还要对第三方组织的选任和履职情况进行监督，以确保第三方组织的活动具有合法性与有效性。"检察机关既熟悉案件情况、具备专业能力，又对合规整改和第三方监管负有监督职责，是负责第三方组织日常选任和监督检查的最佳主体。"[1]

第三方组织的组建和运行、提交的合规评估报告，办案检察院都需要做好监督工作。具体来看，办案检察院对第三方组织的监督主要体现为以下几个方面：首先，对第三方组织的组成进行监督，是否符合规定条件。第三方机制管委会根据办案检察院的商请建立第三方组织，在专业人员选任和公示期间，办案检察院应该做好监督工作，比如，拟选任专业人员是否符合基本要求、是否具有违法行为、是否需要回避等，以确保专业人员符合法律规定与合规要求，为企业合规计划顺利推进奠定基础。其次，对第三方组织的运行进行监督，防止其违法违纪。第三方组织在履职过程中，尤其是在与涉案企业接触过程中，可能存在权力寻租和利益输送现象，最终会对企业合规建设的合法性与评估报告的有效性作出不当结论。对此，办案检察院应该给予充分且合理的监督，防止第三方组织在履职过程中出现违法违纪行为。同时，对第三方组织的懈怠和疏忽行为，也需要通过办案检察院的监督，尽量做到有效阻止和最大限度地减少。最后，对第三方组织的评估报告进行审查，确认报告的有效性。第三方组织对企业合规计划的考察报告，办案检察院需要给予合理审查，以确认评估报告符合企业合规建设的真实情况与客观效果，达到企业合规建设的既定宗旨和目的，实现办案检察院关于企业合规建设的预定目标。办案检察院需要对企业合规评估报告进行考察并作出合理判断，比如，是否需要对涉案企业不予起诉，或者是否需要在审判环节对涉案企业给予从轻处罚。当然，这个过程也是对企业合规建设的有效监督内容。

---

[1] 姜昕：《涉案企业合规第三方监督评估机制有效运行的要点及把握》，载《人民检察》2022 年第 9 期。

论我国企业合规第三方监督评估机制
有效性标准的再具体化

方　正[*]

摘　要：企业刑事合规尚处发展阶段，相关配套规范尚付阙如。第三方监督评估机制作为企业刑事合规中的重要环节，其基本框架在我国已然成型，但关于其有效性评估标准的规定，仍有待进一步明确。美国作为企业刑事合规制度的发源地，英国也是合规领域的先行者，它们对于第三方监督评估机制有效性标准的研究值得我们借鉴。因此，应当以二元视角看待第三方监督评估机制的有效性标准，将其划分为有效制度修复与有效合规计划两个侧面，撷取英美两国在第三方监督评估机制有效性标准的有益规定，分别进行再具体化。

关键词：企业合规；第三方监督评估机制；有效性标准；再具体化

一、问题与视角

"合规"机制滥觞于域外金融领域，而后蔓延至其他领域之中，并发挥着其独特的作用，如网络合规、税务合规、个人信息数据合规等合规类型均为例证。其中，在企业进行民商事经营活动的过程中，通常会面临着商事活动带来的刑事风险，因此，为规避、预防此类刑事风险，企业刑事合规应运而生。我国近年来也在积极地推动企业刑事合规的进程，但对于我国而言，不可能刻板僵硬地直接套用域外的刑事合规模式，必须将域外

---

* 方正，上海政法学院博士研究生。

刑事合规机制进行本土化改造，形成具有我国特色的企业刑事合规机制，但要将理论落实到实践中，仍然存在一些需要攻克的难题。①

我国自 2018 年国务院国有资产监督管理委员会制定了《中央企业合规管理指引（试行）》始，依次发布了《企业境外经营合规管理指引》《涉案企业合规建设、评估和审查办法（试行）》等文件，逐步完善与明确企业刑事合规机制的体系。②同时，我国人力资源和社会保障部会同市场监督管理总局与国家统计局，开设了企业合规师等新兴职业，旨在为进一步促进企业刑事合规在我国落地生根奠定基础。诚然，企业刑事合规机制是自域外引进而来，但是该机制已然成为我国时下国家现代化治理体系与治理能力的重要组成部分，也是我国企业和中国市场与国际企业和海外市场接轨的新途径。

企业刑事合规机制旨在为未违法的企业提前预防刑事犯罪的风险，为具有违法情况的企业提供一个事后救济、亡羊补牢的机会。企业刑事合规自 2018 年国资委发布《中央企业合规管理指引（试行）》以来，发展至今已经形成了诸多配套机制，其中第三方监督评估机制占据了重要的一隅。2021 年，最高人民检察院会同多个部委研究制定了《关于建立涉案企业合规第三方监督评价机制的指导意见（试行）》（以下简称《第三方监督意见》）。根据《第三方监督意见》，涉案企业合规第三方监督评估机制（以下简称第三方机制）是指人民检察院在办理涉企犯罪案件之时，对符合合规条件的企业，交由第三方监督评估机制管理委员会（以下简称第三方机制管委会）所选任组成的第三方监督评估组织，调查、评估、监督、考察涉案企业的合规进程，其结果作为人民检察院办理案件的重要参考。

由人民检察院所主导的第三方机制，占据了企业刑事合规流程中重要的一环。由于第三方机制是由第三方监督评估组织所采取的对涉案企业合规进程进行调查、评估、监督、考察，因此，可以说涉案企业的合规有

---

① 陈瑞华：《论企业合规的基本价值》，载《法学论坛》2021 年第 6 期。
② 姜磊、杨艳楠：《第三方合规评估对合规出罪正当性的证成》，载《中国注册会计师》2022 年第 8 期。

效与否，有赖于第三方机制的核查，并且人民检察院将经由第三方机制核查后的结果，作为案件处理的重要参考，例如应否对涉案企业附条件不起诉，即"企业合规不起诉制度"[①]，以及应否对涉案企业中的主要责任人员判处缓刑而非实刑等。近年来，最高人民检察院陆续发布了多批企业合规经典案例，择出具有示范性意义的经典案例并说明其典型案例，以起到对相关案件办理的指引作用。最高人民检察院发布的第二批典型案例的侧重点正是在于第三方机制的适用与运行，在这批案例之中涉及了第三方机制的异地监督评估，以及对第三方监督评估组织的"飞行监管"，还有异地协助开展第三方机制等问题。而最高人民检察院发布的第三批典型案例也涉及了第三方机制的相关问题。值得一提的是，在该批典型案例中，除涉及了第三方机制的量化式评估以及跟踪回访机制，还涉及了第三方机制的有效性问题。在最高人民检察院所发布的第三批企业合规典型案例中，案例一"上海 Z 公司、陈某某等人非法获取计算机信息系统数据案"中涉及了第三方机制的有效性问题，在该案的典型意义评述中，最高人民检察院指出，第三方机制的有效性在于是否对企业合规案件"因罪施救"，是否使得涉案企业能够建构出"真合身，真管用"的合规体系。但是根据最高人民检察院的这一观点，在具体合规实践中，该以何种标准来判断所建构的合规体系对于涉案企业而言是否"合身"与"管用"，就存在疑惑，因而该判断标准并非真正的判断标准，而只是对于企业合规所能达到的理想状态的诠释，并不具备实操性。

2022 年 1 月所发布的《〈第三方监督意见〉实施细则》（以下简称《实施细则》）是企业合规第三方机制框架中重要的组成部分，在《实施细则》第 29 条存在关于第三方机制有效性审查的内容，具体包括：第一，涉案企业完成其所制定的合规计划的可能性大小以及该计划本身的实操性；第二，合规计划对该涉案企业所犯类型之罪的预防可能性与实效性；第三；合规计划是否涵盖了该涉案企业在合规领域所存在的漏洞与薄弱环节。

而在同年 4 月由全国工商联、最高人民检察院等印发的《涉案企业

---

① 陈瑞华：《企业合规不起诉制度研究》，载《中国刑事法杂志》2021 年第 1 期。

合规建设、评估和审查办法（试行）》（以下简称《合规通知》）第 14 条也规定了第三方组织对于涉案企业合规机制评估有效性的相关标准，具体包括：第一，对涉案企业合规风险的有效识别、控制；第二，对违规行为的及时处置；第三，合规监管人员的合理配置；第四，合规管理制度的建立以及资源保障；第五，监测、举报、调查、处理机制以及合规绩效评价机制的运行；第六，持续整改机制和合规文化的基本形成。

上述两个重要文件中先后对第三方机制中合规的有效性评价列举了判断标准，但是针对第三方机制有效性标准认定的问题，有论者认为，第三方机制的标准应当迎合人民检察院最终核查验收的标准，即有效预防涉案企业再次实施同种类犯罪，同时持该观点者进一步指出，第三方机制的有效性判断标准应当包含以下两个维度：其一，有效的制度修复维度；其二，有效的合规计划维度。[①] 该观点具有一定的合理性，事实上，上述《实施细则》与《合规通知》所列明的有效性判断标准正是分属于这两个维度，《实施细则》侧重于有效的合规计划侧面，《合规通知》则侧重于有效的制度修复侧面，并且持该观点者无疑较上述最高人民检察院所列明的第三方机制有效性标准更为具体。但笔者认为，该种观点中部分判断标准仍然失之过宽，最终落实到具体司法实践中，仍然会使得人民检察院与第三方组织感到无所适从，例如，涉案企业所制定的合规计划的实操性与完成可能性应根据何种标准进行判断，如何认定合规文化的基本形成等，都有待于进一步释明。

因此，为解决该问题，将第三方机制的有效性标准进一步的具体化，应当追根溯源，从企业合规机制的发源地以及较早施行企业合规机制的国家的立法例中寻求解决路径，并建构具有我国本土特色的第三方机制有效性判断标准。

---

① 刘艳红、高景峰、俞波涛：《涉案企业合规第三方监督评估机制有效运行的要点及把握》，载《人民检察》2022 年第 9 期。

二、英美合规制度中有效性标准的设计

企业刑事合规机制作为自域外引进而来的新制度，其架构体系以及具体操作程序在学术界以及实务界都在探索前行。我国具有自身独特的国情，因而完全照搬域外的合规机制的做法是失当的，但是完全不借鉴域外有益的立法例与实践经验也是不妥切的。为进一步明确企业刑事合规中第三方机制中的有效性评估标准，应当对国外先进的立法例进行撷英，并以其失败的案例为警示。

（一）美国合规制度中有效性标准的设计

美国作为企业刑事合规机制的起源国，在对第三方机制有效性评估标准的研究上要比我国更为深入，并且美国针对该问题的研究也存在诸多理论分歧，直至今日，有关于第三方机制的有效性标准，也仍然在原有基础上推陈出新。[1] 美国最早关于第三方机制的有效性评估标准的规定可以追溯到 20 世纪 90 年代，在美国《联邦组织量刑指南》中存在涉及第三方机制有效性评估标准的雏形规定，在该文件中，仅将有效性标准认定为涉案企业或组织已经建立了理论上能够预防犯罪的合规机制，并且由企业或组织中的主要权利人员负责执行与监督执行，同时也应当使得其员工知情并遵守，而不同规模的企业组织只需要不同程度上符合该规定，即可被监管部门认定为已采取了有效的合规措施，但是该规定是以涉案企业已经涉嫌违法犯罪为前提。[2] 这一规定在当时产生了积极的作用，但依现在的目光来看，却是不甚周严的规定。因此，在 21 世纪之初，美国《联邦组织量刑指南》进行了一次修订，该次修订也包括了对合规第三方机制有效性评估标准的具体化，概言之，具体包括：第一，制定识别与预防犯罪的程序与机制；第二，企业的主要负责人员知悉合规计划，并为执行该计划而进行监管，同时分派相关知情的负责人员落实该合规计划，该人员需在适当

---

[1] 陈玲：《企业刑事合规计划有效性评价标准的域外考察——以美国为中心的展开》，载《国际法与比较法论丛》2021 年第 27 期。

[2] 孙道萃：《刑事合规的系统性反思与本土塑造》，载《华南师范大学学报（社会科学版）》2022 年第 4 期。

的时间反馈计划的进展；第三，企业应当将实施非法行为的或违反合规计划的人员排除在企业主要权利人员之外；第四，企业应当定期向本企业内部人员以及合规人员传达合规计划的内容；第五，企业应当定期审查评估合规计划的有效性，并监管违法行为，开通举报渠道供员工及相关人员匿名举报；第六，企业合规计划中应当存在惩戒措施以及激励措施；第七，发生违法犯罪行为后，企业应当根据所发生的违法犯罪对自身的合规机制进行调整以预防犯罪。

此外，在《美国反海外腐败法信息指引》与2017—2020年的《企业合规计划评估细则》中都不同程度地规定了第三方机制的评估标准，但是它们都具有自身的侧重点。例如，在前者之中，更为侧重于企业的权利人员，要求他们致力于构建企业的合规文化以及合规机制，并且在企业内部普及合规计划的相关内容。后者则是在上述《联邦组织量刑指南》规定的判断标准基础上，要求第三方监管者以与时俱进的视角更加灵活地判断其有效性，并且更加注重实效性，同时将有效性考察的重点上移到企业的中上层管理人员，以及审查企业中上层管理人员对合规计划进行的资源配置，是否有为合规计划配置了符合条件的合规人员。

（二）英国合规制度中有效性标准的设计

相较于我国而言，英国也是开展企业合规机制较早的国家，并且英国在企业合规第三方机制的有效性评估标准上也有其自身的独到之处值得我国予以镜鉴。在英国的法律规范体系下，企业合规机制是指商事组织为预防与监管风险，同时要求其自身工作人员遵守法律规定与公司内部章程的一种管理体系。同时对规模不等的企业设置了不同的要求，例如大型企业，要求具有独立的合规部门，中小微企业则只需会同有关监管部门制定最低限度的合规机制即可。[①]与我国不同的是，在企业合规机制的运行过程中，检察监督机关并未委任独立的第三方组织进行评估，而是自身直接对涉案企业的合规进程进行监督评估。但是即便监督的组织不同，其有效

---

① 陈瑞华:《企业合规基本理论》，法律出版社2022年版，第7—12页。

性评估的标准亦值得我们借鉴。英国合规机制有效性评估的标准最初在
2010 年的《反贿赂法》中有所体现，其中设定的有效性评估标准是为了
建立有效预防贿赂犯罪的合规体系。[①] 但在 2020 年，该法中的有效性评估
标准被沿用至了英国《合规计划评价操作手册》中，作为企业合规有效性
评估的判断标准，具体包括以下原则：第一，相应程序原则，即根据企业
自身规模、性质和所面临的风险，涉及相应的程序，其重点在于要易于实
施与有效实施；第二，企业高管承诺原则，企业合规机制的实施，应当自
上而下，由高管、主要权利人员承诺并带头实施，这与上述美国企业合规
的有效性评估标准有异曲同工之处，在企业合规的各类人员布置上都需要
高管的运营；第三，对企业内部与外部进行风险评估原则，这一原则旨在
评估来自企业内部与外部的风险；第四，对企业内部人员进行尽职调查原
则，这一原则的初衷是在企业招收人员之时，对拟聘用的人员进行调查，
防止其存在可能对企业运营造成风险的违法犯罪的前科；第五，企业有效
的内部与外部沟通原则，对内沟通，主要是企业高层人员的合规计划或意
见要能及时上传下达，同时也要开通举报通道，供企业人员及时反馈，外
部沟通是要建立合规文化，并对外宣传，以达到预防犯罪的效果；第六，
监督评估原则，这一原则是指企业要积极配合检察机关监督工作，而检察
机关也需要全面评估与审查涉案企业的合规机制运行。

三、我国企业合规第三方监督评估制度中有效性标准的再具体化

我国的企业合规机制起步较晚，但有域外的先验经验作为参照，发展
极为迅速。2017 年，国家标准化管理委员会会同其他部门发布了《合规管
理体系指南》，此后国务院国有资产监督管理委员会发布了《中央企业合
规管理指引（试行）》，最高人民检察院、国家发改委、商务部、工商联会
同其他多部门发布了《境外企业经营合规管理指引》《涉案企业合规建设、
评估和审查办法（试行）》《关于建立涉案企业合规第三方监督评价机制的

---

① 　陈瑞华：《英国〈反贿赂法〉与刑事合规问题》，载《中国律师》2019 年第 3 期。

指导意见（试行）》及其《实施细则》等文件，[①] 至此，以上述文件为连接点的合规体系基本形成。第三方机制作为我国合规体系中的重要环节，发挥着重要作用，但是目前我国第三方机制中评估合规有效性的标准部分尚且存在不够具体的问题，因而应当予以再具体化。前文已经提及，有论者认为第三方机制的有效性评估标准应当分为有效制度修复侧面与有效合规计划侧面。本文认为，《实施细则》与《合规通知》中所规定的有效性评估标准可以分属于这两个侧面，因而要对第三方机制的有效性评估标准再具体化，也应当以这两个侧面为二元视角分别进行。

（一）有效制度修复侧面的再具体化

根据前文，《合规通知》中所规定的合规第三方机制有效性评估标准更偏重于有效制度修复侧面。其中包括六项内容，结合前述对美国、英国合规第三方机制有效性标准的设定，可以对《合规通知》中所列明的部分标准进行再具体化。

首先，对于《合规通知》第 14 条第 1 项，即对涉案企业合规风险的有效识别、控制。针对该项，如何对涉案企业合规风险进行识别与控制有待明确。事实上，企业涉案大多为单位犯罪，因而应当专门设置识别单位犯罪的机制，而单位犯罪又以刑法分则明文规定为限，如刑法分则中的单位行贿罪与单位受贿罪等，应当纳入重点识别的范畴，此外还需识别单位成员实施的与单位有关的犯罪，进而予以有效的控制。

其次，对于《合规通知》第 14 条第 3 项与第 4 项，即合规监管人员的合理配置与合规管理制度的建立以及资源保障。本文认为，该两项标准可以合并为一项，根据美国《联邦组织量刑指南》的规定，单位的主要权利人员负责为合规计划配置符合条件、资质的合规、审计等人员。因此，该条中应当进一步明确规定的人员配置应当由企业主要权利人员规划，并且应当包含金融、合规、财税、审计等方面的人员，并且应当明确设置合规的激励机制与惩戒机制，并完善合规调查机制、预防机制、补救机制

---

① 朱孝清：《企业合规中的若干疑难问题》，载《法治研究》2021 年第 5 期。

等，最终构建出完整的合规体系。[①]

最后，对于《合规通知》第 14 条第 6 项，即持续整改机制和合规文化的基本形成。根据美国 2017 年至 2020 年《企业合规计划评估细则》的规定，要求合规机制在已有有效性标准的基础之上，能够不使用固定公式去评估合规机制的有效性，同时根据企业自身政策的改变，相应地调整其整改机制适用的程序。至于合规文化方面，则是自下而上的，在美国 2020 年《企业合规计划评估细则》中存在例证，合规文化的形成需要开通途径使得企业的员工了解合规的政策，并且还需要定期或不定期地对企业的合规通道进行审查，并对企业员工进行匿名抽查，视其对本单位合规政策以及沟通渠道的了解情况来判断合规文化是否形成。

（二）有效合规计划侧面的再具体化

根据前文，《实施细则》之中规定的第三方机制评估有效性标准更偏重于有效合规计划侧面，其包括三项内容：第一，涉案企业完成其所制定的合规计划的可能性大小以及该计划本身的实操性；第二，合规计划对该涉案企业所犯类型之罪的预防可能性与实效性；第三；合规计划是否涵盖了该涉案企业在合规领域所存在的漏洞与薄弱环节。有效合规计划侧面可以镜鉴前述英国《反贿赂法》的相关规定。

首先，涉案企业完成其所指定合规计划的可能性与实操性，主要可以从程序与主要权利人员的承诺视角入手。合规计划完成的可能性大小，与是否设置了相应的程序直接挂钩，每个企业依其规模大小、性质、所面临风险不同，应当设计不同的合规计划，而合规计划最终落实，需要适配的程序，并不存在适配一切合规计划的万能程序。此外，企业主要负责人员的承诺与配合执行，也是扩大合规计划完成可能性的重要因素，并且有企业主要权利人员介入制定合规计划，其实操性也会大大增加。

其次，合规计划对所预防之犯罪的可能性与实效性，可以镜鉴英国

---

① 陈瑞华：《合规监管人的角色定位——以有效刑事合规整改为视角的分析》，载《比较法研究》2022 年第 3 期。

《反贿赂法》中规定的企业内外部沟通原则以及风险评估原则。企业内部与外部沟通原则的初衷，正是为了有效预防犯罪，具体来说，企业内部形成良好的沟通传达机制，使得企业员工遵守合规政策，避免走上违法犯罪之路；对外沟通，可以宣传自身具有良好的合规机制，并可以有效预防犯罪，因而潜在的不法分子就不会对该企业实施犯罪，这就达到了预防犯罪的效果。此外，对于预防犯罪的实效性，可以从风险评估原则的角度入手，针对企业所面对的不同风险，适用不同的合规方案，以提高合规计划的有效性。

最后，合规计划是否涵盖了企业在合规领域的漏洞与薄弱环节方面，可以借鉴英国《反贿赂法》中的尽职调查原则，通常企业运行产生漏洞，均是内部人员发生的纰漏，因而全面的尽职调查是必不可少的环节，全面深入的尽职调查是有效覆盖企业可能产生的漏洞的良方，在企业合规领域也同样适用，薄弱环节也是同理，完备的尽职调查能够减少企业内人员的不安定性。此外，针对薄弱环节而言，还可以借鉴美国合规评估标准中的资源合理配置原则，将适格的人员安排在恰当的环节，可有效地排除薄弱环节带来的弊害。

企业刑事合规作为域外引进的新制度，故存在诸多不成熟之处留待进一步探讨。[1]人民检察院所主导的第三方机制作为企业刑事合规中重要的环节，对于合规计划的有效完成具有重要的作用，因此需要重点关注。近年来，随着《第三方监督意见》及其《实施细则》等文件的陆续出台，第三方机制的框架基本成型，但是其中相关细节仍然需要进一步明确。第三方机制的目的在于帮助涉案企业有效合规，因此其有效性评估就举足轻重，《实施细则》与《合规通知》中规定的有效性标准，固然有其积极意义，但是仍有部分条文亟待再具体化。英美等国作为合规机制领域的先行者，对于该方面的研究早于我国，因此有许多有益经验值得我国借鉴吸收。为此，本文认为应当将第三方机制的有效性评估标准划分为有效合规计划与有效制度修复二元侧面看待，并分别撷取英美合规机制中的有益规范，进行再具体化。

---

[1]　李作:《论合规考察书面报告的性质、效力及适用程序》，载《中国刑事法杂志》2022 年第 4 期。

涉案企业合规第三方监督评估机制
实践研究

——以王某某泄露内幕信息罪企业合规整改案为例

周传青　张　宇[*]

摘　要： 随着第三方监督评估机制的逐步建立与适用，实践中出现了诸如第三方组织尽调方式、合规考察验收评估标准等亟待解决的问题。本文以笔者办理的最高检第三批涉案企业合规典型案例之一——王某某泄露内幕信息罪企业合规整改案为例，尝试探讨第三方组织的监管方式、验收标准以及其他企业合规改革相关疑难问题。

关键词： 企业合规；第三方监督评估机制；监管；考察评估

一、案情简介

广东 K 电子科技股份有限公司（以下简称 K 公司）长期从事汽车电子产品研发制造，连续多年获国家火炬计划重点高新技术企业称号，创设国家级驰名商标，取得 700 余项专利及软件著作权，2018 年开始实现产业转型并打造占地 30 万平方米、可容纳 300 余家企业的产业园，已被认定为国家级科技企业孵化器。被告人王某某系 K 公司副总经理、董事会秘书。

2016 年 12 月，K 公司拟向深圳市 C 科技股份有限公司（以下简称 C 公司）出售全资子公司。经中国证券监督管理委员会认定，该收购事项在公开前属于内幕信息，内幕信息敏感期为 2017 年 1 月 15 日至 4 月 7 日。

---

　　* 周传青，北京市京师律师事务所律师；张宇，北京市京师律师事务所律师。

被告人王某某作为 K 公司董事会秘书，自动议开始知悉重组计划，参与重组事项，系内幕信息的知情人员。

2016 年 12 月和 2017 年 2 月 9 日，被告人王某某两次向其好友被告人金某某泄露重组计划和时间进程。

2021 年 8 月 10 日，北京市公安局以王某某、金某某涉嫌内幕交易罪向北京市检察院第二分院（以下简称市检二分院）移送起诉。审查起诉期间，市检二分院对 K 公司开展企业合规工作。2021 年 12 月 30 日，市检二分院以泄露内幕信息罪、内幕交易罪分别对王某某、金某某提起公诉。

2022 年 1 月 28 日，北京市第二中级人民法院作出一审判决，认可检察机关指控事实和罪名，认为检察机关开展的合规工作有利于促进企业合法守规经营，优化营商环境，可在量刑时酌情考虑，采纳了市检二分院提出的量刑建议。

二、第三方组织工作实践研究

本案启动合规整改后，笔者所在的律师团队接受律协的指派，担任本案第三方监督评估组织主办律师（以下简称第三方组织团队），同时收到了市检二分院针对本案的检察建议书。

第三方组织团队经仔细研究该检察建议书，结合《关于建立涉案企业合规第三方监督评估机制的指导意见（试行）》（以下简称《指导意见》）的相关规定，明确了本案的监管思路，即先针对涉案企业进行书面和实地的合规监管尽职调查，再借由监管建议、企业自查书面报告等手段，深挖企业犯罪的内控和制度性成因，协助企业进行信息保密的专项合规建设。

在此过程中，第三方组织团队遇到了不少实践难题，笔者以其中四点为例进行探讨。

（一）合规监管尽职调查清单范围

传统 PE/VC 或者企业上市时对公司进行的尽职调查往往非常全面细致，那么合规监管尽职调查是否需要采取与之相同的尽调方式，抑或需要有特殊的考量呢？

考虑到有限的合规考察期限，以及第三方组织应监管、协助而非主导，我们最终明确将收集企业基本信息、组织架构、业务开展过程以及信息保密相关建设的资料作为书面合规监管尽职调查的重点。

这样做的好处，一是通过了解 K 公司基本信息、组织架构、业务开展过程明确 K 公司的运作方式和逻辑，以贴合 K 公司实际经营状况，发现监管漏洞，并指导其进行针对性的合规建设；二是 K 公司如果能够充分利用已有的相关制度、架构，可以减轻合规建设负担，节省合规资源投入，提高资源利用效率；三是提高了工作效率，尽职调查是开展监管和企业合规建设的基础，如果第三方组织进行大而全的尽职调查，也许调查过程尚未结束，合规考察期限已所剩无几，不利于 K 公司后续合规建设工作的开展。

（二）合规监管访谈问题设计

合规监管访谈是监管尽调工作的重要部分，也是向 K 公司工作人员核实书面尽职调查中的疑问、进一步了解 K 公司实际经营情况的关键步骤。

其一，应仔细询问公司工作人员岗位的职责、权利。在两天的集中监管访谈中，第三方组织团队抽取了公司各部门管理岗位的人员，让他们详细叙述自己所在岗位的职责及权利。鉴于前期了解到 K 公司属于家族企业，对外投资企业众多，我们加入了"人员是否存在重复性履职""每个公司是否存在自己的邮箱地址"等问题。在此过程中，第三方组织团队发现 K 公司职员存在交叉任职的情况，且没有采取任何的信息隔离"防火墙"措施。结合案情，我们意识到这不仅关乎该公司没有建立起现代企业治理架构的问题，更暴露 K 公司内部信息交叉泄露的风险。

其二，应询问信息保密专项合规主题相关的细节。在访谈中我们通过"公司高层日常工作接触范围内人员""公司高层是否存在私人助理"等一系列问题，发现一些人员并未体现在 K 公司此前报送的资料内容中，比如 K 公司高管配备的私人司机。如果不善加管理，高管在车内接打电话，或者与客户洽谈合作，都可能因为私人司机而导致商业秘密的泄露。

此外，我们还通过"公司三会具体参与人员""是否存在三会成员以外的人士列席会议""由谁进行会议记录并执行"等问题了解到，实控人、法务平时均会列席 K 公司的董事会会议，其中实控人还拥有投票权、一票否决权等重大决策权利，但实控人、法务并非 K 公司董事会成员，且实控人并未在 K 公司担任任何职位。在公司章程保密义务规则仅约束董事会成员的情况下，参加会议并了解到公司重大决策的非董事会成员很可能成为信息泄露的风险源。

（三）合规整改的考察评估标准

经过两个月的合规考察，第三方组织团队最终提交《第三方监管合规考察报告》，给出考察评估结论。当时，《涉案企业合规建设、评估和审查办法（试行）》（以下简称《审查办法》）尚未公布，合规整改中的第三方组织考察报告内容仅在 2021 年 11 月颁行的《〈关于建立涉案企业合规第三方监督评估机制的指导意见（试行）〉实施细则》（以下简称《实施细则》）中有所涉及。

《实施细则》仅针对合规考察书面报告需要包含的内容作出了原则性的规定，却并未着墨于考核标准，对第三方组织工作的指导意义十分有限。[①]

因此，笔者作为考察报告的主要起草人，基于自身企业合规工作经验，在对考察报告"可量化""可视化"的追求下，决定根据案件情况和检察建议书，结合《指导意见》、《合规管理体系要求及使用指南（征求意见稿）》（ISO37301：2021，IDT）、《合规风险识别评价与控制指引》团体标准（征求意见稿）以及《风险管理—指南（征求意见稿）》（ISO 31000：2018，MOD）等文件，在遵循全面性、重点性、可行性、有效性原则的基础上，从无到有设计基于模块、要素赋分，并给予不同权重的第三方组织合规考察评估等级体系规则。

同时，笔者一并设计了配套的打分流程，即针对每一要素，第三方组织团队将根据是否达成，及是否在全面性、可行性、有效性原则方面存在

---

① 《实施细则》第 33 条规定，"第三方组织在合规考察期届满后，应当对涉案企业的合规计划完成情况进行全面了解、监督、评估和考核，并制作合规考察书面报告。合规考察书面报告一般应当包括以下内容：（一）涉案企业履行合规承诺、落实合规计划情况；（二）第三方组织开展了解、监督、评估和考核情况；（三）第三方组织监督评估的程序、方法和依据；（四）监督评估结论及意见建议；（五）其他需要说明的问题"。

瑕疵而予以相应打分，并将在表格的最后一栏中给出详细的打分依据。据此，笔者在报告中给出了"考察与评价打分表"，其中包括了检察建议完成情况、合规方案、合规文化培育等 12 个模块 65 项评价要素、每项要素是否达成及其依据、要素得分、要素打分依据等内容。

这 12 个模块包括检察建议落实情况、对犯罪行为性质的认识、对犯罪原因的认知、领导作用、合规方针、合规方案、合规文化培育、合规保障措施、绩效评价、持续改进、执行效果、合规亮点。65 项评价要素则是根据每个模块又作出的细分，比如持续改进模块的考察要素就包括"针对违规事件是否建立反应机制（包括控制、纠正及处理）""针对经处理的违规事件是否存在评审、原因分析及风险自查""针对经分析的违规事件是否存在对应的合规体系修改机制"等内容。

打分时，第三方组织团队首先列出评价依据摘要及备查索引，再结合运作情况、是否存在不足等内容进行综合评析。这样不仅可以清晰、完整地展示第三方组织打分的客观依据文件内容，让查看报告的人能随时根据索引查询依据原文，又可以展现第三方组织打分的评析思路，使第三方考察评估报告兼具客观性、公平性，经得起检验。

最终，第三方组织团队根据 K 公司递交的资料，结合考察与评价打分表的内容，对 K 公司的合规建设情况进行逐要素的评估、打分，得出 K 公司整改效果达到良好等级的合规考察评估结论，并出具了《第三方监管合规考察报告》。

《涉案企业合规建设、评估和审查办法（试行）》（以下简称《审查办法》）第 13 条至第 15 条 ① 规定了涉案企业合规评估的原则性规则及重点方

---

① 《审查办法》第 13 条规定，"第三方组织可以根据涉案企业情况和工作需要，制定具体细化、可操作的合规评估工作方案"。第 14 条规定，"第三方组织对涉案企业专项合规整改计划和相关合规管理体系有效性的评估，重点包括以下内容：（一）对涉案合规风险的有效识别、控制；（二）对违规违法行为的及时处置；（三）合规管理机构或者管理人员的合理配置；（四）合规管理制度机制建立以及人力物力的充分保障；（五）监测、举报、调查、处理机制及合规绩效评价机制的正常运行；（六）持续整改机制和合规文化已经基本形成"。第 15 条规定，"第三方组织应当以涉案合规风险整改防控为重点，结合特定行业合规评估指标，制定符合涉案企业实际的评估指标体系。评估指标的权重可以根据涉案企业类型、规模、业务范围、行业特点以及涉罪行为等因素设置，并适当提高合规管理的重点领域、薄弱环节和重要岗位等方面指标的权重"。

面。虽然存在法规的指引，但第三方监管评估标准仍然具有模糊性，缺乏可操作性，需要第三方组织结合自身经验予以细化、量化。本案中第三方监管合规考察报告的评价体系设计覆盖了前述规定强调的重点方面并进行创新、细化，即使是放在《审查办法》已经施行的今天，也非常符合其规则和精神。

（四）第三方组织的自我保护

根据《指导意见》第 14 条的规定，人民检察院在办理涉企犯罪案件过程中，应当将第三方组织合规考察书面报告、涉案企业合规计划、定期书面报告等合规材料，作为依法作出批准或者不批准逮捕、起诉或者不起诉以及是否变更强制措施等决定，提出量刑建议或者检察建议、检察意见的重要参考。

根据《实施细则》第 39 条的规定，第三方机制管委会或者负责办理案件的人民检察院发现第三方组织或其组成人员故意提供虚假报告或者提供的报告严重失实的，应当依照《指导意见》的规定及时向有关主管机关、协会等提出惩戒建议，涉嫌违法犯罪的，及时向有关机关报案或者举报，并将其列入第三方机制专业人员名录库禁入名单。

根据 "（2021）京 02 刑初 154 号" 王某某泄露内幕信息、金某某内幕交易、泄露内幕信息一审刑事判决书，第三方组织出具的合规考察书面报告作为庭审证据之一，经质证后由法庭予以确认。

由此可见，一方面，第三方组织出具报告若缺少真实性、可靠性，将面临违反职责出具报告的不利法律后果；另一方面，第三方组织出具的书面合规考察报告在实务中已开始作为庭审的证据加以举证、质证，那么该考察报告就需要在最大限度上严格遵循刑事诉讼证据的基本原则及法律法规的相应要求，否则也可能会给出具报告的第三方组织带来法律风险。

此外，鉴于第三方组织的评估职责，在企业合规建设的过程中，监管指导行为也存在一定风险，如因第三方组织指导方向或内容失误而导致企业最终验收不合格的，第三方组织将负担怎样的责任？

第三方组织在监管过程中，如何合法、合理地降低自身风险，随着企业合规整改的全面铺开以及第三方监管机制的大量运用，毫无疑问是一个非常重要的命题。

在此与诸位读者分享笔者的处理经验，也期待看到实践中有更系统、更踏实的第三方组织风险防控方案：

第一，与所有的非诉工作一致，第三方组织要针对每一个监管案件形成详尽的监管工作底稿予以归档留存，每一个字、每一句话都要有相应的依据支撑，都要有出处可循。

第二，第三方组织要灵活把握监管建议的尺度，既要避免"直接要求企业做什么"或者拘泥于实施细节，又要给出准确有效的方向性建议，使得企业知晓该如何去落实。

第三，在合规考察书面报告中加入"第三方组织的陈述和声明"，强调合规考察的工作内容、所依据文件资料的真实有效性假设、对公司参与合规考察人员的适格性假设、对打分基础的审慎判断，等等，尽量周全地预想可能发生的后果，提前给出对应的陈述和声明。

三、由本案牵出的企业合规改革相关疑难问题

本案中，K 公司并不构成单位犯罪，但企业却通过合规的方式为自然人争取了更为宽大的量刑建议，最终引发了不小的争议。[①] 由本案牵出的企业合规改革相关疑难问题不止于此，笔者选取了其中的三个方面进行初步探讨。

（一）企业合规整改还是企业家合规整改

1. 问题的提出

根据《指导意见》，合规整改的结果可能成为检察院是否采取、变更强制措施，是否起诉，是否给予宽大量刑建议的酌定情节。企业作为合规

---

① 黄雨馨、吴鸿瑶：《首例证券犯罪涉企合规案引争议 个人犯罪与企业关联如何界定》，载财新网，https://china.caixin.com/m/2022-08-14/101925995.html，2022 年 8 月 14 日。

整改的主体，争取免予刑事处罚的结果，是无可厚非的事情；但作为在企业中任职的涉案责任人员，是否可以通过企业合规整改，获得自身定罪、量刑上宽缓处理？笔者认为可以将这个问题分为两种观点进行探讨。

2. 两种声音

第一种观点是企业合规整改的优待只适用于企业，不适用于涉案自然人。

首先，企业合规整改获得刑法上优待的正当性在于法益修复、有效犯罪预防以及公共利益考量。让企业承担刑事责任，往往会影响到企业的经营资格，进而影响其持续正常的生产经营，对大量未涉案的无辜第三人如股东、员工、第三方合作伙伴等造成不利影响。这样的不利影响会像水波一样逐渐蔓延开来，波及广阔，特别是大型企业，影响的社会意义更为深远。这就是著名的"水漾理论"，也是国家运用司法资源帮助企业合规，并给予其司法优待的重要原因。[①] 然而，利用司法资源优待涉案自然人并不能获得如挽救企业一般的社会利益，明显缺乏正当性。

其次，从比较法视野来看，"放过涉案企业，但严惩责任人"是目前美国和欧洲国家普遍采纳的刑事政策，因为合规计划刑事优待的立法初衷是促进企业自我监管、形成合规文化、预防员工犯罪，而不是为了开脱涉案自然人的罪责。[②] 其中，"严惩责任人"还可以在该企业的合规整改中起到有效犯罪预防的作用。

最后，我国《刑法》第3条、第4条明确规定了罪刑法定及法律面前人人平等原则，因企业合规整改而给予自然人刑法上的优待，或将违反该原则。

第二种观点是企业合规整改的优待应该也适用于自然人。

首先，《指导意见》第3条规定，第三方机制适用于公司、企业等市场主体在生产经营活动中涉及的经济犯罪、职务犯罪等案件，既包括公

---

①　陈瑞华主编：《企业合规改革的理论与实践》，法律出版社2022年版，第23—24页。

②　陈瑞华主编：《企业合规改革的理论与实践》，法律出版社2022年版，第137页。

司、企业等实施的单位犯罪案件，也包括公司、企业实际控制人、经营管理人员、关键技术人员等实施的与生产经营活动密切相关的犯罪案件。这说明企业合规整改适用于相关自然人的特定类型犯罪，而不仅仅适用于涉案企业本身，有其改革的制度性根基。

其次，我国企业发展呈现与国外企业发展一些截然不同的特质，比如很多企业并未建立现代企业治理结构、企业控制权和经营权高度重合、存在数量众多权利高度集中的家族企业，等等。[①] 如果在我国坚持"放过涉案企业，但严惩责任人"的刑事政策，很可能导致抓了一个企业家、垮了一个企业的后果，最终无法实现企业合规整改的初衷和目的，浪费司法资源。

最后，企业合规整改为涉案自然人带来司法优待的正当性在于企业通过合规整改可以实现健康、稳定的发展并持续创造社会价值，不至于影响无辜第三方的利益，而该自然人为企业合规整改工作作出了不可替代的实质性贡献。[②]

3. 本案带来的思考

王某某泄露内幕信息案属于纯粹的自然人犯罪，但其通过企业合规整改，最终获得了刑法上的优待，正当性何在？

第一，根据《指导意见》，"公司、企业实际控制人、经营管理人员、关键技术人员等实施的与生产经营活动密切相关的犯罪案件"是合规整改的适用条件之一。王某某属于经营管理人员，知晓并泄露了 K 公司在经营过程中形成的内幕信息，其适用企业合规整改不存在制度性障碍。

第二，本案合规整改的启动系 K 公司主动提出，因王某某被羁押后造成 K 公司业务陷入停滞。该公司正处于从生产制造模式向产融运营模式转型的关键阶段，具有良好发展前景，王某某长期负责战略规划、投融资等工作，因其羁押已造成多个投融资和招商项目搁浅，导致数十亿元投资

---

① 陈瑞华主编:《企业合规改革的理论与实践》，法律出版社 2022 年版，第 137 页。
② 陈瑞华主编:《企业合规改革的理论与实践》，法律出版社 2022 年版，第 144—145 页。

的产业园项目停滞，王某某对 K 公司当下正常经营和持续发展确有重要作用。

第三，王某某深度参与了 K 公司的合规整改工作。首先，王某某积极配合第三方组织团队的监管访谈，根据其丰富的企业工作经验提出了诸多对于 K 公司合规整改建设非常有用的信息。其次，王某某在合规整改工作进行之初，便配合完成了犯罪成因深度分析，一定程度上帮助 K 公司找到了内幕信息泄露的制度性、内控性成因。最后，王某某作为高管，自愿接受 K 公司给予其的内部通报批评和惩罚，并签署合规承诺书，表达其绝不再犯的整改决心，为 K 公司其他高管和员工同时作出合规警示和良好示范，有助于 K 公司提升整体人员的合规意识、形成合规氛围、培育合规文化。

第四，本案最终由市检二分院提起公诉，王某某的司法优待不在于"合规不起诉"，而在于"更为宽大的量刑建议"，二者存在优待程度上的本质不同。

合规不起诉理论上存在"相对不起诉"及"附条件不起诉"两种方式，因后者存在突破我国现行刑事诉讼法之嫌，目前实践中仅能适用前者，或在审查起诉阶段采取挂案处理的方式以达成实际上"暂缓起诉"的目的。本案很明显不符合"犯罪情节轻微，依照刑法规定不需要判处刑罚或者免除刑罚"的规定，不能为给予其司法优待而突破这一不起诉的底线。

《人民检察院办理认罪认罚案件开展量刑建议工作的指导意见》第 8 条规定，人民检察院应当根据案件情况对犯罪嫌疑人犯罪手段、犯罪动机、主观恶性、是否和解谅解、是否退赃退赔、有无前科劣迹等酌定量刑情节进行审查，并结合犯罪嫌疑人的家庭状况、成长环境、心理健康情况等进行审查，综合判断。

本案中，王某某认罪认罚并积极配合司法机关对涉案公司进行合规整改，可以证明其主观恶性较低，也实现了一定的犯罪预防效果，属于在量刑建议中可以酌定考虑的情节。

北京市第二中级人民法院在判决书中也写道，"广东某公司因存在资本运作信息保密专项制度缺失等合规问题，致使在与某畅公司进行重大资产重组过程中发生公司高管泄露内幕信息事件。检察机关在案件审查过程中同步开展涉案企业合规整改监督工作，当庭出示合规考察报告，反映广东某公司主动申请并配合进行合规整改，完善合规制度，将合规工作嵌入业务流程，取得良好效果，王某某参与本次合规整改。以上积极事项虽并非定罪量刑的基础事实，但客观上有利于促进企业合法守规经营，优化营商环境，实现办案法律效果与社会效果的统一，可在本案量刑时酌情考虑"。

可以看出，本案是在现行法律框架内进行的一次企业家合规整改量刑从宽的探索，具有正当性。笔者的观点为，企业合规整改应不单单限制于企业自身，对于符合条件、在企业合规整改中发挥了重大作用的企业家本身，也可以通过不突破现行法律规定的方式给予其相应司法优待。

（二）企业自查的必要性

1. 什么是企业自查

《指导意见》第 11 条规定，涉案企业提交的合规计划，主要围绕与企业涉嫌犯罪有密切联系的企业内部治理结构、规章制度、人员管理等方面存在的问题，制定可行的合规管理规范，构建有效的合规组织体系，健全合规风险防范报告机制，弥补企业制度建设和监督管理漏洞，防止再次发生相同或者类似的违法犯罪。

根据《审查办法》，第三方组织对涉案企业专项合规整改计划和相关合规管理体系有效性的评估，第一项重点便是对涉案合规风险的有效识别、控制。

想要有针对性地进行企业合规整改并通过验收，企业自查犯罪成因、明确合规义务、识别合规风险并设置内部管控流程，是必不可少的基础性步骤。此外，在申请启动合规整改、递交合规计划之前的合规自查，还体现了企业合规整改的意愿和决心，可能会影响检察院最终是否决定启动企业合规整改程序。

2. 企业如何进行自查

企业自查通常可以包括以下步骤：第一，分析犯罪成因，特别是制度和内控性成因；第二，梳理现行法律规范、行业自律规则、企业合同义务、相关案例判决等，明确企业涉罪相关的内外部合规义务；第三，根据合规义务进行合规性差距分析，识别企业合规风险并进行评估；第四，出具企业合规风险自查报告，分析管控漏洞，明确整改方向。

本案中，第三方组织团队的合规监管调查涵盖了对企业现行应遵守法律规范的收集和梳理，并进行了对企业现有制度的分析、梳理，业务流程的调查，任职岗位的梳理等工作，因此实际上发挥了一部分企业自查的功能。但如前所述，第三方组织的监管行为具有一定法律风险，过于细致、面面俱到地替代企业自查功能，要求企业根据第三方组织的指示承认自身风险并执行，是一件比较危险的事情。

实践中，第三方组织直接提供思路，或先对企业进行某个领域的调查，再让企业补充自查该领域及其他关联领域，都是不错的处理方式。

（三）企业合规顾问是否必要

对于企业合规顾问是否必要这个问题，要从企业自身角度出发进行分析。

第三方组织的工作内容并不包括实际帮助企业进行合规建设工作，比如犯罪成因分析、撰写制度、审查岗位职责和业务流程等，需要企业自己想办法完成。

2022 年 6 月 14 日在北京召开的企业合规第三方监督评估工作推进会发布了《涉案企业合规第三方监督评估机制建设年度情况报告》，截至 2022 年 5 月底，全国检察机关共办理涉企业合规案件 1777 件。随着企业合规案件数量的上升，不难预测第三方组织的工作内容将更倾向于原则性、关键性的指引和建议。

《审查办法》也明确强调了第三方组织的工作重点在于"涉案企业合规评估"而非"涉案企业合规建设"；小微企业合规甚至可以不启动第三方机制，由企业直接对接人民检察院。

企业是为了实现利益而存在的实体，自然倾向于利用已有资源把事办好。但在这样的制度设计和政策背景下，涉案企业是否有足够的人力资源和专业知识去配合完成自身的企业合规整改，将成为其合规建设质量以及最终是否能通过合规验收的重要影响因素。

已配备合规专业人员的企业自然可以节省合规人力成本；已有法务、风控专业人员的企业则需要考虑其人员的专业性是否涵盖合规领域，毕竟法务、风控、合规工作有着完全不同的运行逻辑和工作内容；完全没有相关专业人员的企业，如果轻率按照自己非专业人员的理解进行合规建设，极大可能会面临验收不过、承担刑事责任的不利后果。

企业合规顾问作为外部专业人士，承担的正是帮助企业与第三方组织或检察院进行专业沟通、落实合规建设的责任。此外，聘用外部合规顾问，作为合规资源投入的一部分，也展现了企业对于合规整改的意愿和决心。

本案涉案企业就是在已有法务专业人员的前提下，委托了律所担任其合规顾问，配合第三方组织进行合规建设，最终取得了良好的效果。

因此，在缺少合规专业人员的企业中启动合规整改，企业合规整改顾问是有益且必要的。

四、总结与展望

在"全面推进涉案企业合规制度改革，积极探索中国特色企业合规司法制度"的政策背景下，涉案企业合规第三方监督评估机制已得到大量适用，但实务中仍面临着监管方式、验收标准以及改革相关的疑难问题。

本文中，笔者以办理过的最高检企业合规典型案例为例，从合规监管尽职调查清单范围、合规监管访谈问题设计、合规整改的考察评估标准、第三方组织的自我保护等方面探索了实务难点，并分析了由该案牵出的其他三个企业合规改革相关疑难问题，即企业合规优待是否可以适用于企业家、企业自查是否必要、企业合规顾问是否必要。

　　涉案企业合规改革道阻且长，唯愿在实践中得到探索、创新、发展、完善。相关部门在习近平法治思想的指引下，最终完成涉案企业合规的本土化建构，有效落实习近平总书记关于"法治是最好的营商环境""在合法合规中提高企业竞争能力"等重要指示精神。

行政监管嵌入企业合规管理的运作基础和模式构建

明　天[*]

摘　要： 开展合规管理是企业识别、评估和防控经营风险的重要手段。在检察机关大力推动的涉案企业合规已获得充足实践的基础上，探索行政监管嵌入企业合规管理同样具有现实必要性。预防性监管、契约行政和西方企业治理等诸多理念的蓬勃发展为其提供理论支撑，行政机关主动制定合规指引和协同参与第三方监督评估的做法也充分证明制度的可行性。立足现有行政行为形式，行政机关应探索构建"前端指引—中端管控—末端惩戒"的闭环监管模式，方能为企业合规管理提供持续助力。

关键词： 企业合规管理；行政监管；契约行政；行政行为形式；闭环模式

近年来，我国企业大量走出国门并与世界接轨，很多跨国企业纷纷进入中国设立分支机构，企业合规管理越发受到监管部门及企业内部关注重视。诸多国企、央企和大型私企在部门架构中设置合规部，由其负责构建企业合规管理体系，通过主动识别、评估、监测并报告潜在的或已发生的内部风险事件，参与企业内部违规案件的调查处理和责任追究，组织员工参与合规培训并进行考评，起草年度合规报告等方式，增强员工规则意识，进而保障企业在国内和国际法律框架内稳健运营，推动经济高质量发展和更高水平对外开放。但是，目前国内仍有大量企业并未认识到构建严

---

* 明天，浙江省人民检察院检察官助理。

密科学高效合规体系的重要性，未将其作为企业内部管理和对外经营的"重要法宝"，各类涉企违法犯罪案件频发。这些案件多发于企业经营、融资、财税、商业贿赂、侵财、产品质量、知识产权侵权、信息网络安全及安全生产事故等领域。一方面，企业本身及内部涉案人员因自身行为会遭受刑法及相关行政法律法规的制裁，承担经济损失；另一方面，企业长期经营所树立的口碑、声誉及占据的市场优势地位也因相关部门的追责而遭受重创，对企业乃至相关行业领域的健康发展都带来不利影响。

为促进企业合规管理，推动社会治理现代化，我国监管部门自2005年开始构建企业合规管理体系，并从国有金融企业逐步推广至央企以及保险、证券、互联网企业等。[①] 当前企业合规主要运用于两个领域，一是刑事司法领域，即检察机关针对涉嫌犯罪企业适用的涉案企业合规激励机制，对那些具有自我预防犯罪意愿、承诺制定并实施合规计划并经第三方评估通过的涉罪企业，依法予以从宽处理，以促进企业守法经营，预防再犯罪。[②] 涉案企业合规在最高人民检察院推动指导下，经过两轮10个省份检察机关的大范围试点，取得了丰硕成果，并于2022年4月在全国全面推开。[③] 二是行政监管领域，由行政机关基于执法权覆盖范围，充分发挥"防洪堤"和"阻隔墙"作用，推动并监督相关企业构建合规管理体系，如税收、知识产权、安全生产、数据保护等领域，助力企业从源头降低违法犯罪案件发生概率，实现实质去"违法化"经营。当然，若企业未严格构建并适用合规体系，继而出现违法犯罪行为，行政机关也将严格采取行政处罚措施，并将涉罪线索移送司法机关。

当前，刑事司法领域的涉案企业合规在最高人民检察院的推动下已获得充足实践，反观行政监管领域，行政机关对企业合规管理的监管基础和监管模式还有待明确。

---

① 陈瑞华：《论企业合规的中国问题》，载《法律科学》2020年第3期。
② 朱孝清：《企业合规中的若干疑难问题》，载《法治研究》2021年第5期。
③ 徐日丹：《检察机关全面推开涉案企业合规改革试点》，载《检察日报》2022年4月6日，第1版。

一、行政监管嵌入企业合规管理的运作基础

无论是新中国成立初期的计划经济体制，还是改革开放后的市场经济体制，我国行政机关一直习惯以高权行政模式对企业的生产经营情况开展监督，通过行使成文法赋予的权力严格监管，使其不脱离法治轨道。随着社会生产力的极大提升，行政机关逐渐面临执法资源短缺难题。同时，企业经营越发专业化、精细化和复杂化，也使得行政机关的监管效率降低、难度加大。

因此，行政机关需适时转变监管理念，转高权行政为契约行政和服务行政。具体而言，行政机关通过指导企业构建合规体系帮助企业降低违法犯罪概率，使企业在追逐利润的同时兼顾风险管控、内部廉洁、环境保护、雇员权益、知识产权保护和个人隐私维护等诸多社会价值。[1] 故此，行政监管嵌入企业合规管理的运作基础需要理论和实践两方面予以支撑。

（一）理论基础

企业合规本质是一种需要企业自发开展的自我管理机制，目的是督促员工、客户和合作伙伴等群体在经营过程中遵守各国法律法规、商业惯例、行业规范及内部规章制度。[2] 很多企业一直将追求高额利润作为首要任务，易忽视内部风险预防和员工合规培训，导致企业因不合规甚至违法经营遭受法律制裁。

近年来，滴滴、美团、阿里巴巴、腾讯等企业均有侵犯用户个人信息、滥用平台收集数据、违反反垄断法和反不正当竞争法等规定遭受监管部门处罚的案例。针对企业不重视合规体系构建、对其运行不规范等问题，行政机关需积极探索以监管推动企业构建合规管理体系，其理论基础主要有：

---

① 陈瑞华：《论企业合规的中国问题》，载《法律科学》2020 年第 3 期。
② 陈瑞华：《企业合规基本理论》（第三版），法律出版社 2022 年版，第 9 页。

1. 预防性监管理念逐步兴起

预防性监管理念源于行政机关对金融机构成立时采用的积极监管策略，并逐步发展为一种监管机制。金融机构进入市场时，监管部门会事前审查其设立条件、组织结构、经营项目等是否符合法律要求，防止因机构经营不当引发金融风险。如证监会批准企业上市前会开展合法合规审查，证券交易所通过年报问询函方式要求上市公司披露信息等。这种注重从源头严控企业违法风险的监管理念逐渐被行政机关所推广采用，"风险为本"也成为市场准入审查的重要原则。

预防性监管同企业合规管理一样，均以评估、识别和预防企业的违法风险为主要取向。[①] 不同的是，预防性监管机制主要由行政机关以立法方式固定于法律法规和规章中，并践行于行政许可、行政检查等高权行政行为，使前置条件具有强制性并成为企业应遵循的法律义务。合规管理体系依赖企业自主构建，行政机关可通过专业指导并设置合规激励机制引导企业，辅以常态化合规风险评估、尽职调查等手段做补充。

预防性监管机制的逐步兴起，为行政机关从源头预防各类风险、极大提升监管效能提供了新思路。

2. 契约行政理念迅速发展

高权行政模式下，行政机关和企业是"命令服从式"关系，惯用的行政处罚、行政检查、行政强制措施等均体现了单方性和强制性，企业需完全服从。随着社会转型，市场化、法治化、数字化和民主化逐渐成为新浪潮，行政机关需管理的社会事务迅速膨胀、任务激增，政府治理的无限性和行政资源的有限性之间产生一种难以弥合的张力。[②] 建设法治政府的目标更提倡政府成为有为政府和有限政府，契约行政理念应运而生。

契约行政诞生于公共服务领域，后逐步发展为指引"传统行政机关主

---

① 陈瑞华:《论企业合规在行政监管机制中的地位》，载《上海政法学院学报》2021 年第 6 期。

② 马迅:《"政府法治论"中的合作行政观》，载《福建行政学院学报》2017 年第 2 期。

导实施活动的一种替代品"①，包括服务型契约和管制型契约。服务型契约类似于平等主体间的民事合同，管制型契约则类似于目标责任书，以实现行政管理为目的缔结于行政机关和行政相对人之间。②在管制型契约指引下，企业以伙伴身份与行政机关为达成相同目标开展协作，行政机关褪去权力色彩，取而代之的是民主协商和多元平等，行为表现也从单方强制转为多方协商，变权力震慑为激励共进。

契约行政理念的迅速发展，以及激励制约相容机制被社会广泛认可，为监管部门和企业共建平等关系、达成行政和解、协商构建合规体系奠定了良好基础。

3. 西方企业治理理念落地生根

企业合规管理本是"舶来品"，与其一同进入我国并受到各行各业认可的还有西方企业的经营治理理念，如风险防控、可持续发展和企业社会责任理念等。风险防控是企业建立合规体系的主要目标，亦是企业经营的底线；可持续发展是企业在市场竞争过程中始终保持核心竞争力的重要理念，片面追求短期效益会使企业"铤而走险"，易受到法律制裁；作为市场经济的主体，企业需履行各项社会责任，不能将追求高额利润作为唯一目标，还应在经营过程中关注员工个人权益，并对社会福利、环境保护、消费者权益等作出贡献，承担起服务经济社会高质量发展的责任。三种企业治理理念相辅相成、互为补充，共同指引企业开展合规管理。

对行政监管而言，西方企业治理理念同样有借鉴价值。企业为实现风险防控，必须明晰经营风险源自何处、如何预防化解，行政机关可充分借助总揽全局的宏观视角和长期监管执法的经验优势，通过列明常见风险点及预防手段，指导企业构建合规体系；企业可持续发展离不开监管部门的政策扶持和资金协助，除国有企业和中央企业外，大量的私有企业特别是中小微企业更需要行政机关分类施策，靶向管理；对于承担较多社会责任的企业，行

---

① ［美］朱迪·弗里曼：《合作治理与新行政法》，毕洪海译，商务印书馆2010年版，第538—539页。
② 周佑勇：《契约行政理念下的企业合规协议制度构建——以工程建设领域为视角》，载《法学论坛》2021年第3期。

政机关除给予一定优惠政策外，还应将其树立为典型进行广泛宣传。

虽然西方企业治理理念被普遍接受尚需一定时间，但在监管部门的科学引导和大型企业的示范效应下，以风险预防为主要目标的企业合规管理体系将越发受到重视及推崇。

（二）实践基础

以充分的理论为先导，我国行政机关还通过丰富的实践探索将监管嵌入企业合规管理中，并取得了一定成效，使实践反哺理论，共促企业合规管理向纵深发展。行政机关的实践探索分为两类，一是通过部门立法或订立行政协议使合规管理成为企业的责任，行政机关因而获得法定或意定的监管权，可以对企业进行指导、评估、调查，并对履责不规范的企业进行处罚。二是积极参与检察机关大力推动的涉案企业合规制度，利用专业优势协同评估合规体系构建，对查处的犯罪线索进行移送，以及对相对不起诉企业进行处罚等，协同监管企业开展合规管理。

1. 以部门立法或订立契约形式主动监管

近年来颁布的多部法律均将敦促企业构建合规体系作为重要监管手段，对网络运营者设置相应义务。如网络安全法要求网络运营者应严格遵循国家强制性要求、采取技术措施保障网络安全稳定运行；需按照相关章程加强自律管理，制定安全行为规范；并需切实掌握用户真实身份信息，进而做到及时处置系统漏洞等。[①] 数据安全法要求从事数据收集和处理的企业应定期开展风险评估；从事数据交易服务的中介机构应实质审核交易双方身份信息。[②]《个人信息保护法》将定期合规审计设置为个人信息处理者的法定义务，并要求其在处理个人敏感信息或向境外提供信息时应事先进行风险评估。[③]《反洗钱法（征求意见稿）》在总则部分将企业合规管理明确为重要机制，称其为"内部控制制度"，并在第三章设置了诸多切实

---

① 《网络安全法》第 10 条、第 11 条、第 24 条、第 25 条。
② 参见《数据安全法》第 30 条、第 33 条。
③ 参见《个人信息保护法》第 54 条、第 55 条。

可行的监管措施。

与此同时，契约行政的重要表现形式——"目标责任书"也广布于污染防治、安全生产、环境保护及工程建设等领域。行政机关通过与相对人缔结协议，以柔性方式敦促甚至鼓励相对人履行义务，[①] 以提高相对人的参与感和守约意识。在企业合规领域，契约行政理念被广泛适用。企业与行政机关达成合规协议后，只要企业承诺制定并遵守合规制度，行政机关即给予企业一定优待或正向的激励措施，如对完成合规体系构建的企业可减轻甚至免予处罚，最常见的是行政和解制度。[②] 又如上海和浙江等地实施的行政许可承诺制。该机制同样对企业合规提出详细要求，作为回报，行政机关减免了企业申请行政许可时的审批程序，极大提高了行政效率并激发了市场活力。此外，合规协议在反垄断法监管领域中运用较为成熟，美国、韩国等均规定当企业作出合规承诺后，若面临反垄断诉讼，可优先适用和解或缓刑。[③] 对我国的反垄断法修改也有一定借鉴价值。

2. 以参与评估或行刑衔接形式协同监管

涉案企业合规由最高人民检察院于 2020 年 3 月开始试点，截至 2022 年 6 月，全国检察机关共办理 2382 件企业合规案件，并对合规整改完成的 606 家企业和 1159 人作出不起诉决定。[④] 不起诉是检察机关激励企业自行整改并构建内部合规体系的重要措施，但如何判断企业是否已整改完成，即作为内控制度的企业合规体系是否发挥实际作用，需要兼具专业知识和执法经验的监管部门进行评估。因此，在涉案企业合规制度试点伊始，部分地区检察机关就尝试与本地行政机关开展合作。检察机关积极邀请行政机关参与企业合规考察和验收程序，并将其意见作为是否提起公诉的重要参考因素。此外，检察机关还通过吸收监管部门加入"企业合规监

---

① 明天：《行政法学视野中的目标责任书》，载《南海法学》2019 年第 3 期。

② 周佑勇：《契约行政理念下的企业合规协议制度构建——以工程建设领域为视角》，载《法学论坛》2021 年第 3 期。

③ 喻玲：《从威慑到合规指引：反垄断法实施的新趋势》，载《中外法学》2015 年第 6 期。

④ 《2022 年 1—6 月全国检察机关主要办案数据》，载《检察日报》2022 年 7 月 21 日，第 2 版。

管委员会"，① 共同参与企业合规第三方监管人的选任及管理，② 推动刑事合规和行政监管有机结合。

经过一年多探索实践，2021 年 6 月最高检联合九部门联合发布《关于建立涉案企业合规第三方监督评估机制的指导意见（试行）》，正式确立企业合规第三方监督评估机制。该机制将调查、评估、考核等事项托付给第三方组织，如律师协会、注册税务师协会和注册会计师协会等，检察机关和行政机关则协同发挥监督、检查和指导功能，共同组成管委会，通过联席会议制度保持沟通，确保监督评估机制平稳运行。试点以来，第三方监督评估机制被运用于 1584 件企业合规案件。通过此机制，大量监管部门实际参与企业合规评估工作，对涉案企业合规的标准、规则和程序有了深入认识，积累了大量经验。

与此同时，助力企业合规行刑衔接亦是行政机关参与涉案企业合规的重要方式。企业犯罪大部分属于"行政犯"，即因违反国家相关法律、法规且社会危害性达到了刑法规制程度，故需通过刑事制裁和行政处罚双重方式予以惩戒。实践中，企业因排污造成环境污染并达到严重后果的，生态环境局一般会通过罚款、责令停产甚至责令关闭等方式予以处罚，若危害后果构成刑事犯罪的，则会将相关事实及证据移交给公安机关立案侦查，由其根据实际情况决定是否移送检察机关。在此期间，生态环境局不会立即处罚涉事企业，而是等待刑事诉讼程序终结后再作决定。税务、金融、食品药品安全等领域同样如此。

若检察机关因企业合规整改完成而作出不起诉决定，且行政机关尚需通过行政处罚予以惩戒时，就涉及实体法上的行刑衔接。因行政机关和检察机关无隶属关系，行政机关作出处罚决定也无须参考检察机关的处理意

---

① 诸如山西太原、江苏张家港、安徽淮南、福建莆田等地的检察机关联合多个行政机关建立企业合规监管委员会。

② 例如，上海市长宁区检察机关对一批虚开增值税发票的企业作出不起诉决定后，还向当地税务机关制发检察建议，建议其帮助案涉企业构建科学的税务合规制度，并加强对企业相关人员的财税法知识培训。参见简宁、周渊：《合规检察建议＋相对不起诉，长宁检察护航企业"轻装"再出发》，载 https://new.qq.com/rain/a/20201101A09RNF00.html，2022 年 8 月 9 日访问。

见，毋宁企业的合规整改情况。但因完备的合规体系对于企业预防经营风险有较大作用，也符合行政处罚"惩罚与教育相结合"原则，并且行政执法机关通常会参与评估企业的合规整改过程，对相关情况比较了解，故其一般会对完成合规整改的企业作出从轻或减轻处罚。2021 年 10 月，浙江省人民检察院联合 23 个行政机关发布了《关于建立涉案企业合规第三方监督评估工作机制的意见（试行）》，第 18 条将上述情形明确用条文形式规定，即检察机关在刑事程序终结后，需将企业的合规考察副本移送至行政机关，便于行政机关据此作出处罚决定。[①] 浙江省出台的文件是检察机关和行政机关协同监督评估企业合规的重要突破，随后，陕西、福建、四川等地纷纷制定相关文件，均取得良好效果。

二、行政监管嵌入企业合规管理的模式构建

如前文所述，行政监管嵌入企业合规管理的理论基础和实践基础均已具备，但行政机关如何充分运用现有行政监管手段，即行政行为形式，更好地助力企业构建合规管理体系，仍是需要重点研究的问题。笔者认为，根据实践做法，可探索构建"前端指引—中端管控—末端惩戒"的闭环监管模式。具体如下：

（一）前端指引：强化自主构建

由于欠缺专业性和前瞻性，部分中小微企业对构建符合自身经营情况和发展需求的合规体系存在认识不到位、了解不具体和方式不规范等问题，且囿于内部合规人员数量不足，构建行之有效的合规制度更加困难。作为兼具专业性和监管权的行政机关，需要靠前谋划，通过发布本机关监管范围内相关行业的合规指引、合规指南，在风险发生前端推动企业构建合规体系，指引企业尽早识别、评估进而防控风险。这也是践行预防性监管理念的重要举措。

---

① 李奋飞：《涉案企业合规刑行衔接的初步研究》，载《政法论坛》2022 年第 1 期。

　　行政机关发布合规指引和合规指南，属于柔性行政行为，其最大特征就是不具有强制力且不直接产生法律效果，企业可自愿选择是否遵从合规指引、指南中的相关条款，不因未听取指引而遭受不利后果。相反，因合规指引具有示范引导性、柔软灵活性和选择接受性①，更易获得企业理解并认可，进而自发进行合规管理。对于主动遵照合规指引构建合规体系并经评估认证通过的企业，行政机关可参照检察机关的涉案企业合规相对不起诉制度，采取合规激励机制，具体体现于行政处罚决定的从轻和减轻上。

　　实践中，行政机关发布的合规指引和合规指南也从笼统抽象转变为具体明确。2018 年 11 月，国资委发布的《中央企业合规管理指引（试行）》是国家机关首个综合性企业合规管理指引。同年 12 月，国家发展改革委会同五部委和全国工商联发布了《企业境外经营合规管理指引》，确立了中国企业境外经营合规制度的基本框架。②遗憾的是，上述两文件因较为原则、覆盖较多领域且缺乏具体认证标准，难以直接指导企业建立精细的合规体系。因此，地方各级行政机关根据监管实际出台了契合本地需求的企业合规指导清单。如南京市市场监管局 2022 年 7 月发布的《南京市市场监督领域企业行政合规指导清单（第一批）》围绕反不正当竞争、广告、知识产权等九个重点领域，梳理发生频率高的违法违规行为涉及的合法合规事项 56 条，为行政机关加强企业合规行政指导提供范式③；浙江省浦江县司法局联合 13 个行政机关于 2022 年 8 月发布《浦江县企业行政合规分类指导清单（第一批）》，聚焦高频多发违法行为，为企业提出合规建议④；此外，江苏省张家港市、安徽省马鞍山市、内蒙古自治区包头市、浙江省

　　①　莫于川:《法治视野中的行政指导行为——论我国行政指导的合法性问题与法治化路径》，载《现代法学》2004 年第 3 期。
　　②　陈瑞华:《国有企业的合规管理问题》，载《中国律师》2019 年第 7 期。
　　③　参见南京市市场监督管理局网站:《关于印发南京市市场监管领域企业行政合规指导清单（第一批）的通知》，载：http://amr.nanjing.gov.cn/gkml/202207/t20220730_3659654.html，2022 年 8 月 10 日访问。
　　④《关于公布〈浦江县企业行政合规分类指导清单（第一批）〉的通知》，载"浦江发布"微信公众号，https://mp.weixin.qq.com/s/Bc6nDxoG6aFjxoDoJbo-Og，2022 年 8 月 10 日访问。

庆元县、山东省禹城市等地先后发布多批企业合规指引、指南，均取得突出效果。

综上，行政机关可根据企业的合规行为类型，具体规定合规事项、常见违法行为、法律依据及法律责任、发生频率、合规建议以及指导部门等，制定并发布详细科学的合规指引、指南和模板，再辅以配套激励机制，激发企业构建合规体系的自觉性，提高企业的接受度。

（二）中端管控：激发管治效能

行政机关发布合规指引后，企业一般会遵从指引构建合规体系，其采取的举措主要有：成立合规部门并招聘具有专业合规知识的员工；重新修定企业内部规章制度、制定员工合规守则；日常强化员工合规知识培训；对外经营时注重各流程环节合规管理；员工违法犯罪时配合监管部门开展调查工作等。可以看出，大部分工作都依赖于企业自主进行，行政机关有必要适时开展行政检查，对存在问题的企业及时进行约谈，有针对性地给出指导意见，以提高监管精准度和管治效能，防止企业合规背离实际目的或流于形式。

行政检查是强制性行政行为，一般由相应成文法授权，实践中行政机关的检查权也可来源于行政协议中的相关约定。监管部门开展合规检查旨在了解、监督企业构建合规管理体系的具体情况，一般通过实地检查企业生产经营情况、查阅企业内部规章制度文本、与高管及关键岗位员工谈话、检查企业合同文本、财务报表、审计报告等形式进行。针对检查中发现的轻微违法但不涉及犯罪的问题，监管部门可通过行政约谈方式教导并提出警示，要求企业立即整改。行政约谈属于非强制性行政行为，一般由行政机关在职权范围内对被监管对象存在的特定问题，以防止违法行为发生为目的，与相对人进行沟通和协商，并给予警示告诫。[1] 此种"违法预

---

① 张珏芙蓉：《我国行政约谈制度存在的问题及其法治化探析》，载《中天学刊》2014 年第 4 期。

警型"约谈，是行政约谈的典型代表，亦是服务行政理念的集中体现①，相较直接给予处罚决定，更能倒逼企业正视问题并自主整改，避免打击其自发构建企业合规体系的积极性。

实践中，诸多监管部门开始采用约谈方式对企业暴露的合规体系不规范及经营违法问题进行督促警示。如 2020 年 12 月和 2021 年 4 月，央行、原银保监会、证监会和国家外汇管理局两次约谈蚂蚁金服并暂停其上市审批，要求其遏制资本无序扩张、垄断和不正当竞争问题，督促其建立专门团队负责内部合规审查。2021 年 4 月 13 日，针对 34 家互联网企业强迫实施"二选一"的垄断行为，市场监管总局会同中央网信办和税务总局召开互联网平台企业行政指导会，约谈涉事企业代表，要求企业全面开展自检自查并限期整改，并明确限期未整改完成的将从重处罚。② 经过约谈和指导后的相关企业内部会形成合规压力，进而转化为合规动力，使得行政约谈和指导发挥着类似于检察建议的作用。③

监管部门通过行政检查、行政约谈以及行政指导等方式，强化对企业合规体系构建的过程性监管，可以保证企业合规体系的常态化运作，使其真正实现识别、评估和预防潜在风险的制度初衷。针对合规体系不规范但能及时纠偏的企业，行政机关可辅以法律允许范围内的激励机制，亦可极大限度激发企业内生动力，提促企业发展和社会治理的效能。

（三）末端惩戒：提倡罚教结合

对于构建合规体系不规范、经行政约谈后整改仍不彻底或因内部合规制度实施不力而产生违法犯罪行为的企业，行政机关应当通过行政处罚予以惩戒，并将涉嫌犯罪线索移交给司法机关。应当注意的是，惩罚并非最终目的，正如行政处罚法将"惩罚与教育相结合"作为基本原则，监管部

---

① 孟强龙：《行政约谈法治化研究》，载《行政法学研究》2015 年第 6 期。
② 《市场监管总局、中央网信办、税务总局联合召开互联网平台企业行政指导会》，载国家市场监督管理总局网，https://www.samr.gov.cn/xw/zj/202104/t20210413_327785.html，2022 年 8 月 12 日访问。
③ 陈瑞华：《行政执法和解与企业合规》，载《中国律师》2020 年第 6 期。

门应当借行政处罚决定警示企业，并教育帮助其开展自查自纠，使企业真正将合规管理作为助推经营发展的内生动力。因此，如何妥善作出处罚决定也需行政机关仔细斟酌，因案而异。

若企业自始至终未建立合规管理体系或仅设置了"空壳"机制而未实际运转，则行政机关应给予严厉处罚，以高额罚款或责令其停业整顿促使企业承受较大合规压力，以处罚倒逼企业；若企业已按法律规定、合规指引或目标责任书建立了合规管理体系，且法律法规规定了从轻或减轻事由，行政机关可在法律允许的范围内给予一定宽大处理，促使企业产生合规动力；若企业的合规管理体系已十分完善，且有相关证据证明合规机制已实际运转，但因部分员工的个人行为致使产生违法行为的，行政机关亦可作出宽大处理，即免除对企业的处罚。这种宽大处理政策与《反不正当竞争法》第 7 条第 3 款规定具有相似性，即对于已建立合规管理体系的企业，可将内部员工的个人违法行为与企业相剥离，企业仅需证明员工行为与企业经营无关即可免除处罚。[1] 实践中，部分部门规章已将企业构建合规管理体系作为从轻、减轻甚至不予处罚的重要考量因素[2]，切实发挥了部门立法的引导作用，使合规激励机制真正落到实处。

为贯彻惩罚与教育相结合原则，对于尚未建立合规管理体系的企业，行政机关还可通过达成行政和解方式推动企业重视合规制度，以此作为减轻行政处罚的重要事由。我国的行政执法和解制度由证监会于 2015 年制定《行政和解试点实施办法》规定试行，该规章详细规定了行政相对人申请行政和解的范围、行政和解的实施程序以及和解协议的执行等事项。2019 年证券法修订并正式确定行政和解制度[3]，与该制度相配套的《证券期货行政执法当事人承诺制度实施办法》《证券期货行政执法当事人承诺制度实施规定》《证券期货行政执法当事人承诺金管理办法》也分别于 2021 年底和 2022 年初发布，行政和解制度的适用性进一步增强。对于监管部

---

① 肖江平：《新〈反不正当竞争法〉的主要进步》，载《中国市场监管研究》2017年第 12 期。
② 参见《证券公司和证券投资基金管理公司合规管理办法》第 36 条。
③ 参见《证券法》第 171 条。

门而言，探索行政和解与企业合规相协调的可能性也大大提高。

例如，当行政机关通过执法检查发现证券公司存在违法行为时，可根据企业书面申请选择适用行政和解，由企业承诺定期整改违法行为并构建符合监管要求的合规管理体系，再缴纳一定数额承诺金，行政机关遂对企业暂免处罚。当设置的考察期限届满时，企业合规体系若通过了第三方监督评估机制，则由行政机关退回承诺金并作出免予行政处罚决定。此项机制若能成功实践，将对企业合规管理制度的大面积推广发挥重要作用。

综上，运用现有行政行为形式所构建的监管模式，可充分保障行政机关在企业合规管理的事前、事中、事后阶段协同发挥指引、管控、监督和惩戒作用，对企业构建合规管理体系产生助推动力。

三、结语

行政机关加强涉企监管是经济高质量发展的必然要求，监管理念的与时俱进亦是顺应经济全球化发展的必由之路，传统的高权行政理念需要适时更新为服务行政和契约行政，企业合规即为联通两者的纽带。对企业和监管部门而言，做好内部合规管理以及监督好企业开展合规均是开展工作的重要抓手。监管部门应当充分运用好现有行政行为形式，以服务型、契约型行政监管嵌入企业合规管理过程，为其本土化贡献中国智慧。

合规整改嵌入行政执法体系的实践检视

赵　阳[*]

摘　要： 合规整改是我国行政监管制度的又一次调整与尝试。实践中，合规整改制度嵌入传统行政执法体系，可以提炼出合规义务转化为约定义务、法定义务以及倡导性义务三条规范进路。合规整改的治理方案应当从界定适格对象、确立合规基准、建立义务履行机制以及设置激励措施四个方面构筑制度体系；合规整改应当引入法律原则的控制机制；合规整改须受依法行政原则、比例原则以及正当程序原则的约束和规范。

关键词： 合规整改；行政合规；政府监管；公法约束

一、问题的提出

合规整改是行政监管中他律促自律的制度设计，其大致含义是行政机关通过给违法违规企业设定外在义务，将合规机制纳入公司治理结构，督促企业建立一套良好运转的内部控制体系。我国实践中形成了刑事领域和行政监管领域合规整改独立发展的局面。与刑事领域合规整改改革已经进入纵深阶段相比，行政监管领域合规整改改革尚处于起步阶段，对于合规整改的诸多要素仍欠缺基本共识，因而本文将讨论的重点置于行政监管领域的合规整改。

合规整改是传统行政法学不涉及的新鲜话语体系。合规整改的语词虽新，但其背后所表达的公权力介入企业治理修复和预防违法行为的理念却

　＊　赵阳，南开大学法学院博士研究生。

早已存在于古今中外的监管实践中。在美国，企业合规的起源可以追溯到联邦政府对公司事务的干预。[①] 我国当今实践中因时势而勃发的企业合规整改，其所改变的仅是公权力介入企业治理的强度、节点和方式。合规整改是行政监管迈入新阶段后，传统监管理念与方式难以实现规制目的时重新被提起的一个话题。

理论研究层面，行政监管领域的合规整改实践并未引起行政法学界的广泛关注。近年来，行政法学界既有研究主要集中于日常性合规监管模式下的政府规制研究[②]，对于以企业违法为前提的合规整改规制研究寥寥无几，更遑论其法理分析和体系化的制度设计。[③] 合规整改的研究成果，主要集中于刑事领域。[④] 对于合规整改的监管理念、制度实践如何进行本土化的调适，实现制度的内生发展是本文讨论的核心议题。

[①]　Sean J. Griffith, Corporate Governance in an Era of Compliance, 57 William & Mary Law Review 2075, 2083 (2016).

[②]　谭冰霖：《论政府对企业的内部管理型规制》，载《法学家》2019 年第 6 期；高秦伟：《社会自我规制与行政法的任务》，载《中国法学》2015 年第 5 期；洪延青：《以管理为基础的规制——对网络运营者安全保护义务的重构》，载《环球法律评论》2016 年第 4 期；郑雅方：《论政府介入企业合规管理的风险及其防范》，载《法商研究》2021 年第 3 期；宋华琳：《论政府规制中的合作治理》，载《政治与法律》2016 年第 8 期；崔瑜：《论企业合规管理的政府监管》，载《行政法学研究》2021 年第 4 期。

[③]　既有研究进路有两种：第一种是宏观层面讨论合规与行政监管的关系。参见陈瑞华：《论企业合规在行政和解中的适用问题》，载《国家检察官学院学报》2022 年第 1 期；陈瑞华：《论企业合规在行政监管机制中的地位》，载《上海政法学院学报（法治论丛）》2021 年第 5 期。第二种是以部门法为场域，从微观层面讨论企业合规的问题。参见喻玲：《从威慑到合规指引反垄断法实施的新趋势》，载《中外法学》2013 年第 6 期；陈涛、陈飞羽：《药品企业行政合规激励机制：解析与进路》，载《北京警察学院学报》2022 年第 3 期。本文讨论行政监管中企业合规的特定节点，属于中观层面的讨论进路。

[④]　一些代表性成果包括：陈瑞华：《合规监管人的角色定位——以有效刑事合规整改为视角的分析》，载《比较法研究》2022 年第 3 期；陈瑞华：《企业有效合规整改的基本思路》，载《政法论坛》2022 年第 1 期；马明亮：《论企业合规监管制度——以独立监管人为视角》，载《中国刑事法杂志》2021 年第 1 期；刘艳红：《涉案企业合规建设的有效性标准研究——以刑事涉案企业合规的犯罪预防为视角》，载《东方法学》2022 年第 4 期；王颖：《刑事一体化视野下企业合规的制度逻辑与实现路径》，载《比较法研究》2022 年第 3 期。

二、合规整改与行政执法体系的嵌套路径

如何从学理上有效识别合规整改在执法实践中的具体运作，需要经由经验层面的类型化尝试。从合规整改结构性嵌入现有行政执法体系的进路出发，合规整改可以提炼概括为三种类型。

（一）合规义务转化为约定义务

对于存在违法线索的企业，行政机关可以与之达成行政和解。行政和解突破了传统行政执法单方命令的方式，和解过程中行政机关与经营者通过签订行政和解协议将合规整改内化为经营者的约定义务。双方约定，如果企业完成合规整改及相关义务，行政机关则免除行政调查及后续处罚。值得注意的是，尽管行政机关启动行政和解往往是以发现企业违法违规线索为前提，但行政和解并不涉及对于经营者生产经营行为违法与否的评判。实践中主要发生在两个领域：

一是证券监管领域。2015 年，证监会颁布《行政和解试点实施办法》，为证券监管领域合规整改提供指引。根据上述规定，当事人在承诺合规整改并缴纳和解金的前提下，行政机关可以与当事人达成行政和解。2019 年 4 月，高盛（亚洲）有限责任公司、北京高华证券有限责任公司及其 7 名相关工作人员由于涉嫌证券交易违规，与中国证监会达成行政和解，缴纳行政和解金 1.5 亿元人民币，并进行合规整改。①

二是反垄断监管领域。当事人承诺在 2008 年实施的《反垄断法》中已有明确规定。但是，当时的制度设计主要聚焦于"采取具体措施消除违法行为后果"，合规整改并未引起足够重视。直到 2014 年 6 月，原国家工商行政管理总局在接受北京盛开体育发展有限公司提出的整改措施承诺后，对其作出中止调查的决定，但同时要求该公司"定期开展法律培训，

---

① 类似实践还包括：2020 年 1 月，上海司度、富安达基金、中信证券、千石资本、国信证券以及上述公司的相关工作人员共计缴纳行政和解金 6.8 亿元；和解申请人采取措施加强公司内控管理，并在完成后向证监会提交书面整改报告；证监会终止对申请人有关行为的调查、审理程序。

教育公司全体员工认真学习法律知识，将知法守法作为当事人内部考核的一项重要指标"。①

（二）合规义务上升为法定义务

区别于前述制度创设导向的合规整改，以强制合规义务为前提的合规整改，其核心在于监督既有合规义务的有效实施。这种进路主要发生在以行政命令方式推进合规整改的过程中。经由经营者合规义务的设定，行政机关可以穿透过去无须法律介入的企业管理"黑箱"②，评判企业运行过程中可能存在的风险并及时纠正。具体包括两种方式：第一种是设定企业关键制度、关键节点的合规管理义务。立法机关规定设计标准而非绩效标准③，深入企业内部管理事项，要求企业应当采用特定的技术标准或行为措施。第二种是全面设定企业的合规管理义务。立法机关以空白构成要件的方式，将合规的判断权部分或全部委托给其他法律规范。

一是全面合规义务为前提。2017年，证监会发布《证券公司和证券投资基金管理公司合规管理办法》，要求中国境内设立的证券公司和证券投资基金管理公司，一律实施合规管理，依法建立合规机构。在上述背景下，2020年修订的《证券法》第140条规定，对于证券公司的治理结构、合规管理、风险控制指标不符合规定的，证券监督管理机构可以要求其实施强制合规整改。2019年12月，中国证监会认定四家企业违反《证券公司和证券投资基金管理公司合规管理办法》《证券公司合规管理实施指引》的规定，普遍存在合规人员配备不足、合规考核违规等违规问题。④

二是节点合规义务为前提。2016年通过的《网络安全法》首次将企业的风险防控纳入法律规范之中，使得合规管理成为网络经营者所要承担

① 参见北京盛开体育发展有限公司垄断案，原国家工商行政管理总局工商竞争案（2014）1号垄断案件中止调查决定书。

② 谭冰霖：《论政府对企业的内部管理型规制》，载《法学家》2019年第6期。

③ ［美］史蒂芬·布雷耶：《规制及其改革》，李洪雷等译，北京大学出版社2008年版，第157页。

④ 云中莺：《合规人员不达标，又有4家券商被罚！》，载证券时报网，http://news.stcn.com/2019/1229/15570264.shtml，2019年12月29日。

的义务。① 如根据《网络安全法》第 21 条的规定，网络运营者通过"制定内部安全管理制度和操作规程，确定网络安全负责人""采取数据分类、重要数据备份和加密等措施"等落实网络运行安全义务。新近的立法中，《期货和衍生品法》《噪声污染防治法》《安全生产法》等法律均规定了企业的节点合规义务。

（三）合规义务界定为倡导性义务

实践中行政机关通过行政指导的方式，要求企业承担合规整改的任务。这种行政指导，既可能是发生在行政日常监管之中的行业行政指导，也有可能是发生在行政执法活动完结之后的个案行政指导。行政指导并不能产生直接的法律拘束力，因而其所创设的只能是倡导性义务。同时，行政指导虽然不具有法律强制力，但行政机关可以通过加强检查频率、启动违法调查等执法活动，给企业施加无形威慑督促其合规整改，具有事实上的强制力。新近的实践中，行政机关不仅实施行政检查与行政处罚等常规执法方式，而且以行政指导的形式要求企业建立消除违法根源的合规机制。具体包括附随于行政处罚的合规整改和附随于轻微违法的合规整改。

附随于行政处罚的合规整改主要发生在反垄断领域。2021 年 4 月 6 日，国家市场监管总局对阿里巴巴集团控股有限公司滥用市场支配地位行为进行了调查，并依法作出 182.28 亿元罚款的行政处罚决定。② 与此同时，根据调查中发现的问题，国家市场监管总局以行政指导的形式作出决定，要求阿里巴巴集团控股有限公司制定整改方案，明确整改任务和完成时限。并在之后 3 年内每年向国家市场监管总局报送自查合规报告。③ 此后，国家市场监管总局相继对美团④、腾讯⑤等企业实施垄断的行为实施行政处罚

---

① 陈瑞华：《论企业合规在行政监管机制中的地位》，载《上海政法学院学报（法治论丛）》2021 年第 5 期。
② 参见国家市场监督管理总局行政处罚决定书，国市监处〔2021〕28 号。
③ 参见国家市场监督管理总局行政指导书，国市监行指反垄〔2021〕1 号。
④ 参见国家市场监督管理总局行政指导书，国市监行指〔2021〕2 号；国家市场监督管理总局行政处罚决定书，国市监处罚〔2021〕74 号。
⑤ 参见国家市场监督管理总局行政处罚决定书，国市监处〔2021〕67 号。

并责令整改。

附随于轻微违法的合规整改多发生在实施包容审慎监管的新产业、新业态之中。对于发现初步违法线索的，行政机关通过行政约谈的形式要求企业开展合规整改。以行政约谈的形式督促企业合规整改主要发生在互联网平台领域。一是互联网金融领域①；二是网约车平台领域②；三是网络游戏领域③；四是互联网零售领域④。上述领域中，行政机关通过集体约谈的方式，要求各平台公司立即整改自身存在的不合规行为，维护公平竞争的市场秩序与营造规范健康发展的良好环境。

综上，对于合规整改制度如何嵌入现有行政执法体系，实践中探索出三条不同进路。上述进路在解决合规整改制度供给不足难题的同时，也存在诸多问题亟待厘清。

三、合规整改监管实践的实效保障

合规整改制度在我国处于起步阶段，尚未形成体系化的制度安排。在全面分析、检讨合规整改体系的基础上，笔者尝试提出合规整改的治理方案。

（一）合规整改的对象适格

企业是否存在违法行为即需要合规整改，上述问题实践中长期悬而未

① 2020 年 12 月到 2021 年 4 月，中国人民银行等部门对蚂蚁集团进行了两次约谈。要求该公司针对金融业务中存在的垄断、不正当竞争和资本无序扩张等问题，督促其建立专门团队，并指导其制定整改方案，进行深入和有效地整改。

② 2021 年 9 月，交通运输部会同其他交通运输新业态协同监管部际联席会议成员单位，对 11 家网约车平台公司进行联合约谈。约谈要求，各平台公司要检视自身存在的问题，立即整改不合规行为，共同维护公平竞争的市场秩序，共同营造网约车行业规范健康发展的良好环境。参见贺觉渊：《五部门联合约谈 11 家网约车平台公司》，载《证券时报》2021 年 9 月 3 日，第 2 版。

③ 2021 年 9 月 8 日，中央宣传部、国家新闻出版署有关负责人会同其他部门，对腾讯、网易等重点网络游戏企业和游戏账号租售平台、游戏直播平台进行约谈。参见《租号玩网游曝光腾讯网易等被约谈》，载《北京商报》2021 年 9 月 9 日，第 3 版。

④ 2020 年 4 月 13 日，市场监管总局会同中央网信办、国家税务总局召开互联网平台企业行政指导会。会议要求，34 家互联网平台企业要在一个月内全面自检自查，逐项彻底整改，并向社会公开《依法合规经营承诺》，接受社会监督。

决。同时，对于哪种类型的企业需要合规整改，行政机关尚未建立统一标准，无法给企业提供稳定预期。因此，如何为合规整改的制度启动提供统一尺度，是合规整改制度的核心问题。

合规整改以企业违法违规给市场、社会造成的风险远超自身承受能力为前提。企业违规可能引发企业个体风险和社会系统性风险双重风险。[①]企业个体风险是企业作为市场主体承担的必然风险，属于企业营业自由的范畴。合规整改只有在可能引发社会系统性风险的前提下，才有适用的空间。从实践来看，合规整改首先发生在金融监管、互联网监管等极易诱发系统性风险的领域，也印证了上述标准的合理性。因此，行政机关应当在我国监管实践中分级分类监管原则的基础上，引入经营风险为依据的评价标准。[②]

风险等级评估机制可以信用评级工具为抓手。信用评级方式的引入与行政违法行为的性质密切相关。除严重违法行为之外，行政违法行为还包括侵害法益轻微或只是技术性犯规，并未违反社会伦理的轻微危险行为以及妨碍行政程序进行的行为。企业存在违法行为的，并不足以证明企业的日常管理内部控制出现重大纰漏，因而以行政违法为前提的合规整改中，违法即整改的论断难以成立。信用评级的引入较好解决了这一问题。行政违法行为既是行政执法制裁与纠正的对象，同时也构成了企业合规整改信用风险识别的符号媒介。当下地方信用立法中，一般将失信行为区分为一般失信行为和严重失信行为。行政机关在记录归集企业行政处罚、抽查检查结果等既往信息的基础上，按照信用话语体系将归集的信息进行批量化处理与标识，重新贴上"基础信息""守信信息""失信信息"的标签，实现对企业的"精准画像"。对于严重失信的企业，则可能产生合规整改的义务。

[①] 郑雅方：《论政府介入企业合规管理的风险及其防范》，载《法商研究》2021年第3期。

[②] 《国务院关于加强和规范事中事后监管的指导意见》（国发〔2019〕18号）提出，"根据不同领域特点和风险程度，区分一般领域和可能造成严重不良后果、涉及安全的重要领域，分别确定监管内容、方式和频次，提升事中事后监管精准化水平"。

（二）合规整改的基准确立

合规整改分为几个阶段、需要哪些要素，实践中尚未形成统一答案。具体问题包括：一是合规整改目前尚处于"纸面合规"[①] 阶段；二是合规整改的标准模糊。基于此，行政机关应当着力构建全阶段合规监控机制，将建立合规制度以及合规监管机构作为企业合规整改的核心内容。

首先是一套完善的合规计划。行政机关可以通过实现发布合规指引的方式，确立本领域内的合规管理规则体系。2018 年，国资委印发《中央企业合规管理指引（试行）》，为国有企业合规整改提供了基本规则。具体领域如反垄断领域，行政执法机构"利用自己对竞争法规范的深刻理解以及执法经验的积累，制定企业合规的一般制度框架（示范程序）"[②] 供企业选择，引导企业建立自己的反垄断合规计划。对于企业合规整改需要达成的基本目标，行政机关应当在责令企业合规整改的决定书中一并作出。涉案企业可以根据合规指引，就自身存在的合规漏洞制定专项合规计划。

其次是建立健全监督企业合规运营的机构。合规部门是合规整改的重要一环，也是监督合规计划实施的核心部门。笔者认为，合规部门理应是监管部门与公司董事会双重意志的表达。一方面，董事会是企业内生的基本治理机制，是企业内部管理权利的来源。[③] 合规部门的具体运作应当嵌入企业的组织架构之中，接受董事会的统一领导。另一方面，合规整改过程中，合规部门还应当接受监管部门的合规要求。因此，在企业内部建立专门的合规机构，增强合规机构的相对独立性[④]，或者是一个比较切实可行的选择。

---

① Kimberly D. Krawiec, Cosmetic Compliance and the Failure of Negotiated Governance, 81Washington University Law Quarterly487, 491–495(2003).
② 张占江：《竞争倡导研究》，载《法学研究》2010 年第 5 期。
③ Sean J. Griffith, Corporate Governance in an Era of Compliance, 57William & Mary Law Review 2075, 2107(2016).
④ 商务部《关于两用物项出口经营者建立出口管制内部合规机制的指导意见》（商务部公告 2021 年第 10 号）将独立性原则作为建立出口管制内部合规机制的重要原则，明确了内部合规机制可行使一票否决权。

最后是完善合规整改的制度要素。参考其他国家和国际组织的合规指南的要求，合规管理大致包含"领导重视、制度化、谨慎规避、培训与教育、报告和举报、平等、合规监督、合规风险评估、激励和惩罚、持续改进"十个要素。[①] 上述要素涵盖了美国司法部《量刑指南手册》§8B2.1（a）—（b）2019 年更新版在《商业组织联邦起诉原则》中提出的三个评价标准：合规体系是否设计良好；是否有效实施；是否实际发挥作用。[②] 行政机关或者第三方评估合规整改的要素是否充分，应当以前述三个标准为准则，具体衡量个案中企业合规整改需要哪些要素，方能保持企业合规体系的有效性。

（三）合规整改的义务履行

观察合规整改的全过程可以发现，实践中合规整改欠缺后续监管中确保义务履行的制度设计。一是以行政协议推进合规整改。实践中证券期货领域采取了程序转换机制[③]，这种机制只具备间接强制督促企业履行约定义务的机能，程序转换将会导致合规整改目的落空。二是以行政指导推进合规整改。企业不接受合规整改指导的，现行制度并未赋予行政机关强制实现程序。三是以行政命令推进合规整改。实践中立法机关建立了以行政制裁为后盾的义务履行体系，缺乏激励企业自行整改的制度设计。

基于此，行政机关应当着力建构以下多元确保义务履行机制：

其一，对于以行政协议推进合规整改的，应当建立义务转换程序。根据最高人民法院《关于审理行政协议案件若干问题的规定》（法释〔2019〕17 号）第 24 条的规定，行政机关对于企业未履行约定义务的，可以作出督促其履行的行政决定，从而将约定义务转换为行政处理决定设定的义

[①] 周万里：《有效合规管理的十大要素》，载《新财经》2018 年第 10 期。
[②] 邓峰：《公司合规的源流及中国的制度局限》，载《比较法研究》2020 年第 1 期。
[③] 《证券期货行政执法当事人承诺制度实施规定》第 18 条规定，"办公室应当将终止适用行政执法当事人承诺通知书抄送调查部门、审理部门、投资者保护部门、承诺金管理机构和相应的中国证监会派出机构。已中止调查、审理的案件，调查部门、审理部门应当及时按照规定恢复调查、审理"。

务。行政机关可以据此依法申请人民法院强制执行，在执行过程中可以借助第三方力量强制企业建立专项合规计划。

其二，对于以行政指导推进合规整改的，应当引入以信息公布为核心的保障手段。行政机关可以披露三方面的信息：一是公布企业积极完成整改的正面诱导信息，经由声誉机制提升企业形象，增强示范效应。二是公布企业合规整改的阶段性信息，一方面为市场主体商业决策提供信息补充、解决信息不对称的问题；另一方面利用市场的影响力督促企业及时完成整改。三是公布企业未完成合规整改的负面信息，此种负面信息"兼具信息公开与制裁效果"，可以通过影响行为者名誉达成间接强制机能，尽早实现整改目标。

其三，对于以行政命令推进合规整改的，应当建构以确保企业自行履行义务的制度。第一，行政机关应当发挥行政强制执行尤其是代履行在法益修复中的重要作用，不能陷入动辄以罚代管的执法怪圈。第二，行政机关应当创设激励企业自行合规检查、合规整改的激励环境：一是合规作为正向激励机制建构相应的激励幅度；二是疏于合规作为行政法义务，反向激励企业建立完善合规计划。

（四）合规整改的激励措施

从域外经验看，奖惩机制是合规整改取得成功的重要推动力。从历史发展来看，奖惩机制的确立是推动域外公司合规从非正式、被动反应式向正式、积极踊跃式演化的重要诱因。[①] 我国合规整改既有激励体系无法提供足够的外部动力给监管对象。[②] 在合规整改制度的发展过程中，如何创设有效的激励制度成为制度成功与否的重中之重。

第一，减少日常性监管的频率和强度。行政检查和行政调查属于行政执法的过程性行为，但却对于企业影响巨大。一是影响企业正常经营活

[①]　Jennifer Arlen & Reinier Kraakman, Controlling Corporate Misconduct: An Analysis of Corporate Liability Regimes, 72 N.Y.U. L. REV. 687, 745 (1997).

[②]　刘鹏：《混合型监管：政策工具视野下的中国药品安全监管》，载《公共管理学报》2007 年第 1 期。

动。二是引致企业的声誉危机。合规将企业内部管理运行规则透明化，企业通过承担协力义务减轻了行政机关的调查难度。行政机关可以将减少行政检查频率以及调查中的强制等作为企业建立合规制度的对价，达成行政监管与企业发展的双赢。

第二，减轻甚至免除行政处罚。行政处罚法规定的"从轻或者减轻行政处罚"和"不予行政处罚"可以分为两类：法定情节和酌定情节。对于企业建立合规体系的、合规整改效果较好的，均可以纳入违法情形轻微、危害后果较轻的涵射情形。在美国环境治理中，环保署则将违反者采纳环境保护方案作为环保署放弃部分法定惩罚的对价 [①]，在实现生态治理的同时减轻了企业负担。

第三，区分单位违法和个人违法。企业合规要求行政机关合规监管中尽量放弃对涉案企业的处罚，严惩直接责任人。[②] 实践中，双罚制的构成要件存在两种情形：一是单位和个人共享一个违法构成要件；二是单位和个人违法构成要件分别成立。笔者认为，前者违法构成要件成立的，行政机关应当根据直接责任人等个人在违法事实中发挥的作用，优先制裁违法的当事人。行政机关应当充分尊重涉案企业的举证权，有证据证明企业不存在主观过错的，行政机关应当免除行政处罚。后者违法构成要件成立的，行政机关应当从严掌握单位违法的构成要件。对于企业已经建立合规体系的，可以通过合规体系内部的责任追究体系，直接惩治对于违法直接责任人。

四、合规整改监管实践的法律原则约束

行政执法的基础制度并不能有效支持合规制度的引入，二者关系犹

---

① ［美］凯斯·R. 孙斯坦：《风险与理性——安全、法律及环境》，师帅译，中国政法大学出版社 2005 年版，第 339—358 页。

② 企业合规的价值问题上存在一种"水漾理论"。根据这一理论，起诉一个企业，相当于对其判处死刑；处罚一个企业，最终受到惩罚的将是企业的投资者、雇员、养老金领取者、客户等无辜的第三人。叶良芳：《美国法人审前转处协议制度的发展》，载《中国刑事法杂志》2014 年第 3 期。

如旧城之外形成新城，存在逃逸法律控制的可能。① 同时，合规整改隐藏着因政府过度介入企业经营而导致基本权利被侵蚀、市场自由被压缩的系统风险。因此，有必要从法律原则出发，审视合规整改的正当性、合法性。

（一）依法行政原则对合规整改的约束

合规整改的制度实践存在缺乏法律依据、法律授权不明、规范位阶过低等情况。合规整改涉及企业诸多基本权利，理应受到依法行政原则的约束。

依法行政原则要求合规整改存在法律依据。其一，只有法律明确企业合规经营目标的，行政机关才可以要求企业合规整改。对于实践中部分领域有合规整改需要而法律尚未修改的，立法机关可以通过立法授权等形式、赋予行政机关合规整改改革试点的权力。其二，合规整改需要有具体的法律依据作为执法支撑。以行政指导推进合规整改实践是行政机关重要的执法方式，从实践经验来看，合规整改存在"指导变强制"的可能，必须受到法律约束。第一，行政机关只有在自身职能和管辖范围内，才能对企业作出特定的行政指导。第二，行政机关合规整改以企业存在违法线索为前提，是传统行政执法过程的进一步延续。只有拥有执法权的行政机关，才能要求企业合规整改。

依法行政原则要求合规整改的授权规范应该符合明确性的要求，明确行政权的作用空间与作用限度。实践中的授权表现为两种形式：一是立法机关在单行法之中通过空白构成要件的形式，将合规与否的判断权与创设权交由行政机关。② 二是法律直接授权行政机关建立具体规则。③ 从形式上

---

① 邓峰：《公司合规的源流及中国的制度局限》，载《比较法研究》2020 年第 1 期。

② 如《证券法》第 140 条规定的"证券公司的治理结构、合规管理、风险控制指标不符合规定"的行为，行政机关可以通过法规规章等形式作出规定。

③ 如《出口管制法》第 14 条规定，将出口管制内部合规制度及其激励措施的制定权授予国家出口管制管理部门。

看，上述两种方式均是广义法律授权的不同表达。第一种形式中主要存在授权对象不明确的问题。行政机关创设"不符合规定"的行为，实际上是违法行为的创设权。笔者认为，可以采取结果倒推的方式明确授权要素。《证券法》第 140 条规定的违规后果包括限制义务、撤销许可等诸多资格罚形式。而行政处罚法规定的降低资质等级、吊销许可证件等资格罚只能由法律法规创设，按照类推适用的原则，"不符合规定"的内容应该由法律法规创设。考虑到其适用的地域性以及立法效率，具体应当由行政法规承担上述任务。第二种形式中存在授权对象过窄、授权不明等问题。其一，中央层级的监管部门的立法在内容规定、执法权限、立法形式等方面受到限制。立法机关可以授权国务院作出规定，再由中央层级的监管部门作出细化规定。其二，立法机关就出口管制内部合规制度授权立法，并未明确出口管制内部合规制度的基本目标、基本框架、遵循的原则等，事实上形成了空白授权，立法机关应当通过出具立法说明或事后备案等方式加强立法监督。

（二）比例原则对合规整改的约束

合规整改须受比例原则的约束，不得给企业造成超过预期的显著不利益。

一是适当性原则的审视。合规整改能否促进所追求的行政目标的达成，在于企业合规政策如何取得实效。第一，企业合规政策应该作为公司章程的重要组成部分。合规整改是行政机关督促企业检讨内部治理的一个契机或者手段，建立合规治理体系才是企业合规的目标。章程是企业管理的"宪章"，公司法赋予了章程对于企业以及内部管理人员的法律约束力。[①] 合规治理体系作为企业行为准则，要想取得实效，有必要上升为企业章程的一部分。第二，建立企业内部监控机制。合规部门应当建立完善的内部监督制度，一方面鼓励员工对涉嫌违法违规的线索举报，另一方面

---

① 《公司法》第 5 条规定，"设立公司必须依法制定公司章程。公司章程对公司、股东、董事、监事、高级管理人员具有约束力"。

加强上级部门对下级部门的审计或考评。

二是必要性原则的审视。行政机关合规整改须在多种方案中选择对企业权益损害最小的方案。第一，企业合规政策的基础是专项合规计划，不能随意扩大合规计划的范围。实践中很多企业发布的内部合规管理指引大多属于"大而全"的合规计划，既不符合"对症下药"的合规需要，也给企业带来了较大的合规负担。第二，企业合规应当根据自身发展需要设定相应标准，行政机关不能设定超出企业负担的合规标准。不违法是企业合规的底线和硬标准。企业制定的合规政策可以围绕法律规范构筑。除此之外，企业合规还可以设定诸多软标准，如"声誉风险"也属于合规职能的范围①，但软标准应该是行政机关的推荐标准而不能成为强制性标准。

三是狭义比例原则的审视。狭义比例原则要求行政机关不能以过分限制企业权利的措施纠正企业的违法行为。首先，合规整改以传统行政执法无法有效达成行政目的为前提。如果行政机关通过行政处罚、行政强制执行等能够督促企业自行改正违法行为，并且涉案企业愿意主动建立合规整改体系的，行政机关不应当介入。其次，行政监管部门可以根据企业违法的严重程度，通过行政指导、行政命令、行政协议等不同强度的行为形式要求企业合规整改。最后，合规整改应当尽量减少对企业经营的限制。实践中，行政机关往往以暂时限制企业资格等形式，督促企业尽早完成整改。但有些合规整改行为需要经年累月之久，如果制裁过重，既可能出现企业合规整改尚未完成即破产的情形。因此，行政机关需要以狭义比例原则为准绳，处理好企业合规整改与日常经营的关系。

（三）正当程序原则对合规整改的约束

当下实践中合规整改尚处于经验摸索阶段，程序规范寥寥无几。作为装置性质的正当行政程序对合规整改一系列过程具有正当化和行政自我拘束的作用。

---

① Sean J. Griffith, Corporate Governance in an Era of Compliance, 57 William & Mary Law Review 2075, 2082(2016).

　　首先，合规整改决定的作出要听取相关企业的陈述和申辩意见。第一，行政机关通过行政和解协议实现合规整改的，必须以涉案企业自愿为前提。行政机关可以合规整改作为行政和解协议的内容与涉案企业协商，但不得强制要求企业达成和解协议。第二，对于已经建立合规的领域或者企业，行政机关在作出责令合规整改决定前，应当听取涉案企业对于违法违规行为的意见，必要时可以引入听证程序，不能笼统地要求企业合规整改。第三，行政机关作出合规整改行政指导的，应当建立单独的陈述申辩程序。未来的发展方向应该是，合规整改程序成为与行政处罚等并驾齐驱的两项程序。

　　其次，处理好信息公开与企业隐私保护的关系。行政机关公布行政执法中形成的政府信息，是《行政处罚法》《政府信息公开条例》等法律规范的要求。同时，合规整改对于企业而言属于负面信息，过度披露可能泄露企业商业秘密，损害企业声誉，最终降低企业整改意愿。因此，行政机关合规整改信息公开应该从三个方面着手：第一，行政机关信息公开程度因执法程序而存在差异。第二，行政机关应当公布企业合规整改的开始和结束节点等关键环节。第三，行政机关应当公布合规整改的实效。

　　最后，建立相关的行政救济内部与外部程序。其一，涉案企业可以就合规整改的决定向行政机关申诉。实践中行政机关作出合规整改决定往往缺乏后续的申诉或者协商程序。行政机关应当在作出合规整改决定的同时告知涉案企业后续的协商机制。其二，合规整改关涉企业经营自主权等权利，行政机关在作出合规整改决定的同时应该告知其享有复议诉讼的权利。合规整改制度本身始终存在企业的经营自主权与行政机关介入企业经营的强度二者之间的张力，客观上对于企业经营等权利义务产生了实际影响①，理应纳入行政复议和诉讼的受案范围。

　　在我国"放管服"改革的背景下，如何处理好政府监管和市场主体自治之间的关系，不仅是对监管立法和执法的新考验，同时也是规制理论

---

　　① 有关行政诉讼受案范围权利义务实际影响条款的研究，参见于立深、刘东霞：《行政诉讼受案范围的权利义务实际影响条款研究》，载《当代法学》2013 年第 6 期。

必须回应的新课题。过往简单威慑的行政执法方式无法回应现实所需，在我国，合规整改也是新任务、新形势下政府监管的又一次调整与尝试。本文从实践中提炼了合规整改与行政执法体系的三种嵌套路径，并从实效保障、基准确立、主体适格、激励界限四个方面分析了实践中存在的问题以及完善的方式。最后，本文从法律原则控制的视角审视了合规整改的制度实践，并分别从依法行政原则、比例原则、正当程序原则进行了制度合法性检讨。

从制度实效的取得来看，正如学者伯尔曼所言"真正能阻止犯罪的乃是守法的传统"。①无论是从政府监管视角还是从企业治理视角，合规整改都仅是手段而非目的，建立企业内部合规控制体系甚至是合规文化才是最终目标。

---

① ［美］哈罗德·J.伯尔曼：《法律与宗教》，梁治平译，生活·读书·新知三联书店1991年版，第43页。

涉案企业合规行刑衔接机制的完善[*]

涉案企业合规行刑衔接机制的完善 [*]

谢平锐　于嘉仪　刘　慧 [**]

摘　要： 在涉案企业合规的行刑衔接中，检察机关和行政执法机关在程序、实体和合规标准等方面均未达成统一认识，且缺乏有效的法律法规和体制机制之保障，因而行刑衔接不畅在所难免。立足于当前困境的现实基础，面向行政执法和刑事司法在主体上行刑共治、在激励机制上行刑合力、在实践路径上行刑接力、在经济考量上行刑分压的发展趋势，打破涉案企业合规的行刑衔接机制困境需完善全流程衔接机制、落实行政共治责任、建设和完善信息共享平台。

关键词： 涉案企业合规；行刑衔接困境；机制完善

一、问题的提出

为全面贯彻习近平法治思想，充分发挥检察职能优势，推动企业守法经营，有效预防企业违法犯罪，促进经济社会高质量发展，检察机关积极开展涉案企业合规改革试点，推动符合条件的涉案企业进行合规整改，并在对其考察评估合格后作出宽缓化处理。截至 2022 年 5 月底，全国检察机关共办理企业合规案件 1777 件，对整改合规的 333 家企业、1106 人依

---

　　* 本文系北京社科基金项目"资本市场新型违法行为的刑法规制路径研究"（编号：21FXB009）的阶段性研究成果。

　　** 谢平锐，中国政法大学中欧法学院硕士研究生；于嘉仪，中国政法大学刑事司法学院硕士研究生；刘慧，山东省临沂市人民检察院检察官助理。

法作出不起诉决定。[①] 为服务经济社会发展作出了积极贡献，实现了司法办案的政治效果、法律效果、社会效果的有机统一。

涉案企业合规改革取得初步成效的同时，也面临着行刑衔接不顺畅这个不利因素的挑战。无论是在程序上的行刑衔接和行刑衔接中，还是在实体上检察机关作出不起诉后对涉案企业的行政处罚上，检察机关和行政机关尚未明确达成共识，更缺乏有效的法律法规之保障，减损了合规激励机制的作用。行刑衔接机制的建立和完善成为涉案企业合规改革全面推开所必须解决的难题。鉴于此，本文主要从检察机关的视角出发，立足于涉案企业合规的行刑衔接现状，针对当前所面临的困境，在考量涉案企业合规未来发展趋势的基础上，提出行刑衔接的完善和保障机制。

二、涉案企业合规的行刑衔接现状

（一）涉案企业合规中行刑衔接的新特点

针对行刑衔接不畅问题，《中共中央关于全面推进依法治国若干重大问题的决定》明确提出，要健全行政执法和刑事司法衔接机制，以克服"有案不移、有案难移、以罚代刑"现象，实现行政处罚和刑事处罚无缝衔接。行刑衔接问题不仅关乎个案公平正义的实现，更是全面推进依法治国必须攻克的难关。从内涵上来看，行刑衔接指的是行政执法和刑事司法之间的衔接，包括行政执法机关将执法过程中发现的涉嫌犯罪案件移送公安机关，以及公安机关与检察机关将不认为是犯罪但是需要行政处罚的案件移送行政执法机关两种情形。其中，行政执法向刑事司法移送的案件较多，"以罚代刑"的问题更为突出。[②] 但是，随着涉案企业合规改革工作的推进，合规不起诉的案件越来越多，涉案企业合规的行刑衔接呈现新特点。

其一，行刑全流程衔接。不同于以往主要局限于案件移送上的衔接，

---

① 李英华：《涉案企业合规改革用好第三方机制》，载《检察日报》2022 年 6 月 28 日，第 6 版。

② 周林：《试论行刑衔接制度之完善》，载《法学杂志》2011 年第 11 期。

涉案企业合规中的行刑衔接体现于办案的全过程。首先，在合规程序启动前，行政执法机关在执法过程中发现企业的违法犯罪行为，并将涉嫌犯罪的案件移送公安机关。对尚未进入检察环节的案件，公安机关可邀请检察机关提前介入侦查，为后续启动合规整改程序做准备。其次，在合规对象准入的考察上，因行政机关对涉案企业的纳税、容纳就业以及对当地的经济贡献等情况更加了解，检察机关通常会充分听取行政机关的意见，进而决定是否启动合规考察程序。再次，在合规考察验收上的衔接可分为适用第三监督评估方机制和不适用第三监督评估三方机制（以下简称第三方机制）两种情况。根据 2021 年最高人民检察院等九部门发布的《关于建立涉案企业合规第三方监督评估机制的指导意见（试行）》（以下简称《指导意见》）第 1 条，对于适用第三方机制的案件，由第三方监督评估机制管理委员会（以下简称第三方机制管委会）选任组成的第三方监督评估组织对涉案企业的合规计划和合规管理体系的有效性进行调查、评估、监督和考察，考察结果作为检察机关依法处理案件的重要参考。对于不适用第三方机制的案件，检察机关也倾向于听取行政执法机关的意见，乃至召开听证会，确保作出恰当的处理决定。最后，在作出合规不起诉决定后，检察机关也会联合行政执法机关对涉案企业进行上门回访，以保障合规计划的有效实施。

其二，检察机关居于主导地位。一般情况下，行刑衔接主要是在行政执法机关和公安机关之间进行，检察机关更多的是扮演监督者的角色。但是，在企业合规案件办理中，无论是合规考察程序的启动，还是最终对涉案企业作出的不起诉处理，均是由检察机关作出决定。涉案企业合规的刑事激励作用也主要依托于检察机关对企业和个人在程序处理上依法所具有的裁量权而得以实现。

其三，多部门协同办案。有学者从组织学视角出发，以食品药品监管领域的经验为例，阐述了行刑衔接实践中存在的二元格局，即食药监部门和公安机关因在禀赋和职能上形成互补，在执法过程中会有协同和联合，并通过目标责任制实现组织合作；而检察机关则因其需以积极监督者的身份推动行刑衔接，与上述二者出现结构性的紧张关系，容易产生对立和冲突。① 与之不同，涉案企业合规改革实践中更多的是呈现检察机关与公安机关和行政执法机关之间密切协作、相互配合的状况。检察机关往往需要听取行政执法机关的意见，借助其在特定领域的专业知识和专业水平来作出各种程序决定。另外，检察机关也通过应邀提前介入侦查，与公安机关开展合作。由此，涉案企业合规改革实践打破了以往行刑衔接中的二元格局。

涉案企业合规中行刑衔接显露的新特点，对于治理行刑衔接不畅问题而言意味着一个新的挑战，同时也是难得的机遇，尤其是在企业合规案件办理中出现的检察机关与行政执法机关全流程协作的局面，既缓和了两者之间的结构性紧张关系，又增加了部门之间的交流，对增加部门间信任和降低部门间信息差起着举足轻重的作用。实现涉案企业合规中的行刑顺利衔接是瓦解长期以来行刑衔接不畅僵局的突破点。

（二）涉案企业合规的行刑衔接困境

诸多地区的检察机关在涉案企业合规改革试点中，积极探索在现有制度下解决行刑衔接问题的路径。最高人民检察院于 2021 年 10 月 11 日发布人民检察院行刑衔接工作典型案例，在其中"上海某电子科技有限公司、某信息技术有限公司涉嫌虚开增值税专用发票案"的办理中，上海市金山区检察院积极加强与行政执法机关的联系，借助检察听证制度、检察意见等多种手段与行政执法机关协同配合，尤其注重刑事司法与行政执法的反向衔接，避免对涉案企业"不刑不罚"，实现了执法认识和执法效果的统一。然而，行刑衔接无法仅凭检察机关单方面的办案热情去推动，个别成功的案例也难以掩盖涉案企业合规的行刑衔接困境。

在程序上，检察机关与行政执法机关分属不同系统，又无行政隶属关系，行政执法机关无配合检察机关参与企业合规案件办理的法定义务，加之缺乏协作配合的具体规则和程序，行刑衔接出现问题不可避免。在实体

---

① 刘杨：《行政执法与刑事司法衔接的二元格局及其法治后果——以食品药品监管领域的经验为例》，载《华中科技大学学报（社会科学版）》2020 年第 1 期。

上，目前我国企业的刑事责任制度和行政责任制度均未将合规作为减免责任的法定事由，刑事司法和行政执法也缺乏处罚手段配合原则和处罚结果互认原则，难以保证对企业形成有效激励。在合规标准上，由于认识上的偏差，也受限于合规考察期限过短等因素，目前的合规整改基本上仅是对涉案企业进行"去犯罪化"改造，尚未与行政执法机关达成一致意见，无法实现刑事合规与行政合规的有效衔接。① 如果行政执法机关对检察机关办理企业合规案件出现敷衍、应付的态度，甚至直接不移送涉嫌单位犯罪的案件，那么行刑衔接无从推进；若是在实体上，检察机关和行政执法机关无法达成共识，那么单凭刑事激励或是行政激励，将面临激励机制不足的问题；倘若在合规标准上，行政执法机关和刑事司法机关各执一词，恐企业在检察机关监管下实施的合规管理体系也难以成为减免行政处罚的理由。涉案企业合规中行刑衔接机制的构建和完善势在必行。

（三）现行行刑衔接规范之不足

2020 年 8 月，国务院发布了《行政执法机关移送涉案犯罪案件的规定》（以下简称《行政机关移送案件规定》）。虽然其对行政执法机关和公安机关之间案件的双向移送作出要求，且由检察机关和监察机关依法实施监督，同时明确了行政执法机关和公安机关违反该规定的法律责任，但忽视了检察机关与行政机关之间亦存在案件移送和办理上的协作，因而对此只字未提。《行政机关移送案件规定》在某种程度上也反映了行政执法机关对与检察机关之间的部门关系存在片面化认识的倾向。事实上，在办案过程中，两者之间既存在权力制约与法律监督的关系，也存在共同打击违法犯罪行为、协同进行社会治理的合作关系。行政执法机关在观念认知上的偏差无形中给行刑衔接造成一定的阻力，更无法适应企业合规改革下行刑衔接更频繁的现状。

2021 年 9 月，最高人民检察院印发《关于推进行政执法与刑事司法衔接工作的规定》（以下简称《行刑衔接规定》），其第 8 条明确规定对于决

---

① 李奋飞：《涉案企业合规刑行衔接的初步研究》，载《政法论坛》2022 年第 1 期。

定不起诉的案件，若是需要对不起诉人给予行政处罚，检察机关应当向同级有关主管机关提出检察意见。行政执法机关作出行政处理的主要依据是行政法规及有关行政违法事实，即便对不起诉人的行政处理超出了检察意见的范围或者缺乏检察意见的依据，也难以认定其侵害了检察机关的不起诉权，因为作出何种行政处理尚在行政机关的职权范围之内。[①] 在涉案企业合规改革全面推开的大背景下，对被不起诉人依法进行行政处罚的需求日益迫切，而现有的法律规范却并未赋予检察机关相应的刚性权力，检察机关在现有的体制机制内推动涉案企业合规的行刑衔接工作面临重重阻碍。

破解涉案企业合规的行刑衔接困境，一方面需立足于当下行刑衔接的现状，确保对症下药；另一方面也需要把握涉案企业合规的发展态势，以实现行刑衔接机制的长期高效运转。

三、涉案企业合规行刑衔接之趋势

（一）涉案企业合规的主体拓展：行刑共治

传统的单位犯罪治理模式侧重于对犯罪的企业进行事后的惩处，不仅在理论上饱受争议，存在刑罚处罚威慑力不足、刑法评价重心偏离、刑事干预非理性化等诸多问题[②]，在企业犯罪数量连年攀升的大趋势下，亦陷入实际收效有限的窠臼之中。鉴于此，理论和实践上纷纷对单一的单位犯罪治理模式进行反思，改变治理的主体，不再由国家单方面对企业犯罪进行规制，而是引入企业管理进行自我规制，沟通刑法制度与企业内部规章之间的桥梁，从而解决国家资源有限而企业运行模式日趋复杂，企业犯罪治理难度大的问题，实现国家和企业合作进行犯罪治理。

从企业的角度来看，企业合规是一种自我监管机制，督促企业在经营过程中遵守法律法规，优化企业治理结构，防范潜在的法律风险，积极承

---

① 《对被不起诉人可不依检察意见作行政处罚吗？》，载《人民检察》2000 年第 8 期。

② 王志远、邹玉祥:《刑事合规视域下单位犯罪刑事治理的检视与完善》，载《甘肃社会科学》2020 年第 5 期。

担社会责任，实现可持续发展。从国家的角度来看，企业合规将法治贯彻到市场活动之中，规范市场主体的商业活动，推动市场经济朝着法治化的路径发展，是提升国家经济实力的重要保障。企业合规所带来的效益远超犯罪治理本身，起着稳定经济社会平稳健康发展的作用。因此，企业合规成为助推国家治理体系和治理能力现代化的重要举措。[1]作为社会治理方式的革新手段，企业合规在稳定就业、保障税收、推动当地经济发展等方面卓有成效，其成果惠及公民、社会和国家，与行政治理效能密切相关。其社会治理的性质及成效决定了我国涉案企业合规工作的推进理当由检察机关与行政执法机关携手完成。

（二）涉案企业合规的激励机制：行刑合力

企业合规作为一种公司治理方式，需要公司耗费大量的人力、物力和财力才能有效实施，而企业作为以营利为目的的经济实体，本身缺乏建立合规管理体系，实施合规组织管理的意愿。唯有借助行政法律和刑事法律等外部激励机制建立和完善合规企业的法律保障体系，才能激活企业的合规动力。

在检察机关推动涉案企业合规改革之前，行政执法机关已经通过发布合规指引、推行行政指导、实施强制合规、达成行政和解等多种方式建立合规管理体系。[2]由于行政处罚主要针对企业，难以对企业的经营管理人员形成有效威慑，而且行政监管普遍存在失灵现象，行政合规的影响力较小。而涉案企业合规在检察机关的大力推动下，虽引起社会的广泛关注，却也在具体实施过程中面临激励机制在制度安排上的难题。在检察机关作出合规不起诉决定前，因一般情况下，检察机关只有在审查批捕时才介入案件并商请启动合规整改程序，而涉案企业及其经营者却面临拘留、查封、扣押和冻结等刑事强制措施的不利影响，涉案企业受到的负向激励大于正向激励；在检察机关作出不起诉决定后，对于需要行政处罚的不起

---

[1] 董坤：《论企业合规检察主导的中国路径》，载《政法论坛》2022年第1期。

[2] 陈瑞华：《企业合规基本理论》，法律出版社2022年版，第180页。

诉人，检察机关只能通过检察意见向行政执法机关提出，却未必得到采纳，因此，涉案企业受到的正向激励明显大于负向激励。[①] 平衡和完善涉案企业合规的激励机制无法依靠单一的部门实现。只有通过行刑合力整合外部激励机制，才能在兼顾个案公平正义实现的同时，推动企业实施合规管理。

（三）涉案企业合规的实践路径：行刑接力

在司法实践中，企业实施的犯罪往往是具有行政和刑事双重违法性的行政犯，以违反前置法为前提。虽然在行政犯违法性的判断上存在"量的差异论""质的差异论""质量差异论"等诸多学说，但是，从犯罪治理的角度来看，行政犯通常是由行政不法行为发展而来，企业违反行政法和触犯刑法之间只有一线之隔。为弥补专业知识上的不足，实现企业犯罪的"源头治理"，检察机关势必需要与行政执法机关在预防和打击企业违法犯罪行为上达成共识。

在涉案企业合规整改的过程中存在行刑衔接的两个关键节点：其一，行政执法机关在发现企业的不法行为涉嫌犯罪时，需向公安机关移送案件；其二，检察机关在对涉案企业作出合规不起诉后，若需要对被不起诉人给予行政处罚，应当向同级有关主管机关提出检察意见。在前一个节点中，行政执法机关虽然具备治理相关领域违法行为的专业水平，也熟知行政法律的规定，但是，"以罚代刑"现象需要检察机关积极进行立案监督，适时为行政机关提供案件性质认定上的帮助，推动行刑接力；在后一个节点中，对于需要给予行政处罚的不起诉人，则有赖于检察机关及时提出检察意见，将案件相关证据材料及企业开展合规情况的相关信息移送行政机关，实现行刑接力。再者，行政执法机关接手案件后，也可在刑事合规的基础上，进一步与涉案企业达成行政合规，巩固现有合规成果，完善企业合规管理机制，达到有效预防违法犯罪的收效。通过畅通行刑之间

---

① 谭世贵、陆怡坤：《刑事激励视角下的企业合规问题研究》，载《海南大学学报（人文社会科学版）》2022 年第 2 期。

的双向衔接，一方面能够促进行政执法机关和刑事司法机关在专业能力和专业职能上形成优势互补；另一方面也使得涉案企业合规的实践运转具有了层次性，权责明确。由此，在涉案企业合规案件中贯彻宽严相济刑事政策，实现对涉案企业的公正处理，杜绝"以罚代刑"和"不刑不罚"等现象发生。

（四）涉案企业合规的经济考量：行刑分压

同为协商性司法的合规不起诉制度，与认罪认罚制度有着不同的作用和价值追求，其并不侧重刑事诉讼效率的提高。与之相反，动辄几个月、半年甚至一年、两年的合规考察期，意味着在个案中对涉案企业的合规整改需要投入更多的司法资源，耗费更长的诉讼周期。但是，涉案企业合规改革与认罪认罚从宽改革却面临着相似的司法现状，即刑事处罚的端口前移，刑法干预生活的范围急剧扩张，案件量激增，案多人少矛盾突出。①

涉案企业合规试点改革实践与检察机关和行政执法机关资源、人员有限的问题相伴随。随着涉案企业合规改革全面推开，与日俱增的案件将给办案人员造成更大的压力。在此种情况下，仍有论者出于合规有效性的考虑，主张正视现行刑事合规法源根据不足的问题，参考美国的相关规定，将合规考察期确定为 12 个月至 24 个月。②笔者认为，针对个案的特殊性，适当延长考察期限实属必要，但是忽视各部门资源有限的现状，无疑过于理想化。执法资源和司法资源的节约是涉案企业合规中行刑衔接机制构建的重要考量因素，未来的出路只能是通过行政执法机关与刑事司法机关分摊监管压力，形成监管合力，以尽可能小的资源消耗实现企业合规整改的效果最大化。

总之，涉案企业合规是社会治理的革新手段，理当由行政执法机关和检察机关协作推进；涉案企业合规外部激励机制作用的发挥无法依靠单一

① 魏晓娜：《完善认罪认罚从宽制度：中国语境下的关键词展开》，载《法学研究》2016 年第 4 期。
② 陈珊珊：《刑事合规试点模式之检视与更新》，载《法学评论》2022 年第 1 期。

部门实现；行政违法和刑事犯罪之间只有一线之隔，行政执法机关和检察机关在涉案企业合规实践中有程序接力的客观需求；涉案企业合规改革的推进需综合考虑执法和司法资源有限的现实状况，优化资源配置。涉案企业合规的现实困境和发展趋势共同决定了行刑衔接的完善路径。涉案企业合规的行刑衔接机制，需加强行政执法机关和司法机关之间有效合作，共同预防企业违法犯罪，推进企业施行合规管理，助力社会经济发展。

四、涉案企业合规行刑衔接困境之破局

（一）完善行刑衔接机制，提高试点成果效益

完善行刑衔接机制，首要考虑的是逐步将涉案企业合规改革试点的优秀成果制度化，以改变涉案企业合规行刑衔接不畅的现状，建立统一、稳定、高效的行刑衔接机制。综合考虑涉案企业合规整改的全流程，可将行刑衔接机制分为四个阶段进行专业化制度构建。

其一，在合规程序启动前，针对企业犯罪案件，引入检察提前介入制度。行政机关在执法过程中，遇到企业涉嫌单位犯罪、案件性质认定难等情况，可以邀请检察机关介入听取案件。一方面，检察机关可以提前了解案件信息，为后续考虑启动合规整改程序做准备；另一方面，检察机关也可为行政执法机关提供案件性质认定上的专业意见，同时针对案件移送情况进行法律监督，助推行刑顺利衔接。

其二，在合规对象的考察上，建立行政参与机制，为行刑衔接打下基础。因涉案企业所触犯的往往是具有双重违法性的行政犯，案情通常是由负责税收、生态环境、市场监管等专门领域的行政执法机关发现，并由其展开证据搜查和进行案件移送。行政执法机关对企业的违法犯罪情况比较了解，也掌握了企业的详细信息，由其参与确定涉案企业合规考察对象，能起到客观制衡、科学选择的作用。[①]

[①]　陈文兴：《刑事合规与行政合规衔接机制研究》，载《民主与法制》2022年第19期。

其三，在合规考察验收上的衔接，借助第三方监管委员会，建立合规互认机制，推动合规结果和处罚结果互认。依据《指导意见》第 6 条第 6 项，第三方机制管委会有职责协调相关单位成员对所属或者主管的行业协会、商会、机构等在企业合规领域的业务指导，研究涉企犯罪的合规考察标准。第三方机制管委会可通过联席会议，集各家之长，协调制定各个领域企业合规的刑事合规和行政合规两套标准，并注重刑事合规与行政合规之间的内在联系。虽然刑事合规侧重于预防犯罪，行政合规侧重于预防违法，但是，对于实施合规组织管理体系的企业而言，两者并不是对立的关系，而是存在千丝万缕的联系。通过了检察机关合规考察而被不起诉的企业，不仅确立了专项合规整改计划，初步有效实施了合规管理体系，为行政合规打下坚实基础，而且也通过积极配合合规整改的行动表明了进一步实施和完善合规管理体系的意愿。因而，刑事合规的有效实施便具备在行政处罚上得到宽缓处理的正当性基础。合规互认机制本质上是承认刑事合规和行政合规之间的内在关联，而这是企业合规在内涵上的应有之义，即通过自我监管，遵守法律法规。[①]

其四，建立事后联合回访机制。囿于我国的执法和司法资源有限的客观条件，对涉案企业确定的考察期通常比较短，无法保证合规管理体系在企业缺乏事后激励的情况下仍能有效实施。各个领域的行政执法机关本就对企业具有行政监督检查的职责，可将事后联合回访机制融入行政执法机关的日常检查中，从而提高行政监督检查的有效性和针对性，保障企业合规管理体系在检察机关和行政执法机关的联合监管下长期有效实施。

（二）落实行政共治责任，建立内部激励机制

无论是出于涉案企业合规改革中检察机关与行政执法机关客观上的协作需求，抑或考虑到行刑衔接中所面临的衔接不畅困境，还是面向涉案企业合规的未来走向，行政执法机关进一步参与到涉案企业合规改革中，承担相应的行政监管责任，提供行政智识，已然是大势所趋。

---

① 陈瑞华：《企业合规基本理论》，法律出版社 2022 年版，第 7 页。

在办理涉案企业合规的案件时，检察机关通过检察建议和检察意见发挥法律监督作用，对于行政执法机关而言毕竟属于外部监督机制，实际效果相对有限。若要行政执法机关积极参与到涉案企业合规实践中，有必要将其参与涉案企业合规整改的情况及成效纳入行政执法机关的政务考核范围，落实行政执法机关的责任，从行政执法机关内部完善奖惩机制，激发驱动行政执法机关参与涉案企业合规的内生动力。

（三）建设信息共享平台，降低部门信息壁垒

长期的司法实践表明，检察机关对行政执法机关移送涉嫌犯罪案件的监督效果有效，最大的问题是很难发现案件线索，主要表现在检察机关获取行政处罚案件信息难、人少案多的客观条件限制、行政机关缺乏在信息平台录入案件信息的动力等方面。[①] 部门之间的信息壁垒已经成为阻碍行刑衔接的重要因素。

涉案企业合规中行刑衔接更为频繁，对行刑协作配合提出更高的要求。在完善行政奖惩制度的基础上，畅通信息沟通渠道，建设信息共享平台，减少部门信息壁垒，是涉案企业合规中行刑衔接的刚需，也是法治中国建设的必然要求。对于尚未建设信息共享平台的地区，应借鉴其他地区的优秀成果尽快建设信息共享平台；对于已经建设信息共享平台的地区，则需根据涉案企业合规改革的新需求进行信息平台完善，力求信息互联互通共享、工作协同配合高效。

---

① 张红、刘航：《执法资源有限视角下的行刑衔接程序问题研究》，载《行政管理改革》2019 年第 2 期。